ARCHIVES CURIEUSES

DE

L'HISTOIRE DE FRANCE.

PARIS — IMPRIMERIE DE E. DUVERGER,
RUE DE VERNEUIL, N° 4.

ARCHIVES CURIEUSES

DE

L'HISTOIRE DE FRANCE

DEPUIS LOUIS XI JUSQU'A LOUIS XVIII,

OU

COLLECTION DE PIÈCES RARES ET INTÉRESSANTES, TELLES QUE CHRONIQUES, MÉMOIRES, PAMPHLETS, LETTRES, VIES, PROCÈS, TESTAMENS, EXÉCUTIONS, SIÉGES, BATAILLES, MASSACRES, ENTREVUES, FÊTES, CÉRÉMONIES FUNÈBRES, ETC., ETC., ETC.,

PUBLIÉES D'APRÈS LES TEXTES CONSERVÉS A LA BIBLIOTHÈQUE ROYALE, ET ACCOMPAGNÉES DE NOTICES ET D'ÉCLAIRCISSEMENS;

Ouvrage destiné à servir de complément aux collections Guizot, Buchon, Petitot et Leber;

PAR L. CIMBER

ET

F. DANJOU,

EMPLOYÉ AUXILIAIRE A LA BIBLIOTHÈQUE ROYALE, MEMBRE DE L'INSTITUT HISTORIQUE.

1re SÉRIE — TOME 4e.

PARIS.

BEAUVAIS, MEMBRE DE L'INSTITUT HISTORIQUE,

Rue Saint-Thomas-du-Louvre, n° 26.

1835

Nous allons entamer une des époques les plus dramatiques de l'histoire. Les événements qu'elle embrasse ont été l'objet de relations déjà insérées en partie dans plusieurs recueils spéciaux, mais de prix et de formats différents. Les principaux sont les *Mémoires de Condé*, les *Mémoires de Charles IX* et les *Mémoires de la Ligue*. Ces recueils ont perdu, pour le plus grand nombre des pièces qui les composent, l'intérêt qu'ils inspirèrent dans l'origine, attendu que, depuis leur apparition, une multitude de faits sont parvenus à un degré d'évidence tel que personne aujourd'hui ni ne les conteste ni ne les ignore. Il est même de ces pièces qui ne présentent que des dissertations arides ou des satires outrageuses. Quant aux autres, elles avaient besoin d'être revues pour la fidélité du texte et pour l'utilité des notes. Si d'une part ces recueils contiennent des superfluités, de l'autre ils offrent des lacunes. Fidèles au plan que nous avons annoncé devoir suivre dans l'introduction de cet ouvrage, nous avons ajouté, supprimé, abrégé, selon que le besoin l'exigeait, c'est-à-dire ayant égard à la science des détails, à la peinture des mœurs et à la vérité des choses. Le titre curieux de certaines relations ne nous en a point imposé. Ainsi nous ne reproduirons ni le *Procès d'Anne Du Bourg* ni le *Colloque de Poissy*, parce que ces pièces sont des espèces de professions de foi religieuse et ont une couleur purement théologique. Il nous reste à faire connaître le degré de confiance que méritent les Mémoires où nous avons puisé en faisant connaître l'esprit dans lequel ils ont été composés. Ces Mémoires ayant pour auteurs des protestants, et pour but le triomphe du protestantisme, ne se recommandent pas toujours par un choix impartial et sont loin de reproduire tous les écrits des catholiques; nous avons eu le bonheur de découvrir quelques ouvrages sortis de la plume de ces derniers et qui, placés près des relations calvinistes, serviront de réponse aux unes, et, par analogie, de correctif aux autres.

LA RECEPTION FAICTE PAR LES

deputez du Roy d'Espaigne de la Royne leur souueraine Dame, à la deliurance qui leur en a esté faicte en la ville de Ronceuaux, au pays de Nauarrois, par les Roy de Nauarre, et Cardinal de Bourbon : Et les triumphes, honneurs et solennitez qui y furent faictes et obseruées, tant d'vne part que d'autre.

A PARIS

Pour Vincent Sertenas, tenant sa boutique au Palais en la gallerie par ou on va à la Chancellerie. Et en la rue neuue nostre Dame à l'enseigne S. Iean l'Euangeliste.

AVEC PRIVILEGE.

AVERTISSEMENT.

Henri II, roi de France, et Philippe II, roi d'Espagne, se faisaient depuis long-temps une guerre onéreuse par son entretien et inutile par son résultat. La fortune, favorisant tour à tour les drapeaux de chaque nation, ne laissait définitivement la supériorité à aucune. Les deux princes, fatigués de soutenir une lutte qui ne décidait rien, convinrent de faire trève et parlèrent de mettre fin aux hostilités. La négociation fut longue et l'accord difficile. Toutefois les parties signèrent la paix au Catteau-Cambrésis, le 3 avril 1559, et pour mieux en garantir la durée, le roi de France donna Élisabeth, sa fille aînée, au roi d'Espagne. Le duc d'Albe, Guillaume, prince d'Orange, Lamoral, comte d'Egmont, et plusieurs autres seigneurs arrivèrent à Paris pour épouser la princesse au nom de Philippe. Plus tard la nouvelle reine fut conduite vers ses nouveaux sujets et reçue par eux de la manière suivante.

LA RÉCEPTION

FAICTE PAR LES DÉPUTÉS DU ROY D'ESPAIGNE

DE LA ROYNE

LEUR SOUVERAINE DAME,

A LA DÉLIVRANCE QUI LEUR EN A ESTÉ FAICTE EN LA VILLE DE RONCEVAUX, AU PAYS DE NAVARROIS, PAR LES ROY DE NAVARRE ET CARDINAL DE BOURBON, ET LES TRIUMPHES, HONNEURS ET SOLENNITEZ QUI Y FURENT FAICTES ET OBSERVÉES, TANT D'UNE PART QUE D'AUTRE.

Il est entendu par les précédentes dépesches du Roy de Navarre (1), mesmement, par la dernière que le secrétaire de monsieur l'évesque de Limoges a apportées (qui partit de Roncevaux le quatriesme jour du présent mois de janvier), de quelles occasions a procédé le retardement de la délivrance et consignation de la Royne d'Espaigne.

Et ne fault aucunement doubter que, sans l'extrême soing et diligence que ledict seigneur Roy a procuré de faire secourir son bagage parmy ses terres, que la moitié (pour les mauvais chemins) ne fut encores de çà les montaignes, et elle (contraincte d'attendre) en danger, si elle l'eust laissé derrière, d'avoir un train fort despécé et mal en ordre, et d'entrer plus indécentement qu'il n'apparte-

(1) *Le Roy de Navarre.* Antoine de Bourbon, père de Henri IV.

noit à sa grandeur et à la maison dont elle part, ès terres de l'obéissance du Roy catholique, son mari.

Outre cest empeschement, comme l'on pensoit la délivrer le lundy, premier jour de l'an (1) (ainsi qu'il avoit esté advisé), sur la summité des montaignes au lieu de Pignon, faisant moitié du chemin d'entre Sainct-Jean de Piédeporc et Roncevaulx, le soudain changement du temps, qui nous ferma le chemin par l'abondance des neiges, fut cause d'apporter nouvelle dilation (2).

De façon qu'estans contrains de la mener au monastère de Roncevaux (lieu duquel le roy d'Espaigne jouist comme du reste de la haulte Navarre), et semblant bien au Roy de Navarre avoir assez faict de la mener jusques là, sans engager plus avant sa personne en un pays contentieux et de jalousie (pour les raisons que tout le monde sçait) entre le Roy catholique et luy.

Advisa de faire sçavoir à messieurs les cardinal de Bourgues et duc de l'Infantasque, députez de par sa majesté catholique pour la réception de ladicte Royne, sa femme, comme monsieur le cardinal de Bourbon, son frère, et luy semblablement, estoyent là arrivez, prestz, en satisfaisant au contenu du traicté, de la leur consigner et délivrer, toutesfois qu'il leur plairoit de la venir prendre.

Ce mandement fut dès le mardy, second jour de ce mois, sur le soir; et pensions qu'ayant assez de loisir à se résouldre toute la nuict, le matin ilz la viendroient saluer, parce qu'ilz n'estoyent loing dudict Roncevaulx qu'à deux petites lieues françoises, comme de Paris à Sainct-Denis, en un lieu nommé l'Espinal, où la prendre toute d'une venue, ne pouvant penser qu'ilz eussent cause de dilation.

(1) 1560.

(2) *Dilation*. Délai.

Mais comme ceste nation est cérémonieuse, n'ayant jamais faulte de contradiction quand il est question de débatre son avantage, allégans le mauvais temps qu'il faisoit pour les tourbillons et continuelles neiges, les plus extrêmes que l'on vid depuis trente ans (ainsi qu'on dit) en ce quartier-là, nous feirent sçavoir le mercredy matin, troisiesme de ce mois, qu'il estoit bien raisonnable que feissions la moitié du chemin d'entre eux et nous, jusques à une place près du Bourgue, fondant, comme nous présumasmes, l'équalité de l'honneur et de la réputation sur l'équidistance de la retraicte de leur costé et du nostre.

Sur cela l'on leur respondit que si le temps estoit rude, comme véritablement il estoit, il nous sembloit beaucoup plus raisonnable qu'ilz en portassent l'incommodité que leur Royne et maitresse, laquelle ne leur pourroit estre délivrée en campaigne qu'en lictière descouverte, et qu'entre les salutation et baisement de main, exhibition de pouvoir et autres courtoisies et cérémonies qui se font en telles choses, il y a beaucoup d'arrest et de demeure, et que la tenir ainsi exposée à l'injure du ciel, en telle saison, en tel pays et parmy tant de froydures, et une personne jeune et délicate, ce qui nous devoit estre à tous si chèrement recommandé, il n'y avoit nulle apparence.

Ce jour se passa de ceste façon, et ne feirent à cela autre response.

Le jeudy quatriesme, domp Loppée de Gusman, maistre de salle, et Raimon de Tarsis, courier-major, vindrent de leur part devers ledict seigneur Roy de Navarre, et cardinal de Bourbon, proposant que, puisque l'opiniastreté du temps estoit qu'il ne vouloit, en quelque chose que ce fust, modérer, et que, continuant davantage, il estoit à craindre que l'on en demourast assiégé dedans ces montaignes, ces seigneurs, députez de la part du Roy catholique, leur maistre, avoyent délibéré de venir prendre ladicte dame jusques audict Roncevaux, gardant en cela le respect qui s'ensuyt.

Qu'ainsi qu'ilz descendroyent de cheval, le Roy de Navarre et monsieur le cardinal de Bourbon les iroyent recueillir, lesdictz cardinaux allans ensemble, selon le degré de leur antiquité, les premiers, et ledict seigneur, Roy de Navarre et duc de l'Infantasque après, jusques à la chambre ou salle où seroit la Royne, à laquelle ilz les présenteroient.

L'on leur fit sçavoir que, quant à ce recueil, ilz ne doubtassent aucunement qu'il ne leur fust faict avec tout l'honneur qu'il se peult et doibt rendre à personnes de leur qualité, mesmement venans de la part d'un si grand prince.

Toutesfois, qu'en cela il se doit regarder deux choses : l'une s'ilz vouloyent estre honorez selon la préférence de leurs maistres, pour la qualité de députez qu'ilz tiennent en ceste affaire, ou bien selon le degré de la particulière qualité de leurs personnes.

Si selon les maistres, il n'y avoit difficulté quelconque que le Roy très chrestien ne précédast tous les Roys de chrestienté ; et est ce poinct hors de toute contestation, sachant un chascun assez comme les ambassadeurs des uns et des autres observent à Rome, en Angleterre, Venise et ailleurs, quand il est question d'assister en acte publicq et solemnel, où celluy de France précède.

Si c'est pour la qualité particulière des personnages, le Roy de Navarre ne vouloit entrer en compétance, estant assez notoire pource qu'il est premier prince de la première et illustre maison de la chrestienté, c'est-à-dire du sang de France, après messieurs, frères du Roy ; qu'il ne pensoit qu'en ce regard le duc de l'Infantasque ne luy voulust céder, n'approchant luy-mesmes aucunement de telle qualité ni proximité au Roy catholique, son maistre.

Quand au regard des dignitez, il estoit Roy de faict et de droict : de faict, jouissant encores absolutement et plainement d'une partie du royaume ; de droict, l'y ayant tel qu'il est assez notoire.

Qu'à ceste cause, puisque le duc de l'Infantasque estoit si fondé en ses honneurs, voulant plustost prendre de celuy de l'autruy que de laisser du sien par quelque courtoisie, le Roy de Navarre avoit délibéré de ne soy laisser aller en cela qu'aveeques la raison et ne s'en oster pour lui en donner.

Trouvant pour expédient qu'il l'iroit recueillir embas jusques à la porte, et, après les salutations, qu'il prendroit en main monsieur le cardinal de Bourgues, qu'il mèneroit en hault, en la chambre de la Roine, tenant le dessus à la main droicte ; et monsieur le cardinal de Bourbon, son frère, iroit après, tenant aussi semblablement ledict duc par la main ; mais à droicte, estant hors de toute difficulté que les cardinaux, comme princes de l'église, vont tousjours au-dessus de quelques personnes que ce soit, s'ilz ne sont roys ; combien que ledict sieur Roy de Navarre, entre duc de Vendosme, comme premier prince du sang de France, fut assis devant tous les cardinaux à Nice, hors mis le doyen, par l'ordonnance du feu pape Paule troisième.

Et où ledict duc se sentiroit intéressé en usant de ceste façon, que ledict seigneur Roy demoureroit auprès la personne de la Roine, comme luy ayant esté baillée en charge et garde ; que monsieur le cardinal son frère les iroit recueillir, verroit leur pouvoir, et de faict les mèneroit au lieu où seroit ladicte dame Royne, pour leur estre délivrée.

A cela ilz ne feirent aucune responce ne contradiction, au moins qui ait esté rapportée, ne que l'on sache ; mais de retour le courrier-major, persistèrent qu'ilz vouloient toujours leur estre délivrée en campaigne, tesmoignant assez par cela que pas une de ces deux offres ne leur estoit agréable.

L'on a bien cuydé entendre que ce qu'ilz ne vouloient poinct venir audict Roncevaux estoit plus pour faire voir aux champs la multitude d'hommes et chevaux dont ilz nous pensoient surpasser que pour autre raison, et qu'estant mise et paragonnée (1) en conférence de nostre trouppe, qui est en dueil et toute de noir, ils rapportassent plus d'apparence et de gloire.

Toutesfois, le temps, n'ayant égard ny à leurs voluntez ny mercy de leurs accoustremens qu'ilz furent contrainctz de couvrir de gabans et manteaulx, de pluye renforça plus que jamais de neiger, de façon que le vendredy matin, cinquiesme de cedict moys, l'on leur manda résoluement que la faim nous commençoit à chasser de Roncevaulx, et que, s'ilz n'estoient délibérez de la venir prendre, nous gaignerions toujours païs et irions loger à Espinal, pensant bien que, par l'honneur et debvoir, il fauldroit qu'ilz quictassent la place à leur maitresse.

A la fin vaincuz de ceste pertinacité et raison, feirent sçavoir inopinément, pour nous prendre (comme l'on pense) en désordre et à despourveu, qu'ilz s'en venoient pour satisfaire à leur commission, délibérez, incontinent qu'elle leur seroit livrée et qu'ilz en seroient saisiz, s'il n'y avoit indisposition de sa personne, la mener coucher à Espinal.

Surquoy leur faisant sçavoir qu'ilz seroient mieux que

(1) *Paragonnée.* Comparée.

tous très bien venuz, l'on tint pour leur reception l'ordre qui s'ensuit.

Il y a à l'entrée dudict Roncevaulx une grande salle et spacieuse, environ de dix-huit toises de long et huit de largeur; elle fut soudainement tapissée de la tapisserie noire du Roy de Navarre, avecques un daiz au lieu le plus éminent et convenable, souz lequel monsieur le cardinal de Bourbon, accompagné des évesques de Sées et d'Oleron, du seigneur de Burie, chevalier de l'ordre, et des gentilz-hommes que ledict Roy de Navarre et mondict seigneur le cardinal avoyent menez en ce voyage, au nombre de plus de trois cens, qui attendoyent que l'on leur feist sçavoir leur venue. Soudain qu'il sceut qu'ilz approchèrent, il marcha avec ceste compagnie à la porte de ladicte salle, qui est rez du pavé, où nécessairement il fault descendre, entrant dedans l'enclosture du monastère; et là, estans arrivez avecques leurs montures, assavoir ledict cardinal de Bourgues dedans une litière, parce qu'il s'estoit trouvé mal de la pierre, et ledict duc de l'Infantasque à cheval, trouvèrent ledict seigneur cardinal de Bourbon, prest à les recueillir et recevoir; lequel, après les révérences et salutations en tel cas accoutusmées, les mena souz ledict daiz, accompagné d'un grand nombre de torches et flambeaux, pour ce que la salle estoit obscure, tant pour l'espesseur du temps que le lieu, qui n'est guères ouvert de fenestres. Et là, ayant entendu d'iceulx l'occasion qui les menoit, se disans avoir pouvoir du Roy leur maistre de venir prendre et recevoir (suyvant le contenu du traicté) la personne de la Royne, leur maitresse, laquelle ilz entendoyent estre ès mains du Roy de Navarre et dudict seigneur cardinal, comme deputez de la part du Roy très chrestien, pour la mener et conduire, ilz estoyent pretz de satisfaire et accomplir leur charge et commission.

Mondict seigneur le cardinal leur dist que ledict seigneur Roy de Navarre et lui estoient venuz jusques à là à ceste mesme fin et occasion, et que, leur faisant apparoir deuëment du pouvoir et commission, il espéroit leur monstrer et mettre entre leurs mains une aussi sage, vertueuse et grande princesse qui entra jamais en Espaigne, estimant qu'ayant esté choisie de Dieu, pour moyen et lieu entre ces deux grands princes de les lier et estraindre d'une très estroicte aliance et amitié, qu'elle sera aussi la mesme cause de les y faire à jamais durer.

Ce propos parachevé, leur pouvoir fut exhibé et leu de mot à mot; lequel ayant esté trouvé suffisant et en forme convenable, en seing et séel, mondict sieur le cardinal leur demanda s'il leur plaisoit pas de partir et monter en la salle de la Royne. A quoi ledict sieur cardinal de Bourgues, retenant la parole, luy respondit qu'il estoit prest; et en ce faisant présenta là-dessus la main droicte à mondict seigneur le cardinal de Bourbon, le mettant au milieu de luy et du duc de l'Infantasque, qui ne fut pas sans un très honneste et modeste refus de la part de mondict seigneur le cardinal de Bourbon, pour l'antiquité dudict seigneur cardinal de Bourgues; de façon que, sur les offres de ces devantz et honneurs, le duc de l'Infantasque se jecta hors de leurs rangs, allant devant; et, marchant ensemble lesdictz seigneurs cardinaux, montèrent en la salle haulte, de la grandeur de celle d'embas, au bout de laquelle le roy de Navarre avoit faict dresser un parquet en carré de quatre à cinq toises de carré ou environ, dedans lequel, soubz un poile de velours cramoisi de haute couleur, chamarré d'un passement d'or, ladicte dame estoit assise sur une chaire de velours cramoisi de mesme pareure. A main droicte d'elle le Roy de Navarre sur une chaire, et plus bas, sur un escabeau, monseigneur le prince de La Rochesurion;

de l'autre costé madamoyselle de Bourbon, madame de Rieux après; et un peu plus bas, en arrière, madame de Clermont et toutes les filles de ladicte dame; de mesme costé lesdictes filles assises selon leur ordre et parterre.

Au derrière de la chaire de ladicte dame estoit domp Loppée de Gusman, maistre de salle, nue teste, pour l'advertir des noms et qualitez des personnes qui entroyent et de quelle réception elle devoit user.

En ceste façon, marchants devant lesdictz députez, les chevaliers et gentilz-hommes espaignolz de la suyte entrèrent en ladicte salle, où, approchant dudict parquet (sur les barrières duquel tout le monde estoit pour voir ceste réception plus à son ayse), lesdictz chevaliers et gentilz-hommes premièrement vindrent, les genoux en terre, faire la révérence et baiser la main de ladicte dame; en quoy elle se conduict avec toute la majesté et humanité qu'il est possible. Et fut, pour ardeur d'affection et soudaineté, il y eut à la fin un peu plus de foule que l'on ne desiroit.

Ceste presse passée et sortie d'un autre costé dudict parquet, qui estoit ouvert expressément; après tous ces gentilz-hommes et chevaliers, le duc de l'Infantasque arrivé, et après messieurs les cardinaux de Bourgues et Bourbon, qui ne furent pas plustost apperçuz du Roy de Navarre qu'il ne se levast de sa chaire; la Royne catholique demourant encores longue espace en la sienne, jusques à ce qu'approchant ledict seigneur de l'Infantasque pour lui baiser la main, se levant, elle le refusa; et l'ayant fort humainement receu, comme aussi elle feist, avec une majesté et doulceur convenable. Monsieur le cardinal de Bourgues démonstra une fort sage et honneste attention à la harengue qu'il luy tenoit, qui fut égale, si semblable, pleine d'offices et services à sa majesté, et autres termes d'obéissance et d'affection; la responce fut courte et à propos, pleine de dignité, doulceur et majesté.

Icelle parachevée, se tournèrent lesdicts seigneurs députez devers le Roy de Navarre, et après s'estre entresaluez avecques toutes les honnestetez qu'ilz eussent pu désirer les uns des autres, lui requérant la délivrance de ladicte dame, suivant le pouvoir qu'ilz en avoient manifesté à mondict seigneur le cardinal de Bourbon. Lequel leur dist qu'il le tenoit pour veu et deuëment expédié; qu'il avoit prins de la main du plus grand Roy du monde ceste princesse, pour estre rendue entre les mains d'un des plus illustres Roys aussi qui soit vivant, ou de ses députez; et qu'ayant faict élection de telles personnes que eulx pour recevoir une chose si chère et précieuse, il ne doute point qu'ilz ne s'en acquitent dignement et à sa satisfaction; qu'il s'en décharge, à ceste cause, en leurs mains, et la leur livre; leur recommandant sa personne et sa santé; ne leur faisant autre commémoration de ses vertuz, parce qu'elle leur en rendra tel, si suffisant et admirable tesmoignage, qu'il ne pense jamais estre advenu de princesse si grand ornement et honneur en l'Espaigne que cestuy-cy.

Ils reçurent ceste parole avec beaucoup de soubzmissions, monstrant un consentement de la tenir pour véritable, et l'heur qu'ilz avoyent et pensoyent tenir d'estre pourveuz d'une si grande et vertueuse dame.

Et à l'instant mesmes, à la queue de ce propos, ledict seigneur Roy de Navarre adjousta incontinent qu'encores que, par le traicté de paix et par le pouvoir qu'ilz avoient apporté, il fut dict que ladicte dame seroit délivrée sur la frontière de France et de l'Espaigne, qu'il ne pensoit au lieu où ils estoient s'estre rien observé de tout cela, estans sans aucun doubte dans le royaume de Navarre, bien loing des limites de l'un et l'autre royaume, et qu'à ceste fin il protestoit que cest acte ne préjudicieroit aucunement, ores ne pour le temps advenir, à la prétention de ses droicts. Ce qu'ilz receurent bénignement, et respondirent que c'estoit bien dict.

Il s'est, au surplus, passé beaucoup d'honnestes propos entre eux, qui ne servent de rien en ceste matière, par lesquelz on peut juger qu'ilz sont partis fort contens, satisfaicts et joyeux de l'honneur et recueil des uns envers les autres. Et est ce qu'on eust difficilement pensé, il n'y a personne de ces seigneurs espaignolz qui n'ait salué ledict seigneur Roy de Navarre, en qualité de Roy, luy disant de tous les tiltres, termes et appellations que l'on sçait estre particulière à ceste nation, pour désigner telle dignité.

Finablement, toutes choses ainsi conduictes, ledict seigneur Roy de Navarre et monsieur le cardinal de Bourbon prindrent congé de ladicte dame, qui ne fut pas sans recognoistre en ses yeux beaucoup de larmes, qu'elle eust volontiers retenues. Et se mettant ledict sieur cardinal à la main droicte, sur la main duquel elle s'appuioit, et ledict seigneur de l'Infantasque de l'autre costé, la conduisirent jusques à la litière où elle fut reçeüe de cornetz, haulxbois, trompettes, tabartz, qui sont tabourins à cheval, à la moresque, et comme les avoit le duc de Saxe au camp dernier de France, et toutes sortes de musique et allégresses qu'il est possible, qui la conduirent, comme l'on a sceu, tout le long du chemin, jusques à Espinal, où elle fut coucher.

Le duc de l'Infantasque a quarante paiges habillez de sayes de toille d'or, bandez de velours cramoisy et doublez de satin blanc ; et dessus la bande il y a une nerveure de satin blanc ; les pourpoinctz de satin jaune et les chausses de velours cramoisy, bandez de toille d'or, les bonnets de velours cramoisy avec leurs plumes ; dix paiges de chambre de mesme parure, avec chacun une chaisne d'or ; vingt-cinq laquais avec des collets de toille d'or, bandez de velours cramoisy, chausses et bonnets comme les paiges, les capes à l'espaignolle de velours cramoisy, bandées de toille d'or.

Le marquis de Senette, fils dudict duc, avec autant de paiges et de laquais que son père et de mesme parure, et doibt, comme l'on dict, à son arrivée de Tolède changer de livrée.

Le conte de Saldagnie, fils aisné dudict marquis, et seul héritier des deux maisons.

Le comte de Moringe, fils aisné de Lamprande de Castille, qui a espousé la fille dudict marquis de Senette, chascun de mesme livrée.

Le compte de Tandille, vis-roy de Grenade, fils aisné du marquis de Montdeiar, de la maison de Mandosse, gendre dudict duc.

Le marquis de Montesclare, de la maison de Mandosse.

Le comte de Ribadania, de la maison de Mandosse.

Le comte de Ribadeo, de la maison de Mandosse.

Dom Diego Vitade de Mandosse, fils aisné du marquis de Caquette, vis-roy de Pérou.

Dom Diego Vitade de Mandosse, qui estoit embassadeur à Rome.

Dom Jouan Vitade, qui estoit ambassadeur à Venise.

Dom Loys de Mandosse, seigneur de Junguerre, et ses deux frères, et un fils, de la maison de Mandosse.

Dom Jouan Vitade de Mandosse, seigneur de la ville del Fresne.

Dom Urbain d'Arclaume, et son frère.

Dom Francisque de Mandosse, fils du marquis de Senette.

Oultre et pardessus il y a plus de trente gentilz-hommes qui sont aux gaiges et service dudict duc, avecques paiges et laquais, chascun d'une livrée.

Le cardinal de Bourgues, de la maison de Mandosse, frère du vis-roy de Pérou, avec quarante paiges habillez de velours cramoisy, et manteau d'escarlate, chausses et bonnets de velours cramoisy, avec des plumes; et avec luy le vicomte de Chelve, et plus de cinquante gentilz-hommes, tant d'église que autres.

La comtesse d'Oreigne, seur du duc d'Alboncquequo, vis-roy de Navarre, qui debvoit estre dame d'honneur de la Roine, et avec elle son filz, chef de la maison de Giron.

Le duc de Nagerac, chef de la maison de Marongne.

Le fils aisné du marquis de Losveille, avec sa femme, qui est fille de la comtesse d'Oreigne, accompaignez de plusieurs gentilz-hommes et autres.

Dom Frederic de Portugal, qui est venu pour estre grand escuyer de la Royne.

Dom Loppée de Gusman, pour son maistre-d'hostel.

L'on dit que le duc de l'Infantasque despense tous les jours mil escuz pour l'entretenement de la compaignie qu'il a avecques luy, qui est toute desfrayée à ses despens.

Le nombre des chevaulx peult monter jusques au nombre de quatre mil.

OMNIA VINCIT AMOR.

HISTOIRE

DU

TUMULTE D'AMBOISE.

AVERTISSEMENT.

Renaudie (Godefroi ou Jean de Barry, seigneur de La), issu d'une ancienne famille du Périgord, homme éloquent dans ses discours, enthousiaste dans ses opinions et audacieux dans ses entreprises, résolut d'abaisser les adversaires du parti calviniste. Poursuivi anciennement comme faussaire, il s'était retiré en Suisse, pour échapper à la peine de mort ou satisfaire à celle du bannissement. Il y avait embrassé la nouvelle religion et obtenu des lettres de révision, avec permission de rentrer en France; mais au lieu de s'occuper de son procès, il s'assura du concours des protestants à l'intérieur comme à l'étranger et se mit à la tête d'une ligue pour renverser les Guises. Il s'agissait d'enlever le roi, d'arrêter les ministres et de faire leur procès. La Renaudie logeait chez un avocat nommé Avenelle. Il avoua la conspiration à son hôte, qui la dénonça aux Guises, et ceux-ci prirent des mesures en conséquence. La pièce suivante fait partie des *Mémoires de Condé*.

L'HISTOIRE

DU

TUMULTE D'AMBOISE.

Il y a une loy en France, establie tant par l'ancienne coustume que par le commun accord et détermination des trois estats assemblez en la ville de Tours, l'an 1484, que si la couronne de France eschet par succession à celuy qui seroit en bas aage, alors les susdicts trois estats, assavoir des nobles, des ecclésiastiques et du peuple, soyent assemblez, et par iceux le Roy soit pourveu d'un conseil pour le gouvernement et administration de son royaume pendant son bas aage, tellement que toutes choses soyent faites au nom et en l'authorité du Roy, avec ceste clause : a la relation du conseil. En l'eslection de ce conseil, deux choses ont tousjours esté observées : l'une est que les princes du sang y ayent le premier lieu; l'autre que les estrangers n'y soyent aucunement admis. Et fut ceste mesme ordonnance observée audict an 1484, lorsque, par la mort du Roy Loys unzième, Charles, son fils, aagé de quatorze ans, fut appellé à la couronne; tellement qu'il fut esleu un conseil de douze seigneurs, auquel le premier prince du sang présideroit, et en son absence le second, et ainsi conséquemment. Or, comme dernièrement, l'an 1559, Henry, second de ce nom,

Roy de France, eust laissé par sa mort le royaume entre les mains de François second (1), son fils, aagé de quinze à seize ans, tout le peuple attendoit que, par la convocation légitime des susdits trois estats, on observast l'ancienne ordonnance de laquelle nous avons parlé ci-dessus. Mais les princes de Guise, assavoir François, duc de Guise, et Charles, cardinal de Lorreine, qui ne sont du sang de France, mais estrangers et issus de la maison de Lorreine, ayans gaigné l'oreille de ce jeune prince, se saisirent du gouvernement du royaume, esloignans d'auprès du Roy ceux qui auparavant avoyent eu le mainiement des affaires de France, comme le connestable, l'admiral et autres. Et craignans que, si l'assemblée des estats se tenoit, ils fussent selon la loy démis de l'authorité qu'ils s'estoient eux-mesmes usurpée et rabaissez en leur dégré, ils taschèrent par tous moyens de l'empescher, et donnèrent à entendre au Roy que celuy qui parleroit d'assembler les estats lui seroit ennemi et coulpable de leze-majesté, et que s'il donnoit une fois congé à son peuple de lui eslire un conseil, il le voudroit d'oresnavant tenir comme sous la verge, tellement qu'il ne luy demoureroit rien d'un Roy, sinon le seul tiltre; bref, que cela seroit faire injure à la prudence qu'il avoit desjà assez grande et suffisante pour gouverner et soy et son peuple. Quant à eux, ils lui promettent leur aide pour le garder de ce danger, et de faict ils y mirent si bon ordre que, avant que le Roy de Navarre fust arrivé à la cour, le duc de Guise avoit desjà le gouvernement de ce qui concerne le faict et estat de la guerre, et le cardinal de Lorreine la superintendance sur la justice et les finances.

(1) François II avait 15 ans et 5 mois moins neuf jours lorsqu'il monta sur le trône.

Chose qui revint au grand mescontentement des principaux de France, et mesmes de la pluspart du peuple, tant pour voir un gouvernement du royaume trop desraisonnable et illégitime que pour sentir le joug insupportable de ces nouveaux gouverneurs, à cause des emprunts et exactions dont il estoit surchargé. Ce que cognoissans ceux de Guise, et voulans pourvoir à l'entretenement de leur grandeur, trouvent le moyen de retirer de la cour les autres princes, sous couleur de quelque honnorable charge, comme d'aller vers le Roy Philippe (1) pour la confirmation de la paix, de conduire en Espagne la sœur (2) du Roy de France, et autres telles commissions. D'avantage ils cassent les capitaines qu'ils pensent estre moins favorables à leur entreprinse, mettent en leur lieu ceux qui estoient faits à leur dévotion, et craignans que de tant de gens offensez il s'en levast un qui attentast quelque chose contre eux, ils défendent sous estroicte peine le port d'armes et sur tout de pistolets. Comme donc ils estimoient leur authorité estre fort bien asseurée et establie sur tels fondemens, cependant on oit par tout beaucoup de murmures et de plainctes à l'encontre d'eux, on poise ce qu'autresfois ils avoyent dit et commençoyent à remettre en avant, que la couronne de France avoit esté transférée de la lignée de Charlemagne (dont ils se disent estre descendus) à Hugue Capet, duquel le Roy et ses prédécesseurs sont venus. On estime que mal aisément ils laisseront escouler une si belle occasion de faire ce qu'ils prétendoyent, veu mesmement que l'on les cognoissoit autant ambitieux et d'aussi grande menée que les princes

(1) Philippe II, roi d'Espagne.

(2) Isabelle, mariée à Philippe II. (*Voir* la pièce précédente.)

qui soyent en l'Europe. On mesloit avec cela les disputes des gens sçavans et bien entendus aux affaires politiques, qui débatoyent l'administration du royaume estre illégitime, veu que le Roy n'estoit d'aage pour gouverner sans conseil légitimement ordonné, selon la loy susdite, et que tous ceux qui usurpoyent le lieu de son conseil s'y estoient ingerez sans légitime vocation, contre les statuts et coustumes du royaume, et que on ne devoit avoir esgard à ce qu'on alléguoit ordinairement, que tel estoit le plaisir du Roy. Car, en premier lieu, c'est contre tout droict que le pupile se constitue luy-mesme un tuteur ou que le mineur se donne luy-mesme un curateur à sa volonté, d'autant qu'ils doyvent estre donnés légitimement, selon la coustume des lieux où on est, et que si cela est observé entre personnes privées, à plus forte raison doibt avoir lieu en un Roy, veu qu'en sa personne il est question du bien commun et de la tranquillité publique, et que mesmes les Roys de France en ont tousjours ainsi usé en tel aage, recognoissans de leur bon gré les loix et statuts de leur royaume, de peur que la monarchie qui est appellée très-chrestienne ne s'abbastardist et se changeast en quelque espèce de tyrannie. D'avantage qu'on entendoit assez que si le Roy usoit quelque-fois de tel langage, c'estoit seulement à la suasion et importunité desdicts de Guise, lesquels le tenoyent tellement enveloppé de leurs personnes (ce que le cardinal signifie par sa devise du lierre embrassant une pyramide) que personne ne pouvoit avoir accez à lui, sinon par leur congé. Outreplus on disputoit que, selon les constitutions du droict civil (lequel a tousjours esté maintenu et approuvé par les Rois de France), celuy qui a affecté ou s'est ingéré à quelque tutelle ou curatelle en doit estre rejetté comme suspect, et que celuy qui prétend quelque droict ès biens d'un pupille ou mineur n'en doit avoir aucunement l'administration ; au moyen de quoy lesdicts de Guise sont du tout incapables du gouvernement de France, puisqu'ils prétendent y avoir droict, comme estans de la race de Charlemaigne, ainsi qu'il a esté dit, et que, s'ils veulent desguiser leur intention en cest endroict, toutesfois ils querellent manifestement la conté de Provence, duché d'Anjou et autres membres de la couronne de France, lesquels ils prétendent leur appartenir, comme de faict ils en entretiennent l'opinion par quelques formalitez de justice, comme retenans tousjours la possession dudict duché d'Anjou. Sur cela on alléguoit les exemples de ceux qui, sous couleur de tutelle ou curatelle, avoyent autresfois usurpé meschamment les royaumes et principautez, comme Tarquin le Superbe et autres; entre lesquels on en produisoit un mémorable, qui est récité par Tite-Live en son XXIIIe livre, assavoir d'un Andronodore, lequel Hiero, Roy de Sicile, laissa, avec quatorze autres, pour gouverner Hierosme, fils de son fils (jà décédé), aagé de quinze ans. Et voulant ledict Andronodore s'emparer du royaume, persuada au jeune prince de retirer d'avec soy les quatorze gouverneurs establis par son ayeul, luy remonstrant qu'il estoit desjà assez suffisant pour gouverner seul son royaume; ce qu'estant fait par Hièrosme, lors Andronodore, qui estoit demeuré auprès de luy parce qu'il estoit son oncle (comme aussi ceux de Guise se nomment oncles du Roy), tascha d'opprimer Hierosme, pour occuper le royaume, et fut empesché de ce faire par la noblesse du païs.

Ces choses, et plusieurs autres telles, estoyent proposées et débatuës ordinairement, cependant que lesdicts de Guise ayans fait absenter de la cour tous ceux qui n'estoyent de leur faction, eux seuls possédoyent le Roy paisiblement. Comme doncques les affaires de France estoyent en tel estat, plusieurs gentilshommes, ne pouvans plus longuement porter une telle opression et outrage fait aux estats de France, se ralièrent ensemble sous un certain chef, lequel deument authorisé se peut légitimement, au nom des estats, opposer à l'outrage qui estoit fait à tout le peuple, et mesmes au Roy, quï par son jeune aage ne le pouvoit cognoistre et moins y donner ordre. Leur but estoit de desposséder lesdicts de Guise de l'authorité qu'ils avoyent usurpée par cautelle et audace, et qu'ils retenoyent par force et violence, afin que, leurs procès estant fait, il peust estre notoire à tous que lesdicts de Guise estoyent ennemis du Roy, et que ceux qui leur avoyent résisté estoyent ses fidèles subjects et amateurs du bien public. Le chef authorisé estoit un gentilhomme nommé La Renaudie, homme, comme l'on dit, de grand esprit et de diligence presque incroyable, lequel eut pour son conseil environ trente capitaines, bien expérimentez au faict des armes, par l'advis desquels il devoit conduire toute son entreprise, sans passer ce qui estoit arresté en ce conseil. Mais sur tout on donnoit ordre avec serment de ne rien attenter ni entreprendre qui fust préjudiciable au Roy ni à son estat, comme par après il a esté cogneu en la cour, par le moyen d'un papier auquel le tout estoit escrit d'une façon cogneuë seulement à celui qui l'avoit escrit, nommé La Bigne (1), qui estoit ancien serviteur dudict de La Renaudie. Car estant prins après la

(1) La Planche (*Estat de la France, etc.*, p. 187) et M. de Thou (*Trad. franç.*, t. 3, p. 489) disent que La Bigne était secrétaire de La Renaudie. Ils parlent de la question à laquelle il fut appliqué, mais ils ne disent point s'il fut condamné à la mort. Belleforest (*Hist. de France*, t. 2, fol. 1608, v°, Paris, 1579) le nomme Jean de La Bigne et dit qu'il était de Caen en Normandie.

mort de son maistre, promit, pour sauver sa vie, de déclarer ce qui estoit contenu audict papier ; ce qu'il fit. Et trouva-on que le premier article estoit couché en ces termes :

« Protestation (1) faicte par le chef, et tous ceux du conseil, de n'attenter aucune chose contre la majesté du Roy et les princes de son sang. » Ce qui monstre ouvertement que le blasme de sédition qui leur a esté imposé est forgé seulement par la ruse et cautelle de ceux de Guise, qui par ceste couverture ont employé les forces du Roy pour empescher ceste entreprise, laquelle ne tendoit à autre fin qu'à les démettre du gouvernement du royaume et faire observer l'ancienne coustume de France par une légitime assemblée des estats, comme il est aisé à juger par la remonstrance qui a esté présentée au Roy de la part desdicts estats.

D'avantage ceux de cette entreprinse, il y en avoit plusieurs tenans la doctrine de l'Evangile qui s'y estoyent adjoincts volontiers, parce que c'estoit une cause civile et politique, et qui concernoit seulement les lois et statuts du royaume ; le tout au profit et service du Roy, contre lequel, s'il y eust eu la moindre chose du monde, ceux-là ne s'en fussent jamais meslez, d'autant qu'ils ont déclaré ouvertement ce qu'ils sentent de l'obéissance deuë aux Rois et autres principautez, par le dernier article de leur confession de foi imprimée, où il est contenu qu'on doit franchement et de bonne volonté porter le joug des Rois et princes, encores qu'ils fussent infidèles. Sur quoy aussi

(1) La Planche (p. 187) parle en mêmes termes de cette protestation; et M. de Thou (p. 494) dit qu'après l'exécution de Castelnau, un des chefs de la conjuration, on trouva dans ses bottines un papier qui contenait le plan de la conspiration contre les Guises et une protestation où les conjurés déclaraient que le nom du Roy leur serait toujours saint et respectable.

ils condamnent et rejettent les séditieux et perturbateurs de l'ordre de justice.

Or, combien qu'ils ne fussent point en armes pour la religion, si est-il vray semblable qu'ils espéroyent, si les estats estoyent une fois assemblez légitimement, présenter leur confession de foy, afin d'obtenir quelque relasche des extresmes persécutions et violences qu'ils souffrent tous les jours par la cruauté de ceux de Guise. Et ce qui leur donnoit espérance de bonne issuë en cest endroict, estoit qu'en l'an 1559, au mois de juin, sous Henri II, en la cour de parlement à Paris, par une commune assemblée qu'ils appellent Mercuriale, il fut presque résolu de ne persécuter plus pour la religion avant la détermination d'un concile, quand cela fut interrompu par le cardinal de Lorreine, à la suasion duquel plusieurs conseillers de ladite cour furent emprisonnez pour ceste seule cause, et le seigneur Du Bourg bruslé. Il estoit doncques à présumer que, ledict cardinal et son frère estans hors de leur authorité, la sentence libre des estats eust peu esteindre les feux qui sont encores allumez en France contre ceux qui ne veulent obéir au Pape de Rome. Voilà doncques quel a esté le but de ceste entreprise, pour l'exécution de laquelle ledict La Renaudie, ayant ralié grand nombre de gens, en esleut jusques au nombre de 500 chevaux et quelques gens de pied, lesquels il fit approcher de la ville d'Amboise, où ceux de Guise (1) faisoyent séjourner le Roy, parce que la petitesse de la ville et la force du chasteau leur sembloit estre commode pour la défense et seureté de leurs personnes. Or il y a un chasteau près d'Amboise

(1) Castelnau, dans ses *Mém.*, l. I, ch. 8, p. 17, dit que les Guises, sur les premiers avis qu'ils eurent de la conjuration, menèrent le roi de Blois à Amboise, *tant pour estre une place assez bonne*, *que pour rompre le rendez-vous des protestans au jour nommé.*

nommé Noyze, auquel s'estoyent assemblez les principaux de l'entreprise, attendans ledict de La Renaudie.

La nouvelle en vint à ceux de Guise, qui ne laissoyent rien en arrière pour persuader au Roy que c'estoit des luthériens qui le vouloyent mettre à mort, pour se venger de ce qu'il en avoit tant faict mourir. A ceste cause le Roy envoya vers le chasteau le duc de Nemours (ami familier et proche desdits de Guise) avec quelques chevaux, pour recognoistre la vérité du rapport qui luy avoit esté faict. Estant donc parvenu au lieu, il parlementa avec eux, et avec grande douceur s'enquist pour quelle raison ils sont en armes, et s'ils veulent faire perdre aux François la louange qu'ils ont tousjours euë d'estre fidèles et loyaux à leur prince.

Ils respondent qu'ils ne veulent attenter aucune chose contre la majesté du Roy, mais au contraire qu'ils sont armez pour maintenir sa personne et la police de son royaume, qu'ils veulent remonstrer à sadicte majesté les machinations secrettes de ceux de Guise contre sa grandeur, leur violence manifeste contre ses subjects, l'oppression faicte par eux de sa justice, de ses estats, des loix et coustumes de son royaume; qu'en telle nécessité ils veulent entretenir le nom de fidèles subjects qu'ils ont acquis de si long-temps, et pourtant qu'ils se sentent obligez de faire ce qui est convenable pour la conservation de leur prince. Surquoy ledict Nemours leur remonstre que ce n'est pas la façon d'un subject de présenter quelque remonstrance à son prince avecques armes et force ouverte, mais qu'il y faut venir avec révérence et humilité. A quoy ils respondent que leurs armes ne s'adressent aucunement contre le Roy, mais contre lesdicts de Guise qui luy sont ennemis, lesquels empeschent avec violence qu'aucun ait accès au Roy, sinon celuy qui leur plaist;

qu'ils se sont donc armez afin que, si besoin est, ils puissent, maugré lesdits Guises, se faire voye jusques à la majesté du Roy, là où estant ils sçavent bien l'honneur et révérence qu'ils luy doyvent porter. Après ce propos, et plusieurs prières dudict de Nemours de laisser les armes et venir sous sa foy parler au Roy, s'obligeant par foy de prince que il ne leur en reviendroit aucun mal ni danger ; eux s'asseurant, comme il appartient, sur la parole d'un prince, et ne se doutant aucunement de tromperie, obéirent audit sieur de Nemours, prenant cela pour grand advantage d'avoir accès libre au Roy, sans qu'il fust besoing de l'acquérir par armes ne par force. Mais estant arrivez à Amboise, furent incontinent reserrez en prison, tormentez par tortures et géhennes, condamnez comme coulpables du crime de leze-majesté, et eux, avec d'autres qui furent aussi prins par les champs, exécutez par diverses manières de mort, les uns décapitez publiquement, les autres pendus aux fenestres dudit chasteau d'Amboise. Or, entre ceux qui s'estoyent mis entre les mains de monsieur de Nemours, sur sa parole, estoit le baron de Castelnau, gentilhomme de grande maison et loüable entre les hommes pour les vertus desquelles il estoit doué. Iceluy, oyant sa condamnation comme de leze-majesté, remonstra qu'il n'estoit aucunement apparu qu'il eust rien entrepris contre le Roy, mais seulement qu'il s'estoit voulu opposer, avec une grande partie de la noblesse de France, à l'injustice de ceux de Guise ; et que si une entreprise faite contre eux estoit un crime de leze-majesté, il les falloit prononcer pour Rois de France avant que le condamner de crime. Finalement que, ne pouvant appeller devant les hommes d'une sentence tant injuste, il en appeloit devant Dieu, lequel en bref feroit une vengeance exemplaire du sang innocent qui estoit respandu. De semblables propos usèrent plusieurs autres, lesquels, ayant prié Dieu à haute voix et appellé pour juge de leur cause, moururent avec telle constance que leurs ennemis mesmes estoyent contraints de plorer. Et est mémorable ce qu'on dit avoir esté fait par l'un d'eux, lequel, ayant trempé ses mains au sang de ses compagnons qui avoyent esté sur l'heure décapitez, les esleva en haut au ciel tant qu'il peut, s'escriant en semblables paroles: « Seigneur, voici le sang de tes enfans, tu en feras la vengeance. » En ce mesme temps il y advint une chose que plusieurs estiment avoir esté envoyée de Dieu pour advertissement à ceux de Guise de ne poursuyvre leur cruauté, à sçavoir une griève maladie qui saisit soudainement le susdit chancelier Olivier, comme punition de sa desloyauté, parce que cognoissant la cause desdits prisonniers estre juste, et estant chef de la justice, se laissoit néantmoins mener à l'appétit et ambition desdits de Guise. Or, estant soudain picqué d'un vif remors de conscience, tomba en maladie, d'une extresme melancholie, par laquelle il jettoit des souspirs sans cesse, murmurant misérablement contre Dieu et affligeant sa personne d'une façon estrange et espouvantable. Et en ce torment fut visité par le cardinal de Lorreine, lequel ledict Olivier ne peut voir; mais le sentant eslongné, il s'escria en ces mots: « Ha! cardinal, tu nous faits tous damner. » Il regrettoit aussi fort souvent la mort d'un conseiller de Paris, nommé Du Bourg, qui avoit, par la sollicitation dudict cardinal, esté bruslé pour la religion, comme il a esté dit cy-dessus. En après s'estre ainsi tormenté quelques temps, il mourut.

Comme ces choses que nous avons dictes se faisoyent, La Renaudie, taschant par tous moyens de s'adjoindre à sa troupe, fut rencontré par un gentilhomme nommé Pardillan, qui avec plusieurs autres couroyent çà et là pour descouvrir quelque chose. Et voyant que La Renaudie luy faisoit teste et s'apprestoit au combat, il luy pensa tirer un coup de pistolet, mais il ne print pas feu, et à ceste cause ledict de La Renaudie, luy donnant deux coups d'espée au costé droict, le tua, et fut quant et quant frappé d'un coup d'arquebouze par le serviteur dudict Pardillan, dont il mourut sur le champ. Et puis son corps fut porté à Amboise, et deux de ses serviteurs menez prisonniers, dont l'un estoit La Bigne, duquel avons parlé cy-dessus, et là son corps demoura pendu quelque temps; et depuis fut mis en quatre quartiers, pendus en divers lieux, et fut attaché un escriteau avec sa teste, contenant ces mots : « La Renaudie, dit La Forest, chef des rebelles. » Qui fut cause que le reste s'escarta.

Voilà comment ceste entreprinse ne parvint pas à son but, ce que plusieurs ont trouvé estrange, attendu la prudence par laquelle elle avoit esté conduite jusques au poinct de son exécution, et que les cinq cens chevaux estoyent tellement disposez qu'ils avoyent peu venir jusques près d'Amboise, de toutes les provinces de France, sans estre descouvers. Mais on sçait assez qu'il y a eu des traistres qui, contre leur foy, et préférans le salaire qu'ils attendent de ceux de Guise au devoir qu'ils avoyent, et au Roy et à leur païs, descouvrirent ce qu'ils sçavoyent de l'entreprinse. Nous cacherons sous silence le nom de quelques-uns, pour leur honneur ; seulement nous en nommerons un, qui n'a point faict de difficulté de s'en vanter ouvertement, à sçavoir un nommé Des Avenelles (1), suivant le Palais de Paris comme advocat, au de-

(1) Les écrivains huguenots ont dit beaucoup de mal de Des Avenelles, qu'ils traitent de traître à la religion protestante qu'il professait. La Planche (p. 156) dit qu'il était pauvre, avare et ambitieux. M. de Thou en donne une idée bien différente. Il dit qu'Avenelle, car c'est ainsi qu'il le nomme (*Trad. fr.*, ibid., p. 481), était protestant et avocat assez habile dans sa profession,

mourant altéré, et plus de se donner à louage (1) au premier offrant; lequel ayant senti le vent de ceste entreprinse, ne cessa jamais qu'il n'en eust quelque cognoissance. Et estant ambitieux et nécessiteux tout ensemble, il pensa avoir trouvé le moyen pour se rendre riche et mémorable à jamais. A ceste cause il se retire vers le cardinal de Lorreine, lequel, pour avoir desjà eu beaucoup d'advertissemens de quelques-uns, se tenoit sur ses gardes avec une frayeur incroyable. Et cela fut cause que du premier coup il tint pour suspect ledict Des Avenelles, le faisant tenir en prison quelque temps. Mais à la fin l'ayant bien sondé et cogneu, il l'escouta paisiblement, et entendit assez obscurément de luy ce qu'il sçavoit bien clairement d'ailleurs. Cependant il juge ledict Des Avenelles propre pour son service, et pourtant luy donna (2) quelque somme d'argent et luy feit de grandes promesses, le tout à fin de se servir de luy pour mettre en exécution une chose qu'il avoit conceue en son entendement. Car sachant qu'il y avoit en l'entreprinse grand nombre de ceux que l'on appelle luthériens ou évangélistes, il délibère de rejetter le tout sur l'évangile, et fait publier par tout que ceux qui se sont eslevez en France sont luthériens; que leur but a esté de tuer le Roy, la Royne, messieurs ses frères, et tous les princes, de

et qu'il découvrit la conspiration d'Amboise plutôt par des motifs de conscience que dans la vue d'un vil intérêt. Il nous apprend plus bas (p. 497) qu'il se retira en Lorraine, où le duc lui donna, à la recommandation des Guises, une première charge de judicature. C'était, ajoute-t-il, un homme de bien, qui toute sa vie suivit la religion des protestans.

(1) Cet endroit paraît corrompu; on pourrait corriger : *et prest de se donner*, etc.

(2) Castelnau, dans ses Mémoires (p. 16), dit qu'il fut grandement récompensé; et La Place (fol. 46, r°) qu'il reçut douze mille livres de récompense sur les finances du roi. *Voy.* ci-dessus, note 1.

mettre en avant leur religion à coups d'espée, d'abatre la monarchie de France et la réduire en forme de république ; brief, de piller, de saccager et tout perdre ; taschant par ce moyen de rendre l'évangile tant odieux qu'il en peust dégouster le peuple de France, lequel néantmoins (cognoissant à veuë d'œil que ces blasmes ne sont qu'autant de mensonges) si affectionne de plus en plus, et semble, au jugement de plusieurs, qu'il sera impossible de luy persuader le contraire de la vérité, dequoy nous nous raporterons à la Providence de Dieu, qui sçait et cognoist ce qui est expédient, tant au royaume de France qu'ailleurs, pour le salut et entretenement de son église.

Lettre du Roy au connestable de Montmorency, par laquelle il luy mande de luy envoyer le sieur de Soucelles et le vicomte de Saint-Aignan, prisonniers au bois de Vincennes, et Robert Stuart, Escossois, prisonnier à la Conciergerie du Palais, soubçonnez d'estre complices de la conspiration d'Amboise.

Mon cousin, il s'est descouvert une très-meschante et malheureuse conspiration, où n'alloyt de riens moins que d'attenter à la personne de la Royne ma mère, la mienne propre, celles de mes frères, et des principaulx de ceulx qui sont auprès de moy, et de-là venir à toute la subversion de l'estat de mon royaume ; et pour ce que le sieur De Soucelles et ung nommé le vicomte de Sainct-Aignan, à présens prisonniers en mon chasteau du bois de Vincennes, en doyvent sçavoir quelque chose, et qu'il est besoing, pour mieulx le vériffier et d'avantage esclaircir, oyr lesdictz deux personnages, je vous prye, mon cousin, les faire mectre et délivrer entre les mains de mon cousin le mareschal de Montmorency, vostre filz, auquel j'escris les m'envoyer, et ung autre gentilhomme escossoys (1), qu'il prendra à la Conciergerye aussi, avecques telle et si seure garde qu'il n'en puisse advenir inconvénient. Et pour cest effect, me ferez service agréable de luy bailler des forces de vostre prévost, ou telles autres dont il aura besoing, avecques celles qu'il y commectra de sa part ; et le plustost sera le meilleur : pryant Dieu, mon cousin, vous avoir en sa saincte et digne garde. Escript à Amboyse, le xxve jour de février 1559. Françoys. De L'Aubespine.

Est écrit sur le dos de la lettre : A mon cousin le duc de Montmorency, pair et conestable de France.

(1) Robert Stuart.

INTERROGATOIRE
D'UN DES AGENS
DU PRINCE DE CONDÉ.

AVERTISSEMENT.

L'histoire représente le prince de Condé comme travaillant sans cesse à renverser les Guises, soutenus par l'autorité royale. On peut considérer l'interrogatoire suivant (extrait des manuscrits de Béthune, vol. 8675, fol. 65) comme une des premières pièces du procès que lui suscitèrent ses tentatives à cet égard. Arrêté peu de temps après à Orléans, où les Etats s'étaient assemblés, il fut condamné à mort par des commissaires. Cette pièce établit la preuve et l'objet des recherches faites contre le prince; elle fait connaître les soupçons du gouvernement, tant sur le projet d'exciter une guerre civile en surprenant d'abord la ville de Lyon, que sur la complicité du roi de Navarre, du connétable de Montmorency, du vidame de Chartres et de leurs adhérents.

Le gentilhomme dont il est question dans l'interrogatoire se nommait Lassaigne, et l'interrogé, suivant l'interrogatoire même, de La Haye, conseiller au parlement. Ainsi, dans le parlement, quoique le corps fût catholique, le prince de Condé, quoique chef des huguenots, pouvait avoir de grandes intelligences.

INTERROGATOIRE

D'UN DES AGENS

DU PRINCE DE CONDÉ.

ENQUIS s'il y a long-temps qu'il n'a bougé de Paris et s'il a servi son état ordinaire et depuis deux ans ?

DICT qu'il l'a servi ordinairement durant ledit temps, sinon que l'hiver passé, estant la court à Blois, il y fut par deux fois.

E. Pour quelz affaires ?

D. Qu'il y alloit pour les affaires de M. le prince de Condé, suivant la permission qu'il en avoit du feu Roy de se mesler de ses affaires, dont il a exibé le brevet, et fut pour ung don des munitions.

E. S'il estoit à Amboise lors des séditions ?

D. Que non.

E. Si depuis ce temps là il a point esté hors Paris ?

D. Qu'il ne lui souvient d'avoir esté hors dudit Paris depuis ledit temps, si n'est qu'il fut à Escouan en la fin de juillet ou commencement d'aoust dernier, revoir monsieur le connestable, où estoit madame de Roie qui l'avoit mandé pour adviser d'un contract de vente de la terre de Germigny, et lui semble qu'ils arrestèrent le pris, mais il n'y eut rien passé.

E. S'il n'y eut argent baillé ?

D. Croit qu'il y eut 500 escuz, et pense que ce fut un vendredy ou jour maigre; et le lendemain partit de si bon matin qu'il fut au palais à six heures, et dit qu'il y avait audit Escouan un gentil-homme qu'on disoit estre venu de la part du Roy de Navarre et envoyé par luy devers madame la princesse et madame de Roye pour les visiter à Nisi, et n'ayant trouvé ladite dame de Roye audit Nisi, la suivit jusques audit Escouan pour lui faire recommandations de monsieur, ainsi que l'on dict audit de La Haye.

E. S'il parla audit gentil-homme?

D. Que non, sinon qu'il lui demanda comment se portoit monsieur le prince, autres paroles ne lui dit, ne ledict gentil-homme à lui. Bien lui souvient de l'avoir prié de boire, ce qu'il ne voulut faire quand on eut apporté la collation.

E. S'il la poinct veu ailleurs?

D. Que non.

E. Qui estoit lors audict Escouan?

D. Qu'on lui dict que madame de Bouillon y estoit, laquelle il veid.

E. S'il savoit le nom dudict gentil-homme envoyé par le Roy de Navarre?

D. Que non et qu'il ne l'avoit jamais veu.

E. Si ledict gentil-homme lui déclaira poinct pourquoy ladicte dame de Roye étoit venue à Escouan?

D. Que non.

E. Si ledict gentil-homme lui dict pas qu'il estoit envoyé de la part du Roy de Navarre pour visiter monsieur le connestable et scavoir s'il avoit aussi bonne volonté de lui faire service que lui avoit escript ladicte dame de Roye?

D. Que non.

E. Si ladicte dame de Roye lui parla ensorte du monde à l'occasion de la venue dudict gentil-homme?

D. Que non, mais lui dict seulement qu'il avoit apporté nouvelles que le Roy de Navarre et monsieur le prince son frère se portoient bien.

E. S'il a veu depuis ledict gentil-homme?

D. Que le lendemain, se lui semble, il vint quelcun en son logis à Paris dire qu'il y avoit un gentil-homme qui demandoit que ledict de La Haye lui feist bailler une malle pour porter les habillemens de monsieur le prince, parce que ledict de La Haye ordonne de ses affaires.

E. S'il veit ledict gentil-homme et s'il lui feit bailler ladicte malle?

D. Qu'il alla en la rue Sainct-Honoré voir au logis de M. d'Arles s'il y estoit, et se pourmenant en ladicte rue Sainct-Honoré manda ledict gentil-homme qu'il le vinst trouver, ce qu'il feit; et dict ledict gentil-homme audict confessant que la malle que l'on lui avoit baillée estoit mal propre, et qu'il luy en falloit une autre, ce que ordonna ledict de La Haye; et lui bailla une lettre addressant à monsieur le prince, qu'il avoit desjà escripte et qui n'étoit cachetée, contenant en substance qu'on faisoit un edit par lequel le Roy deffendoit que les conseillers se meslassent plus des affaires d'autruy et que à ceste fin ledit sieur prince y pourveust d'un autre; et ne lui tint aultres propos que communs.

E. Qu'il y avoit dans ladicte malle?

D. Qu'il n'en scait rien, et luy dict ledict gentil-homme que cestoient habillemens.

E. S'il scait quelle part alla ledict gentil-homme?

D. Qu'il alloit en Guyenne, comme il disoit.

E. S'il la poinct veu depuis?

D. Que revenant du palais, un jour dont il n'est records, il veid ledict gentil-homme qui couroit en poste, lequel il remarqua et lui demanda comme se portoit ledict sieur prince; qui lui dict qu'il se portoit bien, et n'eurent d'autres propos ensemble, car ledict sieur gentilhomme n'arresta poinct. Et dict que le lendemain, se lui semble, ledict gentil-homme vint en son logis, ne scait à quelle heure, auquel le confessant demanda des nouvelles dudict sieur prince, et quand il pourroit venir; à quoi il feist response qu'il se portoit bien et qu'il viendroit bientost. Et ledict confessant dict que ledict gentilhomme venoit de Guyenne, comme il cuide, et ne lui porta, ne au premier ne au dernier voyage, aucunes lettres ne mandement dudict sieur prince.

E. Si ledict gentil-homme, au dernier voyage qu'il feit par deçà, lui dict poinct qu'il eust passé à la court?

D. Que non.

E. S'il lui dict pas que le Roy de Navarre l'avoit expressément envoyé devers monsieur le connestable et messieurs ses enfans, l'avertir que ledict sieur Roy de Navarre et ledict sieur prince son frère avoient intention de se mectre aux champs avec leurs forces dedans le trois ou quatriesme jour de ce mois de septembre, prendre le chemin de Bordeaux, et là se pourvoir d'artillerie, pouldre et munitions?

D. Que jamais il ne lui en parla, et qu'il n'est homme à qui il eust fallu tenir tels propoz, car il ne s'est jamais meslé des affaires dudict sieur prince que pour ses papiers et procès, et qu'il est homme qui n'aime jamais les séditions, scaichant que c'est contre Dieu.

E. Si ledict gentil-homme lui dict poinct que ledict prince debvoit aller du costé de Lion pour recueillir les forces qui y estoient préparées, avec autres que le comte de Tende y debvoit amener, qui estoient de cinq à six mille hommes?

D. Que non, et qu'il n'est à présumer que ledict gentilhomme eut charge de lui declairer de telles choses, attendu qu'il n'avoit poinct apporté de lettres ne mandement adressant à luy, et qu'il n'est vrai semblable, si ledict gentilhomme luy en eust déclairé telles choses, que ledict confessant, après le parlement fini, eust osé demeurer à Paris, veu qu'il s'en pouvoit honnestement absenter sans soubçon, mesmes que tout le monde scavoit, et lui aussi, que ledict gentil-homme estoit pris.

E. Si ledit gentil-homme lui dist pas que lesdicts deux princes estoient prests et leurs capitaines, et qu'il estoit venu vers monsieur le connestable pour scavoir s'il les vouloit pas favoriser de lui et de ses amis?

D. Qu'il ne lui en parla jamais, et que s'il lui en eust parlé il se fust mis en tout debvoir de luy remonstrer, et qu'il eust fort scandalizé ledict confessant pour avoir toujours hai sédition et mutinerie.

E. S'il sçait qu'elle responce feit audict gentil-homme monsieur le connestable?

D. Que non.

E. S'il sçait que ledict gentil-homme en dict aultant à monsieur de Montmorency, et la response qu'ils feirent?

D. Que non.

E. S'il sçait que ledict gentil-homme ait communiqué tout ce que dessus à monsieur le vidasme de Chartres?

D. Que non, et que ledict gentil-homme ne lui en dict rien.

E. S'il a rien entendu dudict vidasme?

D. Que non, et que ledict sieur vidasme ne lui a parlé que de ses procès, le remerciant d'un procès qu'il avoit gaigné en la chambre dudict de La Haye.

E. S'il a jamais rien sceu ne entendu de personne de ceste assemblée de gens ?

D. Que non, et qu'il desireroit que tout le monde fust aussi bon serviteur du Roy que lui.

E. S'il a jamais oï parler à Dardoi ?

D. Que non. Bien a il parlé audict Dardoi pour un paquet qu'il falloit faire tenir à monsieur le prince, affin de l'advertir de l'accouchement de madame la princesse sa femme.

Luy a esté remonstré qu'il a denyé sçavoir aucune chose de ceste entreprise, ne que ledict gentil-homme lui eust rien communiqué de la cause de sa venue et des assemblées en armes qui se debvoient faire, toutesfois il se trouve le contraire.

D. Et persiste à ce que dessus, et qu'il ne peult croire que le Roy de Navarre et monsieur le prince son frère voulsissent faire chose maulvaise.

Asseure et afferme sur sa vie lesdicts seigneurs Roy et prince n'avoir rien entrepris jamais contre le Roy ny son estat.

E. S'il en veult croire ledict gentil-homme ?

D. Que non, parce qu'il ne le cognoit et ne le veid jamais ; et en adjoutant, a dict que depuis il a entendu que ledict gentil-homme retourna à Paris, mais qu'il ne le veid.

E. S'il en veult croire ledict Darvoi ?

D. Qu'il ne le veult, et aussi ne croit pas que ledict Darvoi le voulsit charger.

Admonesté de nous dire la vérité pour le service du Roy, s'il a sceu ou scait que aucune entreprise concernant l'estat du Roy, assemblées ou port d'armes, se deust faire ?

D. Qu'il n'en sçait rien, et s'il en sçavoit quelque chose il aimeroit mieux mourir que de le taire.

INSTRUCTION

AU

SIEUR DE PIGAN.

INSTRUCTION

AU

SIEUR DE PIGAN,

DÉPUTÉ PAR HONORAT DE SAVOYE, COMTE DE VILLARS, LIEUTENANT GÉNÉRAL EN LANGUEDOC, POUR RENDRE COMPTE AU ROY DE L'ESTAT DES AFFAIRES AUDIT PAYS DE LANGUEDOC PAR LE SOULEVEMENT ET SÉDITION DES RELIGIONAIRES (1).

Le comte de Villars arrivant au Sainct-Esprit y a fait brusler la charge de trois mulets de livres saisis, envoyés de Genève aux religionnaires.

Passant à Bagnols, il a appris qu'un enfant avoit été baptisé par un ministre ; il l'a fait rebaptiser.

Les villes de Nismes, Montpellier, Aiguemorte et quelques autres des environs sont celles par lesquelles la sédition a commancé. Le comte de Villars a appris à Beaucaire, où les estats estoient assemblés. Les ministres, depuis la conjuration d'Amboise et quelque temps auparavant, y sont reçus en preschant. Le désordre y augmente tous les jours et depuis le 10 septembre ils se sont emparés d'un temple. Plusieurs des religionnaires étoient de l'entreprise de Lyon. Le comte de Villars en a les noms.

(1) Bibliothèque royale, *Manuscrits de Colbert*, vol. 27, in-folio, liasse couverte en parchemin, et recueil Fontanien, vol. 293.

Les assemblées sont composées de gentils-hommes de peu d'apparence ; ils ont cependant trouvé le moyen de faire faire une imposition pour les dépenses de leur église.

Les séditieux gardent les portes des villes et visitent tout ce qui se présente.

Les magistrats et officiers ferment les yeux et autorisent leur insolence. Les bons sujets gémissent et gardent le silence, parce qu'ils sont menacés.

Le comte de Villars, pour se mettre en forces, a convoqué l'arrière-ban ; il auroit pu pourvoir à tout à son arrivée s'il avoit eu seulement cent hommes d'armes et mille hommes de pied.

Les villes qui ont reçu les ministres et les séditieux sont : Nismes, Montagnac, Castre, Montpellier, Annonay, Mareellargues, Aiguesmorte, Sainct-Jehan-de-Gardonnenches, Uzès, Pezenas, Anduze, Privas, Gignac, Covisson, Somières, Vauvers.

Les autres sont prêtes à se déclarer. On voit que le gouvernement est venu sans force ; on a fortifié partout, on amasse des armes, on crie à la liberté. La ville de Nismes, qui d'abord avoit répondu avec soumission, est devenue plus insolente par cette raison. Les députés de Montpellier ont déclaré que le Roi n'avoit pas de sujets plus fidèles, mais qu'à l'égard de leurs ames ils le vouloient supplier de les laisser vivre tranquilles, et qu'ils remettroient leur requette aux estats. Pour prévenir le danger de cette démarche de leur part, le comte de Villars a deffendu, à peine de la vie, de délibérer dans l'assemblée sur ce sujet, ne permettant d'y parler que des matières ordinaires.

Le comte de Villars, pour obvier aux maux dont il instruit, propose de lui donner une armée de dix mille hommes d'infanterie et cinq cens hommes d'armes, avec une artillerie convenable, et qu'après qu'il aura puni les rebelles, cette armée reste dans les villes du pays, parce qu'ils publient que, si on les contraint par la force, ils se retireront et reviendront quand les troupes seront sorties de la province. On ne peut mieux chastier les séditieux qu'en les privant de leurs priviléges, ce qui se fera par les moyens suivans.

Oster de Nismes le présidial et le remettre à Beaucaire où il étoit jadis. Quant à Montpellier, casser le présidial.

Transférer la cour des aydes à Carcassonne et la chambre des comptes en la ville du Puy.

En général, oster à toutes les villes, bourgs et communautés rebelles, tous marchés, libertés, franchises et autres avantages à eux cy devant accordés.

Faire raser les maisons des officiers et gentils-hommes coupables d'avoir favorisé ou estre entrés dans la sédition, et démanteler les villes.

Mettre dans les places des hommes seurs pour gouverneurs et leur donner des garnisons de soldats qui seront payés par les habitans jusqu'à ce que Sa Majesté en ait autrement ordonné; que toutes les armes dans les villes seront remises aux gouverneurs qui en rendront compte quand il sera besoin.

Déclarer indignes de porter les armes tous gentils-hommes qui ont été ou seront mutins ou séditieux.

Les consuls des villes rebelles seront privés de toute juridiction extraordinaire et réduits à ne connoistre que des petites affaires de commerce, le Roy se réservant la disposition des offices concernant la police.

Celui qui commandera dans la province aura toujours près de sa personne cinquante arquebuziers pour exécuter les ordres qui demanderont célérité, ce que les commandans précédens et le comte de Villars lui-même n'a pu faire, ne lui ayant pas été possible, faute d'avoir des gens sous sa main, d'interrompre la correspondance des rebelles entre eux par des messages continuels.

Sa Majesté est supliée d'ordonner de quel lieu sera tirée l'artillerie et faire envoyer quelques deniers pour les frais de toutes ces opérations, en attendant ceux que fournira le pays.

Le comte de Villars a fait arrêter le sieur Daisse, gouverneur d'Aiguemortes, l'un des chefs des rebelles qui faisoit prescher les ministres en sa présence.

Il a menacé les habitans qui s'opposoient aux assemblées, et braqué l'artillerie contre leurs maisons pour les obliger à quitter la ville. Les séditieux se vantaient d'avoir dans Aiguemortes un azile assuré. Depuis, le comte de Villars y a envoyé monsieur de Joyeuse, et il y est encore.

HISTOIRE
VERITABLE DE LA
MVTINERIE, TVMVLTE, ET

sedition, faite par les Prestres
Sainct Medard, contre
les Fideles, le Same-
dy XXVII.
iour de De-
cembre.
1562.

PSEAV. XLVI.

Dés qu'aduersité nous offense,
Dieu nous est appuy et defense:
Au besoin l'auons esprouué,
Et grand secours en luy trouué.

AVERTISSEMENT.

La régente ayant promis aux ministres protestants d'abroger l'édit de juillet, qui défendait aux huguenots leurs assemblées, par un nouveau qui leur accorderait le droit de prêcher, c'est-à-dire la liberté de conscience, les calvinistes se prévalurent de cette promesse, et, sans attendre l'édit qu'on leur faisait espérer, exercèrent publiquement la nouvelle religion. Les catholiques s'opposèrent à la jouissance anticipée d'un privilége qui n'existait pas encore. De là de nombreuses collisions entre les deux partis et des troubles civils sur divers points du royaume, à Cahors, à Amiens, à Abbeville, à Troyes, à Dijon, à Tours, à Toulouse, à Marseille, en Guyenne, enfin à Paris au faubourg Saint-Marceau. C'est l'historique des désordres arrivés dans cette dernière circonstance que retracent les pièces suivantes. Il n'est pas besoin de prévenir que la première et la troisième ont été écrites par les protestants. Les titres, qui préjugent la culpabilité de leurs adversaires, suffisent pour l'indiquer.

Ces pièces avaient été réimprimées dans les Mémoires de Condé, mais avec de nombreuses fautes; nous sommes parvenus à nous procurer les éditions originales que nous reproduisons fidèlement.

HISTOIRE VÉRITABLE

DE LA

MUTINERIE, TUMULTE ET SÉDITION

FAITE PAR LES PRESTRES DE SAINCT-MÉDARD,

CONTRE LES FIDÈLES.

Le bruit commun dès sa naissance, et quand il vient premièrement à sortir en évidence, est ordinairement accompagné de tant de mensonges qu'en son accroissement elles multiplient de telle sorte qu'avant qu'estre espandu jusques aux lieux où il prend fin, se trouve tant perverti, déguisé et corrompu, qu'il n'a plus rien de conforme à la vérité ; et ce advient principalement pour deux occasions : l'une pour estre mal affecté à la cause ; l'autre pour se faire savant des choses que l'on n'a veues. Dont la première induist à enrichir le compte de ce qui sert à la cause exposée et taire ou déguiser ce qui est au contraire ; la seconde fait rapporter tout ce qu'on imagine de vray-semblable pour très certain et véritable, par un désir de satisfaire à la curiosité de ceux qui s'en enquièrent. Or les choses où les hommes se monstrent plus curieux, et se rendent plus affectez, sont celles de la religion, qui en rend la vérité si peu cogneue qu'à grand' peine se peut-elle savoir que bien obscurcie et masquée de quelque fiction mensongère. Ce que ayant considéré, j'ai entrepris de garantir une esmotion advenue ces derniers jours de l'injure des faux rapports et déguisemens de vérité, à ce que tel événement, qui n'est de petite importance bien entendu au vray, retourne à la confusion et lieux de la part que l'on jugera avoir le tort, promettant de m'employer du tout à dire vérité, et ne réciter que les choses dont je suis tesmoing occulaire; me soumettant aux reproches de tous ceux qui y ont assisté, qui en voudront parler sans affection.

L'AN M. D. LXI. le samedi d'après Noel, feste de sainct Jean, vingt-septiesme jour de décembre, les fidèles faisoyent, ainsi qu'il leur est permis, assemblée publique aux fauxbourgs Sainct-Marceau, en un lieu dit le Patriarche; et faisoit l'exhortation monsieur Mallot, ministre, qui, après les prières faites et le psalme chanté, commença d'interpréter ce passage de sainct Matthieu : Venez à moy vous tous qui estes chargez, etc., lequel avoit pris comme lieu de grande doctrine et édification, à ce que la compagnie (qui estoit plus grande que de coustume, pour n'estre ce jour ouvrable) en peust à son contentement rapporter plus grand fruict. Ayant exécuté environ un quart d'heure, commencèrent ceux de Sainct-Médard, parroisse dudict fauxbourg, sur les trois heures (jà leurs vespres dites), de malice délibérée, à sonner toutes leurs cloches ensemble, d'un tel bransle qu'aussi pour n'y avoir qu'une ruelle de distance entre les deux lieux retentissoit le son si grand dans ledit Patriarche, qu'il estoit du tout impossible d'entendre en ladicte exhortation; ce que voyans ceux de l'assemblée, deux d'entre eux s'en allèrent sans aucunes armes, prier que l'on desistast de sonner, à ce que si bonne compagnie ne fust empeschée d'ouir la parole de Dieu. A ceste prière et humble requeste s'esleva une voix de prestres, et quelques autres mutins, crians que en despit d'eux l'on sonneroit; et sur ces entrefaites s'essayent à donner plus grand bransle à leurs cloches; et à l'instant fort mutinez, fermèrent la grande porte de leur église, enfermans l'un des deux dessusdits; l'autre se sauva de vitesse et se retira vers les siens; et comme ainsi fust qu'il n'avoit que un petit couteau, le massacrèrent de sept coups, tant de long-bois (1) que d'espée, quasi tous mortels, selon le récit des chyrurgiens. Aussi soudain furent closes deux autres portes, l'une grande, du presbitaire, l'autre plus petite, du cymetière, issantes (2) en la ruelle joignant le Patriarche, et commencèrent à jetter pierres, et tirer traits d'arbalestres, dont avoient fait bonne munition. Le cry de ceux qui demandoient secours donna l'alarme à toute la compagnie, qui pour lors ne présumoit rien moins que telle esmeutte, en grand effroy et confusion; et qui la redoubla plus chaude fut le son du toxin que les prestres sonnèrent aussitost. Or furent ces trois portes susdictes fermées, la batterie de pierres et arbalestres commencée, et le toxin sonné, en moment si subit, qu'il est à présumer qu'en tous ces lieux estoient gens disposez dès auparavant la semonce de cesser la sonnerie. Toutesfois, en chose si subite et inespérée, fut mis si bon et prompt ordre par les évangélistes, qu'ayans tiré hors de l'assemblée tous les hommes qui se trouvèrent en estat de deffence, qui estoient fort peu, pour une si grande troupe, non moindre (à mon jugement) que de douze à treize mille personnes, asseurèrent si bien les autres qu'après un pseaume chanté se continua l'exhortation. Cependant se sonnoit tousjours le toxin, avec furieuse baterie de pierres et traits d'arbalestres. Or y avoit en l'assemblée monsieur le prévost des mareschaux, Rouge-Oreille,

(1) Piques, hallebardes, etc.

(2) Ayant leurs sorties.

commis de monseigneur le gouverneur pour la garde et seureté d'icelle, et estoit accompagné de cinq ou de six de ses archers, desquels en envoya un pour parlementer avec le curé et faire deffense de par le Roy de plus sonner le toxin et jetter pierres. Puis il y voulut aller luy-mesme; mais la gresle des pierres et traits d'arbalestres le contraignirent de se retirer bien viste, et sans apporter autre response. Tel refus et rebellion faite à justice, se délibérèrent les évangélistes de ne laisser branler plus longuement cest espouvantail de peuple et appeau de sédition, discourans fort bien en quel danger évident estoit toute leur compagnie. Adonc mieux armez de bon cœur et ardant zèle qui les incitoit à la tuition de ceste troupe de leur frère, qui se reposoit sur leur défense et main forte du Seigneur, que d'armes deffensives à repousser l'injure de leurs ennemis, ou offensives pour les endommager, tous d'un courage firent tel effort qu'ils enfoncèrent les portes de l'eglise; qui ne fut exécuté sans estre plusieurs d'entre eux blessez, qui leur augmenta la colère, estans outre plus excitez et encouragez à vengeance par la compassion dont furent saisis, quand ils trouvèrent au bas du seuil de l'église leur pauvre frère si outrageusement assasciné et meurdry, selon que cy-dessus avons recité. En ceste première furie se présentèrent nombre de prestres et autres mutins embastonnez d'espées, rondelles, longsbois, gros pavez et arbalestres, faisans armes à toute outrance et cruelle résistence, qui dura toutesfois fort peu contre le courageux effort des autres, si que furent tantost espris de frayeur et crainte; dont une grande partie d'eux se sauvèrent dans le cloché, abandonnans laschement leur troupeau qu'ils avoyent conduit et exposé à la tuerie et boucherie. Et entre autres prestres y avoit monsieur le curé, chef, conducteur et entrepreneur de la mutinerie, gagne le plus haut du cloché, dont avec ses complices ne cessa d'endommager les évangélistes, tant que les munitions qu'il avoit faites de longue main luy durèrent. Je ne puis passer sous silence une furie prodigieuse de certains prestres, enflammez de telle rage que, leur deffaillant leur amas de pierres fait dans l'église, montèrent sur les ostels, et de leurs propres mains brisans les images qu'auparavant souloyent tant révéremment adorer, se servoient des pièces à jetter contre leurs ennemis; chose toutesfois moins esmerveillable qu'il ne semble, veu que ceste furie leur est tournée en nature; car il seroit malaisé à juger s'ils estoient plus furieux et maniaques, lors qu'ainsi irreligieusement brisoient la chose par eux tant honorée, ou quand ils adoroient choses si insensibles.

Or en ce conflit, qui dura une bonne demie heure, furent blessez des mutins environs trente ou quarante dont en furent pris prisonniers quatorze ou quinze des principaux chefs et plus apparens; plusieurs se sauvèrent, et fut pardonné à la témérité du séditieux populasse, bien qu'il n'y eust vieille qui ne eust rendu devoir à amasser et jetter pierres, ne se sçachans aider d'armes plus nuisibles. Et fut chose digne d'une louable admiration de voir des cœurs si esmeus et enflambez, si soudain convertis à pitoyable miséricorde; car chacun s'efforçoit de conserver et garentir d'estre outragez ces pauvres idiots populaires, ne donnant aucun lieu à cruauté ou vengeance. Ce néantmoins, ceux qui s'estoient renfermez dans le cloché, dont estoit chef le moine curé, persistoient en leurs entreprises de bransler tant le toxin, (1) qu'auroyent secours d'autres mutins, pour mettre en pièces toute ceste innocente troupe qui persistoit

(1) *Suppléer* espérans.

à ouir la parole de Dieu, qui s'advançoit; et n'y eut autre rémède, pour la confiance qu'ils avoient en la forteresse de leur cloché, de les faire cesser, que par menace de mettre le feu au pied. Et ainsi print fin ladite esmotion. Environ lequel temps survint Guabaston, chevalier du guet, accompagné de sept ou huict chevaux. Il restoit, l'exhortation finie, de conduire ce grand peuple sans deffence et rendre chacun en sa demeure en la plus grande seureté que faire se pourroit, chose qui sembloit fort difficile et requéroit un grand ordre et prévoyance, veu l'apparente présomption qu'il y avoit en ce grand faux-bourg, et mesme en la ville, se fust esmeu (1) quelque chose, oyant ce toxin, appeau de sédition, sonné par si longue espace de temps. Or se trouvèrent pour la conduite environ de cinquante ou soixante chevaux, et près de deux cents hommes de pied, ayans espées et dagues, dont le tout fut ainsi disposé : une moitié des chevaux se mist avec Guabaston pour l'avantgarde; l'autre demeura avec monsieur le prévost Rouge-Oreille, pour l'arrière-garde et conduitte des prisonniers qui estoyent liez deux à deux d'une longue corde, dont y avoit d'entre eux quelques prestres qui portoient fort triste chère. Les gens de pied avoient deux capitaines et estoyent divisez en deux bandes, et marchoient à la file, tenans un costé de la rue et le peuple l'autre, qui s'escouloit sous leur garde. En ceste ordonnance fut le tout conduit fort paisiblement et sans aucune confusion. Près la porte Sainct-Marceau fut donnée une fauce alarme par aucuns qui se mirent en fuitte à vauderoute, pour avoir veu jetter quelques pierres en une ruelle et accourir grande troupe de populasse qui s'amassoit à les voir passer en ceste nou-

(1) *Corriger* qu'il ne s'émeut.

velle ordonnance, comme le peuple parisien s'amasse aisément à la moindre nouveauté qui se présente ; mais le tout soudainement rappaisé, fut chacun, par la grace de Dieu, rendu en sa maison, et les prisonniers conduits au Petit Chastelet. Voylà le fait de toute la sédition à la pure vérité, selon que il m'est passé devant les yeux (1).

Mais je ne me puis contenter d'avoir si nuement narré une chose tant mémorable, bien que j'aye quasi desjà attaint au but que je m'estois proposé, comme ainsi soit que desjà

(1) Cette relation, écrite par un protestant, diffère beaucoup du récit de Bruslart, chanoine de Paris. Voici comment il raconte le même événement dans son journal (Mém. de Condé, 1743, t. 1er) :

Le vingt-septiesme du mois de décembre 1561, avint une grande sédition en l'église Sainct-Médard, par ceux qui se disent l'Eglise réformée. Avint que le jour Sainct-Jehan après Noël, les paroissiens de Sainct-Médard firent sonner les dernières vespres en leur église, auprès de laquelle estoit un lieu nommé le Patriarche, où se faisoit ordinairement la presche des huguenots ; lesquels indignés que tel son de cloche empeschoit que leur prédicateur ne fust bien entendu, allèrent en grand nombre en laditte église de Sainct Médard, laquelle ils pillèrent, blessèrent et navrèrent jusques à mort plusieurs personnes paroissiens de laditte église, rompans et abbatans les images de laditte église. Et advint que un pauvre boulangier de la paroisse, chargé de douze enfans, voiant le massacre qu'ils faisoient à l'église, prist entre ses bras le ciboire où estoit le précieux corps de Nostre Seigneur, leur disant : *Messieurs, ne touchés là pour l'honneur de celuy qui repose en ce lieu.* Lors un meschant luy donna un coup de pertuisane au travers du corps, et plusieurs autres coups, desquels il mourut à l'instant près le grand autel de laditte église; et luy disoit : *Est-ce ton Dieu de paste qui te délivre maintenant des peines de la mort ?* Et foullèrent aux pieds le précieux corps de Nostre Seigneur, et le lieu là où il reposoit mirent en cent mille pièces. Les pauvres gens, se voyants ainsi mutilés et traittés, se retirèrent au clocher et sonnèrent au tocsin, au son duquel ne furent aucunement secourus, à raison que ils estoient bien trois ou quatre mil en armes, qui tenoient en subjection toutes les ruës delà à l'entour. Furent aussi tués deux autres personnes en laditte église, et plusieurs autres blessés et navrés : ce néammoins menés en prison liés de gros cables comme galleriens, sans aucune information, ne qu'ils eussent rien faict. Le peuple de Paris fust fort esmeu ; mesmement que

assez évidemment apparoist de quelle part tourne le tort, et qu'on ne peut plus douter qui sont les premiers moteurs de la sédition. Je me licenciray donc plus outre de faire un brief discours de certaines circonstances bien dignes d'estre remarquées, par le moyen desquelles se descouvrira la source, première cause motive et origine de toute la sédition, et se descouvrira que c'estoit une entreprise brassée de plus longue main que beaucoup ne pensent. Et apparoissant au vray le danger plus grand que n'en a l'apparence, aurons plus grande occasion de rendre graces à l'Eternel, qui, par sa bonne et seure veille sur son troupeau, l'a délivré de la gueule gloute des loups ravissans qui avoient tendu leurs lacs pour le ruiner et dévorer, et a fait tourner leurs machinations sur leur chef, en grande confusion. Il est donc à sçavoir que, trois ou quatre jours avant l'esmeute advenue, ce faisant assemblée au mesme lieu du Patriarche, avoient, comme de présent, sonné leurs cloches les prestres Sainct-Médard, à tout branlé, en mesme intention d'empescher d'ouir la parole de Dieu ; et furent dès-lors semons, par plusieurs d'apparence, de cesser un tel son extraordinaire, empeschement trop insuportable ; ce que leur fut force de faire, pour la crainte qu'ils eurent, se voyans les plus foibles, d'estre contraints de ce faire par autre voye, le refusant par amitié; qui leur fut de si dure digestion, qu'ils en conceurent tel creve cœur que dès-lors conspi-

le guet, qui assistoit auxdits huguenots avec le lieutenant de robbe courte nommé Desjardins, souffrirent estre faict telle indignité à cette pauvre église, sans que un seul des exécuteurs de telle entreprise fust constitué prisonnier ; qui estoit une évidente injustice.

Ce même volume contiendra, dans la pièce intitulée : *Discours sur le saccagement des églises catholiques*, etc., une relation de l'affaire de Saint-Médard.

rèrent curé et prestres, d'un monopole, la première fois que là on s'assembleroit, de sonner tant que cordes pourroient tirer et cloches bransler ; et pour festoyer ceux qui les en voudroient empescher, se fortifièrent et munirent de pierres, arbalestres, espées, rondelles et long-bois, s'adjoignans bon nombre des plus mutins et séditieux de toute la parroisse. Estoit chef de l'entreprise monsieur le curé, moyne de Saincte-Geneviefve, lequel, avec ses prestres, demanda secours de gens et d'armes à son abbé, comme luy-mesme a confessé ; mais, pour estre chose de grand advis et délibération, en consultèrent avec messieurs le premier, et Sainct André, présidens, ensemble le procureur général Bourdin, desquels eurent bon confort et ayde, avec asseurance de les garantir de tout événement. Et de ceste promesse fortifioit, au jour de la sédition, le curé ses complices prestres et mutins, en ces termes : Ruez, frappez, tuez, n'espargnez personne ; nous avons bons garans, et des plus grans de la ville. Estans donc fortifiez de tels appuis, plus hardiment divulgoient leur conseil envers ceux que cognoissoient plus enclins à mutinerie, les solicitans de s'adjoindre à leur entreprise ; et par ce moyen de l'un à l'autre fut communiqué à tant de sortes de gens, que furent advertis aucuns de ceux qui fréquentent les assemblées de ne s'y trouver ce jour de samedy, et mesmes aucuns des conspirateurs, jà s'esgayans comme de ville gaignée, se vantoient, dès le matin, qu'il se feroit beau carnage de huguenots. Or les principaux nerfs de la sédition estoient au toxin, au son duquel devoit venir secours de Nostre-Dame-des-Champs (1), Sainct-Victor, et Saincte-Gene-

(1) C'était autrefois un prieuré considérable, situé dans la rue du Faubourg Saint-Jacques.

viefve; et pour l'attendre en seureté, s'estoient reserrez et remparez les mutins dedans leur église, munis et fortifiez de toutes armes nécessaires à soustenir le siége. De faict, au premier son, s'achemina grande troupe embastonnée, venant du costé des champs, audevant desquels s'advança une troupe de chevaux; mais aussitost que les eurent apperceus, se retira à la fuite toute ceste canaille; et est chose seure que telle diligence faite par les gentilz-hommes de cheval les intimida de telle crainte que ceux des autres quartiers, en oyant le vent, n'osèrent s'esbranler. Aussi furent getées force pierres de quelques maisons voisines de l'église, et faites saillies avec long-bois; mais le tout fut rembarré de si près, et tindrent si peu ceux de l'église, que tous ensemble perdirent cœur; dont les prestres et aucuns autres prisonniers, pendant qu'on les menoit, et depuis en la prison, ont fait maintes complaintes, disans que trop laschement leur avoit esté rompue la foy par ceux qui leur avoient promis secours, et qu'ils s'asseuroient bien, s'ils n'eussent manqué de promesse, qu'ils n'eusseut pas esté les plus foibles. Tels regrets plusieurs gens de foy leur ont ouy faire. Outre plus est assez confirmée telle conspiration, parce que, dès le matin, avoient les prestres retiré de l'église, en maisons voisines de leurs plus féables, tous leurs reliques, calices, platine (1), chasubles et ornemens de pris, pour estre plus seurement en tout événement. Assez d'autres conjectures pourrois-je amener, si je n'estimois ceux-ci assez valables et de suffisante attestation et preuve, laissant désormais au jugement de tous bons cerveaux à prononcer qui a le tort, qui sont les assaillans, rebelles aux édits du Roy, et sé-

(1) Patène.

ditieux; et, selon iceux, quelles peines méritent les autheurs, moteurs et complices d'une mutinerie de telle conséquence, en la ville capitale de ce royaume, que toutes les croniques françoises tesmoignent avoir de tous temps esté fort encline à toutes sortes d'esmotions et mutineries; dont tous fidèles ont bonne occasion de glorifier le Tout-Puissant, protecteur de son église, qui, par sa main forte, a préservé les siens, environnant son troupeau des légions de ses anges, pour seur rempart au milieu de ses ennemis, et a tellement amoli le cœur du peuple parisien et contenu en tel devoir, qui ne monstra aucune apparence de s'esmouvoir. Or le lendemain de l'esmeute, qui estoit jour de dimanche, se fit le matin, au mesme lieu du Patriarche, l'exhortation accoustumée, à laquelle se trouvèrent les évangélistes en bon équipage d'armes accoustumées à porter, et belle ordonnance; et y avoit tel nombre de bons hommes de deffense qu'ils avoient assez moyen de se ressentir des coups et outrages qu'avoient receu le jour précédant, et de chastier les séditieux mutins qui leur avoient couru sus, et brassé telle menée pour leur faire à tous perdre la vie. Toutesfois monstrans que vouloient oublier toutes choses pour le désir qu'avoient de vivre en paix, se comportèrent en telle patience et modestie qu'il n'y a aucun qui se puisse plaindre d'avoir seulement esté outragé de parole; et ainsi en grande paix se retirèrent en leurs maisons après l'exhortation finie. Mais l'après-dinée, quelques prestres, qui s'estoient sauvez de la mutinerie le jour précédant, sachans bien que de tout le jour l'on ne se rassembleroit plus audit lieu du Patriarche, voulant en revenge du passé mettre à fin ce que pourroient de leur première entreprise, rassemblèrent grand nombre de populasse séditieux du faulxbourg, sus les quatre heures, à ce que la nuict qui estoit proche leur donnast plus seure retraite, qui, d'impétuosité brutale, rompirent les portes du Patriarche, et, amas de bois fait, mirent le feu dans toutes les chambres d'un grand corps d'hostel, accompagné d'un petit, brisèrent en pièces la chaire du ministre, rompirent tuilles, firent brèche aux murailles d'un grand pourpris de deux jardins, avec tel dégast et débril dont se peurent adviser, dont le bruit espars par ville parvint aux évangélistes. Quelques gentils-hommes advertis montèrent à cheval et à la course donnèrent jusques audit lieu, où n'arrivèrent que dix ou douze chevaux du commencement, qui mirent toute ceste canaille en fuitte. Survenoient tousjours chevaux à la file, qui se trouvèrent à la fin en nombre de quarante ou cinquante; survint aussi le procureur du Roy en Chastelet, avec cinq ou six sergeans; luy furent livrez six ou sept prisonniers; puis, le feu esteint en toute diligence, chacun se retira. Ainsi desgorgèrent le reste de leur venin et fureur enragés, sus les maisons, que n'avoient peu exécuter sur les personnes.

DISCOURS ET PROCÉDURES

FAITES

DANS LE PARLEMENT DE PARIS,

AU SUJET DES TUMULTES ARRIVÉS A SAINCT-MÉDARD ET DANS QUELQUES AUTRES ENDROITS DE CETTE VILLE(1).

Cejourd'huy, monsieur le connestable, accompaigné de monsieur le mareschal de Montmorency son fils, gouverneur de ceste ville et Isle de France, est venu en la court et a dict que, allant devers le Roy et Royne sa mère, à Sainct-Germain-en-Laye, il n'a voulu faillir, suivant sa coustume et debvoir, de venir saluer ladicte court, pour luy offrir et continuer la volunté qu'il a, comme il doibt, à faire plaisir et service; aussi pour entendre comme les choses passent icy, affin d'en faire rapport ausdictz Roy et Royne, et d'advertir ladicte court des nouvelles qu'il a des assemblées qui se font en divers lieux et endroictz de ce royaulme; mesmes près de luy y en a eu de cinq à six cens hommes chez des gentilzhommes, ausquelz il a mandé qu'il les iroit veoir, s'ilz ne cessoient, car on ne sçayt pas bien ce qu'ilz veulent faire; et sont choses de mauvays exemples et dangereuses. Les troys Roys derniers luy ont baillé les armes, et le Roy qui est à présent

(1) Reg. du Conseil du parlement de Paris, cotté VI^xx^XIII, fol. 314. v°.

luy faict l'honneur de les luy laisser; est délibéré, par le commandement desdictz Roy et Royne, les en servir. Y a des officiers de la justice qui favorisent lesdictes assemblées. En a parlé à ceulx de Senlys. Nostre Roy jeune doibt plus estre obéy que s'il estoit majeur. Lors il se feroit obéyr ; maintenant ses bons subjectz et serviteurs doibvent garder son obéissance, les repos et tranquilités publicques, et, pour ce faire, auctoriser la justice. Ledict mareschal son filz a eu lectre du Roy pour venir icy tenir la main forte. Prandra conseil de ladicte court, qui est la plus notable compaignée de la justice souveraine du royaume; ne fauldra poinct avec tel conseil, ayant la volunté bonne. Quant à luy, dira de rechief qu'il y employra sa vye, ses enffans, ses parens et amys. A entendu qu'un nommé Desjardins, qu'il ne cognoist, sinon qu'il a mauvais nom, assomma hyer une pauvre femme sur le pont Nostre-Dame, et à Sainct-Médard y a eu ung prestre tué. Fera bon rapport de tout ce dont il a esté et sera informé; mesmement par ladicte court, afin qu'il y soit pourveu, car ce sont choses de trop grande conséquence. A quoy monsieur le premier président a faict réponse que la court mercyoit ledit sieur connestable de ce qu'il l'estoit venu visiter et de la bonne volunté en laquelle elle le voyoit persévérer au bien du royaulme ; que les affaires estoient en si grandz troubles que, s'il n'y estoit pourveu, le peuple ne pourroit estre contenu. Lors que les derniers sont advenuz, et que ladicte court y a regardé, il estoit malade. Monsieur le président de Sainct-André en pourra parler. Lors ledict sieur président de Sainct-André a dict que lundy dernier il meyt en délibération ce qui avoit esté faict à Sainct-Médard, où y avoit eu blasphèmes et impiétés contre le Sainct-Sacrement de l'autel, les images du Crucifix, de la Vierge Marie et sainctz. Survint mondict sieur le mareschal. En sa présence furent mandez les prévost de Paris et ses officiers, les chevaliers du guet, prévost Rouge-Oreille (1) et autres. Le lieutenant-criminel s'excusa de maladie ; de Thou, advocat, et Martine, procureur du Roy, vindrent et furent oyz. Apportèrent une information par laquelle, entre autres choses, apparoissoit des insolences, blasphèmes et excez faictz audict Sainct-Médard, entre autres par un qui avoit ung nez d'argent (2). Cependant maistre Robert Boette rapporta une requeste de trente-ung prisonniers, desquelz l'un estoit le prescheur dudict Sainct-Médard, auquel, estant à genolz en oraison, on vouloit couper la teste, et parce qu'il se baissa il n'y fut que blessé. A luy et autres blessez, estans prisonniers où Chastelet, furent déniés cures et médicamens. Lesdictz chevaliers du guet et prévost Rouge-Oreille furent enquis s'ilz avoient faict quelque information contre lesdictz prisonniers ; respondirent que non, et que Desjardins en pourroit parler ; aussi qu'il y avoit des gardes de l'assemblée. Ladicte court, ce veoyant, ordonna que lesdictz prisonniers seroient eslargiz ; et pour informer plus amplement qui avoit esté cause de la sédition commist maistre Loys Gayant et Anthoine Fumée, conseillers céans. Depuis on luy a baillé ung mémoire pour advertir ladicte court de ce qui est advenu à la porte Sainct-Marceau, par laquelle plusieurs gens à cheval et en armes sont sortiz, et que celluy qui a la garde des clefz de ladicte porte en

(1) Prévôt des maréchaux.

(2) *Nez-d'Argent.* C'était un archer qui, ayant autrefois eu le nez emporté d'un coup à la guerre, portait effectivement un nez d'argent. Il fut condamné à mort et exécuté avec Gabaston, chevalier du guet. Après leur exécution, leurs corps furent arrachés des mains du bourreau par la populace qui les traîna ignominieusement dans les rues et les jeta ensuite à la rivière.

diroit la vérité. A esté par ladicte court ordonné qu'il seroit mandé et enquis; et pour informer de l'excès faict à la porte Sainct-Anthoine a esté commis maistre Eustache Chambon, aussi conseiller céans: et a dict ledict sieur mareschal qu'il baillera main forte à l'huissier pour exécuter le décret de prinse de corps contre Desjardins. Peu après, sont survenuz les prévost des marchans et aucuns eschevins de ladicte ville, pour le faict des lettres patentes de l'aliénation des plus values des aydes, jusques à dix mil livres tournois de rente; qui ont dict et enquis que l'excès faict à ladicte porte Sainct-Anthoine, ilz ont faict informer par le lieutenant Brajelonne (1), que ou greffe on grossoye l'information; la feront apporter devers ladicte court, afin qu'elle y pourvoye pour la conséquence; car combien que la couleur (2) soit prinse, comme ung nommé Berthrand déclaira au portier qu'il voulut forcer, estant accompaigné de quatre-vingtz ou cent hommes à cheval bien armez, que c'estoit pour garder le Temple de Poupincourt, et pour ce qu'il en devoit venir après d'autres, il luy donna le mot du guet, c'est force publicque faicte à ceste ville capitale.

(1) Lieutenant particulier au Châtelet de Paris.

(2) Le prétexte.

LETTRES

DU ROY ET DE LA REINE-MÈRE

AU PARLEMENT DE PARIS(1),

AU SUJET DU TUMULTE ARRIVÉ A LA PORTE SAINCT-ANTHOINE DE CETTE VILLE, ET ARRESTS DONNEZ PAR CETTE COUR PAR RAPPORT A CE TUMULTE ET A CELUI ARRIVÉ A SAINCT-MÉDARD.

Ce jour (2), la court, pour informer de ce que la nuict passée plusieurs gens en armes et à cheval ont faict tenir la porte Sainct-Marceau ouverte, a commis et député maistres Eustache Chambon et Jacques de Varade, conseillers du Roy en icelle ; et pour informer concurremment avec maistres Loys Gayant et Anthoine Fumée, aussi conseillers, a commis et député, chacun en leur regard, maistres Loys Derquinvillier et Guillanme Maulenauld, aussi conseillers du Roy.

Cedict jour, les gens du Roy, par maistre Baptiste Dumesnil, advocat dudict seigneur, ont présenté à la court les deux lettres missives du Roy et de la Royne sa mère, desquelles la teneur ensuit :

De par le Roy, nos amez et féaulx, nous avons entendu que, la nuict passée, ung nommé Bertrand, sieur de Po-

(1) Reg. du Conseil du parlement de Paris, coté VI.xxXIII. fol. 318. r°.

(2) Le 2 de janvier.

pincourt, seroit allé à main armée, accompagné de grand nombre d'hommes en armes et garniz de harquebuzes, ont contrainct celuy qui a la garde des clefz de la porte Sainct-Anthoine d'ouvrir ladicte porte et laisser toute la nuict ouverte, pour faire sortir autre nombre de gens armez, comme il feist, à deux trouppes, environ la minuyt et les troys heures au matin ; qui est chose, pour l'importance dont elle est, que ne voulons démourer impugnye. A ceste cause, nous vous mandons et ordonnons très-expressément que vous ayez à en faire diligemment et exactement informer, et contre ledict Bertrand et autres qui se trouveront chargez et coulpables d'une telle faulte. Procédez à faire et parfaire leur procès, de sorte que la justice et punition exemplaire s'en ensuyve, telle que le cas le requerra. Donné à Sainct-Germain-en-Laye, le xxxme jour de décembre 1561. Signées Charles, et contresignées de l'Aubespine. Et sur la superscription. A nos amez et féaulx les gens tenans nostre court de parlement à Paris. Messieurs, le Roy monsieur mon fils et moy, ayans entendu la téméraire entreprise faicte par ceulx dont il vous escript, de forcer ainsi le portier de la porte Sainct-Anthoine, veult, et je le désire aussi singulièrement, que la vérité en soit seuë et que luy et sa justice en ayent la réparation telle qu'il appartient; qui me donne occasion de vous en escripre aussi, et prier y mettre la main si à bon escient qu'il en puisse avoir contentement, et vous asseurer que, encores qu'il soit jeune, il aura perpétuellement mémoire d'une telle faulte et du devoir que vous, tenans le lieu que vous faictes en sa justice, ferez à chastier chose de tel poix et de si grande importance, que vous la povez assez juger ; priant Dieu, messieurs, vous avoir en sa garde. Escript à Sainct-Germain-en-Laye, le xxxme jour de décembre 1561. Signées Caterine, et contresignées de l'Aubespine. Et sur la superscription. A messieurs de la court de parlement de Paris. Ce faict, et à l'instant le mareschal de Montmorency, gouverneur de l'Isle de France, ayant esté mandé, venu et assis, ont dict qu'il leur desplaist grandement de veoir aujourd'huy une si grande consternation au peuple de Paris, qu'elle y est; ont oy dire, estans ces jours passés en court, en ceste ville, depuis qu'ilz sont arrivez, que ung chacun pense que *agatur hodie de capite et fortunis omnium,* tellement que chacun se veult retirer de son office pour craincte de sa personne. Aux églises de ceste ville y a infinies plainctes. Les uns demandent de la force pour se deffendre, n'y estans asseurez; mesmes ceulx de Sainct-Pol demandent avoir de l'artillerie. Ceulx de Nostre-Dame de Paris demandent gens pour la deffendre. Plus, ilz remonstrent que, pour expier l'excès qui a esté faict en l'église de Sainct-Médard durant les vespres de samedy dernier, il y fauldra avoir de la force. De ceste perturbation ne s'en peult donner blasme au simple peuple, qui n'est prest de vouloir assaillir, mais seulement se défendre. Bien peult y avoir parmy eulx quelzques gens malins qui ne demandent que des troubles. Or, quant à eulx, ils ne se doibvent ny peuvent entremettre de la doctrine et de la religion; encores aussi peu parler des armes. Ceulx qui en ont la charge par la providence du Roy et advis de la court y sçauront très-bien pourveoir pour leur office et debvoir. Supplient estre advisé promptement à l'asseurence du peuple et luy oster ceste craincte, affin qu'il puisse servir et prier Dieu en liberté. Les occasions de son trouble sont les exemples des choses advenuës ces festes de Noël, qui sont récens. Cella est aydé de la veuë ordinaire de ceulx qui vont aux presches hors ceste ville, qui y vont armez. Ne parlent pour la noblesse, est raisonnable qu'ilz ayent leurs espées, ainsi qu'ilz ont accoustumé; mais pour tout le reste ne le fault permettre. Et certes, aller aux presches avec armes et espées, c'estoit contre la profession de l'évangile qui ne veult que toute humilité et doulceur; et ne se doibt l'évangile prescher ny le royaulme de Dieu acquérir par le sang des hommes; qu'elle est suffisamment fondée sur le sang de Jésus-Christ respandu pour nous. Ne sert de dire par ceulx de la religion prétenduë refformée, que l'on se veult ruer sur eulx, car ilz n'en ont jamais veu aucunes informations. Bien y a eu quelques petites injures, dont y en a eu de prisonniers; et mesmes ung a esté fustigé par les carrefours, pour avoir appelé ung aultre huguenot, dont touteffois l'on n'a faict aucun bruyt. Davantaige ce n'est pas occasion d'y aller par force, mais de se retirer au magistrat pour faire la justice du séditieux. Touteffoys ilz vont aux presches à main armée; et peult tesmoigner *ex visu* en avoir rencontré allans en forme d'hostillité douze à cheval, accompaignez de vingt hommes à pied, marchans en bataille. *Accedit* que le guet, les prévostz des mareschaulx, leurs archers et aultres, leur assistent et les gardent, et ne font égallement telle garde et support aux aultres. L'excès faict en l'église de Sainct-Médard ces festes de Noël en faict tesmoignage récent que, estant le peuple à oyr vespres après le sermon, fut l'église forcée, aucuns tuez, les autres blessez, et trente-deux prins et menez prisonniers, dont la pluspart fort blessez; mais quant à ceulx de l'autre partie, n'y en a aucun appréhendé ne prins. De cecy ilz en ont adverty le Roy, la Royne sa mère et le Roy de Navarre, et autres princes et seigneurs du conseil, qui ont advisé sur ce quelques provisions; l'une, pour mettre hors les blessez; et quant aux assemblées que l'on faict, ilz sont après pour y pourveoir. Et ont entendu de la Royne que, sans approuver les assemblées que l'on faict hors ceste ville, la volunté du Roy et la syenne est que l'on ne face aulcunes assemblées en ceste ville ; signamment ont eu regret et déplaisir que, ès jours de festes dernières, ils se soyent assemblez hors la ville, pour les dangiers et inconvéniens advenuz et qui en peuvent advenir. Quoyqu'il en soyt, il est fort apparant que les ministres de la justice, qui sont les prévostz des mareschaulx, leurs archers et le guet, se y portent fort mal, ne faisans leur debvoir en la charge où ilz sont appellez, qui est de comprimer les séditieux ; car au contraire ilz assistent et supportent les ungs et foulent les autres. Est telle inéqualité mère et nourrice de la sédition. Hyer en trouvèrent à la suytte de monsieur le connestable quelques-ungs qui possible estoient présens au faict desdictz excès et captures ; ausquelz ayans demandé comment ilz s'en pouvoient excuser, ilz faisoient response qu'ilz ne les cognoissoient. Et leur ayans demandé pourquoy on prenoit plustost les ungs et laissoit-on aller les aultres, respondirent que telz ne se pregnent pas sans mouffles (1). Partant, pour arrester en ce regard leurs conclusions, supplient que les défenses de porter armes de toutes parts, tant en la ville que faulxbourgs, soient de rechef publiées et commandées sur peines, et qu'il plaise à monsieur le gouverneur de tenir la main à l'exécution de l'édict ; pour ce regard aussi, qu'il ne se face plus d'assemblées à Paris, et qu'il commande aux prévostz des mareschaulx, leurs lieutenans et ministres de la justice, de contenir songneusement et comprimer les séditieux d'une part et d'aultre, sans acception de personne, sur peine de s'en prendre à eulx. Au surplus, entre les ministres susdictz de la justice, y a ung nommé Desjardins, lequel cy-devant par arrest a

(1) Expression proverbiale qui signifie qu'*il est difficile de s'en saisir*.

esté interdict de son office. Vérité est que, pour quelque promesse qu'il avoit faict pour advérer quelques grandz cas secretz, l'interdition fut levée ; et aussi-tost après fut trouvé couché, buvant et mangeant avec ceulx qu'il debvoit amener prisonniers. Il y a plus; est que chacun crye par ceste ville de ce que inhumainement il a oultraigé, batu et excédé une femme d'un marchant de ceste ville, du bout du pont Nostre-Dame, de bonne et honneste famille ; et l'ayant ainsi batuë et oultraigée, l'a faict traîner par les cheveux et par les bouës ès prisons du petit Chastellet, au moyen duquel excès elle a esté en péril de sa personne et en danger de mort; qui est une grande pityé, et contre toute forme de justice. Au moyen dequoy, estant desjà prévenu de plusieurs cas et actandu l'arrest, n'est plus raisonnable qu'il exerce ; et requièrent qu'il soit interdict, et défense à ses archers de luy obéyr, et qu'il soit prins au corps suyvant les décretz contre luy faictz et ordonnez par la court. Au regard des autres ministres, qu'ilz soient admonestez et à eulx enjoinct de faire leur debvoir, pour appaiser et garder les séditions et suivre le train ordinaire, sans acception de personnes. Il y a une autre chose; c'est pour la contention de la justice d'entre les juges ordinaires et des prévostz des mareschaulx. L'un dict que le prévost des mareschaulx n'a en ceste ville que la capture et le décret, et non pas instruire et juger ung procès; l'autre soustient au contraire et qu'il a lettres patentes du Roy à ceste fin. Et certes, il semble n'estre raisonnable que lesdicts prévostz facent, instruisent ou jugent un procès contre ung citoyen en faict de sédition et religion, dont la cognoissance en appartient par l'édict au juge présidial et ordinaire. Cependant il y a ès prisons du petit Chastellet et du Fort-l'Evesque plusieurs prisonniers, et de long-temps, qui demeurent sans justice. S'il plaisoit à la court les reygler et leur donner audience au premier jour, elle fera certes ung grand bien. Au surplus, ont dict que le Roy et la Royne leur ont donné charge de dire à ladicte court qu'elle ayt à faire bonne et briefve justice de l'excès faict à la porte Sainct-Anthoine. Sur ce a dict monsieur le mareschal que, par son ordonnance, deux commissaires du Chastellet ont informé de ce faict; a les informations devers luy qu'il baillera ce matin aux gens du Roy.

A dict maistre Eustache Chambon, conseiller céans que, par ordonnance de la court, il avoit commencé à informer, et oy deux tesmoings et prins leurs dépositions qu'il a rédigées par escript de sa main.

Luy a esté dict qu'il parachève et qu'il baille le tout ausdictes gens du Roy.

Plus a dict ledict sieur mareschal qu'il a receu lettres missives de la Royne, qu'il monstrera à la court si elle les veult veoir, par lesquelles ladicte dame luy mande qu'il face venir devers luy les ministres, diacres et surveillans, et leur face entendre qu'ilz se doibvent contenter de l'honnesteté que l'on leur avoit faicte, leur permectant de prescher hors la ville; ce qu'il a faict défense sur leur vye qu'ilz n'ayent à prescher ne s'assembler en ceste ville en quelque maison que ce soit; et a dict au ministre que, s'il presche en ceste ville, sa teste luy en respondra et qu'il fera desmolir la maison.

Maistre Loys Gayant, conseiller céans, a dict que pour cella on ne laisse de prescher parmy les maisons mesmes en son quartier, ainsi que ses voysins et aultres luy ont rapporté, et est chez ung officier du Roy. Et luy dirent ceulx qui se plaignoient que, si on leur vouloit permettre, ilz les mettroient bien-tost en pièces; ausquelz il fit response qu'il s'en failloit bien garder; bien pouvoient observer ceulx qui y vont pour les recognoistre, affin d'en informer par après, et qu'il en feroit récit à ladicte court.

Luy a esté ordonné qu'il en informe au plustost qu'il pourra. Dumesnil, pour le Roy, a adjousté qu'il seroit besoing leur interdire le presche ès jours de feste, mesmes le jour de demain, qu'il y aura grand peuple à Saincte-Geneviefve pour la feste; et si l'on preschoit au quartier de Sainct-Marcel, y auroit danger qu'il n'en advienne comme il feyt samedy dernier à Sainct-Médard; et supplie y estre pourveu.

A dict ledict sieur mareschal qu'il n'a charge de leur défendre les presches hors la ville; fera touteffoys ce qui sera advisé par la court.

La matière mise en délibération, a esté arresté que ledict sieur mareschal de Montmorency parlera à eulx, et le tout remis à sa prudence et discrétion, à ce qu'il n'y ayt presche le jour de demain audict quartier; qui a dict qu'il fera de sorte, Dieu aydant, qu'il n'y aura sédition ne tumulte, et obéyra tousjours à ladicte court. Et quant aux conclusions desdictes gens du Roy contre ledict Desjardins, ainsi que on y délibéroit, l'abbé de Saincte-Geneviefve est venu en la court, et dict que ceulx qui sont contraires à nostre religion, comme il a esté adverty, veulent après disner aller faire leur presche aux Patriarches (1), ce qu'ilz n'avoient accoustumé faire à tel jour; et pource que dès aujourd'huy, qui est la veille de la feste de saincte Geneviefve, le peuple, suyvant sa dévotion, commence à aller en ladicte église faire ses oraisons, et que c'est ung mesme chemin, est à craindre qu'il n'y ait

(1) *Au Patriarche*. C'était le nom de la maison voisine de l'église Saint-Médard, où les huguenots se réunissaient ordinairement pour entendre la prédication.

du tumulte et sédition, s'il n'y est sur ce pourveu par ladicte court, avec l'ayde dudict sieur mareschal, gouverneur; dont il les a supplié et requis. A quoy a dict Boucherat, advocat du Roy, que véritablement cela feroit chercher occasion de sédition et querelle, parce que ces jours de vendredy ilz n'ont accoustumé aller à leurs presches de ce costé, mais à Poupincourt. A esté respondu audict abbé que ladicte court y fera ce qu'elle pourra; et luy a dict icelluy sieur mareschal qu'il gardera qu'il n'y ayt presches n'y séditions, n'y empeschement baillé au peuple à faire ses dévotions. Ce faict, parce que l'heure a sonné, n'a esté parachevé d'opiner sur les conclusions des gens du Roy contre ledict Desjardins.

PLACARDS

AFFICHEZ PAR LES CARREFOURS

DE LA VILLE DE PARIS,

PAR CEUX DE LA RELIGION RÉFORMÉE,

LE XVIII. JOUR D'AVRIL M. D. LXII.

Les habitans de Paris qui, sous la protection du Roy, suyvant son édict publié en la cour de parlement, le 6. mars M. D. LXI, désirent estre maintenus ès exercices de la religion réformée selon l'évangile, prient tous leurs concitoyens, parens, voisins, hostes et amis, qu'ils advisent de près à la ruse très-pernicieuse de quelques séditieux et ennemis du repos et bien public ; lesquels, meuz de quelques passions privées, et pour mener à fin leurs mauvaises entreprises, voulans tirer grande somme de deniers de tous les bourgeois et habitans de ladicte ville de Paris, feignent malicieusement et veulent contre vérité donner à entendre que les fidèles de l'église réformée (qu'ils nomment huguenots) sont armez pour piller et saccager les maisons de ceux qui sont de la religion contraire à la leur, leur ravir leurs biens et les meurtrir et massacrer ; ce qu'ils mettent en avant faussement et contre leur propre conscience, seulement pour intimider un chacun, à ce que tous, comme pour racheter leur vie et leurs biens de la main de l'ennemi, baillent sans refus l'argent que lesdits mutins veulent emprunter, pour mettre fin à ce qu'ils conspirent et couvent de longue main, sous conducteurs de plus grande authorité, contre l'estat du royaume et repos et tranquillité d'iceluy. A ceste cause, il est besoin que tous les citoyens de ceste ville soyent advertis de ne bailler à tels mutins, leurs ennemis, le moyen de continuer et exécuter leurs entreprises en les accommodant d'argent et remboursant ce qu'ils ont pour très-mauvaise fin presté à quelques seigneurs, attendu mêmes que ceux, lesquels on charge à tort de vouloir faire invasions, meurtres et saccagemens desdicts citoyens, peuvent protester, et de faict protestent devant Dieu qu'ils n'ont eu et n'ont de présent intention ne vouloir de mesdire ne meffaire à aucuns d'entre eux, de quelque qualité qu'ils soyent; comme de faict il ne se trouvera ni en ceste ville, ni mesmes ès autres, où sans difficulté ceux de l'église réformée sont les plus forts, qu'ils ayent assailli aucun, ne fait violence quelconque; ains tousjours cherché tous moyens d'éviter toutes séditions, contentions et débats, vivans avec un chacun en bonne concorde et amitié. Et à ce que personne ne doubte que telle soit la volonté de tous ceux de l'église réformée, ils publient cest escrit pour leur servir d'acte et tesmoignage perpétuel, afin que, s'il advenoit dommage et inconvénient au bien public de ladicte ville par les menées et conspirations des mutins, les susdicts, s'ils sont contrains de se mettre en défense, soyent trouvez innocens et netz devant Dieu premièrement (auquel ils servent par Jésus-Christ), et devant le Roy nostre souverain seigneur, et tous magistrats par luy ordonnez. Faict le xviij. jour d'apvril, M. D. LXII.

REMONSTRANCES FAICTES AV ROY, PAR LES CATHO-LIQVES MANANS ET HABITANS en la ville de Paris, sur les placars et libelles attachez et semez le 18. de ce present mois d'Auril, par ceux qui se disent de la Religion reformée.

A PARIS,

Par Annet Briere Imprimeur, demeurant en la rue des Porées, à l'image Sainct Sebastian.

1562.

AVEC PRIVILEGE.

REMONSTRANCES

FAITES

AU ROY,

PAR LES CATHOLIQUES MANANS ET HABITANS EN LA VILLE DE PARIS, SUR LES PLACARS ET LIBELLES ATTACHEZ ET SEMEZ LE 18. DE CE PRÉSENT MOIS D'AVRIL, PAR CEUX QUI SE DISENT DE LA RELIGION RÉFORMÉE.

SIRE, voz bons et fidèles subjectz, manans et habitans de vostre bonne ville de Paris, vous remonstrent en toute obéissance et humilité que, la nuict de samedy passé, ont esté attachez aux coings de la pluspart des ruës de vostre dicte ville certains placards et libelles diffamatoires, faictz au nom de ceux qui se disent soubz vostre protection désirer estre maintenuz ès exercices de la religion réformée; par lesquelz ilz maintiennent plusieurs mensonges et faulsetez contre vous, la Royne vostre mère, et princes de vostre sang, et autres de vostre conseil privé. Pour ces causes vous requièrent très humblement digérer et penser de quelle importance sont les propos qu'ilz mettent en avant par lesdictz libelles, disans en premier lieu qu'ilz désirent soubz vostre protection estre maintenuz ès exercices de leur damnée, réprouvée et difforme religion qu'ilz appellent réformée; voulans, Sire, par ce moyen, quasi donner à entendre que voudriez estre leur protecteur, dont du contraire vosdictz très humbles et obéissans subjectz sont très certains et sans doubte, sçachans bien que vous et la Royne vostre mère voulez tousjours ensuyvre les vestiges de vos prédécesseurs Roys, feu de bonne mémoire ce grand François vostre ayeul, ce tant regretté vostre père le Roy Henry, vostre bon et catholique frère le Roy François. Vous prient aussi croire qu'ilz ne tiennent aucuns de vostre conseil privé pour rusez, pernicieux, séditieux ny ennemis du repos publicq'; et vous prient croire qu'ilz sont bien advertiz et tiennent pour certain que les deniers demandez par ceux de vostredict conseil privé, soubz vostre autorité et puissance, sans laquelle ilz sçavent que lesdictz ne vouldroient rien entreprendre ne demander, ny aussi vosdictz subjetz rien promettre ny distribuer, ne sont demandez pour leur profit particulier, comme lesdictz faux détracteurs taschent de faire entendre, ains pour conserver l'honneur de Dieu, la foy de nostre mère saincte église, vostre grandeur et puissance, celle de la Royne vostre mère, et le repos général et publicq' de tous voz bons et loyaux subjectz et serviteurs. Car, Sire, vous cognoissez que ceux ausquelz lesdictz détracteurs en veulent le plus ont, la grace à Dieu, des biens assez; aussi les services qu'ilz ont faictz à vosdictz prédécesseurs, ayeul, père et frère, accreu l'honneur et renommée de vostre royaume, rendu iceluy en sincère paix et union qui eust tousjours duré, si elle n'eust esté pervertie par ces nouveaux dogmatisans qui, contre tout devoir et fidélité, sont rebelles à Dieu et à vous. Et pour vous monstrer, Sire, que les deniers qu'il vous plaist nous demander pour le présent ne vous sont point baillez à regret, vous ayez cogneu de quelle affection s'y sont portez ceulx qui vous en ont jà offert; vous priant croire que n'en feront moins, mais encores plus, et avecques plus franche volunté, ceulx que n'avez encores appellez; sachans bien que lesdictz deniers seront employez pour conserver l'honneur de Dieu, de nostre mère saincte église, et pour vostre service, pour lesquelz honneur et service nous ne voulons seulement employer noz biens, mais abandonner noz vies. Vous suppliant très affectueusement ne vouloir croire en telz libelles, placardz ou autres remonstrances que par importunité taschent tousjours à vous faire lesdictz nouveaux dogmatisans; car chacun cognoist le contraire de ce qu'ilz escrivent. Les blasphèmes, sacriléges, pollutions, meurdres, pilleries, inhumanitez et carnaiges qu'ilz ont faict à Sainct-Médard en donnent bon tesmoignage, et dont le sang des justes et innocentz y occis et tuez crie vengeance devant Dieu. Aussi vous avez peu cognoistre comme ilz gardent vostre édict du mois de janvier, publié à Paris le sixiesme mars dernier, qu'ilz mettent en avant pour tout bouclier et appuy, ayans faict à Tours et au Mans choses si exécrables que tout catholique et fidelle a tremeur et crainte de les réciter. Vous sçavez, Sire, qu'ilz ont rompu et forcé voz prisons, et puis chassé monsieur De Villebon hors de vostre ville de Rouen, pillé et vollé le monastère des Célestins d'icelle ville, tué, meurdry et assommé la pluspart d'iceux Célestins. Vous sçavez, Sire, qui est encores pis, qu'ilz tiennent et veulent tenir fort contre vous et vostre conseil privé.

A ces causes, vous prient très humblement vosdictz subjectz ne vouloir adjouster foy aux parolles mensongères desdictz nouveaux (comme ilz se disent) réformez, et suyvre les vertuz que vostre peuple à veu reluyre et veoit augmenter de jour en jour en vostre majesté; laquelle ilz supplient à Dieu le Créateur vouloir maintenir et garder,

RESPONSE

AVX REMONSTRANCES FAITES

CONTRE LES PLACARS ATtachez le dixhuitiesme de ce mois d'Auril 1562. en ce qu'elles touchent le faict et sedition de Sainct Medard:

Pour l'innocence des prisonniers Fideles estans ès cachos de la Conciergerie.

PSALME XII.

Pour l'affligé pour les petits qui crient
(Dict le Seigneur) ores me leueray:
Loin les mettray des langues qui varient,
Et de leurs laqs chacun d'eux sauueray.

M. D. LXII.

RESPONSE

AUX

REMONSTRANCES

FAITES CONTRE LES PLACARS ATTACHEZ LE DIX-HUITIESME DE CE MOYS D'AVRIL 1562, EN CE QU'ELLES TOUCHENT LE FAICT ET SÉDITION DE SAINCT-MÉDARD; POUR L'INNOCENCE DES PRISONNIERS FIDELES ESTANS ÈS CACHOS DE LA CONCIERGERIE.

Celuy qui a mis la main à la plume, tost après avoir veu les remonstrances faictes contre les placars attachez le 18 de ce moys d'avril, proteste qu'il ne sçait que c'est desditz placars, et ne les a veuz ; mais en lisant lesdites remonstrances imprimées, il a esté meu d'un vray zèle et ardent desir d'y respondre, en ce seulement qu'elles contiennent, à sçavoir: « que les blasphèmes, « sacriléges, pollutions, meurtres, pilleries, inhumanitez « et carnages commis à Sainct-Médard par ceux de la re- « ligion réformée, et dont le sang des justes et innocens « crie vengeance devant Dieu, donnent gain de cause aux « adversaires de ladite religion » ; non seulement pour défendre et purger ceux d'icelle religion réformée desdits blasphèmes, sacriléges, meurtres et carnages, et monstrer que les curé et marguilliers dudict Sainct-Médard, avec leurs complices, en sont du tout coulpables, mais aussi pour garentir de calomnies et faux raports l'assemblée des fidèles faite le samedy d'après Noël, 27 jour de décembre 1561 au lieu du Patriarche, faulxbourgs Sainct-Marceau, et spécialement les prisonniers fidèles estans ès cachos noirs de la Conciergerie, depuis ledict temps jusques à présent, pour ce fait; et pour oster (s'il plaist à Dieu), effacer ou adoucir le préjugé que plusieurs peuvent avoir conceu contre eux à cause de telles calomnies et déguisemens de vérité, faits par les menées captieuses des adversaires, comme il sera monstré clairement par ce qui s'ensuit.

Le faict est assez notoire que, ledict jour 27 décembre, le curé de Sainct-Médard, environ trois heures, ses vespres jà sonnées et dictes, ou estans à *Magnificat*, commanda sonner toutes les cloches; et combien qu'aucuns des marguilliers et paroissiens y résistassent, remonstrans que cela pourroit estre cause de tumulte et sédition, par ce que le presche et exhortation qui se faisoit en l'assemblée du Patriarche estoit jà commencé, toutesfois monsieur le curé en voulut estre creu; et de fait, furent sonnées à bransle toutes lesdictes cloches. Et pour ce que telle sonnerie, pour la proximité de lieux, aussi que le vent procédant de ce costé vers le Patriarche, empeschoit d'entendre le ministre, trois ou quatre fidèles sans armes s'en allèrent audit Sainct-Médard, prier que l'on désistast de sonner, à fin que si bonne et grande compagnie (comme de huict à dix mille personnes) ne fust empeschée de ouyr la parole de Dieu. Et porta la parole de ceste prière et humble requeste un nommé Paquot, doux et paisible autant que nul autre, tant de gestes que de parole. Mais nonobstant tout cela, le curé et prestres commencèrent à crier et dire qu'en despit d'eux on sonneroit. Incontinent plusieurs mutins estans audict Sainct-

Médard, et là assemblez avec armes, commes espées, javelines, pertuisennes, allebardes, arbalestes et pierres, se ruèrent sur lesdits fidèles; et là fut ledit Paquot inhumainement occis et massacré de sept coups, tant de long-bois que d'espée, quasi tous mortels, selon le raport des chirurgiens, estant au procès; les autres s'enfuirent. Et icy est à noter que lors furent proférées ces paroles par ledit curé (qui est moyne de Saincte-Geneviéve): Ruez, frapez, tuez, nous sommes advouez des plus grands. Et incontinent furent fermées les portes dudict Sainct-Médard, et commencèrent à jetter pierres et tirer traictz d'arbalestes, dont ils avoient fait bonne munition; aussi sonnèrent le toxin. Lors aucuns des archers de Rougeoreille, estans à la garde pour empescher les séditieux, voyans qu'ils n'estoient assez fors pour résister, accoururent au lieu où se faisoit ladicte exhortation et sommèrent ceux qui avoyent armes de sortir et leur donner confort et ayde, pour apprehender les séditieux et mutins dudict Sainct-Médard et faire cesser le toxin.

A ceste cause, Rougeoreille et les gentils-hommes qui avoyent espées et dagues, accompagnez de plusieurs autres qui se seroient munis de ce qu'ils auroient peu recouvrer sur l'heure, comme de pierres et bastons de bois arrachez des bancs, chaires et selles, trouvez sur le lieu, sortirent dudit Patriarche et s'en allèrent vers ledit Sainct-Médard; et entre autres un nommé le Nez-d'argent courut à sa maison quérir une espée à deux mains pour s'y trouver et secourir justice. D'arrivée ils furent mal traictez, tant de coups de pierres que de traits d'arbalestes, procédans du clocher et des lieux circonvoisins; toutesfois les nostres, mieux armez de bon cœur et ardent zèle (qui les incitoit à la tuition de ceste troupe de leurs frères qui se reposoient sur leur défense et mainforte du

Seigneur) que d'armes défensives pour repousser l'injure de leurs ennemis ou offensives pour les endommager, tous d'un courage firent tel effort qu'avec l'ayde de Dieu ils forcèrent les portes de l'église, mais cela ne fut exécuté sans estre plusieurs d'eux blessez, qui leur augmenta la colère; estans outre plus excitez à vengeance quand ils trouvèrent au bas du sueil de la porte de l'église leur pauvre frère si outrageusement assaciné et meurdry. Et néantmoins, dedans ladite église se présentèrent contre eux grand nombre de gens mutins, embatonnez d'espées, rondelles, javelines, pertuisennes, halebardes, arbalestes et grosses pierres, faisans armes à toute outrance et cruelle résistance, qui dura peu contre le courageux effort des nostres; car ils furent tantost esprins de frayeur et crainte, dont une partie, et mesme ledit curé, se sauvèrent au clocher; et plusieurs furent appréhendez et mis entre les mains dudit prévost Rougeoreille et son lieutenant, qui les menèrent prisonniers au petit Chastellet; plusieurs aussi s'enfuirent. Entre lesdits prisonniers se trouva un Espagnol chef desdicts séditieux, un grand Gascon qui se disoit avoir presché ledit jour après disner audict lieu, contre lequel y avoit grande présumption qu'il estoit de la partie, car les prédicateurs ont accoustumé de se retirer incontinent après leur prédication pour se refrechir, sans s'arrester à ouyr vespres.

Ici doit estre noté que, tost après ladicte exécution, apparut grande compagnée d'hommes armez (comme de trois à quatre cens), tirans droict par une ruelle de Nostre-Dame-des-Champs aux faulxbourgs Sainct-Marceau; lesquels estans advertis dudit faict, aussi que les nostres se présentèrent devant eux pour leur résister, se retirèrent. Pareillement venoient gens de toutes pars au son dudit toxin, préparez pour saccager ladite assemblée.

Le fait tel que dessus eust esté vérifié sans autre information, par la bouche mesme et confession desdits mutins appréhendez audit Sainct-Médard, s'ils eussent esté promptement interrogez; mais on a bien voulu leur faire cest avantage et plaisir de les renvoyer et eslargir incontinent desdites prisons (combien qu'ils eussent esté prins en présent délit) sans les ouyr.

Et pour ce que Desjardins, lieutenant criminel de robe courte, commis à la garde de l'assemblée pour empescher les émotions populaires (dont il a fait grand devoir), informoit diligemment des causes et occasions dudit tumulte et sédition, et des autheurs et fauteurs d'icelle et complices, il auroit incontinent esté poursuyvi par le procureur général, afin de luy estre interdit l'exercice de son estat, pour cause dont ledit procureur général ne faisoit compte ny question auparavant.

Pareillement Rougeoreille, prévost des mareschaux, pour semblable occasion, a esté empesché en sa personne et exercice de son office; et le commissaire Lafillé est en la male grasse de messieurs, pour avoir trouvé les ornemens de l'église dudit Sainct-Médard au logis des marguilliers ou paroissiens, dont il auroit fait bon procès verbal car par ce moyen est découverte la calomnie tant des accusateurs que de fausseté de leurs tesmoings, qui ont dit et chargé les fidèles de les avoir ravis et emportez. Bref, n'y a ny officier ny ministre de justice qui ne soit ou n'ayt esté en peine et molesté pour s'estre employé diligemment et fidèlement à sa charge à fin de réprimer les séditieux.

Par le fait tel que dessus (qui se trouvera véritable) résulte que l'entreprise de la part desdits curé et marguilliers a esté de ruiner et sagmenter ladite compagnée, assemblée en paix pour prier Dieu et ouyr sa parole, où y avoit plusieurs damoiselles et autres femmes et enfans, et qu'icelle entreprise avoit esté propensée et délibérée ; car il est bien vray-semblable que ledit curé ny son abbé de Saincte-Geneviève ne l'eussent osé entreprendre sans autre conseil, faveur et ayde, instigation et pousement d'ailleurs, voire de plus haut. Aussi, les cloches sonnées après vespres, lesdites personnes assemblées en armes audit Sainct-Médard qui tuèrent ledit Paquot, autres gens aussi de toutes parts préparez pour accourir au son du toxin et sagmenter l'assemblée des fidèles, dont l'exécution fut empéchée par la seule bonté et grace de nostre bon Dieu, qui donna aussi cœur et force aux siens d'y résister promptement; tout cela monstre évidemment le guet à pend des adversaires ; joinct que ledit abbé de Saincte-Geneviève et ledit curé advertirent plusieurs de leurs amis (lesquels il n'est besoin ici de nommer) de ne se trouver ledit jour en l'assemblée, afin de les garentir dudit saccagement.

Or le lendemain de ladite émotion, les procureur général et advocats du Roy partirent de Paris pour aller à Sainct-Germain, récitèrent le fait dont est question, comme il leur pleut, à la Royne, au Roy de Navarre, princes du sang et seigneurs du conseil, donnant tout le tort à ceux de l'assemblée du Patriarche.

Le lundy ensuyvant, un président de la cour de parlement (qui n'avoit esté au palais plus de quinze jours auparavant) veint à la grande chambre, où estoit monsieur le gouverneur mareschal de Montmorency, et manda lesdits Rougeoreille, Desjardins, le chevalier du guet et leurs lieutenans, ensemble les officiers du Chastellet (mais ledit Desjardins fut excusé); et en leur parlant dudit fait usoit d'interrogatoires, comme s'ils eussent esté coulpables de la sédition; et ne se peut contenir qu'il ne condemnast sur le champ la part de l'assemblée dudit Patriarche, comme pillars, volleurs, meurtriers et aucteurs de ladicte sédition, et qu'il n'en excusast du tout ceux dudit Sainct-Médard, qui dès ledit jour furent mis hors de prison, sans estre interrogez dudit fait; et dès ceste heure l'on commença à molester ledit Desjardins.

Le mardy ou mécredy ensuyvant, furent commis messieurs Gayant et Fumée pour informer dudit cas et des causes et occasions de ladite sédition et tumulte; lesquels, suyvant leur commission, vaquèrent aucuns jours assemblément à l'audition de plusieurs tesmoings. Et parce que ledit sieur gouverneur et mareschal de Montmorency, les pressoit par le commandement de la Royne, de mettre entre ses mains les informations pour les luy envoyer, iceux commissaires advisèrent que chacun d'eux oyroit les tesmoins qui se présenteroyent, lesquels seroient puis après recolez par l'autre.

Suyvant ce, ledit sieur Fumée, avec le clerc du greffe criminel (tel qu'auroit choysi ledit procureur général), avoit ouy aucuns tesmoings, qui sont les prisonniers appelans, la déposition desquels incontinent auroit esté révélée par ledit clerc audit procureur général; lequel, voyant que leur déposition descouvroit le pot aux roses et bonne partie du faict tel que dessus, auroit prins conseil sur ce, et advisé qu'il falloit esgarer la matière et aller au-devant par derrière, pour anéantir ou infirmer icelles dépositions. A ceste fin, il auroit fait prier ledit sieur Gayant de venir le lendemain disner avec l'abbé de Saincte-Geneviève, et qu'il seroit bien traicté; fait donner assignation là ausdits tesmoings, pour estre recolez par ledit Gayant; sont attitrez et subornez aucuns des marguilliers et paroissiens séditieux dudict Saint-Médard, lesquels, après avoir veu et remarqué lesdits tesmoings lorsqu'ils se représentoient audit recollement, diroient et chargeroient faussement iceux tesmoings de leur avoir veu rompre les images lors dudit tumulte. Et tout cela fut ainsi fait et exécuté; et par ce moyen lesdits tesmoings envoyez prisonniers ès cachos noirs de la Conciergerie quatre mois sont, de l'auctorité seule et privée dudit Gayant, contre tout ordre et raison de justice; duquel ils se sont portez pour appellans, et iceluy prins à partie.

Icy faut noter que, sur la constitution des juges pour cognoistre dudit appel, monsieur Thevar, procureur desdits prisonniers, présente requeste de récusation contre aucuns des conseillers de ladite cour ; et combien qu'il nommast l'advocat qui luy avoit conseillé ladite requeste, toutesfois pour cela il fut envoyé prisonnier et suspendu pour un an de l'exercice de son estat, jàçoit que ladite requeste ne touchast l'honneur d'aucun desdits conseillers. Au contraire, lesdits curé et marguilliers ayant présenté requeste de récusation contre quarante autres conseillers de ladite cour, qu'ils prétendoient (contre vérité) estre tous de la religion réformée (qu'ils appellent nouvelle), n'ont souffert pour cela aucune peine ou molestie, sinon que ladite requeste fut lacérée.

Depuis, le Roy de Navarre estant à Paris, par charité et compassion qu'il avoit desdits prisonniers, voulut bien prendre la peine d'aller à ladite cour de parlement à fin de leur faire accorder juges; et prenant luy-mesme le tableau des noms des conseillers et présidens d'icelle cour, en furent arrestez plusieurs pour cognoistre et juger de ladite cause d'appel. Toutesfois cela n'a rien servy ni profité ausdits prisonniers, car leur dit appel n'a esté jugé, et sont tousjours demeurez prisonniers en divers cachos depuis quatre mois, sinon qu'ils ont esté quatre ou cinq jours par le préau de la Conciergerie ; et cela fut fait, non point pour leur donner quelque relache, mais à fin que cependant ceux qui avoient fausement tesmoigné contre eux les peussent bien voir à leur aise et remerquer pour les recognoistre à la confrontation. Et de faict, durant iceluy temps lesdicts marguilliers et tesmoings vindrent par plusieurs fois en la Conciergerie, non pour autre cause et occasion sinon pour les voir, recognoistre et remerquer, à fin de ne faillir à la confrontation qui fut faite tost après.

Icy soit noté qu'avant que faire icelle confrontation desdits tesmoings ausdits prisonniers, le préalable estoit de juger ladite cause d'appel ; car l'emprisonnement estant déclaré nul et tortionnaire, pour les causes et moyens susdits et autres que l'advocat eust peu mieux déduire, certes lesdits appelans conséquemment devoient estre mis en liberté avec despens, dommages et intérests.

Toutesfois lesdits appellans, ainsi misérablement détenus ès cachos (ce qui leur est plus dur à porter que la mort, laquelle, par la foy vive qu'ils ont en nostre Seigneur, leur seroit une entrée à la vie éternelle et bienheureuse), ont esté contrains de passer outre, faire tout ce qu'il a pleu à parties adverses, qui sont en grand nombre, et les moindres sont ceux dénommez au procès. Aussi ont esté forcez d'accepter les juges récusez et autres que ceux arrestez, les chambres assemblées, en la présence du Roy de Navarre. Les prisonniers donc peuvent bien dire et exclamer, *inimici nostri sunt judices,* et que la pluspart d'iceux sont leurs parties.

Toutes lesquelles menées et violences ne tendent à autre fin sinon pour empescher que la vérité et origine de ladite sédition et tumulte ne soit cogneuë ; car telles menées, emprisonnement desdits tesmoings et vexation desdits officiers, a intimidé les autres de comparoir et d'en dire et déposer la vérité ; laquelle néantmoins sera plus forte à la fin que tous les adversaires avec leurs finesses captieuses, et obtiendra.

Mais s'il est ainsi que lesdits officiers ou leurs archers ayent sommé ceux de ladite assemblée qui avoyent espées de sortir et leur donner confort et ayde (comme la vérité est telle), et qu'en obéissant à justice, tant pour faire cesser ledit toxin que résister ausdits séditieux et meurtriers estans audit Sainct-Médard, ils ayent forcé les portes de ladite eglise, blessé ou tué auscuns desdits rebelles pour les mettre ès mains de justice, toutesfois pour tout cela ils ne peuvent estre accusez d'aucuns blasphèmes, sacriléges, pollutions, meurtres, pilleries, inhumanitez et carnages contre eux prétenduz par lesdites remonstrances. Ce sont les autheurs et complices de ladite sédition qui en sont tenus et doivent estre condemnez de tous les maux qui ont esté commis audit Sainct-Médard et qui s'en sont ensuivis ; voire le Nez-d'argent en doit estre réputé et jugé innocent par la loy de nature et civile. *L. quoniam multa C. ad l. Jul. de vi pub.*

Voire tous ceux qui estoient à l'assemblée du Patriarche ledit jour, qui par timidité, infirmité ou faute d'armes ou de courage, n'y allèrent, seroient plus chargez que les autres dessusdits, qui, pour la tuition et défense de leurs frères, par le commendement du magistrat, y furent pour prendre lesdits rebelles et meurtriers et faire cesser le toxin, appeau d'infinité de gens qui devoient accourir de toutes pars, tous préparez pour saccager ladite assemblée, s'ils n'eussent esté empeschez comme dit est.

Et si le magistrat n'est tenu d'aucun excez ou violence par luy commise contre les rebelles (comme dit le jurisconsulte, *in l. quemadmodum* §. *Si Magistratus. ff. ad l. Aquil.*), aussi ne seroient sa famille ny autres qu'il auroit appellez pour secours, confort et ayde, afin d'appréhender les mutins, meurtriers et séditeux, et pour faire cesser ledit toxin.

Par ces moyens, on peut juger de la vérité du fait dudit tumulte et sédition de Sainct-Médard, et que tous les blasphèmes, sacriléges et inhumanitez perpétrez audit Sainct-Médard ne doivent estre imputez à ceux de la religion réformée.

Et pour bien juger ce fait, il ne faudroit pas escorcher l'anguile par la queüe, comme l'on dit, mais commencer par la teste, c'est-à-dire chercher diligemment et trouver les auteurs et complices de la sédition et ne s'arrester tant contre ceux qui se sont mis en devoir pour empescher l'assacinement et saccagement évident d'eux et de toute l'assemblée, poiser diligemment le tout, considérer aussi toutes les circonstances du fait et, ce qui est le plus vraysemblable, en rejettant loin toutes affections et passions dont l'on pourroit estre meu à cause de religion, quelle qu'elle soit. Car tel zèle ne doit excuser aucune personne pour y donner impunité de mal faire et commettre tumulte ou sédition, comme il a esté fait jusques à présent, car le plus séditieux d'entr'eux en a esté puny comme Barabas.

Mais, qui pis est, ils chargent les fidèles de toutes ces émotions, saccagemens, meurtres et pilleries procédans de leur part, n'ayans honte de soutenir impudemment que tout cela doit estre imputé aux autres ; car ils en sont cause (comme ils disent), au moyen qu'ils se sont distraits et séparez de l'église romaine (qu'ils appellent l'ancienne et catholique), et que ce royaume ne peut et ne doit souffrir ni endurer deux religions.

Je me déporteray d'en parler plus avant; sinon qu'il est bien clair qu'eux mesmes sont chefs et fauteurs de toutes les divisions et séditions jà advenues et qui adviendront en ce royaume, par l'esprit malin qui règne en eux, et par leur ambition et avarice insatiable, et crainte qu'ils ont de perdre l'auctorité et grands revenus qu'ils ont et qu'ils espèrent avoir en l'église, ou qu'ils prétendent ailleurs, les choses demourans ainsi en troubles et confusion.

Donc, la conclusion sera de prier le lecteur de ne trouver mauvaise ceste response, faite principalement pour la défense de l'innocence desdits prisonniers. Dieu sçait si jamais l'y eut meurtrier, volleur ou parricide plus reserré et plus destitué de secours humain qu'eux. Le Seigneur y mette la main, s'il luy plaist, et leur donne patience. Le tout à sa gloire et salut des siens.

FIN.

ARRET

DU

PARLEMENT DE PARIS

PORTANT QU'IL SERA FAIT UNE PROCESSION GÉNÉRALE POUR L'EXPIATION DES SACRILÉGES COMMIS PAR LES HUGUENOTS DANS L'ÉGLISE DE SAINCT-MÉDARD (1).

Ordre de cette procession.

La court a ordonné et ordonne que le prévost des marchans et eschevins de ceste ville de Paris assisteront demain à la procession qui se fera depuis l'église de Paris à Saincte-Geneviefve, et d'illec à Sainct-Médard, pour l'expiation du cas commis en ladicte église, ès féries de Noël, au moys de décembre dernier, eux estans accompaignés des conseillers de ladicte ville, bourgeois et marchans d'icelle, en la plus grande et notable compaignée que faire se pourra ; et pareillement des archers, arbalestriers et harquebusiers de ladicte ville, comme il est accoustumé de faire ; et oultre que, pour accompaigner le Sainct-Sacrement de l'autel, auront bon nombre de torches, pour obvier aux inconvéniens qui pourroient

(1) Registre du conseil du parlement de Paris, coté VI.^xx^XV, fol. 394, v°, et *Mém. de Condé.*

advenir pour le bien, repos et tranquilité des subjectz du Roy, manans et habitans de ladicte ville, et à ce que en l'honneur de Dieu la procession soit faicte sans aucun tumulte et perturbation, a enjoinct ladicte court ausdictz prévost des marchans et eschevins, que, depuis l'église de Paris, de laquelle partira la procession jusques à Saincte-Geneviefve, et d'illec jusques à Sainct-Médard, au-devant de chascune maison où la procession passera, qu'il y ait un homme bien armé et équippé, de ceulx qui ont esté levés pour la tuition et défence de la ville, oultre ceulx qui seront ordonnés en quelque nombre aux barrières et aux principaulx carrefours de cestedicte ville et ès environs des lieux où s'adonnera le chemin de ladicte procession; et sera ceste ordonnance signifiée ausdictz prévost des marchans et eschevins, par le premier des huissiers de ladicte court.

Cedict jour (1), pour l'expiation de ce qui advint en l'église et paroisse Sainct-Médard, sise au forsbourg Sainct-Marceau de ceste dicte ville, le jour sainct Jehan l'évangéliste, second férie de Noel dernier, heure de vespres, en laquelle les héréticques sacramentaires feyrent effractions furieuses et violentes contre les catholicques y faisans ou oyans le service divin, tuèrent aucuns, blessèrent et excédèrent les autres inhumainement, soubz le manteau de justice; et par imposture de sédition en prindrent et emprisonnèrent plusieurs paisibles et excédés, rompirent imaiges, et, qui est détestable seullement à l'oyr, feyrent irrision et blasphèmes de l'hostie sacrée et la foullèrent aux piedz; estant ladicte église demourée long-temps prophanée pour la craincte desdictz héréticques et jusques à puys naguières qu'elle a

(1) Le 14 juin.

esté réconciliée; ladicte court, suivant son ordonnance du sixiesme de ce moys, s'est assemblée au palais, environ les sept heures du matin, en robbes rouges et chaperons noirs; de-là est allée à cheval en son ordre accoustumé à l'église Saincte-Geneviefve, de laquelle la procession est partie environ neuf heures; et passant par la porte Sainct-Marceau, toutes les rues estant tendues de tapisseries et aultres ornemens, a marché jusques audict Sainct-Médard, avecques très grande assemblée de peuple en humilité, dévotion et réjouissance en Dieu, luy rendant graces de ladicte réconciliation, à l'exemple de ce qui fut faict par commandement de Judas Machabée, après la purification du temple polu par le Roy Antiochus, comme il est escript au 4me livre des Machaabées. A esté l'ordre de ladicte procession tel qui ensuyt. Premièrement les quatre Mendians, puys l'église de Paris à la dextre, accompaignée de celles de Sainct-Merry, Sainct-Bénoist, Saincte-Opportune et Sainct-Honoré, que l'on appelle ses filles, et l'église Saincte Génévіefve à la senestre. Monseigneur l'évesque d'Avranches portant l'hostie sacrée, assisté des abbez Saincte-Geneviefve et du val Saincte-Catherine, tous troys en habitz pontificaulx; messeigneurs les évesques d'Evreux, Bayeux, Amyens, Glandève, Ausserre, Lizieux, Châlon et Nevers, ayant leurs rochetz, marchans devant le poisle porté par gens d'église, et à l'entour d'icelluy estoient les six plus anciens conseillers de ladicte court; messieurs les cardinaulx de Bourbon et Armaignac ensemble, de Lorraine et de Guyse ensemble, tous quatre vestuz de leurs grandes chappes; après eulx monsieur de Brissac, mareschal de France, lieutenant général du Roy en ceste ville, à cheval, pour son indisposition; puys ladicte court en sondict ordre accoustumé, qui est les huissiers les premiers, portans leurs verges, les notaires, les greffiers des présentations et criminel ensemble ; moy seul (1) ; le premier huissier ; messieurs les présidens, maistres des requestes, conseillers, gens du Roy et grand nombre des advocatz et procureurs du commun : icelle court marchant à la main droicte ; et à la main senestre, à l'endroict des plus anciens conseillers, les prévost des marchans, eschevins et corps de la ville, suyvy de six-vingtz unze capitaines éleuz pour la garde et défense d'icelle et de très grand nombre d'aultres bourgeois et marchans. En ladicte église Sainct-Médard a esté célébrée la messe solemnelle du Sacrement de l'autel, par ledict sieur évesque d'Avranches, servy de diacre dudict abbé Saincte-Geneviefve, et de soubz-diacre dudict abbé du Val-Saincte-Catherine. Aux coustez du grand autel ont esté lesdictz sieurs cardinaulx et évesques ; ladicte court, pour son grand nombre, tant au cueur que en la nef ; et du costé gauche dudict cueur lesditz prévost des marchans et eschevins. Durant ladicte messe fut faicte la prédication par un docteur en théologie, religieux de l'ordre Sainct-Dominicque, nommé le Hongre, au lieu appellé le Patriarche, auquel lesdictz héréticques cy-devant faisoient leurs assemblées et presches de leurs faulses doctrines ; et fut ainsy advisé pour quelque expiation d'icelle. Ladicte messe achevée et ladicte hostie sacrée posée en ladicte église Sainct-Médard, ladicte procession s'en est retournée ; et l'ont accompaignée lesdictz six conseillers qui estoient à l'entour dudict poisle ; les aultres se sont retirés pour aller disner.

(1) Du Tillet, greffier en chef.

FIN.

DESTRV-
CTION DV SACCAGE-
MENT, EXERCE CRVEL-

lement par le Duc de Guise et sa cohorte, en la ville de Vassy, le premier iour de MARS. 1561.

PSAL. LXXIX.

Ils ont baillé les corps
De tes seruiteurs morts,
Aux Corbeaux pour les paistre:
La chair des bien viuans,
Aux animaux suyuans
Bois et pleine champestre.

A CAENS.

M. D. LXII.

AVERTISSEMENT.

François de Lorraine, duc de Guise, tout-puissant sous François II, perdit de son autorité sous Charles IX. Il forma, pour se maintenir, une association politique avec le connétable de Montmorency et le maréchal Saint-André, connue sous le nom de triumvirat. La régente, de son côté, fit alliance avec le prince de Condé et l'amiral de Coligny; mais le légat et l'ambassadeur d'Espagne l'ayant contrainte d'éloigner ses alliés trop favorables aux calvinistes, elle mit pour condition à leur éloignement celui des chefs du parti opposé. En conséquence, le duc de Guise se retira à Joinville. Rappelé ensuite à Paris par le roi de Navarre, lieutenant-général du royaume, pour balancer l'influence du prince de Condé, il partit accompagné de plusieurs gentilshommes et de deux compagnies de cavalerie. Ce fut pendant ce voyage que s'étant arrêté à Vassy, petite ville de Champagne, pour y entendre la messe, il eut avec les huguenots de la même ville un démêlé sanglant dont les protestants dressèrent l'accusation et les catholiques entreprirent la défense. Quoi qu'il en soit des raisons alléguées par les deux partis, ce démêlé servit d'occasion aux guerres civiles qui désolèrent la France.

Les relations suivantes ont été publiées l'année même de l'événement. C'est d'après les éditions originales, devenues rarissimes, que nous les reproduisons, et nous avons eu à rectifier une foule d'erreurs et de fautes typographiques qui s'étaient glissées dans les réimpressions postérieures. Dans la première pièce seulement, nous avons corrigé plus de deux cents fautes qui existoient dans les *Mémoires de Condé*.

DESTRUCTION

DU

SACCAGEMENT

EXERCÉ CRUELLEMENT PAR LE DUC DE GUISE ET SA COHORTE EN LA VILLE DE VASSY (1).

Le samedi dernier jour de febvrier, le duc de Guise coucha à Dammartin-le-Franc, où y a deux lieues de Joinville, et dudict Dammartin à Vassy, y a deux aultres lieuës, qui font quatre lieues de distance dudit Joinville, qui est la maison et séjour dudit duc, jusques audit Vassy.

Le dimanche premier jour de mars, icelluy duc partit dudit Dammartin, accompagné de deux cens chevaulx, pour le moins, ayant chacun homme monté sur iceux deux ou trois pistoles, et plusieurs d'eux ayans grandes harquebouzes.

Faignit ledit duc de Guise qu'il vouloit aller droit à Esclaron, sans passer à Vassy, et en fut fait grand bruit avant que de desloger, et passe par Broussol, village prochain dudit Vassy d'un quart de lieue. Et lors on son-

(1) On pourra comparer les noms qui sont dans cette relation avec ceux qui se trouvent dans celles qui suivront; ces noms sont souvent différents. Il y a aussi quelques circonstances qui ne sont point semblables, même dans les relations qui ont été données par les huguenots.

noit le presche de l'église réformée audit Vassy, à quoy ledit duc et sa trouppe prindrent occasion de parler et demander que c'estoit que l'on sonnoit.

On fut respondu, mesmes par plusieurs de ceux dudit de Guise et aucuns autres dudit Vassy : « c'est le presche des huguenots ». Surquoy il ne fut possible user de si grande dissimulation et feintise qu'il n'eschapast de la bouche de ceux qui estoient plus grandement respectez et honorez, et d'autres moindres en qualité aussi, ces mots : Par la mort-Dieu, l'on les huguenotera bien tantost d'une autre sorte.

Aultres, à sçavoir leurs inférieurs et les pages, varlets et lacquais, en jurant la mort-Dieu : Ne nous baillera-on pas le pillage ?

Et si tost que cela fut achevé, ledit duc et sa trouppe tirèrent audit Vassy, et ainsi armez et équipez entra au lieu du moustier (1), faisant tenir de luy et des plus apparens les chevaux tous bridez, sans rien mettre en l'estable.

Estant dans ledit moustier avec plusieurs, accompaigné et suyvi du prieur dudit Vassy, nommé de Salles, et après eux force pages et laquais avec leurs harquebouzes longues et leurs gantelets et pistollets, y séjourna un bien peu, pour ce qu'il ne se pouvoit contenir, et que le temps luy tardoit trop d'exécuter son desseing de long temps délibéré, comme il a esté aisé à voir et facile à juger ; et y estant, pour faire le dévot et bon chrestien, print de l'eau beniste seulement, puis sortit avec sa grande compagnie.

Dans la halle dudit Vassy estoient quarante hommes d'armes et archers de sa compagnie, qui a accoustumée

(1) Couvent.

d'y tenir garnison ; lesquels s'y estoient mys et s'y pourmenoient bien armez et équippez, en attendant la venue dudit duc, dès le matin.

S'adjoignirent à luy lesdits hommes d'armes et archers, mesme le chef d'icelle, et le jeune Brosse, fils du sieur de La Brosse, marchans tous en ordre pour combatre, et allèrent droit au lieu où ceux de ladite église et religion réformée faisoient le presche, qui est en une grange qu'ils avoient cy-devant pour ce faire appropriée, laquelle est loing dudit moustier environ d'un traict d'harquebouze, en tirant de visée.

Y arrivant trouvèrent la petite porte ouverte ; quoy voyant l'on fist entrer ledit Brosse le jeune le premier, avec sept hommes qui estoient hommes d'armes.

Et ayant considéré, le ministre et le peuple assemblé, qui estoit d'environ de douze cens personnes, leur fut dit par quelque uns d'eux : Messieurs, s'il vous plaist, prenez place ; à quoy pour responce du premier mot usèrent de ces mots : Mort-Dieu, il faut tout tuer.

Et ce disant vouloient sortir, et de fait en sortit quelques uns et les autres demourèrent dedans, d'autant que le peuple, sur ceste outrageuse menasse, envoyèrent à la porte pour la penser fermer sur eulx, cognoissant qu'il y avoit entreprise et plusieurs dehors, et à ce moyen qu'ils estoient en grand danger ; et lors apperceurent ledit duc de Guise en armes.

Quoy voyant ledit de Guise avec tout son nombre, présentèrent harquebouzes et pistolles, et en tirèrent à travers ledit guichet de la grange ouvert contre les plus proches dudit huis, qui furent tuez et blessez ; et par ce moyen ledit huis fut abandonné et conséquemment l'assemblée en proye.

Lors entra ledit duc et plusieurs autres, tirans force

coups au dedans de l'espesseur du peuple de ladite assemblée, et en tuèrent et blessèrent grand nombre.

Cela fait, à grands coups de coustelats, cymeterres et espées, chassèrent hors les pauvres hommes, femmes et petits enfans; et en sortant leur convenoit passer par deux rangs tant de gens d'armes que les autres de sa compagnie, et par le millieu d'entr'eulx comme par une allée et passage de grand longueur; et en passant chacun d'eux frappoient à grans coups d'espées et coustelats aussi sur eux, de telle façon qu'une grande partie n'alloit pas loing sans tomber morts.

Toutesfois, par la grace de Dieu, quelques uns eschappoient, estans aucuns blessez et autres non; mais incontinant estoient remontez par une autre trouppe de la compagnie, qui en tuoient et blessoient en aussi grande cruaulté que les autres, le plus qu'ils pouvoient.

Ceulx qui montoient sur les toicts de ladite grange, cherchans moyen d'eux sauver, estoient poursuyvis et tirez à coups d'arquebouzes, dont plusieurs estoient blessez et tomboient morts sur la terre.

Qui estoit un spectacle horrible et espouvantable, lequel dura, avant que cesser, une heure et demie.

Puis après cela furent les trompettes sonnées en signe de triomphe et victoire; après lequel son ne se retirèrent encores de demie heure.

Mourut dans ladite grange douze hommes, femmes et enfans, et plusieurs moururent tant par les rangs et rues qu'en leurs maisons, où ils se retiroient avec leurs playes, naverures et blessures; et en meurt de jour en jour.

La maison d'un nommé Champaignon, qui est prochaine dudit temple, fut saccagée et pillée jusque à la dernière serviette, et prenoient occasion pour le fait, que l'on disoit qu'il y avoit léans des armes.

Ledit de Guise print, serra et emmena le ministre fort navré et blessé, et aussi le capitaine dudit Vassy, et quelques autres de la ville, pour prisonniers; et après alla disner à un village nommé Alancourt, et ayant disné alla coucher à Esclaron.

Et pour ce que ledit ministre ne se pouvoit tenir à cheval à cause des playes qu'il avoit, qui n'avoient point esté médicamentées, fut porté jusques audit Esclaron, sur une eschelle, par quatre hommes.

Et paravant le partement dudit duc, sortant dudit temple la femme d'un nommé Nicolas La Vausse, bon marchant, fort blessé, et se voulant retirer en sa maison, veid son fils dans la halle, auquel l'on bailloit un coup d'espée au travers du corps, qui la meut d'y courir, pensant y servir pour remède et pitié; mais tant s'en fallut, car il descendit de cheval un qui luy passa aussi l'espée au travers du corps, et luy osta ceincture, bourse et autres choses qu'elle avoit, et puis remonta à cheval.

Le mardy suyvant, 4e jour dudit moys, y avoit jà 45 personnes morts et inhumez, et y restoit encore quatre-vingt ou cent de blessez, dont plusieurs sont en grand danger de mort.

Ensuit les noms d'aucuns de ceux qui furent tuez et moururent ledit jour de dimanche, à raison des coups à eux donnez, tant en ladite grange qu'ès rues et maisons. Sont : Robert de Portilles, Jean de Mougrot, Claude Guichard, Nicolas Bassonnet, Jean Colin, Le Grand Collas dit de Provins, Nicolas Movisier, Guillaume Drouet, Claude Le Fevre, auquel on print la bourse où y avoit 25 livres, Jean de la Loge, Jean Boucher, Symon Chigive, Jean Poussiennes, Nicolas Maillart, Denys Jacquevart, Guillaume Bruiat, maistre Daniel Thomas, Jaques Joullin, Claude Le Jeune, Janotte, femme de

Nicolas Foinct, en la messe, Jean Baudesson, Claude Maillard, Pierre Arnouls.

Et le lundy et mardy ensuivant est augmenté le nombre des morts jusques à 45, comme dit est.

Voilà à peu près l'entier discours de ceste inhumanité, tyrannie et cruauté.

FIN.

DISCOVRS
AV VRAY ET EN
ABBREGE DE CE QVI

est dernierement aduenu à Vassi, y passant Monseigneur le Duc de Guise.

A PARIS, M. D. LXII.
Par Guillaume Morel imprimeur du Roy.

Par priuilege expres dudict Seigneur.

DISCOURS AU VRAY

ET EN ABRÉGE

DE

CE QUI EST ADVENU A VASSY.

Les langues des malings sont aujourd'huy si finement aguisées pour mesdire, et les oreilles si chatouilleuses pour volontiers ouir les détractions, et les esprits si disposez pour incontinent croire aux mensonges ; mesmement ceulx qui sèment ces faulx bruits, pour troubler et esmouvoir le peuple, sont si cauteleux et ingénieux pour desguiser les matières, qu'est besoing quelquefois de respondre à ces faulsaires, et descouvrir leurs embusches pour maintenir la vérité et deffendre l'honneur de ceulx qui sont ainsi oultragez, aussi pour n'endurer pas tousjours que le monde soit abusé par ces calomniateurs.

Il est vray que les princes et grands seigneurs peuvent hardiment mespriser tout le babil de ces menteurs, et un cœur fondé sur une bonne conscience se contente bien que la vérité avecq le temps soit congnue d'elle-mesme, sans autrement cependant se soulcier beaucoup des calomnies populaires.

Toutesfois, comme Dieu commande de ne porter faulx tesmoignage, aussi il veult que chacun en son endroict, aidant à la vérité, tasche à descouvrir et rembarrer la faulseté, et qu'à ces fins l'on en advertisse ceulx qui en sont mal informez, principalement quand le mensonge est masqué du tiltre de religion ; car c'est bien cest' hypocrisie laquelle est la plus à craindre et qui trompe le plus.

Il est notoire combien de faulx bruits et de libelles diffamatoires, depuis quelques années, ont esté semez par quelques malheureux, contre l'honneur d'un prince duquel autrement la vertu estonne tous ses adversaires. Iceluy a tousjours mesprisé toutes ces détractions, par une brave magnanimité, et ne les a jamais estimées dignes de responce, comme aussi leur vanité et impudence s'est rompue de soy-mesme. Et de faict, comme jadis il fut bien dict que c'estoit une condition royale que d'estre blasmé des mesdisans pour la rescompense de tous bienfaicts, aussi est-ce une deffence vertueuse et excellente en bien faisant les desmentir et leur fermer la bouche. Et c'est ainsi que jadis se sont portez tous les preux et vaillans princes et seigneurs, combattans contre l'ingratitude de leur peuple.

J'allégueroye la modération et patience qui fut jadis en un Périclès, poursuivy par un importun mesdisant ; mais ceste est la propre et ordinaire vertu d'un cœur hault et généreux. Il est vray que c'est une chose misérable d'entendre comme jadis, après tant et si grands services faicts à la république, furent traictez et rescompensez deux Scipions à Rome, ou bien un Miltiades ou un Thémistocles, en leur ville d'Athènes. Mais comme nous nous estonnons d'une telle ingratitude, aussi avons-nous en admiration un Camillus, ou ses semblables, qui ne se sont pas pourtant despitez contre leur république et n'ont pas laissé d'aider et bien faire aux ingrats.

Au reste, les anciens aussi ont eu en révérence la magnanimité de ce Scipion qui, estant accusé par je ne sçay quels envieux, pour toute responce racompta ses victoires et services faicts à la république, sans autrement faire mention de ce dont il estoit accusé; et fut oui en sa louange avec tel contentement que jamais homme ne fut loué par autruy avec plus grande louange. Puis estant de rechef pressé par ses accusateurs de respondre à ce qu'on luy objectoit, desdaignant de rechef de ce faire, comme estant chose par trop indigne, il se leva en plein jugement et dist au peuple que c'estoit le jour auquel il avoit vaincu Annibal et les Carthaginois, et que pour cela il s'en alloit au Capitole rendre graces à Dieu. Incontinent il fut suivy de tout le peuple qui, estonné de la mémoire de telle victoire, ne le tenoit plus pour accusé, mais l'honoroit comme en son triomphe africain.

Or, si aujourd'hui le prince et seigneur, dont il est maintenant question, vouloit faire le mesme, il ne feroit que son debvoir et n'auroit pas moins d'argument et de raison. Au reste, si une telle bravade de ce Scipion a esté louée lors qu'aultrement il y avoit un accusateur grand et légitime et comme une partie formée, combien plus pourra un aultre Scipion mespriser un tas de libelles fameux (1) qui ne sont pas soubscripts, et les détracteurs tels qui n'oseroient se présenter en jugement?

Il est vray qu'il a quelquefois espéré que leur malice en la fin se lasseroit et auroit quelque jour honte de cest' impudence; mais il expérimente de plus en plus qu'elle est autant effrontée qu'insatiable, voire mesmes incurable, d'autant que c'est une passion transportée de despit et d'envie, et une faction qui n'a aucune bride d'honnesteté, ni de raison, ni de religion, et qui, poursuivant ses vengeances et servant à ses affections en attendant qu'elle ait le glaive à commandement, desploie le tranchant de sa

(1) *Famosi*, diffamatoires.

langue meurtrière, ou bien fait comme les chiens affamez qui, n'aians que mordre, se vengent et se repaissent d'abbaier. Tant y a que ces jours derniers elle a bien pensé avoir rencontré une belle occasion de crier alarme et se tempester, aiant ouy quelque bruit odieux, qu'ils ont accoustré à leur mode, touchant un carnage (comme ils parlent) faict en la ville de Vassi ; et sur cela incontinent s'est mise aux champs avec toute sa réthorique, pour desguiser le faict et aigrir le compte, et abrever le peuple d'un faulx rapport, pour l'enflamber avec ses trompettes et le poulser à l'estourdi contre ce prince, duquel ils se vantent avoir juré la mort ; de sorte qu'ils semblent, à ces fins, estre aussi joieux de cest inconvénient advenu audict Vassi, comme le seigneur qu'ils accusent en est marri et desplaisant, encores que ce n'ait esté par sa faulte. Il est vray que c'est un accident misérable, et ne peult estre aultrement où il y a effusion de sang. Et pleust à Dieu que ceulx qui ont faict si grand bruit, soubs couleur de la religion, eussent apprins les principes de la religion, c'est-à-dire de haïr la cruauté et laisser le glaive et les armes au magistrat.

Mais quant au faict dont il est question, celuy qui regardera toutes les circontances, s'il est juge raisonnable, il jugera incontinent que ceulx qui avec une telle impétuosité en chargent le seigneur dont nous parlons, sont faulx et meschans calomniateurs exercitez à mentir et mesdire. C'estoit pour le moins que de donner quelque audience aux lois ou bien aux premières reigles de droict, qui ordonnent qu'il fault ouyr partie et s'informer diligemment du faict devant qu'en juger. Or ce prince, que ces malings veulent charger, s'offre et se présente d'en dire ce qui en est à la vérité et d'en rendre raison. Et de faict, voiant qu'iceulx, par une malheureuse anticipation, faisoient courir aux quatre coings du monde leur mensonge sur ce faict, pour avec tel discours abuser les ignorans et les attirer à leur passion, pour après s'en servir à ung plus malheureux dessein, il a bien voulu advertir un prince son ami de toute la vérité du faict, cependant que le tout se jugera et déclarera par arrest de la court de parlement.

Or, pour ce qu'il en escript comme un prince véritable à un prince ennemy de faulseté, et qu'il en escript simplement et rondement, et avec les conditions les plus raisonnables qu'il est possible, et sans rien desguiser ou dissimuler, et que moy-mesmes aiant sur les lieux veu qu'il en dict ouvertement ce qui en est, plustost moins que plus de ce qui pourroit estre à son advantage, il m'a semblé que c'estoit le plus court de vous envoier un extraict de sadicte lettre, puisque m'avez prié de vous advertir à la vérité, sans aucune couleur de réthorique, comme les choses sont passées; et croy pareillement que cest advertissement, aiant satisfaict et contenté ce prince auquel premièrement il a esté envoié, pourra d'autant plus estre receu de tous ceulx qui en vouldront juger sans passion, ou qu'il pourra pour le moins arrester le cours de la calomnie et faire surseoir les jugemens téméraires jusques à pleine congnoissance de cause; et sera pour le mieux, à mon advis, que vous oyez les propres mots que le susdict prince a escripts par sadicte lettre, après autres propos qui sont telz.

«Il fault que cependant je vous face entendre un accident qui m'est survenu par les chemins, ainsi que je hastoye mon voiage, qui est que, partant de Janville (1), qui est à moy, pour aller à une autre de mes maisons nommée Esclarron, et s'adonnant mon chemin de passer pa rune

(1) Joinville.

petite ville qui est entre-deux, appartenant au Roy, appelée Vassi, il y est advenu chose que je n'eusse jamais pensé, et dont je ne me feusse jamais doubté, de voisins si proches que ceulx-là, et dont la pluspart sont mes subjects, qui me pouvoient fort bien cognoistre. Il est vray que sachant, long-temps a, que la pluspart d'entre eulx estoient gens scandaleux, arrogans et fort téméraires, combien qu'ils feussent calvinistes, faisant profession de suivre l'église qu'ils appellent entre eulx réformée, je ne voulus souffrir que l'on dressast ma disnée audict Vassi; mais j'ordonné qu'elle fust à un petit village plus avant, à demie lieuë, expressément pour éviter ce que depuis est advenu audict Vassi, pour raison de ma suitte, voulant fuir les occasions que quelques-uns des miens ne peussent agasser ne dire mot à ceulx de ladicte ville, et qu'ils n'entrassent ne les uns ni les autres en dispute de religion, ce que j'avoie expressément défendu aux miens. Si est-ce que passant par là, qui fut un jour de dimenche premier jour de ce mois de mars, et y estant descendu au-devant de l'église, seulement pour y ouyr la messe (comme est ma coustume), il me fut bien tost après rapporté, comme j'estoye en ladicte église où s'estoit desjà commencé le service divin, que guères loing de là, en une grange qui est en partie à moy, se faisoit un presche où s'estoit faicte assemblée de plus de cinq cents personnes. Et m'avoit l'on desjà faict plaincte qu'à la suasion de quelques ministres, qui peu auparavant s'y estoient trouvez, venus de Genève, ils se monstroient desjà fort refroidis et esloignez de porter au Roy l'obéissance qu'ils debvoient; parquoy estant ladicte ville de l'assignat du douaire de la Royne d'Écosse, douairière de France (1), madame ma

(1) Veuve de François II.

niepce, et sachant le commandement que j'y avoye, tantà cause de l'auctorité et superintendence que ladicte dame m'a laissée par deçà sur tout son douaire, qu'aussi pour estre bonne partie de l'assemblée de mes propres subjects, il me sembloit estre trop près d'eulx, qu'ils n'estoient qu'à la veue de la porte de ladicte église, n'y aiant que la ruë à traverser entre deux ; pour ne leur debvoir faire telles remonstrances que je cognoistroie plus à propos, à ce qu'ils cogneussent combien ils se forvoient du debvoir auquel ils estoient tenus, et le peu de respect qu'ils avoient à l'obéissance qu'ils debvoient porter au Roy, pour les rebellions, séditions et insolences dont encores peu auparavant ils avoient usé envers aucuns prélats de ce royaulme, sans me vouloir autrement empescher du faict de leurdicte religion, sinon en ce qui eust esté seulement aussi contraire aux ordonnances et commandements de Sa Majesté. Et esmeu par les considérations dessusdictes de ce faire, comme je pensoie, en forme d'un admonestement gracieux et honneste, sans que je sceusse qu'ils fussent saisis d'armes, comme ils furent depuis trouvez avec harquebuzes, pistolets et autres munitions, qui estoit contrevenir davantage aux édicts et ordonnances de Sa Majesté, j'envoiay devers eulx deux ou trois de mes gentilshommes, pour leur signifier le désir que j'avoie de parler à eulx, lesquelz je suivoye de bien près. Et ne leur fut si tost la porte où estoit ladicte assemblée entreouverte, que tout soubdain, par une impétueuse résistence, ceulx de dedans ne vinsent à la refermer et à repousser ceulx que je leur avoie envoiez, si rudement à grands coups de pierre, dont ils avoient une bonne provision, et des plus grosses, sur un hault eschaffault qu'ils avoient dressé à l'entrée du portail de ladicte grange ; tellement que, les uns jectans d'en hault lesdictes pierres et autres tirans leurs harquebuses et pistolets sur moy et les miens, qui pouvions estre environ trente personnes, n'aiants que nos espées à noz costez, ilz firent tout debvoir de me choysir et de nous assommer, si bien que quinze ou seize de mes gentilshommes furent à mes pieds lourdement offensez et oultragez. J'en receu moymesmes trois coups, qui toutesfois n'eurent pas si grand portée (Dieu merci), car je ne m'en suis qu'un peu senti en un bras, qui n'a esté chose d'importance. J'ay eu fort grand regret d'y veoir blessé, entre autres, le seigneur de La Bresse, chevalier de l'ordre du Roy, qui y fut fort navré en la teste, avec une grande effusion de sang ; le tout par l'insolence et aggression de ceulx de ladicte ville, qui, avec leurs susdictes harquebuses et pistolets, dont plusieurs ont esté trouvez saisis, firent tout effort de faire contre moy et les miens le pis qu'ils peurent ; et faillirent à gaigner une maison, joignant de là, où se trouva une grande table toute couverte d'autres harquebuses et pistolets tous chargez, estant ladicte maison percée, qui flanquoit l'entrée de leurdicte grange, et dont je n'avoie rien encores entendu. Néantmoins ledict effort ne peut estre si grand que je ne vinsse avec ma petite troupe à estre maistre de leurdicte porte ; mais ce ne peut estre (dont j'ay un merveilleux regret) que de l'autre part il n'en soit demeuré vingt-cinq ou trente de tuez, et plus grand nombre de blessez ; combien que, pour chose qui m'ait esté faicte, je n'aye jamais voulu frapper personne, et le deffendisse aux miens tant qu'il m'estoit possible admonnestant les autres aussi de cesser de leur costé, bien marri que leur résistence ne permettoit plustost de les faire délivrer entre les mains de la justice, comme j'eusse bien désiré. Ceci ne fust jamais advenu sans l'aggression de ceulx de ladicte ville ; et s'est faicte la plus grande partie de ceste exécution par aucuns de nos valets qui estoient à nostre suite, trouvans, ainsi qu'ils arrivoient, leurs maistres tous blessez et offensez, et qui avoient aussi ouy le bruict des harquebuses et pistolets deslaschez, nous estans dans ladicte grange. Si est-ce que m'appercevant de ceste insolence, encores qu'on continuast tousjours de ruer sur moy et sur ceux qui estoient autour de moy, je ne laissay de donner incontinent ordre, et le plus tost que je peu, de faire le tout cesser; et sans cela il y fust beaucoup pis advenu. Je fei soubdain aussi mettre prisonniers tous ceulx dont je me peu saisir, coulpables et autheurs de tel inconvénient, où je m'attendoye aussi peu qu'à chose de ce monde; vous asseurant que, si j'y eusse pensé, j'eusse bien pourveu que les miens n'eussent esté désarmez ne blessez comme ils furent, et me fusse fort bien gardé de m'accompagner, comme je faisoie, de monsieur le cardinal de Guise, mon frère, ne de mener quant et moy mon fils aisné, ne ma femme qui estoit à ma queuë en sa litière, avec un de ses enfans aagé de sept ans seulement. Le magistrat aiant recongnu la vérité du faict tel que dessus, j'en donnay tout soubdain advis au Roy, à la Royne et au Roy de Navarre, qui ont peu considérer depuis si telles gents que ceulx-là, et de mes subjects mesmes, ont eu ceste hardiesse d'oser entreprendre à l'encontre de moy, ce que l'on doibt espérer d'eulx en autres choses et jusques où ils sont desjà parvenus par la tollérance qu'on a faicte par deçà de ces nouveaulx calvinistes, qui ne preschent, en la pluspart, qu'une liberté toute pleine de sédition. Il vous peult souvenir, monsieur, de ce que nous en disions dernièrement ensemble. Or ay-je désiré, comme je fay encores, que bonne et deuë information en soit faicte, non pour en requérir autre vengeance ni réparation, ainsi que Dieu m'en est bon tesmoing (car le recognoissance desjà qu'ils ont faicte de leur péché m'est suffisante satisfaction, et ne trouvera-on jamais en moi, en ce qui me touche, que toute la doulceur et humanité qu'on sçauroit espérer de prince que ce soit, et qui, en ce que je peux et de bien bon cueur, leur pardonne); mais je doib bien soubhaiter que la vérité de ce faict soit entièrement entenduë et non déguisée, comme je sçay que, par la malice et imposture dont sont pleins plusieurs qui leurs adhèrent, elle pourroit estre en vostre endroict et ailleurs, veu qu'ils se sont desjà efforcez de faire entendre à leurs susdictes Majestés le rebours de la vérité, et ne prenants que ce qui est à leur advantage. Et combien que je pense bien, monsieur, que vous m'estimiez véritable, si vous prieray-je de surseoir l'opinion que vous en pourriez prendre jusques à ce qu'il vous soit apparu du jugement qu'en aura faict le principal sénat de tout ce royaulme; et me tenir tousjours en vostre bonne grace, à laquelle bien humblement, et le plus affectueusement que je peux, me recommande.»

DISCOURS ENTIER

DE

LA PERSÉCUTION ET CRUAUTÉ

EXERCÉE EN LA VILLE DE VAISSY,

PAR LE DUC DE GUISE (1).

Depuis que le Seigneur, par une bonté et miséricorde admirable, a redressé les enseignes de sa vérité évangélique au pays de France, pour recueillir ce qui estoit esgaré en sa bergerie, le petit troupeau de Vaissy a esté comme au premier reng proposé en ces derniers temps à toute la France, pour un miroir auquel on contemple les merveilles du Seigneur. C'est une petite ville appartenante au Roy de France, des plus anciennes du conté de Champagne, assise sur les limites du duché de Barrois, en lieu plaisant et fertile, et de grande commodité. Il y a prevosté et siége royal, du ressort duquel sont plusieurs villes, bourgs et villages ; mesme de toute ancienneté la ville de Joinville (de laquelle cy-après sera faite mention) et plusieurs villages dépendants d'icelle ont esté justiciables et tenus respondre audit Vaissy. Et pour ceste cause, elle a esté de long-temps enviée par la maison de Guyse ; tellement que, du vivant des Rois Henry et François, derniers décédez, François de Lorraine, duc

(1) *Mém. de Condé,* édit. de 1743, tom. 3, pag. 124.

de Guyse, et Charles cardinal de Lorraine, son frère, firent tant que, pour augmenter leur maison et famille, du consentement desdits Rois, la terre dudit Joinville, où ils ont esté nais, fut érigée en titre de principauté, estant auparavant une simple baronie tenue en fief du Roy, et qui avoit esté donnée en mariage à feu Claude de Lorraine, père d'iceluy François duc, par un évesque de Mets en Lorraine, oncle dudit feu Claude. Et pour orner ceste principauté nouvelle, environ trente-trois ou trente-quatre villes que villages furent distraicts de la prevosté dudit Vaissy et joincts à icelle principauté de Joinville.

Advint le douziesme d'octobre M. D. LXI, après le colloque de Poissy, qu'un des ministres de l'église de Troyes en Champagne, ayant esté esleu pour visiter ceux de Vaissy et dresser quelque forme d'église selon la parole de Dieu, y estant arrivé pour exécuter sa charge, aucuns des principaux de Vaissy l'advertirent qu'il n'y avoit lors aucun moyen de rien dresser, pour crainte de ceux de Guyse qui s'assembloyent à Joinville au retour dudit colloque. Et de faict, le duc d'Aumale, suivy de près de ses frères, arriva audit Joinville en ce mesme temps. Ce nonobstant, le ministre ne doutant point que le Seigneur ne l'eust là envoyé, délibéra avec ceux qui monstroyent avoir plus grand faim de la parole de Dieu d'essayer premièrement s'il pourroit rien bastir en secret, pour puis après annoncer Jésus-Christ aux assemblées, comme il avoit fait à Ronay. A la première exhortation qu'il feit en la maison d'un marchant drapier, ne pensant y avoir que bien petit nombre de personnes des plus fermes et mieux instruits, il se trouva, tant hommes que femmes, fidèles que papistes, qui avoyent senti la fumée de ceste assemblée, environ six vingts personnes, demandans d'estre repeus de la pasture de vie. Le sermon fait, on éleut quatre surveillans et deux diacres. Le jour suivant, 16 dudit mois, l'assemblée qui se trouva à la prédication fut de cinq à six cens personnes, et croissoit de jour en jour tellement qu'ils furent contraints de prescher en la court de l'Hostel-Dieu, au descouvert ; où plusieurs ignorans s'y trouvans furent si bien réduits, que maints vieilles gens, tant hommes que femmes, disoyent à la sortie des sermons : Loué soit Dieu qui nous a fait ceste grace d'avoir cogneu sa saincte vérité devant que mourir.

Le 20 dudit mois le ministre partit de Vaissy pour s'en retourner à Troyes, l'église estant dressée, les diacres advertis d'avoir tel soin des povres que leur charge requéroit, les anciens de tenir la main à ce que nul ne se polluast au baptesme de la papauté, de lire aussi quelques sermons faciles en l'assemblée, en commençant par les sermons qui sont imprimez sur les commandemens, jusques à ce qu'il pleust au Seigneur de les pourvoir de quelque fidèle pasteur.

Ce qu'aussi ils firent soigneusement et heureusement ; car le povre peuple fut tellement retenu en son devoir par ceste lecture que le diable, mettant en teste au duc de Guyse d'envoyer quelques gens d'armes environ le commencement du mois de novembre pour estouffer ceste petite église en sa naissance, ne perdit que ses peines. Voylà en somme comment l'église de Vaissy a esté plantée. Reste de traiter de l'accroissement et des assauts qu'elle a soustenus.

Le 13 de décembre, le ministre duquel mention a esté faite cy-dessus partit de Troyes pour visiter de rechef les fidèles de Vaissy, à raison de quelques baptesmes qu'il falloit faire d'aucuns enfans par eux gardez à ceste fin-là. Aussi tost qu'il fut arrivé, il fallut prescher, tant estoit le povre peuple ardant après la pasture.

Le 17 dudit mois il advint une chose mémorable, qui ne doit estre obmise, tant pour ce qu'elle a esté une des principales causes du carnage qui sera cy-après descrit, que pour ce qu'on peut cognoistre par icelle combien le Seigneur besongne puissamment, quand bon luy semble, par les choses foibles et infirmes.

L'évesque de Chaalons, nommé Hiérome Burgensis, fut envoyé du duc de Guyse, suyvant le conseil du cardinal de Lorraine son frère, à Vaissy, diocèse de Chaalons, accompagné d'un moine fort estimé entre les papistes, pour estre confit en toute la théologie de la papauté, afin que, par le moyen d'iceluy, il renversast la foy (si faire se pouvoit) des simples gens de Vaissy. Iceluy estant arrivé avec sa troupe garnie de pistolets et pistoles, le 16 dudit mois, sur les trois heures après midy, appela aucuns des plus apparens de l'église, à ce que par leur moyen il peust tant faire envers le peuple qu'il vinst le lendemain au sermon du moine qu'il avoit amené. Ceux qui furent par luy appellez respondirent en toute modestie que, quant à eux, ils ne voudroyent ny ne pourroyent en bonne conscience ouyr un faux prophète, et quant au peuple, qu'ils ne pensoyent pas qu'on le peust amener à ce poinct là ; que s'il plaisoit à monsieur l'évesque venir ouyr leur ministre, ils se faisoyent forts qu'on ne luy feroit ne mal ne desplaisir, ny aux siens, et outre-plus, qu'il trouveroit que la doctrine de laquelle on repaissoit le povre peuple n'estoit autre que celle des prophètes et apostres. L'évesque, ayant ouy une telle responce, fut bien esbahy et se meit à leur faire quelques remonstrances tendantes à ceste fin, qu'ils suyvissent le train de leurs pères, qui avoyent esté si gens de bien, sans s'embrouiller en opinions nouvelles, qui ne pourroyent estre cause que de leur totale ruine, s'il y persistoyent, ne tenans conte de rentrer en grace avec nostre mère saincte église, de l'obéissance de laquelle ils s'estoyent révoltez, à l'appétit de quelques affronteurs de Genève. Voilà en effect ce qu'il leur disoit, adjoustant qu'il estoit bien marry qu'il ne sçavoit prescher, mais que le moine qu'il avoit amené suppléeroit à son défaut. Voyant qu'ils demeuroyent fermes et arrestez en leur première response, il leur promit qu'il se trouveroit le lendemain au sermon ; et ainsi se départirent tout joyeux de luy, espérans que le sermon ne seroit sans un grand fruict.

Au sortir du logis de l'évesque, ils vindrent droit en la maison du ministre, environ les cinq heures, pour l'advertir de tout, et nommément de la promesse qui leur avoit esté faicte par l'évesque de venir ouyr le sermon. Iceluy loua le Seigneur, espérant que l'évesque seroit suivy de beaucoup de povres ignorans de Vaissy, ausquels il pourroit profiter, encore que la doctrine qui seroit annoncée fust rejettée par l'évesque et par les siens.

Et afin qu'il peust profiter davantage, délibéra, après avoir eu sur ce l'advis des frères, de faire confession de sa foy, laissant pour une autre fois le second commandement qu'il devoit exposer.

L'heure du sermon venue, l'évesque empescha qu'on ne le sonnast; mais le peuple ne s'esmut aucunement pour cela, donnant ordre qu'un chacun fust adverti de main en main de venir ouyr la parolle de Dieu, comme de coustume, encores que le sermon ne fust pas sonné.

Le peuple estant assemblé, on vient quérir le ministre, lequel ne voulut partir du logis que premièrement il n'eust prié le Seigneur de luy donner dequoy respondre à ce moine qu'on luy faisoit si terrible. Après la prière il s'achemina vers le temple, s'asseurant de l'assistence de celuy qui a promis aux siens bouche à laquelle leurs ennemis ne pourroyent résister. Comme on chantoit les commandemens de Dieu, d'entrée l'évesque arriva, estant suivi du prévost, homme qui s'estoit révolté de la cognoissance qu'il avoit eue de la vérité de l'évangile, du procureur du Roy, du prieur dudit Vaissy, de son moyne, et de douze ou quinze personnes qui estoyent de sa suite ordinaire. Après qu'on eut fait fin de chanter les commandemens, on se mit à prier Dieu pour demander la grace du Saint-Esprit; mais l'évesque interrompit la prière, disant: Messieurs, je viens icy comme évesque de Chaalons, et par conséquent de ce lieu. Le ministre, ne le voulant laisser passer plus outre, rompit son propos et luy dit: Monsieur, puisque je suis le premier en chaire, c'est raison que je parle le premier. Que si vous trouvez chose digne de repréhension en ma doctrine, il vous sera libre de parler puis après. Ceste responce ouye, le peuple commença à faire quelque bruit, lequel estant appaisé, l'évesque rentra en son propos, usant de mesmes termes que dessus: Messieurs, dit-il, je viens icy, et ce qui s'ensuit.

Le ministre l'empescha derechef de poursuyvre, disant: Monsieur, je m'esbahy comment vous nous voulez empescher d'invoquer Dieu en ce lieu, veu que le Roy le nous permet et monsieur le gouverneur. Or disoit-il cela estant seur qu'ainsi estoit; car il n'y avoit rien que le gouverneur de Champagne, estant à Troyes, leur avoit permis d'invoquer Dieu à la façon des églises réformées, se disant avoir charge d'exposer les édicts du Roy, pour fermer la bouche aux prestres, requérans instamment l'observation d'iceux. L'évesque ne luy voulut rien respondre, retournant encore un coup à son premier propos.

Quand le ministre vid qu'il n'en pouvoit autrement chevir (1) : Bien, dit-il, puisque vous avez si grand envie de parler, faites-le ; non pas en qualité d'évesque, ains d'homme particulier seulement, car nous ne vous cognoissons point pour tel. — Pourquoy, dit-il, si est-ce que j'ay l'imposition des mains? — Pourquoy? respondit le ministre, pour ce qu'il faut que l'évesque presche la parole de Dieu en vérité, qu'il administre les sacremens, et ait soin jour et nuict du trouppeau du Seigneur. Mais vous qui vous dites pasteur, quand avez-vous repeu vostre trouppeau de la pasture de vie? quand avez-vous administré les sacremens ou fait la moindre chose de ce qui est requis en vostre charge?

Comment sçavez-vous que je ne presche point? dit l'évesque. — Vous dites hier vous-mesmes, respondit le ministre, à ceux de nostre église que vous appellastes pour parler à vous, que vous ne saviez prescher et que vous en estiez bien marry. — Et où trouvez-vous, dit-il, qu'il faille qu'un évesque presche? — Je le trouve, respondit le ministre, au sixiesme des Actes; *item* au quatriesme chapitre de la première à Timoth.

Or ne faut-il pas oublier en passant que le ministre, estudiant au matin son sermon, estoit tombé par la providence de Dieu sur ces deux passages-là, comme il cherchoit autre chose ; par ainsi il luy fut facile de respondre ainsi promptement à l'évesque, ayant la mémoire de ces passages toute fresche. L'évesque voyant qu'il estoit pris : O, dit-il, je presche par mes vicaires. Le ministre, respondant de grande affection, luy dit : Ce sont toutes moqueries; les apostres et anciens évesques preschoyent-ils par vicaires? L'évesque ne pouvant contredire : Et vous,

(1) *Venir à chef*, réussir.

dit-il, estes-vous ministre? avez-vous l'imposition des mains? — Je le suis, dit le ministre, et ay ce qu'il faut que j'aye. — L'évesque : Si est-ce que vous n'avez pas l'imposition des mains de quelque évesque, dont je me puis asseurer. — Vous avez, respondit le ministre, l'imposition des mains des faux prophètes. — L'évesque dit : Nous sommes les vrays bergers de l'église, successeurs des apostres. — Et comment le seriez-vous, dit le ministre, veu que vous estes excommuniez par vos canons mesmes, entant que vous estes entrez en la bergerie par la fenestre? veu que vous vous estes ingérez de vous-mesmes? veu que le peuple n'a point approuvé vostre élection ? — Alors l'évesque dit, regardant derrière luy : Monsieur le prévost, j'en demande acte. — Le ministre respondit et dit : Ouy, c'est raison; mettez là que je m'offre à monstrer, mesme par les canons du pape, que celuy qui se dit évesque de Chaalons est excommunié et indigne d'estre évesque. Le ministre, estant pressé par quelques risées de l'évesque, fut contraint de dire haut et clair qu'il avoit plusieurs fois exposé sa vie pour le nom du Seigneur Jésus et qu'il estoit prest de la quitter à toutes heures. Je suis prest, dit-il, de sceller de mon sang la doctrine que j'annonce à ce povre peuple, duquel vous vous osez bien dire pasteur, sous ombre que vous avez l'imposition des mains, comme vous dites, de trois ou quatre de vos évesques. La pasture que vous pouvez alléguer est que vous avez mis peine de repaistre vostre insatiable convoitise, et non point les ames qui ont esté rachetées si chèrement du sang du fils éternel de Dieu. Puis s'addressant au peuple, dit : Voyez-vous, povre peuple, ce qu'il vous dit; il vous veut faire accroire en somme que cestuy-là est le berger qui se contente d'avoir une pannetière et houlette, pour vivre à son plaisir en la maison, sans mener les brebis aux champs pour repaistre? L'évesque desgarni de replique, ne pouvant plus dissimuler la cause de sa venue, dit : Si est-ce que vous délogerez. — Le ministre respondit et luy dit : Je prescheray l'évangile du Seigneur Jésus ; si vous le voulez escouter paisiblement, escoutez-le ; sinon ne nous troublez point. — Je voy bien, dit l'évesque, que tout se gouverne ici par furie. — Non, non, respondit le ministre, tout se gouverne de nostre costé par un sainct zèle qui a esmeu jadis les apostres à dire à vos semblables : Il vaut mieux obéir à Dieu qu'aux hommes. Cela dit, l'évesque se retira avec sa courte honte, n'estant si bien accompagné que quand il estoit entré ; car le prévost et les autres qui devoyent former le procès-verbal que l'évesque vouloit faire, s'estoient jà retirez de crainte, sans coucher un seul mot par escrit de tout ce qui avoit esté dit.

Le peuple voyant que l'évesque se retiroit tout avec son moine, qui jamais n'avoit osé sonner mot pour aider aux responses impertinentes de son évesque, commença à louër Dieu, levant les mains au ciel. Aucuns leur crièrent à haute voix : Au loup, au renard, à l'asne, à l'escole, devant, devant.

Voilà à la vérité ce qu'on fit à l'évesque, lequel de ce pas s'en alla faire prescher son moine au moustier (1) de la papauté, n'estant suivy que de son train ; car les povres ignorans qui estoyent venus quand et luy en la grange, pour veoir le débat du ministre et du moyne, ayans ouy l'offre que le ministre de première arrivée avoit faite de satisfaire, après le sermon, à tout ce qu'on voudroit amener aussi contre la doctrine qu'il annonçoit, ayans aussi ouy comment il avoit respondu à l'évesque, et que rien n'avoit esté repliqué qui fut pertinent, de-

(1) A l'église.

meurèrent au sermon du ministre, et l'ouyrent de bout en bout, non sans fruict. Entre ceux qui furent gaignez au Seigneur il y eut un vieillard tout gris, auquel à l'issuë du sermon on dit: Et bien, père, que vous en semble? — Ha, mon enfant, respondit-il, je voy bien que nous avons esté abusez.

Comme le peuple sortoit paisiblement et se retiroit un chacun en sa maison, le moine preschoit encore; mais oyant quelque petit bruit du peuple devisant au sortir de ce qui estoit advenu, fut saisi de telle frayeur, pensant qu'on luy en voulust, qu'il quitta la chaire abillement, sans dire ni pourquoy, ni comment, y laissant une de ses pantoufles. L'évesque aussi, pensant estre poursuivi, se sauva en grand' haste par une petite porte de la maison du prieur, qui est tout joignant le moustier; mais il cognurent incontinent qu'ils s'estoyent espouvantez de leur ombre.

Lendemain au matin, l'évesque sans autre bruit s'en alla droit à Joinville, pour dire des nouvelles de son voyage; mais aussi tost qu'il fut arrivé, il se sentit tellement picqué des brocards du duc d'Aumale (comme on a sçeu des serviteurs domestiques de la maison), qu'incontinent, à sa relation, on dressa un procès-verbal pour envoyer à la cour; lequel estant fait à leur poste, touchant l'injure qu'ils disoyent avoir esté faite à l'évesque, tendoyent à ceste fin que commission fut donnée au duc de Guyse pour estre exécutée sur les délinquans de Vaissy; lesquels, en estans advertis par aucuns serviteurs domestiques du duc d'Aumale, envoyèrent gens de leur costé à la cour, garnis du procès-verbal, par lequel le conseil privé du Roy, informé de la vérité du faict, ne voulut permettre qu'aucune chose par voye de faict fut attentée contre ceux de Vaissy. Cependant on sert tousjours à Dieu à Vaissy ; mesmes le 25 du mois de décembre, au jour de Noël qu'on appelle, la cène fut administrée, nonobstant qu'aucuns eussent mandé, par homme exprès de Bar-le-Duc, qu'on se gardast bien de la faire, se disans savoir de bonne part que le duc de Guyse avoit délibéré de tout saccager ce jour-là.

Il y eut environ neuf cens personnes (de trois mille qui y pouvoyent estre, tant de la ville que des environs) qui la receurent après avoir rendu raison de leur foy.

Le lendemain le ministre, voyant le temps expiré qu'il devoit estre à Vaissy, retourna à Troyes, après avoir tant fait envers les frères qu'ils envoyassent à Genève et à Paris gens pour avoir ministres qui résidassent sur le lieu. Celui qui fut envoyé à Paris n'emmena personne ; mais celuy qui fut envoyé à Genève emmena à la fin un bon homme craignant Dieu, nommé Léonard Morel.

Or, d'autant qu'il mettoit beaucoup à venir et qu'il y avoit huit ou neuf baptesmes à faire, depuis que le ministre de Troyes estoit parti, estant requis ledit ministre pour la troisiesme fois de les venir visiter, arriva à Vaissy le vingt-septiesme de janvier.

Ayant fait ce qu'il avoit à faire à Vaissy, et illec demeuré autant qu'on luy avoit permis, s'en alla à Bar-sur-Seine, suyvant ce qui luy avoit esté enjoint par les frères de Troyes devant qu'il partist, pour là faire le semblable, consolant et fortifiant l'église au Seigneur. Or, après y avoir demeuré quelques jours, deux ministres arrivèrent, l'un pour Bar-sur-Seine et l'autre pour Vaissy. En ce mesme temps aussi arrivèrent aucuns des frères de Vaissy, avec lettres de l'église de Troyes, par lesquelles elle mandoit à son ministre qu'il retournast à Vassy avec les porteurs desdites lettres, pour y demeurer le temps de caresme, qu'ils appelent, à cause d'un caphard que l'évesque de Chaalons devoit envoyer pour prèscher audit temps. A quoy ceux de Bar s'opposèrent, d'autant qu'on leur avoit promis ledit ministre pour quelque temps qui n'estoit encores expiré, accordans toutesfois à ceux de Vaissy de l'avoir pour quatre ou cinq jours, à fin qu'ayant introduit leur ministre et mis toutes choses en bon ordre, il retournast faire le semblable à Bar. Ainsi donc il retourna quatriesme fois à Vaissy et y arriva le 20 de febvrier; et si tost qu'il fust arrivé, on le solicita de prescher selon la coustume. Le povre peuple de la ville, et ceux qui estoient occupez à la besongne des champs, quittoyent tout au son de la cloche pour venir ouyr la parole de Dieu.

Cependant Antoinette de Bourbon, douairière de Guyse, mère desdits duc et cardinal, portoit fort impatiemment ce qui se faisoit audit Vaissy, prochain dudit Joinville (où elle fait sa résidence) de trois lieuës, cerchant tous les moyens à elle possibles de les divertir et empescher, estant à ce faire sollicitée par le prévost et prieur dudit Vaissy. Et de faict, elle fit faire défenses sur grandes peines, à tous ses subjects et ceux de ses enfans, de n'aller ni assister ès presches qui se faisoyent audit Vaissy et ailleurs, et ne tenir aucuns propos contre l'église catholique romaine, leur enjoignant d'aller à la messe, et vivre comme leurs prédécesseurs; escrit aux gouverneurs et principaux dudit Vaissy lettres comminatoires, leur remonstrant que Marie, Royne d'Ecosse, sa petite-fille, estoit dame usufruictiere dudit Vaissy, et que ce qui se faisoit audit Vassy touchant l'exercice de la religion luy desplaisoit grandement; et que ses enfans (qui estoyent allez aux Allemagnes), à leur retour, ne seroyent contens de ce et en pourroyent bien faire repentir ceux dudit Vaissy, s'ils ne se désistoyent de leurs assemblées ; lesquelles menaces auroyent depuis sorti effect.

Car retournant le duc de Guyse, audit moys de février, des frontières d'Allemaigne, après que, par son moyen et sa poursuite, un espinglier du bourg de Sainct-Nicolas en Lorraine fut pendu et estranglé à un poteau près la halle dudit lieu, pour avoir faict baptiser son enfant en la forme et manière qui se fait ès églises réformées ; après aussi comme environ soixante mesnagers de la ville de Vyc, en Lorraine (apartenant au cardinal de Lorraine, son frère, à cause de son évesché de Mets), furent à sa persuasion déchassez et mis en fuite, luy arrivé audit Joinville, le demanda à sa mère et autres ses plus familiers si ceux de Vaissy faisoyent tousjours presches et avoyent ministres. On luy respond qu'ouy, et qu'ils s'augmentoyent de jour en jour et de plus en plus. Lors commença à marmonner et s'animer en son courage, mordant sa barbe, comme il avoit de coustume faire quand il estoit courroucé et fort irrité ou qu'il avoit vouloir de se venger.

Le samedy dernier jour dudit moys de février M. D. LXII, ledit duc de Guyse, pour plus secrètement exécuter sa vengeance contre les fidèles dudit Vaissy, partit dudit Joinville, accompagné du cardinal de Guyse, son frère, et de leur suite, et vindrent loger au village de Dammartin-le-Franc (désirant les trouver assemblez), distant de Joinville de deux lieues et demye, et dudit Vaissy d'une lieue et demye françoise.

Et le lendemain, qui estoit le dimanche premier jour de mars, après qu'il eust ouy messe du grand matin audit Dampmartin, accompagné des dessusdits et d'environ deux cens hommes de sa suitte, garniz de hacquebuttes, pistolles et coustellaces, partirent dudit Dampmartin et s'acheminèrent droit audit Vaissy. Et passans par le village de Bronzeval, prochain dudit Vaissy d'un petit quart de lieue, comme on sonnoit hautement la cloche audit Vaissy, à la manière accoustumée pour aller au presche, ledit duc, oyant icelle cloche, demanda à aucuns qu'il rencontra par le chemin que c'estoit qu'on sonnoit audit Vaissy si hautement; lesquels firent response que c'estoit pour aller à la prédication du ministre. Lors fut dict par un nommé La Montaigne, maistre d'hostel du duc d'Aumale (qui avec La Brosse l'aisné marchoit à costé d'iceluy duc), que c'estoit pour assembler les huguenots, et qu'il y en avoit beaucoup audit Bronzeval qui fréquentoyent les presches audit Vaissy, et que ce seroit bien fait de commencer audit lieu et leur bailler une charge. A quoy fut dict par iceluy duc ces mots : Marchons, marchons, il les faut aller voir cependant qu'ils sont assemblez. Plusieurs de ceste suitte, comme les laquays, se resjouissans de ceste entreprise, disoyent que le pillage seroit pour eux, juroyent la mort et le sang qu'il y en auroit qui seroient bien huguenotez.

Or il y avoit audit Vaissy environ soixante hommes d'armes et les archiers de la compagnie dudit duc de Guyse, qui naguères avoyent fait leurs monstres au lieu de Monthierender (comme auparavant ils avoyent accoustumé de faire), les uns estans logez audit Vaissy, les autres audit Monthierender, Vignori et autres lieux circonvoisins; lesquels, si tost que la monstre estoit faite et leurs gages receus, s'en retournoyent chacun d'eux en leurs maisons; ce que toutesfois ne fut fait ny observé en ce temps.

Car au lieu de loger ès lieux accoustumez, ils se retirèrent tous à Vaissy et se logèrent la pluspart d'eux ès maisons des papistes. Et le samedy précédent le carnage, on les veoit préparer leurs armes, hacquebutes et pistoles. Toutesfois les fidèles ne se doutoyent aucunement de ceste conjuration et avoyent opinion que ledit duc ne leur voudroit point meffaire, attendu qu'ils estoyent sujets du Roy, et qu'environ deux mois auparavant ledit duc et ses frères avoyent passé assez près dudit Vaissy, sans leur porter mauvais visage, sinon que ledit cardinal avoit envoyé l'évesque de Chaalons audit Vaissy, pour les penser divertir et séduire, comme il a esté déduit cy-devant.

Arrivant ledit duc de Guyse audit Vaissy avec sa troupe, un jeune homme, cordonnier de son mestier, sortant de sa maison près de la porte, fut monstré au doigt par ledit La Montaigne, disant audit duc que c'estoit l'un des ministres. Ce cordonnier fut appelé par ledit duc, et interrogué s'il estoit ministre et où il avoit estudié; lequel fit response qu'il n'estoit point ministre et n'avoit jamais esté aux escoles, ce qui estoit vray; et par ce moyen eschappa hors de ceste troupe qui l'avoit environné; et luy fut dit par l'un de la compagnie que son cas estoit bien sale s'il eust esté ministre.

De là ledit duc de Guyse, ayant quelque peu conféré en secret avec lesdits cardinal de Guyse, La Brosse, La Montaigne, et autres ses familiers, passa outre en ladite ville avec sa troupe, comme voulant prendre le chemin pour aller droit au village d'Esclaron, où on disoit qu'il alloit disner; mais passant par devant la halle dudit Vaissy, qui est assise vis à vis et prochaine du moustier, au lieu de suivre le chemin audit Esclaron, se destourna et alla descendre en ladite halle, puis entra audit moustier. Et ayant appelé à soy un nommé Dessalles, prieur dudit Vaissy, un autre nommé Claude Le Sain, prévost dudit Vaissy, le fils duquel est pourveu de la cure dudit Vaissy et du prieuré des Hermites près Vaissy, dont la maison dudit prévost est entretenue ; ayant un peu communiqué avec eux, il sortit hors dudit moustier comme fort irrité et fut suyvi de beaucoup de gens de sa troupe.

Et comme il en sortoit, fut commandé aux papistes de se tenir audit moustier et se garder bien de se trouver par les rues, ou autrement ils pourroyent estre en danger de leur vie.

Estant donc le duc hors de ce moustier, apperceut autres de sa compagnie qui l'attendoyent, se pourmenans sous ladite halle et à l'entour du cymetière, et leur commanda de marcher droit où le presche se faisoit, qui estoit en une grange distant dudit moustier d'environ cent passées, tout au contraire et à l'opposite de la rue et chemin que ledict duc devoit prendre pour aller à Esclaron.

Suivant lequel commandement, ceux de ladite compagnie estant de pied marchèrent droit à ladite grange, et pour le premier marchoit le guidon d'icelle compagnie, nommé La Brosse, et à costière (1) desdits gens de pied y avoit des gens de cheval ; après lesquels gens de pied ledit duc de Guise marchoit, accompagné de La Brosse l'aisné et de plusieurs autres, tant de sa suitte que de celle dudit cardinal de Guyse. Et pour lors le ministre avoit jà commencé sa prédication et fait les premières prières à ceux de ladite assemblée, qui pouvoyent estre d'environ douze cens personnes, tant hommes que femmes, qu'enfans.

D'arrivée ceux qui estoyent à cheval, approchans de ladite grange environ vingt-cinq passées, tirèrent deux coups de hacquebutes droit à ceux qui là estoyent sur les

(1) Côté.

eschaffaux, à l'endroit des fenestres. Quoy voyant ceux qui estoyent en icelle grange près la porte, la voulurent fermer; mais ils furent furieusement forcez et empeschez de ce faire par ceux de ladite compagnie, lesquels incontinent commencèrent tous à desgainer leurs espées, crians: Tue, tue, mort dieu, tue ces huguenots.

Le premier qui fut par eux rencontré estoit un povre crieur de vin, qui estoit au-devant la porte de la grange, auquel ils demandèrent s'il n'estoit pas huguenot et en qui il croyoit; et ayant respondu qu'il croyoit en Jésus-Christ, luy donnèrent deux grands coups d'espées à travers du corps, dont il fut atterré; et s'estant relevé pour se sauver, luy en furent derechef baillez d'autres, tellement que, chargé de playes de toutes parts, il tomba par terre et mourut tout soudain.

Deux autres hommes au mesme instant furent tuez et abatus à l'entrée de ladite porte, comme ils pensoyent sortir et eschapper d'icelle grange, voyans le désarroy.

Et alors ledit de Guyse et ses gens entrèrent à grande foulle en icelle grange, avecques grande furie, touchans et frappans asprement à grands coups d'espées, dagues et coustelaces sur ces povres fidèles, sans aucunement avoir esgard ni au sexe ni à l'aage; et estoyent là dedans tellement esperdus qu'ils ne savoient que faire, couroient çà et là tombans les uns sur les autres, fuyans comme povres brebis devant une troupe de loups entrez en la bergerie.

Aucuns des massacreux tirèrent plusieurs coups de hacquebutes et pistolles au travers de ceux qui estoyent sur les eschaffaux; les autres d'une grande furie fauchoyent à grands coups d'estocs à travers le corps de ceux qu'ils rencontroyent; autres leurs fendoyent les testes, leur coupoyent les jarrets, les bras et mains, et taschoyent à les mettre tous en pièces, tellement que plusieurs furent tuez et moururent sur la place. Les murailles et eschaffaux d'icelle grange estoyent taintes et arrousées du sang de ces povres gens en plusieurs et divers endroits d'icelle.

La furie estoit si très grande que ceux qui estoient dans icelle grange furent contraints pour la pluspart de rompre et percer le toict pour se sauver par dessus iceluy ; et estans sur ledit toict, craignans de tomber derechef ès mains de leurs ennemis, sautoyent par-dessus les murailles de la ville, qui lors estoyent de grande hauteur, et s'enfuyoyent droit aux bois et aux vignes, où ils pouvoyent mieux, les uns estans blessez aux bras, les autres à la teste et autres parties de leurs corps.

Le duc estoit luy-mesme en la grange, avecques son espée nue en la main, commandant à ses gens de tuer, et nommément les jeunes gens ; et sur la fin dit qu'on laissast les femmes grosses, criant après ceux qui s'efforçoyent de se sauver par ledit toict : En bas, canailles, en bas, et usant de grandes menaces.

Ce qui le meut lors d'ordonner qu'on laissast les femmes grosses fut par le moyen de la duchesse sa femme, laquelle passant auprès des murailles dudit Vaissy, et oyant un si grand bruit et clameur de ces povres gens, et le son des hacquebutes et pistolets, envoya en diligence vers le duc son mary, le supplier de cesser sa persécution de peur des femmes grosses.

Pendant ce massacre le cardinal de Guyse estoit devant le temple dudit Vaissy, appuyé sur les murailles du cimetière, regardant vers ladite grange, où estoyent ceux de sa suitte, tuans et massacrans.

Plusieurs de ladite assemblée estans ainsi pressez se sauvèrent par dessus ledit toict, sans que l'on s'en apperceut de dehors d'icelle grange, sinon que sur la fin qu'aucuns de ladite suitte, estans assez près dudit temple, en apperceurent qui estoyent sur ledit toict et tirèrent sur eux avec longues hacquebutes, dont il y en eut plusieurs de tuez et blessez, mesmes par les serviteurs domestiques dudit Dessalles, prieur dudit Vaissy, lesquels, tirans sur ces povres gens, les faisoyent tomber en bas dudit toict comme on feroit des pigeons estans sur un toict. Et fut l'un des serviteurs dudit Dessalles bien si effronté qu'il se vanta depuis ledit massacre, en présence de plusieurs personnes, que de sa part il en avoit fait tomber à bas dudit toict une demie douzaine pour le moins, disant que si les autres eussent fait comme luy, il n'en fust pas tant eschappé.

Le ministre, nommé Léonard Morel, pour le commencement de la persécution et massacre ne cessa de prescher, et tint bon jusques à ce que l'on tira un coup de hacquebute droit à la chaire où il estoit ; quoy voyant, il se mit à deux genoux en la chaire, priant le Seigneur d'avoir pitié non seulement de luy, mais surtout du povre troupeau ; et après la prière, pensant de se sauver, quitta sa robe, afin de n'estre cognu ; mais ainsi qu'il passoit par la porte, il tomba tout effrayé sur un qui estoit mort et là receut un coup d'espée en l'espaule dextre. S'estant relevé et pensant se sauver, il fut appréhendé et frappé derechef à grands coups d'espée sur la teste, dont il tomba tout plat à terre ; et se sentant mortellement navré s'escria: O Seigneur, mon ame en tes bras je vien rendre, car tu m'as racheté, ô Dieu de vérité. En faisant sa prière il y accourut un de la troupe sanglante pour lui couper les jarrets ; mais Dieu voulut que l'espée de cestui-là ce rompit à l'endroit de la garde ; et pour monstrer comment il fut délivré de cest instant de mort, voicy deux gentilshommes, se trouvans à l'endroit qu'on le vouloit achever de tuer, dirent : C'est le ministre, il le faut mener à monsieur de Guyse. Ceux-cy le prindrent par dessous le bras et l'emmenèrent jusques devant la porte du moustier, d'où le duc, sortant avec son frère le cardinal, demanda audit ministre : Vien-ça, es-tu le ministre d'icy? Qui te fait si hardi de séduire ce peuple? — Monsieur, dit le ministre, je ne suis point séditieux, mais j'ay presché l'évangile de Jésus-Christ. Le duc, sentant que ceste simple et brèvè response le condamnoit du tout, commença à maugréer, en disant : Mort dieu, l'évangile presche-il sédition? Tu es cause de la mort de toutes ces gens; tu seras pendu tout maintenant. Ça, prévost, qu'on dresse une potance pour pendre ce bougre. Cela dit le ministre fut livré entre les mains des laquais qui l'outragèrent de toutes façons.

Les femmes de la ville, qui estoient ignorantes et papistes, luy vindrent jetter la fange au visage, avec cris et voix de lamentation, disoyent : Tuez, tuez le meschant, car il est cause de la mort de tous ces gens icy; de manière qu'on avoit assez à faire de garder ledit ministre de la rage des femmes.

Cependant que lesdits laquaits eurent en gouvernement ledit ministre, le duc rentra en ladite grange, où on luy apporta une grande Bible dont on usoit ès prédications; et le duc, la tenant entre ses mains, appela son frère le cardinal et luy dit : Tenez, mon frère, voyez le titre des livres de ces huguenots. Le cardinal le voyant dit : Il n'y a point de mal en cecy, car c'est la Bible et la Sainte Escriture. Le duc, se sentant confus de ceste parole, entra en plus grand' rage que paravant, et dit : Comment sangdieu, la Saincte Escriture? Il y a mille et cinq cens ans que Jésus-Christ a souffert mort et passion, et il n'y a qu'un an que ces livres sont imprimez ; comment dites-vous que c'est l'Evangile? Par la mort dieu, tout n'en vaut rien. Ceste fureur si extreme despleut au cardinal, tellement qu'on luy ouit dire : Mon frère a tort. Et le duc se pourmenoit en la grange et escumoit sa fureur, et tiroit sa barbe pour toute contenance.

Pour revenir à la troupe des povres affligez, ceux qui n'eurent moyen et loisir de monter et gaigner le toict de la grange, s'en fuyants, estoyent rencontrez et suivis par lesdits massacreux qui frappoyent sur eux très roidement avec leurs espées et coustellaces. Et ores qu'ils fussent sortis et eschappez hors de la grange, néantmoins pour cela n'estoyent mis en seureté ; car, estans hors d'icelle, ils estoyent contraints et pressez de passer parmi deux autres rangs desdits ennemis qui tenoyent le destrocit de toutes les rues, tant à pied qu'à cheval, et les poursuivoyent très furieusement, frappans sur eux de manière qu'une grande partie n'alloit pas sans tomber, ou estre morts, fort navrez et mutilez en leurs membres, et y eut lors grand massacre et tuerie. Toutesfois, par la grace de Dieu, plusieurs desdits fidèles eschappèrent, tant par dessus ledict toict qu'autrement, sans estre blessez.

Ce massacre dura une grande heure, et pendant laquelle les trompettes dudit duc sonnèrent par deux diverses fois.

Quand aucuns desdits fidèles demandoyent miséricorde au nom de Dieu et Jésus-Christ qu'ils imploroyent à leur aide, les meurtriers, se mocquans d'eux, leur disoyent en ceste manière : Vous appelez vostre Christ; où est-il maintenant qu'il ne vous sauve? Et quand ils disoyent : Seigneur Dieu! eux, par grande dérision, leur disoyent : Seigneur diable.

Il mourut lors dans ladite grange, et hors d'icelle, parmi les rues, et environ quinze jours et un mois après, de cinquante à soixante personnes, tant hommes que femmes, au moyen dudit massacre. Et entre autres moururent maistre Jaques de Moniot, recteur des escolles dudit Vaissy; Jean Le Poix, procureur sindicq des habitans dudit Vaissy.

Anthoine de Bordes, sergeant royal en la prévosté dudit Vaissy;

Jeannette, femme de Nicolas Thielement;

Claude Le Febvre, drappier, auquel fut prins, après qu'il fut tué, une bourse dans laquelle y avoit bonne somme d'argent, que les meurtriers emportèrent.

Nicolas Caillot,
Quentin Jacquart,
Guillaume Drouet,
Nicolas Menissier,
Daniel Thomas,
Jacques Joly, tous drapiers;
Jean Vancienne,
Claude Maillard,
Claude Richart,
Nicolas Robin,
Claude Brachot,
Nicolas Couvertpuis,
Didier Jacquemart,
Claude Le Jeune,
Simon Geoffroy,
Jean de Moniot,
Jean de Moisi,
Simon Chaignet,
Guillaume Briel,
Jean Jacquot,
Denis Morisot,
Nicolas Brissonnet,
Jean Collesson,
Jean Bouchier,
Jean Jacquemart,
Claude Thevenin,
Pierre Girard,
Jean Baudesson,
Claude Simon,
Jean de La Loge,
Pierre Deschetz,
Jean Du Bois,
Girard Dauzamilliers,
Benjamin, son fils,
Jean Le Febvre,
Pierre Arnaud,
Didier La Magdelaine,
Nicolas Maillart,
Didier Jobart,

Marguerite, femme de Girard Lucot,

Nicole de Bordes, vefue de feu Jean Robin, demeurans audit Vaissy,

Jean Pataut, marchant demeurant à Trois-Fontaines-la-Ville, qui est un village près Vaissy ;

Robert de Portille de Hauteville, et autres dont on n'a encores cognoissance.

Outre les personnes ci-dessus nommez, il y en eut encores plus de deux cents cinquante autres personnes, tant hommes que femmes, qui furent fort navrez et mutilez, dont aucuns en sont morts, les autres sont manchots et estropiaz de leurs membres, ayans aucuns d'eux les bras, jarrets et doigts des mains couppez et emportez.

Ladite Jeannette, femme de Nicolas Thielemant, fut tuée en la halle dudit Vaissy par deux laquaits qui lui ostèrent son demi-cein et agrappes d'argent; et son fils, la voulant secourir et aider, eust un coup d'espée dans le ventre, et fut en grand danger de mort. Les autres morts et abatus, tant en ladite grange que parmi les rues, furent pour la pluspart pillez, mesmes jusques à deschausser leurs souliers, les manteaux, bonnets, chappeaux, ceintures et gibessières des hommes, les chapperons, coiffes et couvrechefs des femmes et filles, prins et emportez par les massacreux et pillars.

Le tronc des povres, attaché avec un crampon de fer à l'entrée de la porte du temple, fut rompu, et environ douze livres tournois d'aumosne qui estoyent dedans prins et emporté par les meurtriers; la chaire du ministre rompue et mise en pièces; la Bible où on avoit leu un chapitre avant la prédication fut prinse et emportée.

La maison d'un nommé Pierre Changuyon, boucher, prochaine de ladite grange, fut totalement pillée, jusques à la derniere serviette.

On ne voyoit parmi les rues sinon femmes descoiffées et deschevelées, couvertes de sang sur le visage, ayans plusieurs coups d'espées et dagues, et faisans grans pleurs et gémissemens.

Les barbiers et chirurgiens eurent tant de pratique, qu'il y en avoit aucuns d'eux qui avoyent soixante ou quatre-vingts personnes à penser; plusieurs qui moururent par faute d'estre pensez.

Plusieurs Nouveaux Testamens, Pseaumes et Catéchismes, prins et ostez par lesdits volleurs à ceux de ladite assemblée, furent rompus et mis en pièces par la voye.

Ledit Claude Le Sain, prévost, l'un des autheurs et soliciteurs dudit massacre, et qui auparavant (avec La Montagne) avoit solicité la douairière de Guyse, mère dudit duc et cardinal, et icelle animé à l'encontre desdits fidèles, au sortir du temple papal, voyant ledit duc aller à ladite grange, accourut incontinent à l'hostel du Cigne, où y voyant quinze ou seize laquais desdits duc et cardinal de Guyse, il leur dit qu'ils perdoyent bien leur temps qu'ils n'estoyent avec le duc et ses gens, qui accoustroyent bien les huguenots de la grange; lesquels, oyant ces paroles, partirent du logis et couroyent avec les autres; aucuns d'eux, garnis de longues hacquebutes, les autres de leurs espées et dagues nues, firent grans meurtres et excès.

Ledit ministre, ayant plusieurs coups d'espée sur la teste et autres parties de son corps, fut prins hors dudit temple, comme il pensoit se sauver avec un nommé Estienne Gallois et ledit Nicolas Thielemant, eschevins dudit Vaissy, qui furent liez et garrotez de l'ordonnance dudit duc; lequel demanda à Claude Le Sain, prévost, s'il avoit point de maistre des hautes-œuvres; il luy fit response que non, mais qu'il en auroit tost trouvé, si luy en plaisoit.

Et au mesme instant, ledit duc manda Claude Tondeur, capitaine dudit Vaissy, qui estoit en sa maison au chastel dudit lieu, lequel vint audit mandement; et après avoir esté par iceluy duc asprement reprins et tancé de ce qu'il avoit souffert faire assemblée audit Vaissy et d'y prescher, luy commanda de le suivre et dit à ses gens qu'on le menast prisonnier où il alloit; ce qu'ils firent.

Furent lesdits ministre et Gallois liez et menez en traicts et cordes de charrues, et trainez comme chiens parmi les fanges et boues, depuis ledit Vaissy jusques au village d'Ettancourt, tirant droit à Esclaron, distant dudit Vaissy d'une demie lieue.

Et quant audit Nicolas Thielemant, il fut eslargi à caution, pour aller faire inhumer ladite Jeannette sa femme et penser son fils qui avoit eu un coup d'espée des mesmes lacquaix qui tuèrent sa mère en ladite halle, en voulant icelle secourir; sous promesse toutefois qu'iceluy Thielemant se deust représenter audit duc le lendemain matin à Esclaron.

Et alors ledit duc monta à cheval et partit dudit Vaissy avec le cardinal de Guyse son frère, la duchesse sa femme, et plusieurs autres de leurs plus familiers, et s'en allèrent disner audit Ettancourt, en la maison d'un nommé Jean Collesson. Et après disner, fit ledit duc venir devant luy lesdits capitaine et Gallois, auquel il fit plusieurs remonstrances, usant toutefois de parolles fort sévères et rigoureuses, les menaçant de les faire pendre et ruiner ladite ville de Vaissy si jamais ils entreprenoyent de s'assembler et avoir ministre, comme ils avoyent fait, leur commanda de vivre comme leurs ancestres et aller à la messe, ce que par contrainte et crainte ils promirent faire. Nonobstant laquelle promesse ne délaissa ledit duc, à l'instigation desdits prévost de Vaissy et de La Montagne, leurs plus grands ennemis, de les faire mener audit lieu d'Esclaron, où iceluy duc et sa compagnie allèrent au giste. Auquel lieu ledit ministre fut porté sur une eschelle par trois ou quatre hommes depuis ledit Ettançourt, et sur le chemin, outre que le ministre enduroit grand' peine et froidure, il fut battu et outragé par les lacquaits et autres de ladite suitte.

Furent lesdits ministres, capitaine et Gallois, gardez toute la nuict audit Esclaron, comme criminels.

Le lendemain lundi, deuxième dudit mois, lesdits Gallois et capitaine, avecques ledit Thielemant (qui s'estoit venu représenter suivant le commandement dudit duc), estans audit Esclaron, furent menez en une gallerie où ledit duc devoit passer; et y estans, on les fit mettre à genoux pour crier mercy au duc, lequel (peu de temps après qu'ils furent en icelle gallerie) passa tout auprès d'eux ; et comme il passoit, luy fut dit par aucuns de sa suitte que ceux de Vaissy avoyent envoyé vers le Roy. A quoy iceluy duc fit response : Qu'ils y aillent, qu'ils y aillent ; ils ne trouveront pas leur admiral ne chancelier ; ne daignant quasi regarder vers les dessusdits estans à genoux.

Le lendemain suyvant, après que cesdits eurent baillé caution, furent eslargis et renvoyez audit Vaissy.

Et quant audit ministre, fut le jour mené prisonnier, de l'ordonnance du duc de Guyse, au chasteau de Sainct-Dizier, sous la garde d'un nommé François Des Bosves, dit Dumesnil, capitaine dudit Sainct-Dizier, maistre d'hostel et ayant la superintendance des affaires d'iceluy duc audit pais. Iceluy Dumesnil auroit depuis ledit jour détenu ledit ministre prisonnier en une prison fort estroitte, misérablement et inhumainement, sans de sa part luy administrer vivres n'autres nécessitez, mesmes ne voulant souffrir qu'aucun de ceux qui luy portoient à boire et à manger de la ville entrast dans ledit chasteau, pour voir ledit ministre et sçavoir s'il avoit quelque nécessité. A esté ledit ministre, durant ce temps, par quelquesfois plus de vingt-quatre heures sans boire ne manger ; a aussi par plusieurs fois esté menassé des gens dudit Dumesnil d'estre jetté dans un sac à l'eau.

On voulut contraindre ledit ministre à faire ses Pasques à la manière des papistes, sous promesses de l'eslargir ; toutesfois ne voulut aucunement obéir à ce, et est demeuré ferme, estant prisonnier audit Sainct-Dizier, en la garde dudit Dumesnil, jusques au huitiesme de may 1563 qu'il sortit.

Pendant le temps que ledit duc estoit audit Esclaron, l'on envoya audit Vaissy un nommé maistre Alexandre le Gruyer, ancien advocat du Roy à Chaulmont en Bassigny, pensionnaire de la maison dudit duc de Guyse ; lequel estant arrivé audit Vaissy, ledit Claude Le Sain et luy commencèrent à faire une information du tout à la descharge du duc, pour le faict de ce massacre. En laquelle information furent ouis et examinez cinq ou six tesmoins de ceux mesmes qui avoyent assisté audit massacre et aidé à commettre lesdits meurtres et excès faicts au moyen d'iceluy ; mesmement ledit La Montagne, qui a son fils pourveu d'un prieuré vallant mille ou douze cens livres de rente, à une lieue près dudit Vaissy, autheur et solliciteur dudit massacre, avecques ledit prévost, et lequel entre autres aida à tuer et massacrer ledit Jean Pataut, diacre de l'église. Semblablement furent ouïs Claude Digoine, mareschal des logis dudit duc, La Brosse l'aisné, et autres apostats de la vérité, et leur déposition mise et rédigée par escrit.

Durant ce temps que ledit duc de Guyse estoit audit Esclaron, les lacquaits et plusieurs autres de sa suitte vendoyent et exposoyent en vente, à qui plus en bailleroit, les manteaux, bonnets, chappeaux, ceintures, coiffes, cœuvrechefs et autres choses par eux prins et butinez audit massacre, les criant à haute voix, comme feroit un sergant ayant prins des meubles par exécution.

Environ huict jours après l'exécution dudit massacre, la douairière mère dudit duc de Guyse envoya audit Vaissy le seigneur De Thon, nommé Duchastellet, grand ennemy à ceux de la religion, lequel à son arrivée, pour empescher que le reste des povres fidèles ne se rassemblast audit Vaissy, fit, par le conseil dudit prévost, prendre du bois de ladite grange où on preschoit, mesmes de celuy servant à faire siéges, et en fit faire et dresser deux potences, usant de grandes menaces à l'encontre desdits fidèles.

Fit aussi aller ses gens par les maisons dudit Vaissy, voir s'il y avoit des armes, et leur fit commandement, sur peine de la hart, d'aller à la messe et vivre comme leurs ancestres, et en contraignit aucuns, qui avoyent leurs parens morts, à les enterrer à la manière des papistes.

Et environ autres huit jours après l'arrivée d'iceluy De Thon, arriva audit Vaissy un autre nommé le seigneur Despots, lequel disoit estre envoyé pour s'informer de la vérité dudit massacre, ce que toutefois il ne fist, ains au contraire ayant fait venir un nommé Goudrecourt, lieutenant particulier du bailly de Chaulmont, et quelques autres officiers pensionnaires d'iceluy duc de Guyse et ses frères, pour procéder au faict de ladite information. Ledit lieutenant reprint seulement la déposition desdits premiers tesmoins oyz par ledit Le Sain, avecques quelques autres qui estoyent au faict dudit massacre, et n'en voulut jamais recevoir d'autres, jaçoit qu'il luy en fust présenté estans des villages circonvoisins dudit Vaissy et qui estoyent audit lieu lors dudit massacre, non suivans l'église réformée dudit lieu ; et ladite déposition ainsi reprise, ledit lieutenant et autres susdits s'en retournèrent audit(1) Vaissy.

Paravant ledit massacre, les habitans de Vaissy souloyent vendre et distribuer leurs denrées et marchandises tant à Sainct-Dizier, Joinville, qu'autres lieux ; mais depuis iceluy massacre furent gardez et empeschez de ce faire, signamment à Sainct-Dizier et Joinville, esquels lieux estoit estroitement défendu, comme il est encores de présent, de ne les laisser entrer ni traffiquer, nommément à ceux de la religion. Mesmes ledit Dumesnil, capitaine dudit Sainct-Dizier, défendit à ses gens et morte-payes, de ne laisser ne souffrir entrer en icelle ville ceux dudit Vaissy, sur tout lesdits de la religion qu'ils appelent huguenots, et que ceux qu'on sauroit venir tant dudit Vaissy que Victri, estans de ceste secte, qu'on se gardast bien d'en laisser entrer un seul audit Saint-Dizier. Et le plus souvent, parlant de ceux dudit Vaissy et de ceux qui avoyent suivi leurs presches et assemblées, disoit qu'il les chastieroit quand il les pourroit tenir.

Et de faict, pour mieux exécuter sa volonté, incontinent que ledit duc fut arrivé à la cour du Roy, iceluy Dumesnil obtint une commission pour lever gens aux plus grand nombre qu'il pourroit, des villages circonvoisins dudit Sainct-Dizier, laquelle depuis il mit à exécution, et leva grand nombre de soldats, lesquels il fit payer et souldoyer par les habitans desdits villages, ce que toutesfois n'estoit de sa charge; et furent lesdits villageois, au moyen de ce, grandement foulez et travaillez par les menées dudit Dumesnil, mesmes les habitans dudit Vaissy et villages circonvoisins. Et ne servoyent les gens levez par ledit Dumesnil sinon à piller, à gaster et molester le

(1) *Lisez* dudit.

povre peuple, de troubler et empescher ceux de la religion, conduire et faire escorte à tous ceux qui alloyent ou venoyent de Joinville, estans du parti dudit duc et ladite douairière.

Le dimanche premier jour d'aoust 1562, Dumesnil, ne se contentant de ce grand nombre de gens qu'il avoit fait venir audict Sainct-Dizier, fit sonner le toxin ès villages circonvoisins, et fit tellement qu'au son d'iceluy il assembla grand nombre de gens, tant à pied qu'à cheval, tant dudit Sainct-Dizier, Esclaron, Vallecourt, Humbescourt, Allichamp, Loupvemont, et autres circonvoisins, qu'il contraignoit le suivre avec grandes menaces et coups de baston. Et iceux assemblez, les fit marcher au lieu du Buisson, distant d'une petite lieuë dudit Vaissy; avoyent intention de prendre un gentil-homme nommé De La Chappelle, demourant audit Buisson, qui auparavant souloit fréquenter les assemblées et presches qui se faisoyent audit Vaissy; lequel toutesfois ne fut pour lors rencontré des dessusdits. Et voyant par iceluy Dumesnil qu'il estoit frustré de son entreprise, fit entrée en la maison d'iceluy La Chapelle, prendre et emporter ce que bon leur sembloit. Et estoit à ce faire présent le prévost dudit Vaissy, sollicitant ledit Dumesnil pour aller avec ses gens audit Vaissy, suivant la conclusion qui avoit esté par eux faite.

Du Buisson, ledit prévost mena ledit Dumesnil et ses gens à un grangeage assez près dudit lieu, appellé communément la grange Collart, en la maison d'un nommé Jehan Morisot, en laquelle maison ceux de ladite suitte prindrent grande somme d'argent dans un coffre, et autres meubles appartenans audit Morisot.

Au partir duquel grangeage ledit Dumesnil fit marcher ses gens droit à Voilleconte, à costière dudit Vaissy, à une lieuë de distance, pensant illec rencontrer un nommé Mombelart et son gendre de Monthierander, grans ennemis et adversaires à ceux de l'église réformée, lesquels avoyent pareillement fait assembler grand nombre de gens des villages, à son de toxin, tant de Sommenoire, Rozieres, Robert-Magny, qu'autres lieux voisins, à intention d'aller avec ledit Dumesnil au lieu de Vaissy, pour surprendre et massacrer le reste de ceux de Vaissy, qui avoyent recommencé à se r'assembler et faisoyent prières les jours des dimanches et festes, soir et matin. Toutesfois ledit Dumesnil, Mombelart et leurs gens ne se peurent joindre ensemble, parce qu'environ les quatre heures après midy dudit jour survint une gresle et tempeste tant impétueuse et véhémente que les povres paysans qui suivoyent ledit Dumesnil estoyent contraints de se mettre le visage par terre; au moyen de laquelle tempeste plusieurs graines estans encores sur la terre furent perdues et gastées; mesmes les chaumes furent coupez rez de terre. Il y eust une perte merveilleuse au moyen d'icelle tempeste; et estimoit-on que c'estoit une juste vengeance de Dieu, advenuë à cause d'une telle conjuration, signamment sur les finages dont les habitans estoyent à ceste suite, comme Sainct-Dizier, Esclaron, Vallecourt, Humbescourt, Voileconte, Sommenoire, Monthierander, et autres lieux.

S'en retourna ledit Dumesnil, voyant icelle tempeste, droit audit Sainct-Dizier, avec ses gens, et renvoya les paysans chacun en leur lieu, et mena prisonnier un nommé Guillaume Nobis, pour autant qu'il fréquentoit avec ledit La Chappelle; et l'ayant tenu quelques jours, il le renvoya, ne trouvant aucune chose qui méritast détention de sa personne.

Cedit jour premier d'aoust, ledit prévost et le procureur du Roy de Vaissy firent monter les sonneurs dudit Vaissy au clochier et leur commandèrent de lier les battans des cloches pour sonner le toxin sur les quatre heures du soir, lorsqu'on seroit aux prières, afin d'assembler les villageoys voisins dudit Vaissy (ausquels eux-mesmes avoyent les jours précédens fait commandement d'eux trouver audit Vaissy incontinent qu'ils oyroyent sonner la cloche) pour se ruer sur ceux qui se trouveroyent aux prières qui se faisoyent environ les quatre et cinq heures du soir. Dont advertis ceux de l'église réformée dudit Vaissy, se mirent en armes, afin de résister aux paysans, si tant estoit qu'ils vousissent exécuter leur entreprise, laquelle toutesfois, par le vouloir de Dieu, ne fut exécutée au moyen de ladite tempeste.

Depuis cedit jour, les habitans dudit Vaissy, nommément ceux de la religion, ont esté errans çà et là, mis et exposez en proye aux voleurs et brigans, dont aucuns, estans rencontrez par les ennemis, furent pillez, leurs chevaux, armes et argent perdus, et les hommes contraints à payer telle rançon que bon sembloit aux adversaires.

Advint qu'en ce temps les informations (desquelles cy-devant est fait mention) estans mises par devers la cour de parlement à Paris, le procureur général d'icelle, à l'instigation dudit duc, obtint, au moyen d'icelles informations ainsi faites que dit est, arrest par lequel entre autres choses fut dit et ordonné que ladite ville de Vaissy seroit démantelée, et les diacres, anciens et surveillans d'icelle église seroyent prins aux corps, sinon adjournez à trois briefs jours, avec saisie et annotation de leurs biens. Suivant lequel arrest, les murailles de ladite ville ont esté depuis ruinées, rasées et abatues pour la pluspart, et les diacres, anciens et surveillans d'icelle église adjournez à trois briefs jours, avec saisie et annotation de leurs biens.

M. Denys De Raynel, natif de Joinville, l'un des diacres de ladite église de Vaissy, fut prins, pendu et estranglé à la poursuite et diligence de ladite douairière de Guyse, sous couleur que ledit De Raynel avoit prins et porté les armes sous le prince de Condé.

Un nommé Pierre Gallois, marchant dudit Vaissy, estant rencontré, fut prins et mené prisonnier audit Dumesnil à Saint-Dizier, lequel le détint par l'espace de six sepmaines ou deux mois, comme un criminel, en une prison humide et aquatique, et après luy avoir fait payer certaine somme d'escus de rançon, fut renvoyé audit Vaissy.

Depuis le mois de septembre audit an 1562, et jusqu'au mois d'avril ensuivant, les habitans dudit Vaissy ont tousjours eu garnison en leurs logis, mesmes ceux de la religion, lesquels les ont pillez, voire batus et outragez, leurs maisons rompues, froissées et desmolies, les huis, fenestres, serrures et barreaux de fer prins, robez et emportez par les soldats, tant de la compagnie d'un nommé Derne que d'un autre nommé Aspremont, et autres estans sous la conduite dudit Claude Le Sain, prévost de Vaissy. En somme, les choses y furent autant desbordées que de long-temps on a ouy estre advenu; et le tout aux despens des povres fidèles sujects du Roy.

Plusieurs exécrables meurtres, voleries et saccagemens ont esté faits durant ce temps, par lesdits soldats, envers ceux de la religion, au veu et sceu desdits Dernepont, d'Aspremont, et dudit prévost.

En ce mesme temps furent tuez et inhumainement massacrez Pierre Have dudit Vaissy, estant au-devant la maison du paveux où pend pour enseigne la ville de Calais.

Un autre appelé Moniot, sergeant royal, fils de Jacques Moniot, estant aux champs, fut tué et jetté dans la rivière.

Nicolas Le Clerc, dit le Bleat, chapelier.

Un autre, menuisier, fut tué de nuict en sa maison.

Un surnommé Claudin Centfrancs, chantant des pseaumes, le nez luy fut coupé par les satellites dudit prévost.

Trois autres revenans du camp du prince de Condé, passans à Troyes en Champagne, furent prins, pendus et estranglez.

Conclusion de ceste histoire.

Voilà en bref l'histoire de l'église de Vaissy, son commencement et advancement, et comment les gens y sont entrez d'une rage désespérée et du tout desbordée. Les débonnaires du Seigneur y ont esté exposez à tout outrage, jusques à leurs corps jettez aux bestes de ceste terre. Jamais la publication de la loy n'a ainsi esmeu la terre, comme la prédication de l'évangile du Fils de Dieu l'esbranle maintenant; lequel, comme il a esté de tout temps odeur de mort à tous ceux desquels Satan a ensorcelé les entendemens, aussi est-il odeur de vie à tous ceux qui en espérance et patience possèdent leurs ames, et qui, par tels exemples estans deuëment enseignez, renoncent à toutes impiétez et désirs charnels, vivans en ce monde sobrement et justement, en attendant la pleine venue de la gloire de nostre seul Seigneur et Sauveur Jésus-Christ.

DISCOURS

FAITS

DANS LE PARLEMENT DE PARIS

PAR LE DUC DE GUISE ET LE CONNÉTABLE DE MONTMORENCY, SUR L'ENREGISTREMENT DE LA DÉCLARATION DU 11 D'AVRIL 1562, SUR LE TUMULTE DE VASSY, ET SUR CE QUI EST ARRIVÉ DEPUIS (1).

Ce jourd'huy, messieurs les duc de Guyse, grand chambellan et grand maistre, duc de Montmorancy, connestable, tous deux pairs de France, et mareschal de Montmorancy, gouverneur de Paris et Isle de France, filz aisné dudict sieur connestable, sont venuz en la court, toutes les chambres assemblées; et après s'estre lesdictz sieurs ducz convyés en grande honesteté et amitié qui parleroit le premier, combien que ledict sieur duc de Guise précédast en séance, ledict sieur connestable a dict que puysque ledict sieur de Guyse vouloit honnorer son vieil aage, il diroit (luy voulant céder et suivre sa volunté en toutes choses) la charge que eulx deux ont euë des Roy et Royne, de venir céans apporter unes lettres patentes (2); laquelle dame, comme princesse très-vertueuse, par sa bonté, en gardant l'honneur de Dieu et service du Roy,

(1) Reg. du Conseil du Parlement de Paris, cotté VI^{xx}XV, fol. 61, v°.

(2) Elles sont du 11 avril 1562.

essaye tous moiens pour faire vivre les subjectz en paix et cesser les troubles commencés; y faict oultre son devoir et puissance qu'elle a sur ceulx qui les font, affin de les réduire à unyon. Pour ce ont esté lesdictes lettres patentes advisées ; et pour les veoir furent mandez le jour d'huyer messieurs les présidens et gens du Roy de ceste court, qui s'i trouvèrent, fors messieurs les présidens Séguier et De Harlay, excusés; lesquelz avec la compaignée en orront la lecture; pour ce, les a présentées avec le mémoire duquel la teneur ensuyt. Mémoire à messeigneurs les ducs de Guyse, pair et grand chambellan, et de Montmorancy, aussi pair et connestable de France, de dire à messieurs de la court de parlement que, encores que par la déclaration qu'ilz sont allé porter à ladicte court de parlement, pour en faire faire la lecture, publication et enregistrement, il ne soit parlé que de l'édict du moys de janvier dernier, ce néantmoins Sa Majesté entend que la déclaration faicte sur ledict édict y soit entenduë et comprise; que, en faisant la publication et enregistrement de ladicte déclaration, il en soit mention. Faict à Paris, le XIIIme avril 1562 après Pasques. Ainsi signé CHARLES. Et contresigné Bourdin.

Monsieur le président de Sainct-André a dict que ce matin, par l'huissier David, a esté présenté ung pacquet de lettres à monsieur le président de Thou; la première couverture duquel pacquet contenoit lettres à messeigneurs de la court de parlement de Paris, pour les très-exprès affaires du Roy, de la part de messieurs du parlement de Thoulouze; et quant celle couverture a esté levée, en est apparuë une autre, contenant lettres de monseigneur le prince de Condé, gouverneur et lieutenant général pour le Roy en Picardye, pour les très-exprès affaires de Sa Majesté, à messeigneurs les gens tenans la court de Parlement à Paris ; et dedans, une lettre missive et une déclaration et protestation chacune signée, Loys de Bourbon. Après qu'elles ont esté leuës, ladicte court a député le greffier civil d'icelle pour les porter au Roy et Royne, affin qu'il leur plaise commander à ladicte court ce qu'ilz adviseront qu'elle devra faire. Ledict huissier a esté enquis par serment qui luy avoit baillé ledict pacquet ; il a respondu que au soir, à la servante de sa maison qui alloit fermer l'huys, fut baillé par homme incogneu, lequel se retira sans que ledict huissier, prest à se coucher, parlast à luy ne le veist. Par ladicte déclaration, y a plainctes plusieurs, entre autres que l'on a pris les armes (comme lesdictz sieurs ducz verront ceste après dinée).

A dict mondict sieur le connestable que nul d'eux y a pensé ; sçavent qu'il n'appartient à aulcun les prendre sans permission du Roy ; n'en ont aucune. Vray est que l'on avoit voulu oultrager ledict sieur de Guyse, comme chacun a sçeu ; et y ayant failly, on a usé de fortes ménasses ; qui luy a donné occasion, pour se garder de ses ennemys, s'acompaigner d'aucuns gentilzhommes ses amys, la pluspart desquelz sont de la maison ou ont charge au service du Roy. En estant adverty, luy qui parle, alla au-devant dudict sieur de Guise à Nanteüil, pour luy faire honneur et service; s'en vindrent ensemble en ceste ville, sachans que monsieur le prince de Condé y estoit. Ledict sieur de Guyse envoya devers luy le sieur de Givoy, luy dire qu'il n'estoit acompaigné que pour se garder ; luy et ses amys estoient à son commandement, et qu'il ne les espargnast pour son service. Luy y envoya son filz, pour luy faire pareil offre et déclaration. N'y a eu querelle ne plaincte entre eulx ne les leurs ; allèrent parler à monsieur le cardinal de Bourbon, qui les recueillit ; offrirent luy obéyr comme à lieutenant général du Roy en cestedicte ville ; et pour ce qu'il fut d'advis qu'ilz sortissent la ville d'une part et d'autre, et que ledict sieur prince déclaira qu'il sortiroit demye heure après qu'il s'en seroient allés, ilz offrirent partir à mesme heure. Despuis les habitans, mesmement les marchans, se craignans, parce qu'il y avoit suyte de quatre ou cinq cens hommes, et ne sçavoit-on qu'ilz vouloyent, les vindrent requérir n'abandonner ladicte ville. Les Roys, longues années a, luy ont faict c'est honneur de luy commettre leur espée pour en user pour leur service ; au moyen dequoy il a quelque pouvoir sur les armes, et pour garder la ville capitale. Après la venuë du Roy de Navarre, qui est le premier prince du royaulme après messieurs frères du Roy, il manda audict sieur prince son frère, qui est bon prince, venir devers luy ; fut diverty, ny vint, et envoya madame sa femme, laquelle est petite niepce de luy connestable. Fut faicte la procession à Saincte-Geneviefve, où ledict Roy de Navarre assista, et eulx avecques luy, et aultres plusieurs chevaliers de l'ordre, sans armes que leurs espées qu'ilz portent ordinairement ; puys se retirèrent devers le Roy et la Royne. Sçait la court ce qui c'est despuis faict ; n'ont querelle ne dissention à personne ; ne portent envye à aultruy ; n'ont forces ne armes, sinon pour servir le Roy ; ne se sont saisys de ville ne chasteau ; le veult bien dire pour la descharge dudict sieur de Guyse et de luy, si l'on en a faict aultre rapport.

A dict mondict sieur de Guise que, oultre le tesmoignaige que monsieur le connestable a rendu véritable, affin que nul pense mettre ès oreilles d'aultruy qu'il ayt faict acte autre que de bon chrestien, fidèle subject et serviteur du Roy, ores qu'il ne s'attendist entrer en ce propos et ne feust venu céans que pour la présentation desdictes lettres patentes, il en parlera le moingz qu'il pourra, pour n'offenser personne; vouldroict que les choses feussent restablyes en aultre estat qui ne les voit; et semble que l'on face avoir des bruitz pour se couvrir; mais ne vouldroit que l'on touchast à luy, qui n'a jamais voulu alumer le feu n'y amener aucuns troubles en ce royaulme, au quel il a désiré tousjours entretenir la paix et le repos; aussi en est-il subject fidèle. Estant dernièrement en sa maison, où plusieurs sieurs ses amys luy faisoient cest honneur de le visiter, voulant venir trouver le Roy son souverain seigneur, il passa à Vassy, ayant avec luy monsieur le cardinal de Guyse, son frère, son filz aisné, sa femme grosse, et ung aultre sien filz de sept ans (1); n'avoit volunté ne compaignée pour offenser personne; ne veult que de sa bouche la court entende l'insolence qui lui fut faicte; en a parlé au Roy et à la Royne, et a requis que les informations faictes par les officiers soient renvoyées céans, ce qui a esté ordonné par le conseil après le rapport faict d'icelle. Aussi en ladicte court sont ses vrays juges; n'a failly par ignorance ne par malice; ce qu'il a faict a esté pour sauver ses honneur et vye, et de ses femme et enffans; voyoit le sang tumber jusques aux piedz des chevaliers de l'ordre, gentilzhommes de la chambre du Roy, et autres personnaiges d'honneur; ne les a deu ne peu abandonner, et encores qu'il ayt esté offensé, n'a offensé personne; sont si bons juges qu'ilz luy feront justice; ne demande vengence, laquelle il remet à Dieu à qui elle appartient. Ilz estoient plus de cinq cens hommes, la pluspart armés. Ce mesme jour s'en alla à Esclaron où il séjourna ung jour ou deux; cependant sceut qu'il y avoit à Vitry ung homme qui faisoit

(1) Louis de Lorraine, depuis cardinal de Guise, né le 6 juillet 1555.

profession de la nouvelle opinion, et aux despens et par charge de leurs esglises qu'ilz appellent réformées ; avoit levé cinq ou six cens hommes de pied contre luy; qui aussi fut adverti d'une querelle de deux gentilzhommes, lesquelz il manda et appoincta, et les pria de l'acompaigner ; ne voulut passer audict Vitry pour éviter trouble ; à Châlons, ou a sept ou huit mille personnes, et seullement neuf vingts ou deux cens gastés, lesquelz tiennent le cousteau sur la gorge à tous les autres, par la connivence d'aucuns officiers du Roy, mesmes sont irrévérens à leur évesque. Ne voulut loger; alla en ung villaige hors ladicte ville, passant près Fère, qui est à mondict sieur le connestable. Quelque nombre de gens de cheval armez le menassèrent ; ne voulut qu'on les chargeast ; avoit lors quatre vingts ou cent gentilzhommes et quelques chevaliers de l'ordre. En cest équipaige arriva à Nanteuil, où mondict sieur le connestable et monsieur le mareschal de Sainct-André le vindrent visiter; leur compta ce qui luy estoit advenu despuys qu'il estoit party de sa maison de Joinville, et qu'il ne s'estoit accompaigné ne armé que pour se garder; remonstra audict sieur connestable qu'il tenoit le premier lieu pour la guerre ; pour ce, luy mettoit entre ses mains, tant de ceulx qu'il avoit amené que sa personne, avecques leurs armes, pour en disposer. Quelques jours après vint en ceste ville en la compaignée des sieurs dessusdictz et de plusieurs autres gens de bien. Dès l'entrée despescha le sieur de Givoy, gentilhomme de la chambre du Roy, devers monsieur le prince de Condé, pour luy tenir le lengaige récité par mondict sieur le connestable, et que luy ne aulcun des siens avoient volunté offenser aucun pour le faict de la religion, qui luy estoit humble serviteur et cousin. Despuys qu'il feut en ceste ville, y eut plusieurs propos tenuz contre luy et menasses rapportées, aucuns disans qu'ilz vouldroient estre mortz et que le cousteau qu'ilz monstroient feust au ventre du duc de Guyse; et assés d'autres parolles et façons de désespoir et vengence, qui font souvenir de la paillasse que l'on dict avoir esté dressée au duc de Milan. En parla aux gens du Roy et les pria en faire informer d'office; eut advis, d'un homme d'église venant de Bloys, qu'ilz avoient despesché trente hommes et baillé à chacun argent pour le venir tuer en une presse, et que cela s'exécuteroit à la Saincte-Chapelle ou aultre église; a bien sçeu ceulx qui l'ont ménassé et faict praticquer contre luy; les a euz en ses mains et puissance; ne les a seullement voulu nommer; a remis toute la vengence à Dieu; le prie pardonner à ceulx qui sont ses ennemys; n'a abusé de la force qu'il a eue; n'en a plus; est ès mains du Roy; sçayt ce qui appartient à Dieu et à son église, au Roy et à sa justice, pour les leur rendre; n'espère partir de ce chemin. Monsieur le prince de Condé est du sang du Roy; estant si bien nay, on ne le peult ne doit blasmer; d'aucuns qui sont près sa personne ne parlera plus avant, sinon qu'il voudroit bien que Dieu les inspirast de prendre le jou (1) et obéissance qu'ilz doivent au Roy, prévoir et obvier aux calamités dont ilz pourroient estre cause. A bien voulu déclairer l'obéissance et honneur qu'il porte au Roy et à sa justice, et supplier que foy ne soit adjoustée à ce que l'on dict sans avoir la cognoissance de la vérité; s'offre passer par ladicte justice et se soubzmettre à estre prisonnier, s'il est ordonné, et, s'il est trouvé qu'il ayt failly, qu'il soit pugny de tel chastiment exemplaire qu'il sera advisé.

Mondict sieur le président de Sainct-André luy a res-

(1) Joug.

pondu que la court sçayt les grandz services que luy et sa maison ont faictz à la couronne ; qu'elle ne croyt légiérement et de tel prince qu'il est ; fera tout debvoir de lui administrer bonne et briefve justice.

Ce faict, les gens du Roy présens, a esté faicte lecture desdictes lettres patentes et du mémoire dessus inséré ; et après, lesdictes gens du Roy se sont retirez pour en conférer ensemble. Cependant lesdictz sieurs ducs ont dict que la déclaration qu'ils ont présentée ne parle que pour le présent ; car le Roy n'entend se lyer les mains et n'a résolu qu'il ne puisse changer cy-après l'édict de janvier, selon qu'il verra estre nécessaire ou utile ; en a exceptée la ville de Paris et la banlieuë, parce que c'est la ville capitale, exemple et mirouer des aultres, et que les séditions y seroient plus dangereuses ; ce qui m'a (1) esté commandé aller dire ausdictz gens du Roy, et je l'ay faict..... (2).

Lesdictz gens du Roy revenuz, ont dict par l'organe de maistre Baptiste Dumesnil, advocat dudict seigneur, qu'ils ont veu lesdictes lettres patentes et mémoires envoyés en ladicte court par les deux sieurs ducz, lesquelles sont plaines du tesmoignaige de la bonne volunté de la Majesté du Roy, prudence de la Royne, et sage advys des sieurs de leur conseil, et du regret qu'ils ont de veoir les subjectz du Roy en troubles et divisions, et cherchent les moïens pour les remectre en bonne et parfaicte unyon, qui est œuvre de Dieu. Lesdictes lettres contiennent deux chiefs ; le premier concerne la religion, et en ce regard déclaire le Roy qu'il n'a entendu mettre aucunement en doubte ne révoquer l'ordonnance de janvier dernier. Le

(1) Du Tillet, greffier en chef.

(2) On n'a pas cru devoir faire imprimer ce qui suit parce que cela regarde des affaires particulières.

second chief est l'offre de clémence, en posant les armes. Quant au premier, n'ont empêché que ladicte ordonnance, jà publiée, ne l'ayt esté avecques les déclarations et modifications qui y ont esté mises. De pareil, ne veulent empescher la publication desdictes lettres patentes, avec la déclaration portée par le Mémoire concernans les officiers, et que ce soit par provision, attenduë la nécessité plus grande qu'elle n'estoit lors, et avecques semblables modifications. Au second chief, ceulx qui ont pris les armes de leur auctorité sont sans excuse; ne leur doyt estre grief les poser. Le Roy use envers eulx de clémence et monstre sa miséricorde. Est rare, pendant qu'ilz ont encores les armes, la leur offrir; n'en empeschent la publication.

Eulx retirés, lesdictz seigneurs ducz ont demandé s'ils se retireroient de la délibération, pour ce qu'ils avoient présenté lesdictes lettres patentes; et leur a esté respondu que, s'ilz vouloient estre à ladicte délibération, la présentation ne les en excluoit, et qu'ils estoient pers de France, au moien dequoy ilz y sont démourés. Et la matière mise en délibération a esté (1).

(1) Registres du conseil du parlement de Paris, coté VI^xxXV, fol. 67, v°.

LETTRE

DE

CATHERINE DE MÉDICIS

AU CARDINAL DE CHASTILLON.

LETTRE

ÉCRITE DE LA MAIN

DE CATHERINE DE MÉDICIS

AU CARDINAL DE CHASTILLON (1).

Mon cousin, encore que j'euse déliberé de ne rien plus mender à mon cousin monsieur le prinse de Condé, voyent que y m'avest mendé par Bouchavene, le landemin qui sortit de sete ville de Paris, que je ne trovise mauves si pour sa seureté, luy aytent à la Ferté, il estoit armés, et que se n'étoyt que pour le servise du Roy mon fils et le mien, et que incontinent que je luy manderes qui se désarmeret. Et me fiant en luy, je luy mandis que ne le trove mauves pourveu que y ne faillit à se désarmer quant je luy manderes. Et depuis que le Roy de Navarre et tous ses aultres signeurs feuret arrivés au Fontaynebleau, je luy envoys heun mien valet de chambre et luy escrivis que luy priès qui se désarmat et que les aultres en fayre le semblable; chause qui ne volent, disant que y havet ayté le premier ha haubeyr au commandement du Roy mon fils de sortir de Paris, et que y li importet de l'hauneur et repeutation sy encore y feut le premier à se désarmer. Et voyent sela et

(1) Bibliothèque royale, *Manuscrits de Béthune*, vol. coté 8702, fol. 7.

qui me mendet aussy qui volet garder ses forces affinque l'on ne me dimineuât rien de mon auctorité et que l'on ne me aultât mes enfans, qui l'avet intendu, qui n'atendet que d'estre le plus fors pour le faire. Et pour luy mender la vérité de ce que je désires et qui n'eut aucasion de penser que se feut par forse, je luy renvoys Serlan auquel je commandis luy dire que je luy pries, d'aultant que je m'asseure qui me aymest, qui se voleust désarmer et que y ne print point cete aysceuse de dire que ce luy seret honte d'estre le premier à leser les armes, veu que asteure tous aves remis les leurs entre les mains du Roy de Navarre, qui aytoit lyeutenant du Roy mon fils, et que l'on pouret dire avecques bonne raison qui ny avest personne armés que le Roy; et que quant à mon respect que je luy prie de ne le vouloir retenir plus pour cela, car je aystois contente et qui n'estoit rien de tout se que lons avest dit; et que sy ne se desarmoit, que je serois contraincte d'estre contre heulx. Je m'asseure que Serlan ne faillit pas de luy dire, et en sest pendant il m'anvoye Bouchavane par lequel me manda que je luy mandisse set que je voles qu'il fist. Et quant je luy demandis de ses nouvelles, il me dist quyl estoit à Clay et venet coucher à Livry, chause que je trovis sy estrange et aylongnée de la promesse qu'il mavest faiste que je l'ay dit audit Bouchavane que se n'étoit pas cet que y m'avet dist l'aultre foys et promis de la part de monsieur le prince, et que en lieu se désarmer, comme y m'avet asseuré quant je luy menderes, qui marchet; que je le trouves bien mauves et que luy pries de s'en retourner incontinent pour luy dire de ma part, que s'il avoyt jamais envye de faire rien pour l'amour de moy, qui set désarmat incontinant qui seret de retour vers luy, et renvoyat tout le monde cheulx eulx. Et en lieu de set faire, Serlan revint qui me dist le mesme que mon valet de chambre, que james ne le feret d'estre le premier; et depuis, pour chause que le Roy mon fils ni moy lui avyons mendé par quelque personne que set aysté, y la tousjours continué son entreprinse. Et ne se pas contanté de n'avoir voleu me tenir promesse de se désarmer quant je luy ay mendé et prié, mes partout ce royaume en son non me font ce tort de dire que ses moy qui l'ay fait armer et que veulx que lon preigne les villes que lon prant en son nom. Vous pouvez penser sy set avecques juste cause que je me deulx et que je suis fâché de veoir que le nom yra par toute la cretienté, que moy, qui ay tent reseu de hauneur de ses royaume, est ceste cause de la ruyne, car je crois que, avec vérité et à mon grant regret, je puis dire que seus qui conselle monsieur le prince de faire ce qu'il fait seront cause de rouyner set royaume, et tout le monde dist que monsieur l'amiral est son seul consel. Il me semble que je luy ay trop fayt conestre coment je l'ay tousjours porté et favorisé en set que je ay peu, pour s'ayder de mon nom pour heune tele aucasion et pour heune sy évidente rouyne, comme heun cheque un le voys, que j'emeres myeulx aystre morte de san mile mors que non pas d'ennestre consentente, mes que me feust jeamais entré en la pensée de vivre tent que de voyr heun si grant malheur. Et penses, mon cousin, que j'en suys sy troublaye deu mal que je voys préparé et la tort que lon me fayt, et en sy grant colère, que je n'ay plus délibéré de tenter neule voye sinon de renforcer sy fort le Roy mon fils qui souit le mestre et se fase obeyr come la raison le veuet; et set n'eust aysté qui ma samblé par vostre lettre qu'il y aure encore quelque moyen pour apeser ses troubles, et que j'ay tent reseu de hauneur de ses royaume, et ayan tent mes enfans que je aublyre toujours mon intéret et ynjure pour la conservation de set royaume, je n'eusse jeames envoyé vers neul d'antre eulx. Et me suis bien voleue decharger de tout set que je sens qui me aufanse jusques au cœur avant vous dire que je vous prie de considérer set que ton dist et pourra ton dyre par sy apres de monsieur l'admyral, qui ayst vostre frère; car l'on ne panse pas que sans luy monsieur le prince ne se feust pas desjà désarmé, et moy je ly croy, puisque il me l'avait ynsin promis. Vela pourquoi je vous prie regarder tous les moyens que vous pourès trouver afyn d'apeser sesy; et parseque je entendeu que monsieur le prince dist quy veult aystre parand et amis de monsieur de Guyse et qui n'a neule querele avecques luy, y me semble tele qu'il est aysé accommoder tout, car quant à l'édit neul ny veult toucher; quant à monsieur de Guyse et votre frère, je ne luy en né heuy parler en nule mauvèse fason, et si vous voyés qu'il feust besouyn que je y fisse quelque chause en sela, je désire tant le repos et du royaume et de sete court que je m'y employré de bon cœur, et de dire que lon leur fayre de plaisir à seus qui sont à Orléans; neul ne leu veult mal, mais qui laubeyse et qui se desarmet. Quant à dire que sosi se désarmet et qui s'ennallet, y ne fault plus parler de sela, car le chause sont entermes que ysy inia plus armés que le Roy mon fils, qui ne veult pas autres armes que l'amour et l'aubéissance de ses suges, mes qui ne soynt poynt armés; y nan nare point d'aultres qui la accoustumé. Je vous ay voleu tout mander afin que considériés sy avés moyen de le faire désarmer et d'apeser set feu qui s'aleume aveque tele violanse que je ne set quant lon le voldre apeser set lon poura; car quant à nous, je vous asseure que avons mendé partout, sous peine de crime de lèse majesté, d'aler à Orléans, et de neul seuget jeantishommes et aultres de prendre les armes sans exprès commandement du Roy mon fils et de moy et du Roy de Navarre; et tout set que pouvois pour nous faire fors, asseurez vous que n'ennobloyons ryen; pour set je desireres que set pouvés quelque chauses que le feysiez le plustost que pourés, et je le desire infiniment, et y voldres mestre ma vye pour veoir tout en tel repos que le desire, et prie Dieu nous le donner.

Vostre bonne cousine

CATERINE.

Depuis sete letre ayscripte, monsieur de Gonnort est arrivé, lequel n'a raporté que se que les aultres ont toujours dist; par ainsy, je n'y vois pas grande ayspérance, car se y veult demeuré ostinay, je voys la perte manifeste de toutte sete monarchye. Pour ce, vous quy avés toujours fayst profession de bon patre, monstré à ce coup que vous et vos frères ne volés pas aystre cause de la rouine de nostre patrye, mes au contrere de sa conservation; comme vous ferés, si vous trovés fason de fayre désarmer monsieur le prince de Condé et luy dire que se ne pas à heun seuget de volouyr monstrer tant de force a son prince comme il a dist qui montrerait à seus que lons y envoyre. Car je m'asseure que aystant de sete maison y n'en veult pas la rouyne et que ce qui l'ayst suivy se que lon panse que ce qui fays soit par commandement du Roy mon fils et de mon seu; mes je m'asseure, veu ce qui ma dist d'aultre fois, que tout cela yra en feumée; mes que l'on sache la vérité que le Roy mon fils ne veult, ny moy aussy, que nul s'asanble et que se ne pas por son service, et qui ne veult poynt rien toucher au fayt de la religion. Partan sy je luy conselle de s'en venyer fayre bonne chère avesques nous, ou aultrement y ne se trouvere pas sy bien aconpagné qui panse; et je desire son byen et contantement, encore quy m'ayt fait tort de ne m'avoir tyns set qui m'avest promis.

Et ne me puys garder de dire que set ylyanvye qui ayt donné quelque aucasion de trouble, que y ne douit pas prandre la son esample, car y la plus d'aucasion d'eyder à conserver set royaume que les aultres, pour aystre set qui layst, et sy set feut desarme la semene sainte, come je luy avois mandé, déjà la plus grande part de seus qui aystoyt veneu sennaloynt et avest mis de son cousté le droit, ou asteure, sy ne se desarme, il y mettra le tort, chause de quoy je seres infiniment marrie.

LA
PRINSE DE LYON
PAR LES FIDÈLES,
LE DERNIER AVRIL 1562.

AVERTISSEMENT.

Parmi les soulèvements excités chez les calvinistes par l'espoir d'obtenir le libre exercice de leur religion, un des plus mémorables est celui qui mit en leur pouvoir la ville de Lyon. Ils durent ce triomphe à François de Beaumont, baron des Adrets, lequel, refusé autrefois par les Guises dans une demande en justice, s'unit dès lors à leurs adversaires; capitaine habile, mais vainqueur impitoyable, dont l'intrépidité ne connaissait aucun obstacle et la violence aucune mesure. Il avait usurpé le gouvernement du Dauphiné sur Lamotte-Gondrin, poignardé et pendu aux fenêtres de son logis. Les réformés, pour justifier leurs expéditions contre le parti catholique, alléguaient la nécessité de délivrer le roi de l'esclavage où il était tenu par les Guises, chefs de ce parti, et prétendaient soustraire la volonté du souverain à la tyrannie de ses ministres. Ils écrivirent l'histoire des événements qui les avaient rendus maîtres de Lyon, en donnant à cette histoire une couleur apologétique. Les Mémoires de Condé renferment les fragments dont elle se compose. Nous devions, dans l'intérêt de la vérité, découvrir et opposer ce que les catholiques ont à la même époque rapporté sur le même fait. Or, un des leurs nous a laissé une pièce animée de l'intérêt le plus dramatique, riche des explications les plus curieuses, et qui sert de réfutation à une autre que nous donnons également pour la première fois. L'auteur des Mémoires de Condé, sans doute, aura fait le sacrifice du factum protestant pour éviter l'insertion de la réponse catholique. Cette réponse est de Saconnay, homme aussi ardent pour les intérêts de l'ancienne religion que des Adrets pour ceux de la nouvelle, originaire du territoire de Lyon, chanoine de Saint-Jean, et auteur de divers écrits ou mesures tendant à empêcher le progrès de la réforme. Saconnay interrompt souvent le récit des faits par la citation de tous les textes sacrés qui en motivent la condamnation. Cela va même jusqu'à perdre entièrement de vue et pendant plusieurs pages les événements dont il est question. Nous avons retranché ces passages où le zèle du prêtre abandonne le rôle de l'historien.

LA

PRINSE DE LYON

PAR LES FIDÈLES,

AU NOM DU ROY,

LE DERNIER D'AVRIL 1562 (1).

Les protestans de la ville de Lyon, de long-temps, mesme depuis le massacre de Vassy, avoyent prié très-instamment monsieur De Saulx, gouverneur dudict lieu, de leur donner place dans la ville pour faire leurs presches, prières, et autres exercices de leur religion, s'offrants poser les armes entièrement et faire sortir tous estrangers, tant d'une part que d'autre; ce que mesme ils ont fait entendre à messieurs les consuls et autres notables, afin d'y donner ordre, eux prévoyants les inconvéniens qui autrement en pourroyent survenir, estans bien informez que monsieur De Nemours levoit gens en Savoye et Dauphiné pour les venir visiter d'une façon estrange. A leur requeste n'a voulu on osé prester l'oreille ledit sieur gouverneur, estant destourné par messieurs du clergé, duquel les plus jeunes se monstrèrent

(1) Cette pièce fait partie des *Mémoires de Condé.*

plus sages que les vieux. Et jà commençoient à condescendre et s'acheminer à ceste composition, n'eust esté que les gros rabbis, sur tous le grand-vicaire Buatier, et certains autres de Sainct-Jean, de mesme sympathie, rejettoyent au loin ce conseil, encor que pour ce mesme estre messieurs les consuls se fussent retirez le 25 du mois d'avril par devers monsieur le gouverneur, où se trouva monsieur De Lansac, lequel par grandes démonstrations gaigna ce poinct envers eux qu'ils promirent accorder avec lesdits protestans; mais le lendemain 26 dudit mois, ils changèrent de notte, levans la creste plus que paravant, pour la venue de monsieur De Mogeron (1), lequel, estant arrivé à Lyon ledit jour, se trouva au logis de monsieur le gouverneur, auquel, ensemble aux consuls et députez des protestans, feit entendre que le Roy l'avoit fait lieutenant de cent lances et coadjuteur à monsieur le gouverneur, combien que les lettres qu'il présenta audit sieur ne portassent tels titres. Au reste, il use de propos fort doux et amiellez envers lesdits protestans, qu'il vouloit vivre et mourir avec eux, et que pour l'asseurance de sa promesse il donneroit en ostage femmes et enfans. Les protestans prestèrent fort bien l'oreille à tel fardé langage; mais en leur esprits bastissoyent bien divers conseils, estans asseurez que ledit Mogeron estoit créature de monsieur De Guyse qui avoit juré leur mort; et mesme que le bruit couroit par de-là que les gens qu'amassoyent La Motte Gondrin, monsieur De Nemours et autres capitaines commis en Forest, estoyent destinez pour les conduire à la boucherie, comme ceux de Vassy et de Sens; et aussi que monsieur d'Aumale, ou son frère le grand-prieur, devoit arriver en

(1) De Maugiron.

brief à Lyon, pour casser monsieur De Saulx de son gouvernement. Le lundy suyvant, vingt-septième jour du mois, les nouvelles vindrent que La Motte Gondrin, accompagné de trois mille soldats, estoit assiégé à Valence.

Le mardi, le capitaine La Barge, venant de la cour en poste, estoit party du matin de Lyon pour aller vers monsieur De Nemours, afin d'amener les gens de pied que ledit sieur de Nemours avoit levé en Savoye pour massacrer les protestans; et pour exécuter aisément ce sanglant dessein, Du Peirat avoit obtenu commission de lever dans Lyon trois cens hommes. Or, ce mesme jour de mardi, les nouvelles vindrent que La Motte Gondrin avoit esté tué à Valence et que dedans ses coffres on avoit trouvé plusieurs lettres, tant de la cour, de Lyon, que du légat d'Avignon, entre lesqueles s'en trouva une de la cour portant que le deuxième jour de may estoit dédié et consacré au massacre des protestans. Ils avoyent d'autre part advis que ledit La Motte Gondrin leur devoit donner l'assaut comme dessus, accompagné de monsieur De Mogeron du costé du Rosne, de monsieur De Nemours du costé de Sainct-Sébastien, et de monsieur De Sainct-Chautmont et de monsieur D'Achon par la porte Sainct-Just. Les protestans, voyant toutes ces menées, proposèrent en leur consistoire de mettre cœur en pance et d'avancer le pas contre telles embusches et machinations; et de faict, lendemain, ceux de Valance leur envoyèrent à force gens d'armes, sous la conduite du capitaine qui avoit prins monsieur de La Motte Gondrin. Le mercredi, monsieur le gouverneur, voyant le cours des affaires des protestans tant avantageux, sollicite instamment les Romains, et singulièrement le clergé, à composition; à quoy toutesfois il ne les peut amener, tant estoyent-ils insensez en leurs esprits. Les protestans donques, ayant le vent en poupe, ne laissèrent eschapper l'occasion tant attendue qui se présentoit à eux, ains en usèrent en la façon qui s'ensuit.

Le dernier jour du mois d'avril, au soir, après souper, se meirent tous en armes, où il se trouva plus de mille corselets, et feirent des corps de garde en plusieurs endroits, et mesme au carré de l'Espicerie, à la place de Confort, des Cordeliers, et au deux bouts du pont de la Saone, avec un grand silence, ne permettans passer personne. Incontinent après la my-nuict le capitaine print le corps de garde lequel estoit posé au carré de l'Espicerie et le mena sur les fossez, visitant sa compagnie un pour un et faisans changer d'armes à d'aucuns. Après les prières faites, les mypartit en deux bandes, dont l'une passa par le carré de l'Espicerie, tendant à Sainct-Nizier, l'autre par rue longue à costé dudit Saint-Nizier, là où trouvèrent la sentinelle de la ville, qui leur lascha plusieurs coups de harquebouzes, sans en toucher un, se retirans en vistesse vers leur corps de garde. Le capitaine des protestans fait suyvre de près pour donner dedans, de sorte qu'ils se saisissent de la place Sainct-Nizier, où estoit assis ledit corps de garde, et conséquemment en un mesme moment de la place des Cordeliers, où estoit l'arsenac, de la place de Confort, ensemble des temples et de l'hostel de la ville, dans lequel y avoit une compagnie de soixante soldats du purgatoire, sous la charge de Peirat. Et combien que iceux feissent tous leurs efforts à se défendre, tant avec harquebouzes à croc, desquelles ils estoyent garnis à foison, que de pierres et gros pavez qu'ils levoyent de la cour dudit hostel-de-ville, si est-ce que les protestans, fondez sur une si juste querelle et plus façonnez aux armes que eux, leur feirent teste et gaignèrent le dessus. Car outre ce, que les harquebouziers, pistoliers et picquiers faisoyent le devoir de combattre, une partie d'eux montèrent au cloché de Sainct-Nizier, qui est vis-à-vis l'hostel de la ville, d'où ils les escarmouchèrent d'une si estrange façon qu'ils se rendirent à mercy; qui fut telle que les soldats furent seulement despouillez de leurs armes, et prins prisonniers les capitaine, enseigne et lieutenant. Cela fait, les protestans feirent les prières, rendans grâces à Dieu de ceste heureuse victoire, plus pleine de grace et miséricorde que de sang. En tout cest assaut n'y eut que le capitaine des Romains blessé d'une pierre en la teste, et deux soldats tuez, qui se trouvèrent derrière la porte de l'hostel lorsque l'on batoit contre. Or faut noter que cependant que l'on batoit ledit hostel de la ville, en un mesme moment on print les Cordeliers, qui ne feirent aucune défense, estant encores dans leur nid, comme las et travaillez des veilles par eux faites jusques à la my-nuit. Les moines de Confort firent quelque résistance, mais soudain quittèrent la place. Sur l'heure mesme, les protestans se saisirent de la porte de Sainct-Sébastien et du pont du Rosne. Les nonnains de Sainct-Pierre gaignent le haut, les célestins quittent leur fort; là où estans en possession paisible, les protestans percent la muraille regardant le front de l'église de Sainct-Jean, propre pour saluer messieurs les comtes (1); lesquels, pendant que l'on se saisissoit des places de la Saone, pendant que l'artillerie marchoit par la ville, pendant que l'on tendoit les chaisnes et que l'on posoit corps de garde tant de çà que de-là, ils entrèrent en leur chapitre pour consulter, trop tard, sur un affaire déploré et basty contre le Seigneur des armées; mais se

(1) Les chanoines de Saint-Jean de Lyon avaient le titre de comtes.

trouvans confus en leurs pernicieuses et précipitées délibérations, se sauvent et quittent la place : toutesfois que deux d'entre eux sont demeurez prisonniers jusques à ce que l'on aura rendu quatre ministres de Forest, que les enfans de feu le seigneur D'Achon, beau-frère du mareschal de Sainct André, ont fait prendre et mis prisonniers à Mont-brison. Le samedi, le consulat, la justice et les protestans, ensemble trois capitaines du prince de Condé, prièrent monsieur De Saulx de prendre la charge de gouverneur, ce que de première entrée il refusa ; à la parfin l'accepta, jusques à ce que autrement en fust ordonné, et sous tel si que les capitaines feront ce qu'ils verront estre au contentement du prince de Condé.

Voilà la douce et paisible entrée des protestans, lesquels, depuis le jour de celle prinse, font prescher et annoncer publiquement le sainct et sacré évangile de nostre Seigneur Jésus-Christ, et communiquent aux saincts Sacremens instituez par Jésus-Christ nostre Seigneur ainsi qu'il a commandé, et mesme selon l'ordre et coustume de la primitive église, comme il est expressément déclaré et contenu en l'Escriture Saincte, qui est la sacrée parole procédante de Dieu et authorisée par luy, approuvée et receuë, et religieusement observée de la primitive apostolique, catholique et universelle église, sans y rien adjouster ne diminuer, tant à la prédication dudit évangile qu'à l'usage desdits sacremens, par aucunes traditions, intentions et adjonctions des hommes.

Depuis le cinquiesme de ce mois, pour tenir le tout en asseurance et tranquilité, est venu en ladite ville, de la part du prince de Condé, monsieur le baron des Adrets, chef de l'infanterie, qui toutesfois n'entreprend rien sans le communiquer à monsieur De Saulx.

Articles accordez entre les habitans de la ville,

1. Il est accordé entre les autres articles que, tant de la ville que des estrangers, mais plus de la ville, on lévera mille ou deux mille hommes protestans pour la garde de ladite ville et asseurance des habitans, soldoyez, partie par ladite ville, partie du revenu des ecclésiastiques.

2. Que quelques-uns, absentez pour certaines contrarietez à cause du faict de la religion, pourront retourner librement.

3. Qu'il ne se dira plus de messes.

4. Que chacun sera libre en sa religion.

5. Que l'on eslira douze des plus capables protestans pour estre juges avec les consuls.

6. Qu'il ne se pourra tenir consulat sans que les nouveaux conseillers y assistent.

FIN.

DISCOURS

DE CE QUI A ESTÉ FAIT

ÈS VILLES DE VALENCE ET LYON,

ET PREMIER DE LADITE VILLE DE VALENCE (1).

Le samedy jour de sainct Marc, vingt-cinquiesme d'avril 1562, le seigneur de La Motte Gondrin, gouverneur du Dauphiné, en l'absence du seigneur duc de Guyse estant en ladite ville de Valence, avoit fait quelque levée de gens de pied pour mettre dans ladite ville; et desjà, par secrets moyens, en avoit jà mis dedans quelque nombre, de sorte que ledit jour de sainct Marc ledit de La Motte et ses gens commis, s'estimans les plus forts, tenoyent en commande toutes les portes de la ville. Durant ces menées, ceux de l'évangile, prévoyans leurs dangiers, pour pourveoir à leurs affaires tant urgentes, envoyent demander secours à leurs amis, assavoir ceux de Mont-limart, de Romans et autres leurs voisins. Eux, amassez le dimanche matin, vingt et sixiesme jour d'avril, en nombre de quatre-vingt hommes bien armez, gaignent une porte de la ville; ce qu'estant venu à la cognoissance dudit de La Mothe Gondrin (l'un des plus

(1) Cette pièce et la suivante, *Lettre du baron des Adrets*, etc., sont imprimées dans les *Mémoires de Condé*.

grands persécuteurs de l'évangile de ce royaume), soudain accompaigné d'un certain gros nombre de ses soldats accoururent à ladite porte, taschant de toutes ses forces à repousser ceste petite troupe de fidèles ; mais Dieu ne luy voulut permettre. Et pendant ceste résistance, le secours susdit vint arriver, lequel incontinent repousse ledit De Gondrin ; et luy, se sentant foible, subittement se retire dans son logis. Et en ceste première escarmouche il y en eust de morts de dix-huit à vingt, tant d'une part que d'autre.

Soudain les fidèles assiégèrent ledit Gondrin ainsi enfermé en son logis, et le pressent tellement par armes et feu (car le feu y fut incontinent mis) qu'il fut contraint luy et les siens de sortir, et en sortant tous mis à mort ; entre lesquelz le prévost de la ville dudit Valence, grand favoriz dudict Gondrin, dans l'escarcelle duquel fut trouvée une missive de la part du sieur De Guyse, par laquelle luy estoit commandé de massacrer et mettre à mort cruelle, par tout où il mettroit le pied, toutes personnes de la part de l'évangile, sans aucun esgard d'aage ou sexe. Toutesfois à ce coup nostre bon Dieu, graces à luy, luy a rompu et l'exercice de la malignité de son cœur felon et l'exécution de sa commission cruelle. Ces choses faites, lesdicts ont pris la ville de Tournon et assiégé le chasteau.

FIN DU DISCOURS DE VALENCE.

De ce qui est advenu en la bonne ville de Lion.

Ceux de l'évangile estans bien sur leurs gardes furent advertis que les papistes leurs ennemis faisoyent guet en toute diligence pour les surprendre au despourveu le plustost qu'ils pourroyent trouver leurs points; pour à quoy donner empeschement mandèrent secours à leurs frères qui estoyent à l'environ. Or est advenu que, le dimanche douziesme jour d'avril (avant que ce secours susdict fust arrivé), lesdicts papistes s'esmeurent en plusieurs endroits de la ville, sur les sept heures du soir, sans toutesfois avoir à ce esté provoquez par aucun fidelle, ains seulement d'eux-mesmes, se cuidans mettre au massacre; ce que ne peurent faire. Seulement tuèrent de dix à douze fidelles; et peu de temps après un papiste, cuidant tirer son pistolet contre un fidelle, tua sa propre mère. Or, pour continuer ce présent advertissement, il faut entendre que tout le sénat ou magistrat de Lyon est papiste; et à ceste cause ils ont trouvé le moyen envers monsieur le gouverneur (nommé le seigneur De Saulx) qu'ils mirent dedans la ville deux enseignes de papistes. Les fidelles, par autre certain moyen, y feirent entrer pour eux une enseigne de deux cents. Les papistes gardoyent sans cesse les portes de la ville et le pont de la Saone, avec la maison de la ville, dans laquelle estoyent les munitions et armes de ladicte ville. Les fidelles gardoyent seulement leur temple, qui est en la maison de madame la généralle (1); mais c'estoit nuit et jour, et avec garde de cinq à six cents hommes; faysoyent aussi garde devant la boucherie neuve, et en la maison du Chariot d'or, devant lesquelles se faisoit tous les soirs, à sept heures prières publiques, où se trouvoyent ordinairement un nombre de peuple quasi innumérable.

(1) Il est dit, page 216 du troisième volume de l'*Histoire ecclésiastique* de Beze, que les prêches se firent pendant quelque temps, à Lyon, dans la maison du général de Bretagne. Ce général éteit un officier de finance dans cette province.

Or cependant, tous les jours (au retour du presche principalement qui se faisoit à Laguillotière) et à toutes heures, y entroyent gens pour lesdits fidèles et se logeoyent ès maisons çà et là de leurs semblables fidèles. Cependant, le vingt sixiesme d'avril mil cinq cens soixante-deux, voici arriver le seigneur De Maugeron, muni de lettres au nom du Roy pour estre receu au gouvernement de ladite ville de Lion avec ledit sieur De Saulx ; chose très agréable au sénat et papistes susdits, d'autant qu'il est un pillier et tasche de soustenir un pied de la marmite. Ce néantmoins, le lundi suivant, ledit seigneur De Maugeron sortit de Lion après disner, je ne sçay pourquoy, sinon pour aller à l'aide des papistes de Valence ; mais estant en chemin, et adverti de la mort du capitaine Gondrin, tourna bride et se retira non à Lion, mais en sa maison.

Le mercredi au soir vingt et neufième d'avril, environ minuict, se meirent en armes et se vont rendre en leur temple de la susdite Guillotière, et là, y ayans consulté par ensemble bien l'espace d'environ deux heures (ayans néantmoins devant et après prié et invoqué Dieu), se mirent à marcher en bataille sous la charge de trois capitaines, dont l'un est le chef et se nomme le capitaine De L'Anguille ; et pour le commencement de leurs besongnes se vont saisir de toutes les rues, et de-là la Saone, du pont de la Saone, du Change, de la rue Sainct-Jean jusques au petit palais, et de tout ce qu'ils estiment leur estre nécessaire pour tel négoce. Environ le poinct du jour, les capitaines et gens à ce commis vont assaillir la maison de la ville, où le sieur Du Perat, capitaine des papistes, et bien quatre-vingt soldats estoyent logez; et là se deffendirent de tel courage qu'il convint aux fidèles gaigner le temple Sainct-Nisier; et estant montez en la tour, harquebusoyent à volonté dans et dehors ladite maison, pour y mettre le feu, ce qui estonna tellement ledit sieur Du Perat, capitaine, et ses gens, qu'ils se rendirent à leur bonne heure. Et ayans pris de l'artillerie de ladite maison à leur nécessité, lesdicts fidelles se saisirent des Cordeliers, consécutivement de tous les autres couvents et temples, sans en excepter un seul, et, chose seure, il ne resta dans Lyon un seul moyne, nonnain ni béguine que tout ne fust chassé hors la ville.

Environ les six heures du matin, dernier jour d'avril, lesdits fidelles feirent mettre en chacune rue, tant deçà que de-là le pont, une pièce d'artillerie. Et ce mesme jour les chanoynes de Sainct-Paul, sortans de leurs maisons et cloistres, laissèrent les portes ouvertes.

Ceux de Sainct-Jean, voyans l'artillerie contre eux dressée, feirent prier de les laisser en leurs cloistres pour ce jour, ce qui leur fut octroyé; et le soir suyvant, après avoir baillé congé à leurs soldats de garde, avec leurs espées et dagues seulement, et retenu et bien caché les autres armes et munitions, sortirent hors la ville. Et le matin premier may, les fidelles, trouvans les portes dudit cloistre Sainct-Jean ouvertes et maisons vuides, y mirent garnison, et en tous autres lieux et forts, carrefours des rues et portes de la ville, pour les garder; ce que encores font. Dieu vueille bénir leur labeur.

Le premier jour de may le sénat de la ville faisoit toute diligence d'appointer, permettant de bailler temples tant deçà que de-là l'eaue pour y prescher l'évangile; *item*, de bailler douze cents hommes et quatre ou six capitaines choisis, tels qu'on voudroit, pour la garde des portes et de la ville, avoir les clefs d'icelles, nourris et payez aux despens des comptes de Sainct-Jean, pourveu qu'on permist aux prestres de rentrer dedans la ville et d'y chanter messes, ce que les soldats n'ont voulu accorder, nonobstant qu'on feist encores présent de toutes armes tant cachées que transportées par lesdits comtes : parquoy tout demoura ainsi pour ce jour. Le lendemain deuxiesme dudit mois, furent trouvées plusieurs armures cachées dans les maisons desdicts comptes.

Un mot est icy à notter, qu'en tout ce tumulte il n'y a eu que trois personnages mis à mort et autant de blessez ; exceptez ceux de l'escarmouche du seigneur De Saulx, gouverneur susdict.

A Mascons on a fait autant qu'à Lyon ; à Chalons sur la Saone, autant.

En tous ces lieux on ne s'est espargné à rompre aucun idole, riche qu'il fust ou eust peu couster, sauf le crucifix de Sainct-Jean de Lyon, qui est gardé par la garnison des fidelles qui y sont encores.

Dans ledict Sainct-Jean a esté trouvée la machination escripte et signée, faisans rosles des maisons des évangélistes et de toutes autres personnes (qui n'avoyent point de maisons) pour les mettre à mort, hommes, femmes et enfans, dans le quatriesme dudit moys de may ; mais le Seigneur, par sa divine Providence, dissipa ce complot inique.

FIN DU DISCOURS DE LYON.

LETTRE
DU SEIGNEUR
BARON DES ADRETZ (1)
A LA ROINE-MÈRE,
TOUCHANT LA MORT DE LA MOTTE-GONDRIN.

Madame, tout le peuple de ce païs de Dauphiné, tant les gentilshommes qu'autres, et des provinces circonvoisines, ont eu telle appréhension de la captivité où la majesté du Roy et la vostre se trouve présentement réduite, que tous d'un mesme accord se sont résolus, avec les armes aux mains, de la délivrer de la domination de ceux qui par force et violence l'a vous ont usurpée, et vous remettre en main l'authorité et administration qui, par toute loy divine et humaine, vous est attribuée. Et ayans entendu ceux de cedit païs que j'estois à Lion, ils me sont venus prier de leur assister et m'ont esleu pour estre leur chef en si saincte et louable entreprise, afin d'exploicter

(1) François de Beaumont, baron des Adrets, gentilhomme de Dauphiné, chef des protestants dans cette province, fameux par les cruautés qu'il exerça pendant les guerres civiles. Lors de la seconde guerre il quitta le parti des huguenots, dont il était mécontent, et se rangea sous l'étendard des catholiques. Le baron des Adrets mourut le 2 février 1586, âgé de 73 ans.

les moyens plus expédients pour la conduire à sa fin mesurée ; parquoy, madame, nous vinsmes lundy dernier en ceste ville une bonne et notable troupe de gentilshommes et autres de ceste province, et trouvasmes le peuple desjà tellement esmeu pour la souvenance des persécutions et outrages qu'ils avoyent longuement receues de monsieur La Motte Gondrin, ennemy tout outré de la religion et avancement de la gloire de Dieu, et mesmes de ce que deux jours auparavant il avoit misérablement fait mourir douze ou treize hommes des nostres, que son logis estoit assiégé; et ne peusmes tant faire que ledit peuple, esmeu et affamé du sang de cest homme, jà ne l'ayt tué (1). De quoy, madame, je vous ay bien voulu advertir, à fin que Vostre Majesté entende icy les occasions de cest événement, qui sont beaucoup plus amplement déduits par les mémoires (2) cy-inclus, attendant que bien-tost vous recevrez les informations qui en seront prinses. Reste maintenant à vous dire, madame, l'espérance que nous avons de prendre dedans peu de jours les chemins à Paris et nous joindre à toutes les autres provinces de France, qui, justement compassionnées de la raison et captivité de leur Roy, sont résolus de la recouvrer d'entre les mains des oppresseurs qui le tiennent et le remettre entre les bras de Vostre Majesté, madame, comme légitime tutrice de sa personne et de ses Estats; espérant qu'au moyen de ceste liberté recouverte, ce royaume sera désormais par vous administré à l'honneur et gloire de Dieu et au contentement du peuple. Vous suppliant très-humblement, madame, de voir que nous

(1) Lamotte-Gondrin fut percé d'un coup de hallebarde et son cadavre fut pendu à une fenêtre.

(2) Ces Mémoires ne sont pas imprimés dans les *Mémoires de Condé*, dont cette lettre fait partie, et il ne paraît pas qu'ils aient été publiés.

ne prenons les armes que pour cest effect, lequel estant reussi selon nostre désir, nous serons tousjours appareillez de les poser sur le premier commandement que Vostre Majesté nous en fera, encores que par adventure plusieurs tascheront à vous persuader que nous proposons autre plus mauvais but à noz intentions; car ma teste, que je veux obliger, en fera tousjours foy du contraire.

Madame, je supplie le Créateur vous augmenter ses graces et vous donner prospérité, très-heureuse et très-contente vie. De Valence, ce 29 d'avril 1562.

LA IVSTE ET SAINCTE DEFENSE DE LA VILLE DE LYON.

PSEAV. XVIII. ver. 36.
Tu m'as donné le bouclier de ton salut, et m'a soustenu ta dextre, et ta benignité m'a donné accroissement.

A LYON,

1563

LES CAUSES

DE

LA JUSTICE ET INNOCENCE

DES CITOYENS,

MANANS ET HABITANS DE LA VILLE DE LYON,

SUR LE FAICT DE LA DÉFENSE DE LADICTE VILLE, A L'ENCONTRE DES OBSESSEURS D'ICELLE, ADDRESSÉES AU ROY LE DIX-HUITIESME JOUR DE MARS, L'AN MIL CINQ CENS SOIXANTE DEUX AVANT PASQUES.

SIRE,

Vous serez icy suffisamment adverti, comme de chose notoire à tous, que vos très humbles et loyaux subjectz de l'église réformée de Lyon ont esté par nécessité contraints de prendre les armes pour maintenir l'honneur de Dieu et vous conserver l'intégrité de vostre couronne, qui est le but auquel nous avons toujours tendu et aspiré, quelques mensonges et déguisemens que noz adversaires mettent en avant pour nous calomnier envers vostre majesté, vers laquelle nous espérions avoir plustost seur accès pour nous en justifier et faire cognoistre que la coulpe des armes prinses premièrement par eux leur doit estre imputée, ayans, par une pertinace obstination, non seulement resisté à voz édicts, mais, pour iceux enfraindre et violer, prins les armes. Et se sont bandez par esprit de contradiction à nous molester, ainsi que tant leurs précédentes actions mauvaises que leurs procédures malignes depuis faictes font cognoistre évidemment. De sorte que, pour éviter les dangers apparens, nous avons esté contraints et forcez de nous armer, pour non seulement destourner le glaive qu'ilz avoient presque faict joindre contre noz poictrines, mais aussi pour conserver, Sire, ceste noble cité, qui est l'une des frontières et le principal boulevert de vostre royaume. Il plaira donc à vostre majesté d'entendre qu'à l'occasion de ce que, par vostre bonté et clémence, et suyvant la délibération mesme de la Royne vostre mère et des princes du sang, et autres seigneurs de vostre conseil privé, selon la conclusion sur ce prinse ès estats généraux du royaume, les persécutions contre les enfans de Dieu furent prohibées en vostredict royaume et ordonné temples pour l'exercice de la religion réformée, les chanoines de Sainct-Jean, qui disent faussement et se vantent publiquement ceste ville leur appartenir entièrement, usurpans prérogatives de licence à tous maux, s'efforçoyent par tous sinistres moyens de distraire ceste ville de vostre obéissance; d'autant plus que nous ne pouvions fleschir soubs leur inique jurisdiction qu'ilz exerçoyent en cruauté et injustice contre tous gens de bien, craignans Dieu, et non en la correction des séditieux et meschans qu'ilz supportoyent. Lesquelz chanoines commencèrent à ouvertement descouvrir leurdicte mauvaise volonté par certaines lettres séditieuses qu'ilz envoyèrent signer de maison en maison, voulans forcer un chacun de les soubscrire, jusques à voz officiers, dequoy vostre majesté estant advertie en fit très presses défenses par les lettres patentes et comminatoires. Et lors iceux chanoines, comme forcenez, s'oublièrent de tant qu'ilz ont bien osé dire et proposer en plain jugement que vostre règne ne dureroit pas tousjours et que l'on verroit bien tost une autre métamorphose ; pour laquelle avancer, ilz faisoyent apposer et semer plusieurs placards séditieux par la ville et excitoyent journellement le peuple à esmotion et violence, soubs prétexte qu'on ne devoit souffrir que l'évangile y fust purement presché. Et pour appaiser toutes noises et assopir lesdictes séditions, condescendismes sur la fin du moys de décembre, 1561, d'aller ouyr les presches du sainct évangile de Dieu dehors la ville, à la première remonstrance que nous en fit monsieur le comte de Cursol, pour lors vostre lieutenant général et représentant vostre personne en ces païs. Nous sçavions toutesfois ce commandement nous avoir esté faict à la poursuitte desdicts chanoines, qui ne pouvoyent souffrir la lumière de l'évangile, sachans, que régnant Jésus-Christ dans la ville, leurs vices et abominations n'y seroient soufferts. Ilz firent donc tant qu'ilz mirent Jésus-Christ aux fauxbourgs, d'où ils avoient par complots delibérez projetté de le déchasser bien tost après de tout ce pays, pour ce qu'en tel lieu ilz pensoyent d'avoir plus facile moyen de nous mettre tous à mort, ainsi que la pluspart de ceux qui estoient lors échevins de ceste ville, du tout contraires à la religion chrestienne et adhérans ausdicts chanoines, fit cognoistre clairement lorsqu'ilz commandèrent à leur secrétaire de nous faire fermer les portes du pont du Rosne, cependant que nous estions au presche de la Guillotière, pour l'espérance qu'ils avoient que ce jour mesme le sieur de la Mottegondrin nous deust venir massacrer à l'heure du presche. Et se confioyent sur plusieurs soldats que lesdicts chanoines avoyent fait entrer en ceste ville, comme nous notifiasmes à monsieur De Sault, chevalier de vostre ordre, pour lors nostre gouverneur, qui nous respondit n'en avoir esté adverty et que lesdicts soldats n'y estoient mandez pour vostre service. Et encores que nous vissions les cloistres et maisons de noz adversaires remplies de brigans et gens de mauvaise vie en armes, et que nous sceussions qu'ilz avoient toute vostre artillerie et munition de guerre qui estoit dans ceste ville, et qu'ilz eussent faict grand provision de palles et picqs pour raser nos maisons, après le sac d'icelles et assasinement de noz personnes, lesquelz instrumens ont esté employez à meilleur usage, ayans servy à la démolition du fort que lesdicts chanoines avoyent dans cestedicte ville et aussi pour les fortifications d'icelle; et nonobstant que nous fussions advertis des forces que ledict sieur de la Mottegondrin, les sieurs de Sainct-Chaumont, d'Achon et Sainct-Forgeu avoyent assemblées près d'icy pour nous massacrer, nous continuasmes néantmoins d'aller ouyr les presches dehors la ville, l'espace de quatre moys, et jusques au pénultième jour du moys d'avril, encores que, suyvant la requeste à vous présentée à Orléans par les estats, et que par meure délibération de la Royne vostre mère, du feu Roy de Navarre et autres princes de vostre sang, et par l'advis des autres sieurs de vostre conseil privé et des plus notables de toutes vos cours de parlement, assemblez à Sainct-Germain-en-Laye au mois de janvier 1561, par voz lettres patentes publiées en la cour de ceste séneschaussée, vous nous eussiez permis, comme à toutes voz autres villes de frontière, de nous assembler dans la ville pour prier Dieu et communiquer à ses saincts sacremens, chose plus expédiente pour la conservation d'icelle et repos des habitans que d'aller dehors pour ce faire. Après laquelle vostre permission nous remonstrasmes continuellement audict sieur De Sault les inconvéniens et dangers qui dépendoyent de la continuation desdicts presches dehors ladicte ville, mesmes qu'il estoit impossible d'obvier qu'entre la troupe de plus de huict mille hommes y assistans ne pussent entrer journellement en ceste ville plusieurs estrangers, par lesquels se pouvoit exécuter quelque mauvaise entreprise. A quoy voulant pourvoir ledict sieur De Sault, chevalier sage et très affectionné à vostre service, fit faire diverses assemblées des trois estats dans l'hostel de ville : mais elles vindrent à néant sans aucun fruict par la pratique desdicts chanoines et de ceux qui occupoyent induement la place des conseillers eschevins de ceste ville, et qui, par pratiques et menées illicites desdicts chanoines de Sainct-Jean, avoyent peu de temps auparavant esté continués et autres de nouveau esleuz eschevins ; lesquels on esté cause de la pluspart des troubles survenus dans cestedicte ville, estans du tout vouëz et consacrez à la dévotion de nosdicts adversaires, qui est la chose qui a le plus empesché ledict sieur De Sault de pleinement remédier ausdicts troubles. Durant lesquels quatre moys, et aussi auparavant, plusieurs de ceste église ont esté par nosdicts adversaires cruellement occis, les aucuns blessez et tous incessamment et publiquement outragez, sans que nous ayons peu estre seulement ouys en noz complainctes, pour le peu ou point de justice que l'on faisoit en ceste ville, à cause que l'archevesque bailloit à ferme l'archevesché au plus offrant, y comprenant la jurisdiction ordinaire, laquelle estoit par luy usurpée; et les fermiers, pour ne se constituer en fraiz, ayans prins ladicte ferme pour y faire leur profit, composoyent à argent avec les prisonniers criminels s'ils avoyent de quoi payer; et estans povres et qu'il n'y eust partie contre eux qui fournist deniers pour faire former leur procès et les conduire à Paris, où ilz pouvoyent appeller, lesdicts fermiers faisoyent faire des sentences légères et non condignes au délict, à fin qu'il n'y en eust appel. Par tels et autres moyens la pluspart des crimes demeuroyent impunis, d'autant plus que ceux que ledict archevesque avoit commis à l'exercice de la justice estoyent avares et n'avoyent souci que de leur cuisine et de celle de leur maistre, èsquelle la profession de la religion chrestienne n'apporte aucune graisse. Outre ce, le plus souvent vos officiers et ceux dudict archevesque estoyent en contention pour la juridiction, et ainsi lesdictz procès estoyent menés en longueurs telles que les criminels avoient moyen d'en eschaper. Et voilà le misérable estat que nous a apporté l'indeüe authorité desdictz chanoines, à sçavoir tout désordre et impunité de crimes, qui ne feust advenu si toute la justice eust esté réduicte soubz vostre main, comme vostre ayeul avoit très bien ordonné, et que vosdicts officiers eussent esté tels qu'ilz devoyent, l'on n'eust commis tant d'injustices, et l'audace et malice de nosdicts ennemis ne se fust tellement desbordée et jusques à empescher inhumainement la sépulture de nos frères décédez. Tous lesquels outrages estoyent néantmoins par nous supportez pour éviter émotion et sédition populaire, sachans bien qu'il n'en pouvoit resortir que tous maux et inconvéniens, et la ruine entière de tout le pays; et pour ce nous faisions exhorter ordinairement lesdicts séditieux de désister de si malheureux actes. Et pour leur donner asseurance que de nostre costé personne de leur parti ne recevroit aucun dommage, nous offrions donner caution suffisante pour cent mil escus, hors ou dans ce royaume, pourveu qu'ils fissent le pareil pour le repos public et nostre seureté;

ce qu'ilz ne voulurent accorder ; et employasmes tous autres moyens pour appaiser les noises, implorans l'aide de tous ceux que nous jugions y pouvoir profiter. Tesmoing nous en peut estre monsieur de Lansac, chevalier de vostre ordre, lequel, s'acheminant à Trente et se retrouvant en ceste ville, s'assembla à nostre requeste, un jour de dimanche, xxvj dudict moys d'avril, avec ledict sieur De Sault, et plusieurs gens notables, dans le logis du Plat, où il remonstra fort sagement l'union qui devoit estre entre les habitans de cestedicte ville pour la conserver en son entier soubs vostre obéissance, et que cela ne se pouvoit faire sinon en se comportans les uns avec les autres et ne se formalisant pour le faict de la religion, veu que vous, Sire, par vostre édict, en aviez donné le reiglement. Par lesquelles bonnes remonstrances facilement tels différens qui estoyent lors en ceste ville pour le faict de la religion se fussent peu accorder, d'autant que nous, désirans seulement de pouvoir servir Dieu et vivre en paix, condescendions à beaucoup de choses à nostre grand désavantage ; et mesmes nous offrismes de remettre entre les mains de nosdicts adversaires noz armes, si, suyvant vostredicte permission, ils consentoyent à ce que nous eussions quelque lieu en la ville pour l'exercice de nostre religion, pour ce qu'ils confessoient que mal seurement pour la conservation de ceste ville et de noz personnes nous pouvions continuer ledict exercice hors les murs d'icelle. Mais en ces entrefaites, le mesme jour xxvj d'avril, arriva ici en poste le sieur de Maugiron, envoyé pour estre coadjuteur en ce gouvernement; la présence duquel enflamma si fort la rage de nosdicts adversaires, qu'ilz s'obstinèrent tellement qu'il ne fut oncques possible de les faire condescendre à nous laisser jouir de l'effet de vostredicte permission, et mesmes depuis qu'ils furent advertis de ce qui avoit causé la venue dudict Maugiron et qu'ils eurent ouys les menaces de plusieurs de sa suyte, lesquels se vantoyent publiquement de nous mettre dans peu de temps tous en pièces, monstrans encore leurs espées sanglantes du carnage faict sur noz frères dans la ville de Sens. Et d'autant que l'orgueil de nosdicts ennemis s'enfla, le doubte que nous avions de leur pernicieuse volonté s'augmenta, voyans départir sur le champ ledict Maugiron pour aller amasser en Dauphiné forces à l'encontre de nous, pour se joindre avec lesdits sieurs de la Mottegondrin, Sainct-Chaumont, d'Achon et Sainct-Forgen. Desquelz desseins nous avions eu quelques advertissemens; mais le mardy en suyvant nous en fusmes certains par lettres trouvées dans les coffres dudict Mottegondrin et par autres lettres que ledict Maugiron luy avoit envoyées par un gentilhomme exprès despesché dès son arrivée en ceste ville. Et lors nous apperceusmes qu'il nous falloit veiller et tenir sur nostre garde, et prendre les armes pour prévenir les maux qu'on nous apprestoit; et de ce faire nous avions receu le consentement de la Royne vostre mère, et par diverses fois le commandement de monsieur le prince de Condé. Ce que ne pouvions faire plus modestement et paisiblement que nous avons faict, par la grace et miséricorde de Dieu, qui, sans effusion de sang, chassa nos adversaires hors de ceste ville; lesquels ont confessé depuis que c'estoit une juste punition de Dieu, et qu'ilz avoyent par trois fois tenté de nous meurtrir et destruire, comme ils pouvoyent facilement faire, mais qu'approchans de l'exécution ils perdoyent cœur et cognoissoyent que Dieu n'avoit permis d'ensanglanter leurs mains du sang innocent. Après que nous fusmes rendus les plus forts, continuans en l'obéissance de nostredict gouverneur, nous taschasmes avec douceur, oublians toute vengeance, de nous réconcilier et nous accommoder avec nosdicts adversaires; mais leur péché leur estoit toujours présent, et les accusoit et pressoit de si près qu'ils n'ont osé ny peu demeurer en ceste ville soubs la discipline chrestienne; et se sont retirez ès lieux lesquels tous leurs desbordez vices leurs sont soufferts. Et n'ayans autre moyen de nous nuyre, ne cessent de nous blasmer et calomnier en mille sortes, avec mensonges et impostures, desquelles la vérité avec le temps nous justifiera envers vostre majesté et envers tous peuples chrestiens; car nous n'avons, Dieu merci, faict chose de quoy l'on nous sceust coulper, mais nous sommes tellement comportez en si grandes difficultez et dangers que l'on ne scauroit mesdire de nous qu'à tort. Nos adversaires, qui ont meurtri et espandu le sang innocent des vives images de Dieu, créées à sa ressemblance et baptisées en son nom, nous blasment d'avoir mis bas et abbatu les images et idoles de bois ou pierre; et ils sçavent que le sang des innocens qu'ils ont espandu en demande juste vengeance à Dieu, ce que ne font les images, dont Dieu commande et approuve la destruction, comme de chose contraire à son honneur. Et si sçavent bien en leurs consciences, touchant les images, que cela a esté faict à nostre desceu, et que l'on n'en peut empescher le peuple, esmeu d'un zèle ardent qu'il a envers le vrai service de Dieu qui, par son juste jugement, l'excita à cela, ainsi qu'il se lit en plusieurs lieux de la Bible avoir esté faict diverses fois de tels actes par vocations extraordinaires, louez et mis pour exemple de l'exécution de sa volonté. Et en cela semble que le peuple soit supportable par vostre devise même, Sire, par laquelle vous déclarez tacitement (ce que jusques aujourd'hui vous avez esté détourné de publier par vos édicts) que vous avez intention de remettre par tout vostre royaume le vrai et pur service de Dieu, auquel n'est chose si déplaisante ne répugnante que l'idolatrie et fausse religion, comme appert par la première table du Décalogue et par tant de lieux de la Saincte Escriture, où il est estroictement commandé aux Roys et princes de destruire les idoles, chasser et exterminer les idolatres, et nettoyer le public de telles pollutions, et aussi très exprès commandement est faict au peuple sur grandes menaces de le punir, s'il ne détourne son cœur entièrement des idoles, et s'il ne les a en abomination. Nosdicts adversaires taschent à nous rendre suspects envers vostre majesté de désobéissance, publians que nous tendons à nous réduire en république, parceque nous vous avons fortifié ceste ville et l'avons rendue inexpugnable, tellement que vos ennemis et les nostres ne peuvent autre chose que d'abayer contre les murailles. Et aussi ils disent que nous procurons à nous faire comme un canton enclavé en vostre royaume, à cause que nous acceptasmes le secours des sieurs des ligues, vos confédérez et anciens amis, qui, comme tels, par bon zèle et charité chrestienne, nous avoient offert de s'employer en nostre défense contre la cruelle rage de noz ennemis et des vostres, comme doivent faire tous princes, potentatz et peuples qui ont la vraye cognoissance de Dieu, pour conserver ceux qu'il a constitué Roys souverains. Toutesfois l'on a veu, que pour oster toute soupçon à l'encontre de nous et toute occasion de nous calomnier, nous refusasmes longuement ausdicts sieurs des ligues l'entrée de ceste ville, encores que nous eussions telle asseurance et bonne opinion de leur assistance comme des nostres propres. Nous ne devons aussi estre blasmez si (en continuant l'aide que nous avons prestée à plusieurs églises françoises pour le soustenement de la gloire de Dieu, pour vostre liberté, Sire, et de la

Royne vostre mère, et pour le devoir que nous avons à vostre service et envers nos prochains) l'armée envoyée en Forest se desborda dans Montbrison jusques à effusion de sang, prenant ladicte ville d'assault, dequoy Dieu sçait quel desplaisir nous en receusmes; car pour empescher que telle exécution se fist, dèslors que nous fusmes advertis du siége de ladicte ville de Montbrison et de son opiniastreté, nous envoyasmes deux eschevins et autres du conseil de ceste ville pour requérir le sieur des Adrets, chef de telle armée, de traiter humainement ceux qui estoyent dans ladicte ville, comme vos subjectz; mais lesdictz eschevins y arrivèrent trop tard, par ce que nous eusmes quasi aussi tost nouvelles de la prinse que du siége. Noz ennemis nous accusent aussi de ce que nous délibérons d'employer tout ce qui se pourra trouver dans ceste ville pour la conserver soubz vostre obéissance, ainsi que nous sommes tenus de faire, de quoy le corps de ceste ville en faict promesse et donne asseurance telle, qu'étans ces troubles appaisez, nous espérons de trouver moyens, Dieu aidant, d'en satisfaire un chacun. Mais nous avons juste occasion de blasmer nosdictz ennemis de ce qu'en si grands affaires ilz n'ont voulu prester aucun ayde au lieu de leur patrie et naissance, ou duquel ilz ont retiré si grands gains et honneurs. Et mesmes lesdictz eschevins, qui devoyent plustot mourir que de faulser la foy qu'ilz vous doyvent, mais oublians le devoir qu'ilz ont à ceste ville et à leur patrie, ils l'ont abandonnée; et comme ingratz et mescognoissans, eux, et autres d'une mesme farine, fournissent et contribuent à l'entretenement de l'armée envoyée contre nous, et à voz despens, Sire, combien qu'elle soit du tout contraire à vostre service, ainsi que l'escharpe rouge que ceux de ladicte armée portent faict cognoistre qu'ilz ne sont des vostres, et les meurtres, pillages, voleries, brigandages et saccagemens de biens qu'ils ont faictz indifféremment sur vos subjectz, de quelque religion qu'ilz fussent ; et non contans d'avoir forcé et violé femmes mariées et filles vierges, se sont aussi desbordé sur les bestes brutes, exerceans péché pire que Sodome et Gomorre, publiquement au scandale horrible et détestable de toute la chrestienté et de tout le monde, péchez crians vengeance, et dignes que la terre s'ouvre pour les engloutir, comme il advint à Dathan et Abiron. Dieu, qui est nostre force et appuy, destruira, comme il a jà commencé, leur folle entreprise et de tous ses ennemis, laquelle a esté desjà par deux autres fois destournée en vostre royaume, tant du vivant du feu Roy vostre père que de feu vostre frère, lequel on taschoit d'accoustumer en toute cruauté, au lieu de le nourrir en toute humanité, doulceur et clémence, vertus desquelles un bon prince ne se doit départir, veu qu'il représente en terre la majesté de Dieu, exemplaire de toute bonté. Mais ces malheureux ont beau combattre contre Dieu, ilz ont cognu à leurs despens qu'il ne s'en faict que rire de là-hault, qui renversera leurs complots et les réduira à mesme issuë que les feux par eux allumez durant nostre temps au royaume d'Escoce, où la Royne a esté contraincte de permettre que la parole de Dieu y soit partout annoncée purement et publiquement. Nous avons veu le semblable ès Allemaignes, où l'empereur Charles cinquiesme n'a sceu esbranler l'évangile, et en Angleterre, où la Royne Marie dernière est morte persécutant les fidèles, où à présent l'évangile est grandement florissant. Et quand vous, Sire, prendrez ces exemples récens que Dieu vous présente pour conseil et advertissement, vous remédierez à la désolation de vos subjects et à la ruine de vostre royaume, lequel Dieu a tant favorisé, que pour en oster les ténèbres, d'y semer son sainct évangile ; d'où (comme il est demeuré ferme en tous les lieux èsquels il l'a planté) il n'en pourra estre déraciné. Ce que nous devons croire d'autant que nous y avons veu accroistre journellement le nombre des enfans de Dieu, tant plus on les y persécutoit cruellement, d'autant que le sang des martyrs est la pépinière de l'évangile, comme est apparu que, nonobstans les cruelles effusions du sang des fidèles n'aguères faictes à Vassy, à Sens, à Tholose, Rouen et tant d'autres lieux, d'où est procédée la mort de plus de cent mille hommes de vos subjects et de tant de princes et de chevaliers de toutes pars ; de sorte que nous pouvons véritablement dire qu'en un an il est plus mort de vosdicts subjects par la tyrannie de nos ennemis, qu'en trente ans, depuis cent ans en çà ; chose misérable et lamentable, et de laquelle ilz ne peuvent faillir en recevoir tel salaire qui leur est promis par le juste jugement de Dieu, qui ne tardera point. Lesquelz par leur rage desbordée n'ont pu faire que la parole de Dieu, qui souloit estre annoncée en secret, n'ait esté semée et preschée publiquement par tous vos païs, et ne devons craindre que Dieu ne parface l'œuvre qu'il a encommencée. Et espérons en sa bonté et miséricorde qu'il mettra bientôt fin à ces calamitez, qu'il exaucera les prières de ses enfans, ayant compassion de tant de povres peuples ausquelz on a ravi les biens, les femmes et les enfans, et les leur ont rebaptisez (en blasphémant Dieu et mesprisant les sainctz sacremens); et bruslez les bons et sainctz livres de la parolle de Dieu, et qu'il ne permettra que vostre royaume soit davantage affoibli par meurtres et ruïne de voz subjectz par noz adversaires et les vostres, qui par ces moyens donnent grand espoir à voz ennemis de parvenir à ce qu'ilz n'osoyent auparavant penser. Pour à quoy obvier il est nécessaire de convoquer de nouveau les Estatz, où tous soyent ouys en pleine liberté en lieu asseuré, comme on a accoustumé de faire en ce royaume en temps de troubles et adversitez, mesmes durant la minorité des Roys, pour donner ordre que les idolatries et persécutions de la parole de Dieu cessent, et que les blasphémateurs et rebaptiseurs anabaptistes soyent punis, les abuz réduits en toute piété, et que chacun s'employe en pureté de conscience à appaiser l'ire de Dieu, et le public repurgé de toute impiété, et spécialement les pompes et braveries des ministres de l'église romaine, et qu'il soit pratiqué avec eux, comme il doit estre partout, que celui qui ne travaille n'ayt provision de vivre et que leurs biens, qui ne servent que d'entretenir leurs dissolutions et desbordemens, soyent employez par vous, Sire, et vostre conseil ès meilleurs effectz, et qu'il suffise à chacun simple distribution de son vivre journal, et que le public et les povres se ressentent de ceste abondance inutile que Dieu a maudite entre leurs mains; à ce que, suyvant l'ordonnance de Dieu et celle de Charlemaigne et Loys le Piteux, chacun quartier ou paroisse nourrisse les povres de son lieu sans les laisser mendier ou mourir de faim. Que les officiers et ministres de justice ne soyent promeus par argent, mais esleus les plus gens de bien, craignans Dieu et haïssans avarice, comme Dieu a expressément commandé, et aussi est porté par les anciennes ordonnances de France. En ceste façon vos subjectz se pourront réconcilier les uns avec les autres; car les chrestiens ausquels on fait la guerre feront cognoistre qu'ilz ne cherchent que l'avancement de la gloire de Dieu et désirent seulement d'estre instruits et rangez selon ses saincts commandemens contenus dans le Vieil et Nouveau Testament, d'où se peut puiser, et non d'ailleurs, toute la discipline chrestienne, et qu'ils desirent et ont procuré tousjours la paix avec un chacun, sans demander l'honneur, les biens et la vie de personne, quelle qu'elle soit. Ainsi vous pourrez cognoistre l'équité de nostre cause et faire entendre à tous peuples et nations de la terre combien nostre service vous aura esté profitable et aggréable, et l'obéissance que nous avons tousjours rendue à vostre majesté, ainsi que nous en avons le commandement de Dieu, suyvant lequel nous ne desirons et pourchassons autre chose, que de vivre soubs vostre subjection et empire, en liberté de noz consciences, soubz bonne police conservatrice de ceste ville et patrie, servans Dieu en vraye piété et à noz prochains en syncère charité, ainsi que le sainct évangile nous enseigne, sans vouloir enfreindre voz édicts; mais taschons de les observer inviolablement pour ne contrevenir aux commandemens de Dieu et à l'obéissance que soubz Dieu nous vous devons. Croyez donc, Sire, et vous tenez asseuré de la fidélité de nous, voz très humbles subjects, qui avec l'aide de Dieu vous conserverons ceste ville en son entier, comme jusques à présent nous avons faicts, nonobstans toutes les menaces de voz capitaux ennemis et les nostres, qui ne nous la feront abandonner, desquelles nous ne receumes oncques esbahissement ou crainte, ayans mis toute nostre fiance en Dieu, qui est le fort et puissant pour renverser et destruire avec la seule prédication de son évangile toutes les entreprinses et machinations de noz adversaires; ausquelz nous avons à juste occasion empesché de tout nostre pouvoir l'entrée de ceste ville, estans asseurez de la délibération qu'ilz ont de se venger des hontes par eux receuës et pertes de leurs compagnons, toutes et quantes fois qu'ilz ont tasché de surprendre ceste ville pour la destruire et saccager, ainsi qu'ilz ont faict la ville de Vienne, combien que ceux de ladicte ville fussent sortis au devant d'eux et leurs eussent porté et livré les clefs, et receus comme amis dans leurdicte ville, laquelle néantmoins ont saccagée et pillée, violé les femmes mariées et vierges, et exercé tous blasphèmes, vilennies et idolatries. Ils ont volonté de faire le pareil ou pire en ceste ville de Lyon, et nous contraindre à idolatrer et rebaptiser les enfans, comme a esté faict par eux ès églises et villes de Bloys, Bourges, Rouen; ce qu'ils n'eussent oncques osé entreprendre, Sire, si nos principaux ennemis ne leurs portoyent le menton; lesquels, ayans anéanti tous voz édicts faicts pour la tranquillité publique, conspirent la mort de tous les fidèles, mesmes des plus grands de ce royaume, et contre toutes les villes et pays qui sont du parti de l'évangile; parquoy sommes contraints de veiller sur noz gardes plus que jamais. Nous leur avons gardé ceste modestie que, combien qu'il nous eust esté facile de les assaillir et leur courir sus, néantmoins, pour ce qu'ilz se vantoyent, et couvroyent de vostre nom, Sire, ne l'avons jamais faict, encores qu'ilz fussent la pluspart du temps desbandez çà et là, saccagans les villages; mais recognoissans que nous sommes inscriptz au roole des enfans de Dieu, qui est Dieu de toute mansuétude et douceur, aussi à ce qu'ilz n'eussent dequoy se plaindre et quereller, ne les avons assaillis, si n'est quand ilz ont bien voulu présumer de vouloir entrer par force et escheller ceste ville et autrement la surprendre. Il vaut mieux qu'entendiez d'eux mesmes, Sire, la honte qu'ils y ont receue, avec le dommage de leurs soldats et principalement des vieilles bandes de Piedmont, et combien ils en trouvèrent de faute quand ils furent de retour en leur camp. Lesquelz néantmoins furent espargnez en leur fuitte, car il estoit bien en la puissance de ceux qui nous commandoyent de les faire suyvre en leur fuitte honteuse, voire le chef de leurs troupes, et de les offenser grandement par l'artillerie ; mais on les a espargnez, ce qu'ilz n'eussent faict s'ils eussent eu tel advantage sur nous. Doncq loué soit Dieu que nosdicts ennemis n'ont de quoy se rire de nous et qu'ils n'ont de quoy nous reprendre, sinon d'avoir usé envers eux de trop de douceur et clémence, les aydans en toutes leurs nécessitez, soit en santé ou maladie, d'hommes et des biens de ceste ville; et soubs ceste facilité ils ont tousjours machiné gaigner gens et moyens pour surprendre cestedicte ville, lesquels ont toujours esté descouverts par la grace de Dieu ; voir jusques à leurs conseilz et desseins qu'ilz estimoient bien secrets et cachés. Aussi toutes leurs entreprinses sont tournées en fumée et à moins d'effect que de vent. Il est vray qu'ilz nous ont constitué en fraiz merveilleux, comme nous espérons, Sire, vous le vérifier par le menu et à vostre conseil; mais pour entretenir le devoir de nostre obéissance envers vous et la conservation de vostre ville, nous n'avons eu respect à nos pertes, ayans esgard au devoir de nostre subjection envers vous, Sire, et conservation de l'entier de vostre royaume. Aussi vous cognoistrez l'estat de la forteresse de vostredicte ville, bien autre que elle n'a esté du passé, et par ce moyen que nous n'avons espargné le nostre pour l'utilité de vostre royaume. La veue seule descouvrira la vérité. A tout ce que dessus nous avons été incitez par les exemples anciens, mesmement des histoires du temps d'Esaie et Jérémie. Esaie, cent ans avant la captivité de Babilone, avoit accusé l'ignorance et négligence du peuple d'Israël et de Juda d'obéir aux commandemens de Dieu ; et parce qu'il n'a usé de ceste science et moyen salutaire, il a esté depuis avec ses Roys en servage et captivisté. Lesquels exemples nous admonestent de ne nous laisser encourir la ruine et désolation de nostre ville, ny de l'estat de nostre Roy et de son royaume, comme il est advenu de tout temps ès royaume et païs, à cause de l'idolatrie, dont nous avons veu et voyons les exemples et dangers imminens, qui nous contraignent de veiller sur ce que la loy et commandemens du grand souverain Dieu nous obligent. Et outre ce nous sommes esveillez par les cruautez que ceux qui nous ont faict la guerre ont faicte à tous voz païs, noz circonvoisins, qui ne leurs ont faict aucune résistance, et n'avoyent senty aucun dommage avant la venue de nos dictz adversaires. Car nous nous sommes toujours efforcez à nous gouverner de telle sorte que ne fissions chose qui vous deust desplaire, et vous avons gardé en tout et partout la fidélité que nous vous devons, pour laquelle maintenir en et soubs la foy et obédience de Jésus-Christ nostre seigneur, Roy des Roys et sieur des sieurs, nous sommes délibérez d'exposer jusques à la dernière goutte de nostre sang, avec l'assistance du grand Dieu céleste, père de nostre sieur Jésus-Christ, lequel nous avons prié et requérons journellement qu'il luy plaise vous donner son Sainct-Esprit, seul bon et vrayement principal, et l'augmenter en vous, avec accroissement d'aage et grandeur en longues années.

FIN.

DISCOVRS DES PREMIERS TROVBLES ADVENVS A LYON,

AVEC

L'APOLOGIE POUR LA VILLE de Lyon, contre le libelle faucement intitulé, La iuste et saincte defence de la ville de Lyon,

PAR M. GABRIEL DE Saconay, Præcenteur et Conte de l'eglise de Lyon.

A LYON,

PAR MICHEL IOVE.

M. D. LXIX.

AVEC PRIVILEGE.

APOLOGIE

POUR

LA VILLE DE LYON,

CONTRE LE LIBELLE FAUCEMENT INTITULÉ, LA JUSTE ET SAINCTE DÉFENCE DE LA VILLE DE LYON.

Il ne faut pas icy espérer de moi une description pour le menu comme toutes choses ont passée ceste année, justement nommée l'année des troubles et des merveilles, tant dedans ladicte ville qu'ès environs; c'est l'œuvre d'un meilleur esprit que le mien et matière d'un bon et parfaict historiographe. Je me contenteray de toucher en passant ce qui servira à mon desseing et que je seray contraint d'escrire, servant à la response sommaire que je prétens faire aux escrits et à la malice enragée de ces séducteurs qui entretiennent la guerre et esmeuvent séditions, et ne souffrent que le royaume soit en paix; qui ne se sont contentez d'avoir presque ruiné l'église de Lyon et le reste de ladicte ville en ce qu'ils ont peu (à laquelle j'ay obligation si grande que tout devoir me commande de luy rendre ce peu que je puis), mais encores par ce livret l'ont voulu calomnier contre vérité et rendre odieuse envers ceux qui ne cognoistroient leur impudence, ou plustost leur impiété sathanique, comme aussi ils ont blasmé le prince gouverneur de ce pays (1). Cecy ne servira que pour commencer à ouvrir les esprits plus subtils, à un si grand nombre de tesmoings oculaires, qui ont esté présens quand ceste tragédie y a esté jouée par personnages si barbares et inhumains, n'estimant point que tant de bons esprits ayent maintenant tout à coup perdu et sens et entendement, de ne laisser à la postérité quelque mémoire de leurs complainctes, gémissemens et protestations, pour faire apparoistre quelz sont les autheurs de tous ces maux advenus dans Lyon. Sera il dict que l'audace hérétique ose blasphémer contre Dieu et que le zèle chrestien se taira? que la rage des séditieux ose entreprendre de renverser toutes choses divines et humaines et la sincère fidélité soit privée de défence? que le calomniateur sera toléré et au juste silence imposée? qu'ils se soyent osez rebeller contre Dieu et le Roy, piller et voller ses subjects, saccaiger, démolir et ruiner nos maisons, et la bouche nous soit close pour n'en oser parler? Examinons donc premièrement mot à mot le tiltre de ce livret fabuleux, qui est tel : *La juste et saincte défence de la ville de Lyon* (2).

Qui est celuy qui ne sache que, pour rendre une défence juste et saincte, il faut que le faict pour lequel est prinse la défence soit califié? Car d'un acte inique et meschant la défence ne peut estre que injuste et mauvaise. Or, quelle justice peut estre démontrée (si amplement voudra l'on prendre le nom de justice) où toutes choses communes et privées ont esté ravies, violées, envollées et ruinées? Quelle justice peut-on prétendre d'avoir par force vuidé les boutiques des marchands, ravy et emporté les mar-

(1) Jacques de Savoie, duc de Nemours, qui succéda au maréchal de Saint-André dans la charge de gouverneur du Dauphiné.

(2) Imprimé ci-dessus.

chandises et meubles des bourgeois et citoyens, spolié de tous biens les pauvres artisans, pour avoir de quoi entretenir leur rebellion contre leur souverain? saisy et donné en proye le blé et le vin des pauvres ménagers, et arraché le pain de la main des orphelins et femmes vefues, supprimans l'aumosne généralle, par si long-temps et tant sainctement instituée en ladicte ville? Quelle justice peut estre estimée de casser et de chasser les officiers royaux pour en establir d'estrangers et ignorans, d'autorité privée, qui jugent selon qu'il leur sera commandé par ceux qui les ont injustement introduicts? Quelle saincteté peut estre aussi cognue en ceux qui ont profané les saincts lieux dédiez à Dieu, ravy toutes choses sacrées, foulé aux pieds les mémoires et sainctes remembrances de Dieu et de ses saincts, violé et spolié les sépulchres, pillé les ornemens et décorations des églises, fondre et s'approprier les calices et vases sacrés, et envolé les joyaux offerts à Dieu? Quelle saincteté peut estre apperçue là où l'on a supprimé tout service divin, renversé tout ordre ecclésiastique, annullé toutes observances apostoliques et rejetté la tradition louable des Pères, par si long-temps receue et observée en l'église de Dieu, pour recevoir les propres et privées fantaisies d'un homme et introduire les singeries d'un novateur? Qui est celuy si ardant en charité chrestienne, si soigneux défenseur de l'honneur du prochain, si parfaict zélateur de son frère, qui se puisse excuser par loy aucune, divine ou humaine, de prendre la défence de ceux qui, par leur propre et obstinée malice, ont commis telles inhumanitez et perpetré cas si énormes qu'onques par invasion des Gotz et Vandales, par incursion des Turcs ny autres adversaires quelconques, ne fut cognue si exécrable oppression que ce pauvre Lyon a esté contrainct de pâtir et tolérer par ceux-cy, le détenant souz leur tyrannie? En sorte que nous pouvons dire avec saint Jérosme: Nous lisons, nous avons veu, et tous les jours nous expérimentons que, quand une perséquution est excitée contre l'Eglise, les hérétiques estre plus cruelz persécuteurs contre les chrestiens, que ne sont les payens. Qui est celuy qui ne cognoisse que c'est une passion transportée de rage, d'envye et ambition qui leur a causé ceste rebellion, qui n'a aucune bride d'humanité ni de raison, encore moins de religion, laquelle seulement a poursuivy ses vengeances servans à ses affections, et que depuis qu'elle a eu le glayve à commandement, et l'a osé déployer, qu'elle ne se soit débourdée en toute malice et furie? Mais je voudroys savoir de quelle couleur ils veulent dépaindre leur défence, ayans osé en armes déployées, non seulement défendre au Roy l'entrée de sa ville de Lyon, mais encores, par camp dressé et artillerie conduicte, luy envahir, piller et ruiner ses pays et villes circonvoysines. S'ils se veulent masquer de religion, faut qu'ils ayent premièrement les principes d'icelle, haïr cruauté et laisser le glaive et les armes au magistrat. En quel passaige de l'Escriture Saincte (sur laquelle ils prétendent leur religion estre fondée) trouvent-ils, quand le seigneur et le suject sont en différent de leur religion (tous deux prétendans tenir la vraye et celle qui vient de Dieu), que le suject se doyve constituer juge en sa propre cause et contraindre par armes son seigneur de laisser la sienne pour recevoir l'autre? Où trouveront-ils en l'Escriture Saincte qu'il soit commandé aux sujects de se rebeller et exciter troubles et séditions pour forcer leur prince de recevoir la loy qu'ils voudront donner, et non, plustost qu'ils sont perséquutez en une cité, qu'ils s'en aillent en une autre? La force eust-elle manqué à Dieu s'il lui eust pleu de planter la religion avec les armes? Et quand ainsi serait, lequel a plus d'apparence estre devoir obey (jusques à ce qu'autrement fust ordonné par qui appartiendroit), ou un Roy qui veut que ses sujects observent la loy anciennement gardée et receuë en son royaume, et pour y avoir esté inviolablement conservée, tous ses prédécesseurs ont acquis ce tiltre très excellent (par dessus tous les autres princes) d'estre surnommez très chrestiens, et en icelle sont tous décédez, ou le sujeet qui voudra que son Roy prenne de luy une loi nouvellement establie, et, qui pis est, forgée par un de ses sujects banny? Ce n'est de merveille si en cela ils veulent déroger à sa majesté royalle, quand par tous autres moyens ils s'efforcent d'abbaisser et exterminer son autorité et son estat. Il ne faut estre prophète ny près de là (à ceux qui cognoissent l'humeur des chefs de la secte et leurs pratiques) pour prédire que leur ambition (masquée de religion pour séduire et abuser les moins prudens) ne tend qu'à tyrannie, et priver les Roys, princes et seigneurs de leurs vies, pour se faire monarques. La fin (comme en toutes sectes) s'en démonstrera aux despens des pauvres abusez. Quelle peut donc estre ceste juste et saincte défence, qui résiste (contre tout droict divin et humain) à l'auctorité de son prince et seigneur, le voulant forcer et contraindre à choses iniques et injustes? De quelle justice et saincteté armerez-vous maintenant vostre défence, entendans qu'au seul bruit la paix estre faicte les autres villes de vostre conjuration se humilient et déclairent vouloir rendre toute obéissance à sa majesté, et cependant vous vous déclarez apertement ne vouloir ouyr parler d'aucune paix, sinon que demeuriez tousjours maistres de Lyon, et qu'il ny s'y die point de messe, ainsi capitulans, sans vouloir obéyr à sa majesté, praticquans ce pendant tous moyens (tant dedans que dehors ce royaume) pour estre aydez et supportez à vous rebeller de rechef et mettre la ville hors d'obéissance de sa majesté? Or, si voz défences ne sont ny justes ny sainctes, moins encores leur pouvez-vous attribuer d'estre faictes pour la ville de Lyon, qui n'a oncques pensé que de se douloir et plaindre des exécrables extorsions par vous contre elle commises et en demander justice au Roy, comme elle fait et fera plus amplement lorsque le cours de justice (ainsi empesché par vostre moyen) sera remis en son intégrité. Qu'appellez-vous donc la ville de Lyon? Seront-ce dix ou douze bourgeois restez en icelle pour la nouvelle faction, qui ont déchassé un nombre infini de naturels citoyens et envoyé plus qu'en exil? Seront estimez estre la ville de Lyon les soldats allemands et estrangiers qui ont dejetté d'icelle et dévalisé plus de trente mil ames des vrays et naturels citadins et bourgeois? S'usurpera le nom de la ville de Lyon le nouveau consistoire (ou plustost synagogue de Sathan et conseil des malins) ou (comme dit sainct Jérosme que se doyvent appeler les conciliabules de hérétiques, spelonques de larrons) basty et composé des chefs de la faction, Allemans et austres estrangiers, sans y estre appellez que deux ou trois des vrays et naturels citoyens? Les autres, n'estans que metis issus des parens estrangers, se seroyent aussi demonstrez envers ladicte ville de voulonté bastarde et perverse. Entre lesquelz (pour se donner plus d'authorité envers le populaire) aucuns auroient osé usurper le nom de roy Henry, l'autre le nom de roy François, et jusques oser dire (quand on les interrogea de ceste leur impudence) qu'ils estoyent du boys duquel les Roys se faisoyent. Ainsi ceste petite trouppe a introduit dans la ville telle peste et vermine qui en a dégeté et dévalisé (par ses menées) non seulement les vrays citoyens et bourgeoys, mais ensemblement les marchans estrangers de toutes nations, y faisant les changes et autres trafiques qui respondoyent en toutes les parties du monde et rendoyent la ville opulente et célèbre par dessus toutes autres, en sorte que, pour introduire leur tyrannie souz le masque de religion, ils ont déchassé toute la fleur et n'y est quasi resté que la lye et la racaille. Comme se pourra donc attribuer le nom de ville de Lyon ce triumvirat, assisté des séditieux et estrangers? Il se verra quelque jour comme injustement ils usurpent ce nom, quand la ville, estant vrayement réduicte en l'obéissance du Roy et que justice y régnera, ils s'enfuyront tous honteusement en quelque azile d'iniquité, de peur d'estre punis comme subjects rebelles et séditieux, qui ne méritent d'estre comprins aux articles d'une paix, ayant osé contraindre leur Roy souverain de capituler avec eux. Lors on pourra cognoistre comme peu on s'appercevra de leur absence, sinon de sentir le corps de la ville allégé comme ayant vuidé un dangereux catarrhe ou poyson qui luy chargeoit le cœur et l'estomach. Mais peut-estre voudront-ils donner le nom de ville de Lyon aux maisons et murailles restées en icelle? A la mienne voulonté que les pierres peussent estre entendues de nous, comme elles peuvent estre de Dieu, luy criant vengeance des grandes et incroyables démolitions des églises, rues et maisons privées, exerçans sur icelles leurs haines et vindictes qu'un chacun de ce vénérable consistoire a eu contre l'église et contre les citoyens particuliers. L'on peut maintenant user de semblable déploration (sur ladicte ville) comme faisoit Senecque, en l'épistre à Lucille, de la conflagration advenue en ladicte ville il y a environ quinze cens ans. Si grand nombre d'édifices (dit-il) si excellens et si beaux qui estoyent à Lyon, l'un desquelz estoit suffisant pour décorer, illustrer et embellir une province, ont esté en peu de temps mis par terre et furieusement ruinez.

Au premier article (que les destructeurs de Lyon addressent au Roy) ils commencent par ce mot, Sire. Ha! les gens de bien qui présentent d'une main une requeste à leur Roy et de l'autre tiennent la pistole preste pour lui oster la vie. C'est bien maugré vous qu'il est vostre sire et seigneur; il n'a pas tenu à employer tous vos efforts que ne vous soyez mis hors de son obéissance. Si vous eussiés peu (avec vos pratiques) trouver qui vous eust peu maintenir et soustenir contre sa majesté, l'on cognoist assez ceux qui en brassoyent les menées; mais comme Sathan est contrainct de ployer le genoil et teste sous la forte main de Dieu, aussi sera le rebelle et désobéissant suject réduict enfin sous l'autorité de son Roy.

Pour revenir donc à nos nouveaux réformateurs, qui disent qu'ils ont prins les armes pour maintenir l'honneur de Dieu, comme peut cela estre vray quand nous sentons les fruicts de ceste opinion nouvelle estre différens et contraires aux fruicts de l'esprit de Dieu désignez par sainct Paul? Autant est cela esloigné de vérité qu'est la doctrine de Dieu de celle de Sathan. Ainsi se sont-ils armez pour maintenir l'honneur de Dieu comme en fait Sathan ses efforts journellement par ses ministres. Ils espéroyent (disent-ils) avoir plustost seur accès vers sa majesté pour se justifier et rejetter la coulpe des armes prinses à leurs adversaires, premiers agresseurs. Je ne respondrai à cela sinon que la chose que plus nous désirons est qu'il plaise à Dieu accroistre bientost à nostre Roy son aage, et luy continuer son bon vouloir et augmenter son pouvoir, pour ouyr ses pauvres sujects en leurs justes doléances, pour rendre à un chacun (et à luy le premier) raison et satisfaction des torts et dommages receuz. La majesté de la Royne sa mère, les princes de son sang, messeigneurs de son conseil, grand nombre des chevaliers de son ordre, ses cours souveraines, sauront (avec le temps) tesmoigner de la vérité de ces troubles, sans que les desguisemens et palliations de ces imposteurs leur puissent servir. Espérons seulement en Dieu avec un peu de patience. Ils disent qu'ils ont conservé au Roy la noble cité de Lyon. Noble certainement a esté Lyon, et florissant en toutes choses requises à une ville parfaitement accomplie; ainsi la trouvèrent ces fidèles réformateurs; mais de l'avoir ainsi et telle conservé (comme ils se vantent), l'évidence toute contraire les desment. Bien peuvent-ils dire, au contraire de ce grand Empereur: Nous avons trouvé une ville toute de marbre, nous la rendrons toute de terre. Que dirai-je davantage? Ils se sont rendus aussi fidèles conservateurs des villes du Roy, comme dévots réformateurs des églises.

Au second article ils s'arment premièrement d'un faux faict, et, par une anticipation, ils reprochent aux chanoines et comtes de Lyon ce qu'ils savent qu'on peut vrayement et justement objecter à eux-mesmes, et leur imposent ce qui est très certain qu'eux mesmes ont faict; en sorte que ceste rage s'est mise aux champs avec sa réthorique pour desguiser la vérité et aigrir la fable et abbreuver le peuple d'un faux rapport, pour l'enflammer à l'encontre d'eux et le pousser à l'estourdy, et semblent estre joyeux et fort satisfaicts s'ils peuvent controuver chose où il y ayt à reprendre. Quant au premier poinct, ils présupposent une chose notoirement fausse; car il est certain qu'avant l'édict de janvier 1561 il ne leur avoit onques esté permis de s'assembler pour l'exercice de leur nouvelle opinion, et moins qu'aucuns temples leur fussent ordonnez ; et au temps duquel ils parlent, n'estoit encore faict ledict édict, comme appert, par ce qu'ils disent en l'article suyvant, de la défence que leur feit monsieur de Cursol, au mois de décembre ladicte année 1561. Or, pour entendre la source du faict d'où ils parlent, je seray contrainct de discourir un peu prolixement l'origine de leur première audace, sans dissimuler (en ce que je sauray) aucune chose de la vérité. L'importance de la ville de Lyon est telle qu'on la peut maintenant mieux que jamais cognoistre ; aussi a elle esté enviée de long temps des séditieux, et mesmes depuis la conjuration d'Amboyse, tant pour se prévaloir de ses despouilles et richesses que pour estre commode à leurs desseings pour la proximité des lieux où se brassent leurs monopoles et dressent leurs menées et conjurations ; qui fut la cause que noz rois très chrestiens, Henry deuxiesme et François deuxiesme, auroyent commis au gouvernement d'icelle révérend prélat et seigneur messire Antoine d'Albon, abbé de Savigny et l'isle Barbe, et depuis (par ses mérites) archevesque d'Arles, personnage fidelle, vigilant et très affectionné au service de leurs majestez ; lequel a sagement découvert plusieurs entreprinses sur ladicte ville ès dernières années, ausquelles il a si providemment obvié et si dextrement résisté qu'il a peu rendre compte de sa charge et tenir la ville paisible et sans danger, au contentement de leurs majestez et soulagement des fidèles sujects. Et se trouvera par les procédures faictes contre aucuns des principaux de la conjuration, et par leurs confessions propres, que les conseils et desseins (inspirez par Satan), je dy des premières entreprinses(1) contre les majestez de nos Roys, furent résolus en ladicte ville de

(1) *Les premières entreprinses*, la conjuration d'Amboise, en 1557.

Lyon, au moys de janvier, par neuf ou dix personnes, en une maison (1) où fut conclu qu'on se trouveroit à Nantes en Bretaigne, où s'en feroit une bonne résolution; auquel lieu, au commencement de février, fut arresté que de chacune église réformée seroyent envoyez gens soldoyez, la part où seroit le Roy, pour exécuter leur entreprinse contre sa majesté. Par ce département l'église réformée de Lyon fut chargée de fournir certaines armes et vingt et cinq soldats bien équippez, qui se rendroyent à Orléans le huictiesme jour de mars, car le quinziesme dudict moys se devoit exequuter l'entreprinse. Pour laquelle fourniture d'armes et hommes furent assemblez les principaux séditieux de Lyon (2), lesquelz ne purent lors envoyer que douze hommes de la qualité requise, assavoir de leur religion, soldatz, non mariez. Envoyèrent aussi vingt et cinq pistoles, vingt et cinq manches de maille et dix-huict jaques, qui furent conduicts (souz espèce de marchandise) à Orléans. Ladicte entreprinse (par la grace et providence de Dieu) découverte et rompue, s'absentèrent aucuns des conjurateurs de ladicte ville de Lyon et se retirèrent à Genève et en Allemaigne. Sous la fin dudict moys de mars, un gentilhomme (3) qui avoit conduict partie de ladicte conspiration vint à Lyon, et trouvant des principaux réformez fugitifs, assembla partie des autres, leur remontra qu'il n'estoit temps de perdre cueur, et que les seigneurs, qui pour les églises avoyent exposé leurs personnes en danger, avoyent encores bonne vullonté de faire mieux. Et depuis que la première entreprinse n'es-

(1) Ce fut chez Pierre Terrasson.

(2) Ils s'assemblèrent chez Jean d'Arut.

(3) *Un gentilhomme.* Ce fut le jeune Malagni, qui assembla les réformés au logis de la Pomme-Rouge. Il y avait deux frères de ce nom, gentils-hommes mâconnais et parents du prince de Condé.

toit bien réussie, falloit penser à d'autres, et mesmes de surprendre ladicte ville de Lyon et s'en rendre les mais tres, les priant d'user de leur costé de diligence, selon les advis et moyens qu'on leur en donneroit. De sa part il alloit à Genève et autres lieux, pour advertir du tout les églises, et de là en Allemaigne, pour savoir quelles gens on pourroit lever au besoing. Et pour ce que lesdicts réformez de Lyon, qui estoyent là en petit nombre, ne se pouvoyent persuader qu'il fust possible de surprendre ladicte ville ny aussi qu'aucuns des seigneurs le voulust entreprendre, déléguèrent deux d'entre eux (1) pour aller trouver lesdicts seigneurs, pour entendre leur vullonté. Je délaisse le reste pour revenir (selon mon intention) au discours des entreprinses pour surprendre Lyon, selon la délibération qui en fut lors arrestée à Genève par Jean Calvin, Théodore de Bèze, Spifame, dict de Passi, jadis évesque de Nevers, et Pastoreau, tous prédicans de ceste séditieuse doctrine. Commencèrent les soldatz de la conjuration de s'acheminer de tous costez. Les capitaines se rendirent dans Lyon (2) le premier jour de septembre. Estoyent préparez dans la ville soixante-six logis pour recevoir douze cens soldats qui entroyent à la file avec la dague et l'espée, et par un signal estoyent recognus aux portes de la ville par gens apostez, lesquels par le signe estoyent suyvis par lesdicts soldats jusques devant le logis où ils se devoyent rendre. Plusieurs autres se logeoyent aux hostelleries et tavernes, comme passans, desquelz on n'avoit aucun soubson. Les conspirateurs enrolez, domi-

(1) Ces délégués étaient Giles-le-Gantier et Claude Goscet.

(2) Ces capitaines étaient le seigneur de Saint-Cire, qu'on dit être l'aîné Maligni, le sieur de la Rivière, Bourguignon, le sieur de Château-Neuf, Provençal, qui a le nez coupé, le sieur de Belime, Auverguat, le sieur de Malcaut, les deux frères Peraut, du Vivarais. (*Note de Saconay.*)

ciliers et demeurant dans ladicte ville, estoyent en bien grand nombre; et souz la charge d'un capitaine y en avoit cinq cens bien armez et préparez. S'achemynoient à la file trois cens hommes de Genève, secrétement levez. L'on attendoit un capitaine provençal avec ses forces, et la cavalerie envoyée de France. Aux villages circonvoisins survenoyent de toutes parts soldats par troupes de quatre à six, et s'en trouva si grand nombre que les villages effrayez donnèrent l'alarme à la ville. Aucuns d'eux de longue main s'estoyent saisis des clefs d'une des portes et torrion de la ville. Le jour assigné, à la pointe du jour, les capitaines se devoient emparer des portes, se mettre en armes ès places publiques et se rendre maistres de la ville, des biens et personnes des citoyens (1). L'advertissement estant donné au gouverneur du grand nombre d'estrangiers qui entroyent à la file et de ceux qui estoyent par les villages, et de la diligence qu'aucuns citoyens faisoient d'acheter des armes et les transporter en aucunes maisons suspectes, il assembla la justice et le consulat, commanda renforcer la garde des portes de la ville, fit proclamer que tous estrangiers et vagabonds eussent à vuider. Le soir il envoya pour faire la recherche des armes qu'on avoit veu transporter en une maison, en laquelle grand nombre de soldats cachez sortirent armez à blanc, repoussèrent les arquebusiers de la ville et en tuèrent deux et blessèrent aucuns; il y en eut aussi de

(1) Les chefs avaient choisi pour leur principal quartier le grand logis de Saint-Martin, dans la nombreuse paroisse de Saint-Nizier, où ils pouvaient plus aisément se cacher. C'est là qu'était leur grand magasin d'armes, et ce fut aussi ce qui fit nommer cette journée *l'entreprise de Saint-Martin.* Le mot du guet était CHRIST, CAPET; c'était pour marquer qu'ils ne voulaient point d'autre roi que Jésus-Christ et qu'ils allaient secouer le joug de la race des Capets. (*Hist. de la ville de Lyon*, par le P. de Colonia, t. II, page 626.)

leur part de tuez et blessez. Toutefois demeurèrent lesdicts conjurez toute la nuict maistres de la rue, ne faisant les catholiques ceste nuict autre effort que se préparer et mettre en armes. Que si le nombre des soldats conjurez eust eu cueur et armes, ils eussent pu faire grande exéquution. Mais prévoyans la résistence que leur préparoit le gouverneur, Dieu, voulant aussi par sa saincte Providence conserver ladicte ville, leur envoya si grande frayeur et s'estonnèrent si fort d'eux mesmes, que celle nuict qu'ils pensoyent estre les maistres ils s'enfuyrent partie par la rivière, les autres par les portes, favorisez par leurs amis. Le matin les catholiques, au commandement du gouverneur, furent en armes, firent la recherche ès maisons suspectes, les armes et harnois délaissez saisis, leurs licts, paillasses et matteras en bien grand nombre trouvez, et plusieurs d'eux constituez prisonniers. Ainsi fut manifeste et vérifiée leur conjuration, par plus de deux mille de leurs soldats qui furent veuz se retirer, par l'évidence et nombre des armes, par la quantité des licts, paillasses et matteras trouvez ès maisons suspectes, par les escrits des propres mémoires et rooles des soldats trouvez ès maisons des séditieux, qui ont esté recognuz et desquels la justice est saisie, et aussi par la propre et franche confession d'aucuns principaux de la faction. Ainsi plus s'est démonstré ledict gouverneur dextre et diligent qu'il a résisté ausdicts monopoles par son industrie et à ses propres coustz et dépans, sans estre aydé des forces de leurs majestez, qui estoyent ailleurs employées, ains seulement des gentilzhommes de Forestz et Lyonnoys et autres pays circonvoysins, qui se sont tousjours démonstrez très fidelles aux majestez divine et humaine, et très obéyssans à leur service. Et en cela se sont employés les comtes et chanoines de Lyon, tous gentilzhommes, comme aussi ont fait leurs parens, quand leur a esté commandé par le gouverneur pour le service de sa majesté; et cela est si notoire que je ne le puis taire. En sorte que, tant ce que cest ordre a esté observé et que ledict seigneur a eu le gouvernement de ladicte ville, lesdicts perturbateurs n'ont rien osé ny peu exécuter contre icelle, encor que leurs conspirations ne fussent lors moindres qu'elles se sont depuis demonstrées. C'est la raison qui leur rend lesdicts comtes si odieux, comme aussi tous les catholiques qui se sont rendus fermes et constans en leur ancienne religion et fidèles à la couronne de France. Il ne faut donc trouver estrange ce que songent d'eux lesdicts réformateurs en leur second article. On leur pourroit respondre en un mot tout ce qu'ils disent estre entièrement faux. Ce n'est ici mon intention desbattre les droits et prééminances qu'ont lesdicts comtes dans ladicte ville. Bien say-je que c'est chose notoire, et assez ventilée ès cours tant de ladicte ville que de Paris, qu'ils sont de long temps (avec l'archevesque) seigneurs temporels de ladicte ville et l'on possédée jusques au Roy Philippes le Bel, avec lequel, par le moyen du Pape estant lors en ladicte ville, ils transigèrent et luy cédèrent la souveraineté et garde de icelle, moyennant plusieurs autres beaux droicts de régale qu'il leur accorda, desquels ils ont toujours depuis jouy, et aussi de la justice temporelle, jusques à la venue de ces fidelles réformateurs, qui ont (pour demeurer maistres de ladicte ville) par un coup déchassé et le Roy et lesdicts comtes. Je les voudroys renvoyer à ce qu'en dit leur favori Munster en sa Cosmographie, livre II, chapitre des régions et fleuves de la Gaule. « L'an de nostre Seigneur (dit-il) 1306, l'archevesque de Lyon aliéna de soy ladicte ville et la permuta en cens et revenu competant ». Cecy soit dict pour démonstrer leur impudence quand ils disent que lesdicts chanoynes faucement s'usurpent plusieurs prérogatives en ladicte ville, comme aussi ils les calomnient d'avoir voulu distraire ladicte ville de l'obéissance du Roy.

Nous les voyons jà avoir pique et débat avec ceux qui estoyent leurs chefs principaux dans ladicte ville, pour ne leur avoir rapporté fidelle compte des sacriléges et pilleries faictes par leur armée, et de cela les accusent de vollerie et cruauté, et de n'estre vrays évangélistes, et plus ne sosent fier en eux. En ceste manière ils calumnient et accusent les comtes de Lyon et leurs officiers d'injustice, pour n'avoir administré la justice à leur plaisir et fantaisie, ny supporté leurs hérésies, séditions et injustices.

Or, pour continuer nostre discours, estant mandé audict gouverneur de se retirer en son archevesché d'Arles, du lendemain qu'il fut party de ladicte ville (au grand regret des catholiques), ces bons réformateurs commencèrent à réformer le repos et tranquillité publique; car, ne s'estans onques ozés demonstrer en public, sortirent à un coup, comme l'ours ou lion rugissant de sa caverne, s'assemblèrent par trouppes (ce qu'ils n'avoyent onc ozé), se voulurent faire une estable à part, se sentans chevaux rioteux, ayans noz temples en abomination, persuadoyent au peuple de n'y plus aller, louoyent au contraire leurs conventicules, ausquels ils osoyent attribuer les noms et tiltres d'honneur que Dieu donne à son église, et disoyent au peuple, pour le divertir de la vraye adoration de Dieu, comme faisoit Jéroboam : Ne montez plus au temple de Hiérusalem, car le vray Dieu n'y est pas ; ains en Bethel ou en Dan, que je vous ai édifié nouvellement. Ceux-cy donc commancèrent (ce que sainct Cyprian dit estre commun à tous hérétiques) d'ériger autel contre autel, sacerdoce contre sacerdoce, sacrifice contre sacrifice, chaire contre chaire pour puis renverser (comme ils ont faict souz leur domination) toutes lesdictes choses. Et suyvant la coustume des donatistes, desquels (comme nous verrons) ils se sont rendus singes et imitateurs, ils faisoyent conscience de s'asseoir à costé d'un catholique et le saluer, et de parler à luy et d'entrer en sa maison ; mais depuis ils n'ont pas faict conscience d'y entrer pour les piller et saccager. Ils jugeoyent noz sacremens (comme les donatistes) infects et nostre sacrifice idolatrie, et que nous estions pires que payens. Faisoyent conscience (comme les disciples d'Eunomius) de passer devant ou près d'une de noz églises, où repose le corps d'un sainct martyr, et se destournoyent de leur chemin. Et cependant (comme dit sainct Jérosme de Vigilance) ils adoroyent leur ministre en sa chaire; ils appelloyent (comme faisoient les acéphales) les sainctes maisons de Dieu hostelleries d'hérésie et de toute meschanceté, et se repentoyent d'y avoir esté baptisez ; persuadoyent au peuple (comme Montanus) que toute l'église qui estoit en l'universel monde blasphémoit. Parquoy ils ne défendoyent pas seulement qu'on luy portast révérence , mais d'avantage qu'on n'entrast point dedans les temples. Et sentant un vent d'aquilon (d'où vient tout mal) propre à eux, se multiplièrent assez tost, faisoyent publiquement leurs monopoles et conventicules, preschoyent manifestement ès maisons des plus grands rues leurs nouvelles doctrines et inventions, remplissans les aureilles des passans de leurs chansons et urlemens , comme nous lisons que faisoient les arriens, allans ouyr leurs presches, ausquelz (comme font ceux-cy) ils appelloyent les catholiques idolatres, qui adoroyent Jésus-Christ là où il asseure par sa parolle expresse que son corps est réellement et substanciellement; prindrent appertement les armes, resistèrent aux magistratz et mirent la voile au vent, le sentant propice pour eux ; entreprindrent de construire une tour Babel pour y exercer leur confusion, laquelle ils édifièrent en toute diligence et luy imposèrent le nom de temple Martin. Et pour le rendre plus dévot et célèbre, ils le consacrèrent en la mesme maison (1) en laquelle les années précédentes ils avoyent recelé les armes et y avoyent faict la conspiration contre sa majèsté et les menées pour accélérer la ruine et désolation de ladicte ville. Estant ce temple parfaict en la forme d'un théatre propre pour jouer farces et comédies, s'y assembloyent pour exercer leur singeries et urlemens instituez et commandez par leur Baal geneviste. Bien peu de mention y estoit faicte de Dieu. La concion se consumoit à se moquer des ordonnances de l'église, à mespriser les traditions apostoliques, à détester les saincts sacremens ordonnez de Dieu, à blasphémer plus qu'exécrablement contre le sainct sacrement du corps de Jésus-Christ, à mesdire du Pape, blasmer les évesques et autres ministres de l'église catholique, et souz parolles fardées et masquées de quelques parolles de Dieu (à la manière de tous hérétiques), emmiellées de toute liberté charnelle, prometoyent à leurs adhérans (en quittant l'union de l'église catholique) exemption de tous droicts et devoirs deuz aux seigneurs et de toute obéissance. Et dès lors plusieurs des subjects circonvoysins commencèrent à les desnier. Contraignoyent leurs sectaires, par exécration et sermens solennelz, renoncer à la foy catholique et la forme du baptesme auquel ils avoient esté baptisez, de

(1) Cette maison était l'hôtellerie de Saint-Martin, près de la paroisse de Saint-Nizier. Les huguenots y construisirent une salle environnée de galeries et d'amphithéâtres qui pouvaient contenir trois mille personnes. Ces détails sont consignés dans une lettre de de Sault au Roi, rapportée par le P. de Colonia.

ne plus assister à la messe ny à autre service divin célébré par l'église catholique, et de ne plus subir jugement devant les magistratz et officiers royaux, ains souz ceux qu'ils constituèrent dès lors entr'eux, par lesquels ils contraignoyent ceux (qui avoyent avec eux conjuré) de se tailler pour fournir argent pour l'exéquution de leurs desseings et menées contre Dieu et leur Roy, et n'administroyent leurs sacremens ny leur couverture de mariage qu'il ne fallust contribuer à la bourse ministrale. Brief conjurèrent (comme nous lisons que faisoyent les macédoniens, qui dénioyent la divinité du Sainct-Esprit) de ne se départir jamais de leur secte. Tenoyent audict temple Martin leur bureau ; un chacun d'eux avoit son roolle et formulaire pour séduire avec douces parolles et beaux dicts le cueur des simples. Avoyent gens apostez qui attendoyent aux portes de la ville les laboureurs, ausquelz ils persuadoyent d'aller en leur synagogue, et plustost leur donnoyent quelque argent pour les y induire, lequel ils alloyent puis boire à la taverne ; de manière qu'on leur peut dire ce que Jésus-Christ reprochoit aux Pharisiens : Vous tournoyez la mer et la terre à fin de gaigner un estrangier pour estre des vostres, et quand il est gaigné, vous le faites filz d'enfer au double plus que vous. Voyans ces séducteurs leur jurisdiction ainsi accroistre, aussi voulurent-ils s'agrandir de place et lieu commode, pour s'emparer et saisir du plus spacieux quartier de la ville, pour avoir où loger le grand nombre de soldats estrangers que dès lors ils pratiquèrent faire entrer, pour saisir et dominer la ville, comme ils ont depuis faict. Ils esleurent pour cest effect la maison du général de Piedmont, des plus belles et spacieuses de la ville et commode pour leur entreprinse, ayant d'un costé la grande place des Cordeliers pour mettre aisément deux ou trois mil hommes en bataille, et de l'autre la rue de la Grenette, la plus large de ladicte ville. Leur premier temple Martin fut démolly. Ils dédièrent ce deuxiesme avec plus grans vœux ; assavoir conjurèrent ensemblement jamais ne s'en départir qu'ils n'eussent parachevé de si sainctement réformer toute la ville, comme la ruine et désolation d'icelle tesmoigne. Parquoy ils se peuvent hardiment vanter qu'ils ont très bien accomplis leurs vœux, encores que leur religion commande de non point garder de ceux qu'on a promis et voué à Dieu. Ils accommodèrent ladicte maison ou temple, ou mosquée, ou synagogue (ainsi qu'ils la voudront nommer) de toutes choses propres à leurs menées et desseings, la munirent d'artillerie qu'ils firent entrer dans des bateaux couverts de boys et charbon, la remplirent et accommodèrent de toutes sortes d'armes et munitions de guerre, comme aussi ils firent la pluspart des maisons circonvoysines et aussi les advenues, faisans des flancs par leurs maisons et boutiques, cachez et couverts, pour défendre leur grand Babilon, et les garnirent d'arquebutz à croc. Estoyent aussi lesdictes maisons remplies de corseletz et autres armes; et se rendirent par ce moyen maistres du principal quartier de la ville, et aussi du plus fort. En celle maison ils establirent le siége principal de leur vénérable consistoire(1), où se tenoit le conseil pour supprimer la parolle évangélique, abolir l'église catholique, ruer bas la couronne de France, ruiner tous les estats de ladicte ville, la priver de ses foires et franchises, et démolir ce que plus apparoissoit en beauté et décoration d'icelle ; y ordonnèrent leur auditoire, où leurs nouveaux magistratz (establis par eux) exerçoyent leurs plaidz

(1) Ce fut dans ce lieu que se réunirent les ministres que Calvin lui-même envoya de Genève. Le plus éloquent et le plus célèbre se nommait d'Anduze.

et jurisdictions; y establirent leur principal arsenal, et l'osèrent nommer (comme faisoit l'hérétique Montanus le lieu où s'assembloyent ses disciples) la céleste Jérusalem, auquel ils commettoyent (comme font ceux-cy) aucuns exacteurs pour recevoir, souz couleur d'oblation, les deniers dont ceux qui preschoyent sa doctrine deussent être alimentez, à fin (dit l'histoire) que par ce moyen ils eussent meilleur occasion de la prescher.

Estans donques telles infidelitez et félonnies exercées par vous, que sauroit-on desirer des citoyens tesmoings occulaires (outre leur gré) de telles impiétez, qui veulent maintenir l'honneur de Dieu, l'intégrité de sa religion chrestienne, l'obéissance et fidélité qu'ils doyvent à leur roy souverain, sinon d'employer leurs forces et faire leur effort par voies permises, deues et raisonnables, pour résister à vous, rebelles à Dieu et au Roy? A quoy certainement s'employèrent lesdicts comtes, ainsi que leur devoir portoit; comme aussi firent les bons catholiques et loyaux sujects de tous les estats de ladicte ville; mais ce fut avec tous les moyens qui leur estoyent lors licites et permis. Présentoyent tous les jours requestes au gouverueur de la ville (1) à ce que défences fussent faictes aux adhérans de cette opinion nouvelle de n'enfraindre si témérairement les édicts et ordonnances

(1) François d'Agoult, comte de Sault. Il commandait à Lyon depuis le commencement d'octobre 1561, et pendant l'absence du maréchal de Saint-André qui était gouverneur en chef de cette ville. Paradin et d'autres historiens dépeignent le comte de Sault comme un homme profondément dissimulé, grand catholique en apparence et vrai calviniste dans l'ame. Ils ajoutent qu'il trahit en cette occasion le roi et les catholiques.

Après la prise de Lyon par les protestants, de Sault se réunit à l'armée du prince de Condé et fut tué à la bataille de Saint-Denis, en combattant contre les troupes royales.

de sa majesté, tant pour s'assembler en si grand nombre que de s'armer en si grande force; et aussi qu'il ne leur fust toléré de s'assembler ès lieux par eux expressément édifiez pour iller exercer une nouvelle religion, où Dieu estoit si apertement blasphémé, en contrevenant directement aux édicts de sa majesté qui le leur défendoyt, comme aussi faisoyent les arrestz exprès pour ce faict des cours supremes. Offroyent lesdicts comtes de mander leurs parens (comme ilz avoyent faict autrefois) pour prester main forte et suffisante pour réprimer l'audace des rebelles et faire obéir sa majesté, desquelz ils offroyent estre responsables, pour estre lesdicts gentilzhommes ordinaires au service de sa majesté, ce que ne leur volut onq permettre ledict gouverneur, ains le leur deffendit expressément, disant qu'il n'avoit aucun besoing de force, et qu'il mourroit à leurs piedz pour leur deffence, et qu'il se tenoit assez asseuré de ceux du party contraire; qui fut cause que lesdictz comtes furent contrainctz s'asseurer de ladicte promesse, sans pourvoir autrement à leur seurté. Luy remonstrèrent toutesfois que de tous temps les gouverneurs avoyent accoustumé en telz affaires d'assembler et prendre force de ceux de la noblesse du pays pour le service de sa majesté, ce que ne fut trouvé bon. Luy remonstrèrent aussi qu'en toutes les républiques bien policées l'on n'a jamais facilement donné place à l'introduction de nouvelle religion, ains a esté cela crainct et redoubté entre toutes autres choses, pour les grandz inconvéniens qui en adviennent ordinairement, d'autant que le changement de religion apporte le plus souvent avec soy changement de monarchie.

En recevant telles manières de gens, et pour leur respect entretenant la diversité des religions en la ville, on déchasseroit les bons et notables marchans, tant estrangiers qu'autres, par lesquelz ceste ville est en si grande réputation de trafique et négotiation et des changes, lesquelz marchans notables et estrangiers, à cause des occasions des troubles et dissentions (c'est-à-dire de la diversité des religions) ne pourroyent longuement résider en lieu de partialité, discorde et division, à laquelle ils ne se peuvent bonnement fier ne comporter, tant pource qu'il ne leur est permis par leurs supérieurs qu'aussi ces nouvelles opinions en la religion leur semblent fausses et contraires à la vérité, et prévoyent sagement que l'issue n'en peut estre que pernitieuse à leurs personnes et biens. Qu'estoit la cause que les bourgeyos et citoyens offroyent leurs forces communes de la ville et leurs biens et personnes pour résister aux séditieux, qui estoyent lors plus que suffisantes pour réprimer les perturbateurs du repos public, estans pour le moins vingt catholiques contre un des rebelles. Voyant donc que leurs remonstrances, requestes et sommations n'avoyent pas grand effet, pensèrent d'avoir recours à sa majesté et user d'un moyen pour oster tel support à ces rebelles, luy faisant entendre le piteux estat de sa ville et le dangier de ses pouvres sujects; et pour cest effet commirent unanimement quelques uns des notables, ne leur estant permis faire convocation publique, pour sçavoir des vrays bourgeoys et citoyens s'ilz trouveroyent bon de présenter une requeste à sa majesté, pour lui supplier de faire observer en ladicte ville son édict, que les officiers de la justice et eschevins de ladicte ville eussent à faire profession de leur foy et religion chrestienne avant que pouvoir exercer la charge de leur office; luy faisant aussi entendre les dangers éminans et prochains de sadicte ville. Avoyent aussi charge lesdicts commis de prier les notables et bourgeois de signer ladicte requeste pour estre plus autorisée. Et voylà dequoy ces imposteurs inculpent lesdicts comtes en cest article et les accusent (pour ce fait) d'une mauvaise voulonté, encores que cela se feist par commune instance et poursuyte des citoyens de ladicte ville. Ouy, si une voulonté est mauvaise de vouloir maintenir l'honneur de Dieu et l'intégrité de sa foy ; si une voulonté est mauvaise de vouloir advertir son prince pour se prendre garde de ceux qui veulent ruiner sa ville et la soustraire de son obéyssance, comme l'effect a démonstré que leurs menées ne tendoyent à autre fin; qui démonstre aussi comme sincère estoit l'intention desdicts catholiques envers sa majesté et leur patrie, et malheureuse et perverse celle qui empescha œuvre si utile à la républicque lyonnoise. Mais il ne le faut pas trouver estrange, car il s'est bien démonstré en toutes aultres choses, comme leur faulx advertissement et la trop légière crédulité d'aulcuns ont aveuglé les personnes pour ne voir leur dangereuse précipitation, ayant jà un des pieds dans la fosse. Ceux de ladicte ville, qui faisoyent si ardemment les deffences auxdicts catholiques de ne donner advertissement si salutaire à leur prince, eussent mieux pourveu à leur devoir et au salut public de ne les y empescher. Je cuide que la repentence n'a pas de trop loing suivi leur faulte. Et bien il advint qu'un des habitués de ladicte église, voyant les choses si mal ordonnées, esmeu d'un zèle (peut estre) peu discret, au lieu de faire une supplication à ceux de la justice, pour des povres prisonniers détenuz assés longuement pour le soustenement de la religion catholique, se desborda un jour de dire quelque parolle, laquelle toutesfois bien et sainement entendue (comme à la vérité il faisoit, ainsi que jugeront ceux que le cognoissent) n'estoit aucunement reprennable. Il ne dit onq (comme faulcement ilz luy imposent) que le règne du Roy ne dureroit pas tousjours ; et n'estoit aussi telle son intention, n'espérant l'estat ecclésiastique autre appuy et support que sus le règne de sa majesté très chrestienne; bien, dit-il, qu'injustice ne régneroit pas toujours, et que (avec la grace de Dieu) l'on verroit bien tost une métamorphose et changement; ce que par la bonté divine est advenu; car s'il n'y en eust point eu, la religion chrestienne seroit jà abolie en France, l'auctorité royale y seroit supprimée, et tout le peuple fidèle à Dieu et au Roy entièrement exterminé. Ce changement est donc survenu oultre le gré de ces calomniateurs, et néantmoins il fut incrépé par aucuns, qui n'ont que trop peu (pour leur devoir et profict) aymé et estimé l'état ecclésiastique, duquel ilz ont receu plus qu'ilz ne méritoyent, et luy feit-on par surprinse (comme il disoit) signer son dire, en quoy il se démonstra moins malicieux que sage. Ainsi ont esté quelque temps les catholiques reprins sur une poincte d'esguille, où les infidélités et félonnies des adversaires estoyent excuseés et supportées. Et la vigilance et zèle vrayement chrestien des catholiques (s'efforceans maintenir l'ancienne religion) estoit repoulsé, soubz couleur et prétexte d'estre eux mesmes séditieux. Pour éviter ce blame, s'ilz ne s'assembloyent que cinq ou six, on disoit qu'il n'y avoit que les prebstres qui se plaignissent; s'ils se metoyent en nombre plus grand, on les accusoit de monopole. Enfin requirent qu'il leur fust permis de s'assembler pour présenter requeste et désigner quel nombre on vouloit qu'ilz fussent pour la signer; il leur fut accordé jusques au nombre de douze, ce que feirent douze des plus notables de ladicte ville, ausquelz on n'eut esgard. Et néantmoins ils endormoyent les catholiques de parolles; mesmes le gouverneur faisoit entendre que tout se faisoit pour le mieux et pour le public, et qu'il ne faloit craindre qu'aucun tumulte ne scandale vinst de leur costé; car pour ce faict il avoit asseurance d'eux et caution de plus de cent mil ès eux ; mais qu'il estoit nécessaire (pour la tranquillité publique) d'user de police humaine sans aucun esgard des religions. Ainsi conduysoyent leurs menées ces politiques mondains, c'est-à-dire, en bon françois, qu'ils n'ont cure de Dieu ny de religion aucune, ains seulement de poursuyvre leurs desseins selon leurs ambitieuses fantaisies, par lesquelles ils se cuident monstrer plus sages que Dieu ; et cependant l'on a assez cogneu leur hipocrisie ou peu de providence de n'avoir preveu les brisées que tenoyent les adversaires, et n'avoir pourveu aux ruynes et désolations où ilz aspiroyent, combien que les préparatives en fussent oculaires. Mais nous serions bien esbahis si aucuns d'eux espéroyent et prétendoient d'avoir des premiers part au butin; Dieu le sait et le manifestera quand bon luy semblera. A ces politiques mondains est advenu ce qu'a prédit le prophète Jérémie : Nous avons attendu la paix et n'y a point de bien, et le temps de guérison, et voicy troublement. Exechiel compare ceux qui promettent telle paix par leur propre sens mondain aux massons qui ne font que parer l'édifice par dehors, ausquelz le Seigneur dit : Je feray venir l'esprit de tempeste en mon indignation, ruyneray le bastiment, et n'y aura point de paix. Ainsi donq le catholique, faisant des remonstrances dignes d'un chrestien et fidelle suject du Roy, au lieu de le croire et y donner ordre, on l'appelloit séditieux, homme de sang et cruel, et se mocquoit-on des propos utiles à la république. Et voyla la récompense de ceux qui se sont formalisez pour le bien public et qui prédisoyent les maux qu'on voyoit advenir. Dieu par sa bonté et puissance nous veuille délivrer de la main de ces renards devenus loups ravissans, et nous veuille apprendre (par l'espérience de nos afflictions) de ne plus si légièrement nous fier et laisser tromper à ces rusés politiques, pleins de malice et astuce de Sathan.

Ils disent au troizième article que, pour appaiser toutes noyses et assoupir lesdictes séditions, ils condescendirent sur la fin du moys de décembre d'aller ouyr les presches de leur nouveau evangile hors la ville, à la première remonstrance que leur en feit le comte de Cursol (1), lors lieutenant général pour sa majesté en ses pays de Lyonnois, Dauphiné, Provence et Languedoc. Pour descouvrir la malice de ces imposteurs, faut entendre que ledict seigneur de Cursol avoit esté envoyé par sa majesté ès dictz pays, pour appaiser les troubles et contenir les choses en paix. Ilz accoururent au-devant et luy voulurent persuader que la plus grande partie de ladicte ville estoit de leur religion qu'ilz appelloyent réformée ; parquoy leur peuple si multiplié ne pouvoit plus se contenir en maisons privées pour ouyr la parolle du Seigneur (c'est de Calvin), ains estoyent contrainctz avoir des temples pour s'assembler, autrement ladicte ville ne pourroit demeurer en repos et tranquilité. Ledict seigneur ayant, le jour de Noël, ouy et assisté à la grand' messe en la grande église Sainct-Jean, après laquelle il donna solemnellement l'ordre du Roy au seigneur De Sault, gouverneur de ladicte ville, voyant si grande affluance de peuple chrestien assistant au service divin, cogneut avoir esté faussement adverty, comme il s'aperçeut plus amplement le jour suivant et aultres jours des festes, ès quelz il veit toutes les églises de ladicte ville estre remplies de chrestiens catholiques, pour honorer Dieu de la solemnité de la feste ; ensorte qu'il dict à aucuns qu'on

(1) Antoine de Crussol, fils de Charles de Crussol, vicomte d'Uzès. Les commissions importantes dont il fut chargé le conduisirent par degrés à la dignité de duc et pair. Il mourut en 1573.

luy avoit donné mal entendre que le nombre de ceux de la religion réformée fust si grand dans ladicte ville, comme ils le luy asseuroyent. Et pour le luy faire cognoistre, les citoyens catholiques requirent qu'ilz fussent ouys et qu'il leur permist d'assembler seulement les plus notables, et il pourroit cognoistre combien le nombre des catholiques excéderoit celuy des novateurs ; ce qui fut empesché par ces réformés, favorisez du gouverneur, qui ne vouloyent leur faulceté estre manifestement et à leur confusion descouverte. Et pour luy persuader le contraire de ce qu'il avoit veu, obtiendrent (par importunité) qu'il verroit le dimanche suivant le nombre qu'ilz estoyent en un presche qu'ilz firent hors la ville, aux faulx bourgs de la Guillotière, auquel jour (comme pour faire monstre générale) ils s'assemblèrent, aians les jours précédans mis ordre de faire représenter (audict lieu) leurs sectaires et adhérans de Vienne, Cremyeu et aultres lieux du Dauphiné. Et aucuns de ceux de la ville louèrent leurs grangiers et plusieurs vignerons, qu'ilz revestoyent en gens de ville, et leur payèrent leurs journées pour leur faire compaignie à ladicte monstre du presche de la Guillotière, et le tout pour accroistre leur nombre et le faire ressembler plus grand, pour mouvoir ledict seigneur de leur accorder temple et lieu à la ville pour y prescher. A quoy résistoyent entièrement les catholiques, instans que deffences fussent faictes ausdictz novateurs faire telz monopoles et assemblées indeues, avec armes, soubz le prétexte et nom de religion, contre les édictz royaulx et arrestz des cours supremes, estant chose asseurée qu'il n'en pouvoit sortir que troubles et séditions, suyvies de confusion et désolation, et enfin un sac et ruyne de la ville. Que si on leur vouloit permettre d'exercer leur nouveautez, au moins que ce fust hors la ville, où il y auroit moins de danger. Les rebelles, au contraire, remonstroyent avec persuasion fardées ce qu'ilz pensoyent propre pour mouvoir ledict seigneur de leur octroyer leur demande. En ceste diversité se démonstroient bien les affections privées de plusieurs de ladicte ville, favorisans le party qu'ils désiroient supporter. Et furent aucuns des citoyens eschevins mandés et requis (par aucuns des principaux) de se désunir de l'estat ecclésiastique, auquel seul ilz disoyent qu'on en vouloit, et que le reste de la ville auroit tel contentement qu'on sauroit désirer et acquerroit par ce moyen la grace des princes et seigneurs. Mais quand lesdicts séducteurs trouvoyent les personnes fermes et constans, qui désirassent demeurer unis, pour plus aisément résister à leurs menées, ils les interrogoyent (pour les intimider) quelle religion ils tenoyent, en sorte qu'aucuns furent contraincts leur respondre qu'ilz n'estoyent pas leurs confesseurs pour leur déclarer les secretz de leur conscience.

Enfin ledict sieur de Cursol, désirant et s'eforçant de pacifier toutes choses (comme à la vérité il est sage et provident seigneur), appella les principaux des premiers estats de la dicte ville pour avoir leurs avis sur ce faict, remonstra que, pour le bas aage du Roy, il n'estoit possible de réprimer ceux de ceste religion nouvelle, ainsi multipliez et écartez par la France; que son conseil avoit considéré qu'il ne seroit décent et honneste qu'en son nouveau advénement à la couronne il se démonstrast cruel; qu'on ne voyoit aussi que les exécutions faictes par les Roys, ses prédécesseurs, de ceux de ceste religion, eussent beaucoup servy pour esteindre et assoupir leur opinion. Parquoy, en attendant qu'il fust en aage pour commander, il estoit nécessaire (pour contenir chacun en paix et tranquillité) de souffrir et tolérer beaucoup de choses, et mesmes que personne ne fust recherché pour le faict de sa conscience et religion. Seulement avoit-il commandement de chastier les rebelles et séditieux, et perturbateurs du repos public, de quelque religion fussent-ils. Au reste il proposa fort prudemment plusieurs raisons d'un costé et d'autre pour examiner qu'il estoit le plus expédient et le moins pernicieux et dangereux remède, leur permettre le presche ou dedans ou dehors la ville, et n'oublia aucune chose qu'il pensast convenir pour le repos public. Auquel fut remonstré unanimement, par ceux des estats de ladicte ville, qu'on ne pouvoit permettre aux novateurs de prescher et exercer une religion nouvelle contraire à celle qui a esté anciennement, universellement et unanimement receue en ce royaume et par le monde universel, sans offenser Dieu et enfraindre les édicts du Roy et arretz des cours supremes, et par ce moyen se rendre désobéyssans et rebelles à sa majesté, et sans grandement altérer le repos public. Plusieurs raisons sur ces propos déduictes furent par ledict sieur trouvées raisonnables, lequel feit deffences aux novateurs, sur peine de désobéissance et rebellion à sa majesté, qu'ils n'eussent s'assembler dans ladicte ville pour y faire leurs presches ny autrement, et leur permit aller (pour cest effect), sans armes, aux granges de la Guillotière de la rivière du Rhosne, à ce que l'impétuosité d'icelle peust servir de barrière entre les chrestiens catholiques et les rebelles, perturbateurs de la tranquillité publique. Auquel lieu ils accommodèrent une certaine spelonque ou estable, auquel (comme dit Optatus des Donatistes) ils peussent faire leurs conventicules à heure assignée; mais leur estant loisible et permis faire leurs assemblées et presches hors la ville, la défence de les faire dans icelle est demeurée illusoire. La parroisse size ès fauxbourgs est réputée estre dans la ville, quand les parrochiens y demeurent. L'on a cognu par expérience que la permission qu'on leur donna de prescher et s'assembler à la Guillotière (pensant faire pour le mieux) fut la source des émotions et désolations de ladicte ville; car ils osèrent maintenir leur secte estre approuvée en France et receue par le magistrat, et dès lors ils desployèrent les armes plus hardiment qu'auparavant, souz couleur de se tenir sur leurs gardes, en exéquutant la permission qui leur estoit donnée de s'assembler. Mais ils tendoyent bien à autre chose que de prescher ou chanter. Si est-ce qu'ils gaignèrent un grand avantage d'avoir licence d'attirer, séduire et diviser le peuple par beaux dicts et parolles emmiellées de promesses de toute liberté, et d'estre supportez et tolérez de s'ayder de toutes armes.

Et voylà ce qu'ils veulent dire en leur quatriesme article, que ledict commandement d'aller à la Guillotière leur fut faict à la poursuite desdicts chanoines, qui ne pouvoyent souffrir (disent-ils) la lumière de l'évangile, sachans que, régnant Jésus-Christ dans ladicte ville, leurs vices et abominations ne seroyent soufferts. Il est vray que lesdicts chanoynes, et aussi les catholiques de tous estats de ladicte ville, estans requis, ont remonstré et fait ce qui estoit de leur devoir, et n'ont espargné aucune diligence pour empescher que ceste doctrine hérétique et pestiférée fust autorizée dans ladicte ville.

Voylà donc la raison pour laquelle les catholiques pourchassoyent de confiner ces infidélitez à la Guillotière, et non pour avoir plus facile moyen de les mettre tous à mort, comme ils songent en l'article suyvant.

Ce que lors leur eust esté facile, s'ils l'eussent voulu mettre en exécution; mais la crainte de Dieu et la peur de désobéyr au Roy a plustost fait souffrir aux catholiques leur ruyne et désolation que de venir aux armes sans licence des magistratz. Que si l'obéyssance a retenu ceux de l'ancienne religion de ne courir sus à une poignée de gens se révoltans, faut qu'ils confessent que les plus faibles n'ont esté insolens que par trop grande patience et support; dequoy néantmoins ils sont par plusieurs blasmez, qui disent: Si telz et telz eussent esté par une nuict jettez à la rivière, la ville fust demeurée paisible et en son entier, et eussent esté ces ruynes évitées. Peut-estre que cela est vray; mais il est tant aisé à dire et difficile à exéquuter à celuy qui craint d'irriter son prince! Ils taxent donc faucement les échevins catholiques (contraires à leur opinion nouvelle), lesquelz ils disent avoir eu intelligence avec monsieur de la Motte-gondrin pour les faire massacrer à l'heure de leur presche, et que pour cest effect ils auroyent commandé à leur secrétaire de la ville de leur faire fermer les portes du pont du Rhosne; ce qui n'est vraysemblable. Car si lesdicts conseilliers eussent eu vouloir de faire telles entreprinses, ils avoyent beaucoup de meilleurs moyens, et peult estre que, quand ils eussent esté un peu plus soigneux de se tenir mieux sur leur garde et de veiller sur le repos public, ils eussent peu réprimer telle audace sans massacrer personne. Car ayans esté plusieurs foys requis et sommez de prester les armes communes de la ville aux bourgeois et notables citoyens, qui avoyent de quoi respondre, tant desdictes armes qu'aussi il n'advinst (par icelles) aucun scandale, la rage effrénée des adversaires eust (peult estre) esté supprimée ou pour le moins intimidée et moins audacieuse pour tant entreprendre. Ils disent pour leur défence qu'ils n'osoyent disperser les armes sans le commandement du gouverneur, lequel ne voulut onc permettre qu'on distribuast les corcelletz de la ville aux catholiques, sinon qu'on en baillast aussi à ceux du parti contraire, et ne voulust aussi que les cinq cens hommes qui furent levez pour la garde de ladicte ville, fussent tous catholiques, combien qu'il eust esté ainsi résolu par la pluralité des voix en l'assemblée générale faicte en l'hostel commun; mais voulut que partie desdicts cinq cens hommes fussent de ceux de ladicte religion nouvelle; grand nombre desquelz (souz ce prétexte) prindrent lors les armes apertement, et furent ceux qui commencèrent la sédition et forcèrent la maison de la ville; mais s'ils eussent prins leur addresse au Roy et à leur principal gouverneur, le mareschal de Sainct-André, peult estre leur eust-il esté permis. Mais confessons que Dieu osta le sens à tous les estats, quand il voulut chastier les defaillances communes. Or voicy bien une mensonge digne d'estre couronnée, que les chanoynes (disent-ils) avoyent faict entrer en ladicte ville plusieurs soldatz-brigands et de mauvaise vie, avec armes, desquelz ils avoyent remply leur cloistre et maison. Je ne pense pas que la postérité puisse croire qu'il y ait eu jamais peuple abusé par des menteries et faussetez si manifestes, et d'autre part qu'il y ayt eu des imposteurs tant effrontez comme nous les voyons et sentons.

Cela est autant faux comme c'est chose certaine que lesdictz comtes eussent beaucoup mieux pourveu au devoir qu'ils avoyent à leur église et au service du Roy, et à leurs personnes et biens, s'ils eussent (comme autrefois) convoqué leur parens et amys gentilzhommes, ayans le serment au Roy, lesquelz, pour leur grande expérience aux guerres, eussent mieux préveu et pourveu aux dangiers qui estoyent assez évidens, qui fust réussi au grand service de sa majesté et conservation de la ville, et soulagement des pays circonvoisins; ce qui eust grandement intimidé les chiefs et fauteurs de la rébellion. Mais quoy? ils ont aussi leurs excuses, que lors leurs dicts parens et voysins avoyent estés jà mandez (et toute la maison du Roy) et s'estoyent jà acheminez (les guerres estant ouvertes de tous costez) pour se retirer près de sa majesté ou en leurs garnisons. Davantage lesdicts comtes voulurent, aux solennitez de Pasques, appeller seulement une trenteyne de leurs sujects (tous domiciliez et cognus), et la pluspart officiers de justice de leurs seigneuries, pour se prendre garde (en quelque peu de seureté) à leur église Sainct-Jean, cependant que les ecclésiastiques seroient nuict et jour occupez au service divin. De quoy estans lesdicts perturbateurs advertis, ne cessèrent que commandement ne fust faict par le gouverneur à ce petit nombre de sortir de la ville, sur peine d'estre emprisonnez et pendus et estranglez; ce qu'ils firent incontinent, aucuns d'eux ayans été constituez prisonniers par le gouverneur. Et cela intimida tellement les habitans du pays circonvoysin qu'aucun n'eust osé entrer en ladicte ville pour secourir lesdicts comtes, non pas mesmes leurs propres officiers et sujectz, ne voulans rien entreprendre contre le vouloir de ceux qui commandoyent pour sa majesté; et n'osèrent depuis, et ne peurent eux accompaigner comme il eust esté nécessaire : ayant aussi lesdicts comtes esté dessaysis des armes qui estoient en leur cloistre, par ledict gouverneur qui leur en avoit faict le commandement, auquel ils auroyent obéy, comme appert par l'acte sur ce faict du deuxième novembre 1561. Tant s'en faut donc qu'ilz eussent moyen de faire entrer nombre de soldatz pour résister à ces rebelles, lesquels cependant estoient tolérez d'aller à grandz trouppes, de huict à neuf cens, et aucunes fois au double, avec pistolles, corceletz et autres armes descouvertes, en leur grange de la

Guillotière. Et si prévoyoit-on bien que tant de gens ramassez avoyent quelque sinistre intention; car ils estoyent si insolens qu'on n'eust osé se trouver devant eux, ou seulement les regarder, sans recevoir quelque outrage ou bien ouyr quelque grand blasphème contre nostre Dieu et les saincts sacremens. Davantage ils estoyent tous les jours accompaignez en leurs presches par le gouverneur, avec sa garde en armes, qui estoit de ladicte religion difformée, menant avec luy le bourreau. Le frère dudict gouverneur assistoit aussi tous les jours à leurs presches et assemblées. Ainsi ils intimidoyent un chacun sans contradiction aucune et ne cherchoyent que l'occasion pour accélérer l'entreprinse à laquelle ils estoyent appellez, mais l'apostume n'estoit encore meure ny preste à percer, et se réservoit pour le printemps ensuivant, où leurs humeurs devoyent estre préparées et bouillantes. Aussi craignoyent-ils encores le grand nombre du peuple catholique, nonobstant qu'il fust désarmé et privé de toute deffence, et nonobstant ces enragez faisoyent courir le bruict qu'il y avoit des gens cachez dans ledict cloitre de Sainct-Jean, encores qu'ils fussent bien asseurez qu'ils n'y seroyent endurez, estant ledict gouverneur logé dans iceluy avec grosse garde, qui avoit bien l'œil à telles choses. Et de cela ilz pallioyent leur rage furieuse contre lesdicts chanoynes, par laquelle ils ont (comme ils se vantent audict article) desmoly leur cloistre, qui leur avoit toujours empesché leurs entreprinses précédentes. Ce fut le deuxième avril 1562, la paix estant publiée partout ce royaume, et mesme au camp de monsieur de Nemours, à Sainct-Genis la Val, lez Lyon, et envoyée au sieur de Soubize, lequel auroit commandé à tous capitaines, ministres et autres du consistoire, la recevoir, et obéir à la volonté du Roy. Or ils prendront patience avec les autres fidèles catholiques, lesquels ont couru semblable fortune que leur Roy, jusques à ce qu'il plaise à la bonté divine, avec accroissement d'aage, augmenter au Roy sa bonne volonté et puissance, pour faire administrer justice à ses povres et fidèles subjects, comme l'on espère qu'il fera quand il saura et cognoistra les grands torts qui ont esté faicts à sa majesté. Ne se monstrent ces novateurs bien remplis d'impudence, quand ils disent que lors messieurs de La Mottegondrin, de Sainct-Chaumont, de Sainct-Forgeul et Dapchon avoyent dressé des forces pour les massacrer? car il est plus que notoire qu'aucun d'iceux lors n'avoit force assemblée, que ledict sieur de La Mottegondrin, qui estoit avec partie de sa compagnie en son gouvernement de Dauphiné, auquel il eust esté besoing et expédient d'avoir plus grand force pour éviter le dangier auquel il tumba bien tost après, par la vindicte et trahison de ces assacinateurs.

Ils disent qu'ils continuèrent d'aller ouyer les presches à la Guillotière par l'espace de quatre mois, mais c'estoit avec armes, encores qu'elles leur fussent deffendues; et font mention d'un article contenu en la déclaration de l'édict du Roy, faict en janvier ladicte année, duquel ils font comme de l'Escripture-Saincte. Ils se veulent servir de ce qui semble qui fait pour le soustenement de leur cause, et rejettent et pervertissent le reste, comme s'il n'en estoit rien escript. Il est bien vray que le Roy avoit permis aux novateurs habitans ès villes de frontière de s'assembler dans lesdictes villes, et non dehors, pour éviter le dangier d'une surprinse ; mais ils taisent comme le Roy feit une déclaration qu'il n'entendoit la ville de Lyon estre estimée comme frontière; parquoy, deffendoit expressément qu'ils n'eussent à s'y assembler, ains aux fauxbourgs, et pour ce faict en escrivit plusieurs lettres au gouverneur d'icelle, lui faisant inhibition de permettre qu'on y feist aucune assemblée.

Ils démonstrent donc bien la dureté de leur cœur obstiné et rebelle de inster par requestes au gouverneur de leur octroyer de sa puissance privée ce que le Roy si expressément leur deffendoit; mais puisqu'ils preschent leur grande fidélité et obéissance en l'observation des édicts, voyons comme ils s'y sont comportez. C'est chose notoire qu'ils n'ont jamais fait autre mestier que de les fouller aux piedz, comme aussi ils ont fait les arrests des cours souveraines, lesquels ils n'ont trouvé à leur gré, tesmoing celui du mois de juillet en ladicte année, n'ayant jamais esté édict plus authentique ny plus solemnellement faict, et passé par plus longue et meure délibération par l'advis et consentement des princes, conseilliers et officiers souverains; lequel toutesfois fut aussitost enfrainct (par ces infidelles enfans d'obéissance) que publié. Mais encores comment ont-ils obéy à celuy de janvier, lequel ils jurèrent d'observer comme estant le premier qui onq fust faict en France en leur faveur? Aussi fut-il par manière de provision et sans approuver aucunement en ce royaume chose de leur nouvelle religion; et appert assez, par la préface d'iceluy, comme il a esté forcé. Ont-ils pour cela désisté de faire leurs entreprinses et monopole avec arquebutz, pistoletz et autres armes, et en tel équipage aller en leur estable de la Guillotière? je dy par l'espace de quatre mois et durant le temps qu'ils estoyent encores souz l'obéissance de sa majesté. Ont-ils délaissé de faire collectes et levées d'argent, et de leurs gens, et de faire invectives et semer placardz contre les saincts sacremens et les cérémonies anciennes, receuës et approuvées en ce royaume très chrestien, et d'animer et armer le peuple contre les ecclésiastiques? Et toutesfois sont les conditions dudict édict, s'ilz veulent mettre en doute qu'ilz ne l'ayent en telle sorte entièrement violé, et que tous les jours ils n'allassent à leurs presches en grand nombre et en armes, sans que les catholiques osassent porter une dague qui ne leur fust ostée, et qu'ils fussent constitués prisonniers par les gens du prévost des mareschaux. Si les citoyens et bourgeoys (dy-je) sont suspects pour déposer de la vérité de ce faict, on consent que messieurs des nations et marchans estrangiers (fréquentans ladicte ville) en soyent tesmoings ou juges. Si donc ils n'ont trouvé les édicts royaux à leur gré, aumoins ne doivent-ils pas se vanter d'y obéyr. Si on regarde mesmes ce qu'ils ont faict, voire contre les conditions de ce qu'ils avoyent ensemblement promis et juré, c'est une infidélité contre toute religion, droict, loy, et humanité. Cognoissant donc ces séditieux que leurs audaces téméraires leur estoyent tolérées, taschoyent encores, par leurs menées et intimidations, coulorer et masquer leurs rébellions, les voulans faire approuver par tous les estats de ladicte ville, et tous les jours estoyent faictes assemblées pour persuader aux catholiques de consentir que ces novateurs préchassent dans ladicte ville; à quoy estoit tousjours par les susdicts unanimement respondu qu'il y avoit autant de convenance de l'ancienne religion avec la nouvelle que de Dieu à Bélial; que comme le dire de Jésus-Christ est qu'aucun ne peut servir à deux maistres, aussi ne peut donner le chrestien consentement n'approbation à deux religions contraires, non plus que d'adorer deux dieux.

Au reste, ce n'est point au fidelle subject consentir en aucune manière que l'édict de son Roy soit enfrainct ny violé, ains luy doit obéyr et s'efforcer de le maintenir;

parquoy qu'ils eussent recours au Roy, s'ils vouloyent impétrer quelque grace, laquelle devoit dépendre de luy et non du consentement des subjects. Que si le gouverneur voyoit qu'il fust utile pour le bien et repos public leur céder et accorder quelque chose, que son pouvoir et auctorité estoit suffisante pour ce faire, sans qu'il fust besoing d'en demander le consentement de ceux qui ne doivent qu'obéyr, ausquels commandemens ils ne résisteroyent aucunement.

Voilà la responce qu'ils disent estre cause de la pluspart des troubles survenus en ladicte ville, desquelz (pour ladicte responce) ils accusent lesdicts chanoynes et les conseilliers et eschevins ; laquelle toutesfoys bien considérée démonstre une sincérité de foy envers la religion divine et fidelle obéissance à son prince, comme l'instigation contraire descouvre l'infidélité à Dieu et rébellion à son Roy.

C'est ce qui les incite, au dixiesme et unziesme articles, de blasmer lesdicts chanoines par fausses impostures et calomnies, ausquelles nous avons cy-dessus assez satisfaict. C'est assez descouvrir le mensonge quand on remonstre qu'il sort de la bouche du menteur.

Ils requièrent que la justice ordinaire de ladicte ville, appertenant à l'archevesque et au chapitre, soit remise à la main du Roy. Mais à quelle fin? comme ceux qui ne demandent que Dieu seul juge de leur doctrine, et qu'il ne descende expressement du Paradis, pour n'estre subjecte (estant bien examiné de l'église de Dieu) à estre réprouvée et condemnée ainsi qu'elle le mérite. Ils se plaignent qu'on empesche la sépulture de leurs frères ; ils veulent dire en terre saincte, et cependant ils feroyent grande conscience d'y estre ensepulturez ; mais ce n'est pas sans un vray jugement de Dieu.

Comme aussi est cela qu'ils confessent libérallement au treiziesme article, de la preuve de quoy l'on eust esté en peine. Ces bons réformateurs prévoyans bien, par le peu d'ordre qu'on mettoit pour obvier à leurs menées et résister à leurs entreprinses, que bientost ils usurperoyent la tyrannie et domination de toute la ville, pour couvrir leurs desseings, ils faisoyent tous les jours dire aux catholiques qu'ils offroyent de donner caution jusques à cent mil escuz qu'il ne viendroit aucun trouble en ladicte ville par ceux de leur party; requéroyent aussi que les catholiques donnassent semblable asseurance. Ha! renard, que tu es fin! Ils savoyent bien qu'estans parvenus en leur règne, leurs cautions seroyent déchargées, et cependant eussent contraint celle des catholiques de satisfaire à ladicte somme, se constituans en ceste cause (comme ils ont en toutes autres) juges et parties. Quelle plus belle caution demandiez-vous aux ecclésiastiques que le temporel de leur église, qui respondoit assez de la fidélité de leurs personnes? Quelle plus suffisante caution demandiez-vous aux bourgeoys et citoyens de ladicte ville qu'eux mesmes, lesquelz vous savez estre opulens et responsables de plus grandes sommes, quand ils auroyent commis rebellion et félonnie contre sa majesté? Où fut jamais exercée ceste pratique de faire donner caution d'un costé et d'autre aux subjects d'une ville, de ne se rebeller contre leur seigneur, comme s'il y escheoit autre peine que capitalle et confiscation de tous biens? Puis donc que vous confessez à sa majesté avoir offert ceste caution de cent mil escuz, au cas que les catholiques receussent dommage par aucuns de vostre costé, et d'ailleurs on sait assez (et la preuve en est preste) que vous avez actuellement donné les six ou sept premiers de vostre religion, habitans de ladicte ville, pour caution de ladicte somme, aux cas susdicts, qui sont évidemment advenus et escheuz, comme l'ont confessé publiquement ceux auxquels vous avez donné ladicte caution, qui en sont responsables, que reste-il, sinon de supplier sa majesté de rendre justice pour convertir ladicte somme, non pour la totalle, mais pour une partie de la pillerie qu'avez faict aux plus povres manans et habitans de ladicte ville? Mais l'on espère, avec le temps, obtenir par justice de vous plus notable somme, voz biens estans confisquez comme convaincus de crime de lèze majesté divine et humaine, lesquelz sa majesté employera au soulagement de son peuple, pour les frais de la guerre que vous rebelles lui avez suscitée, et le reste offrira à Dieu pour la réparation des saincts temples par vous ruinez et démolis.

Quant aux propos que dites que vous tint monsieur de Lansac, chevalier de l'ordre, allant à Trente, vous produisez un tesmoing qui est notoirement contre vous, en ce que dites qu'il remonstra fort sagement l'union qui devoit estre entre les habitans de ladicte ville, pour la conservation en son entier d'icelle en l'obéyssance de sa majesté, et que cela ne se pouvoit faire sinon en se comportant les uns avec les autres, et ne se formalisans pour le faict de la religion, veu que sa majesté, par son édict, en avoit donné le reiglement. Ne fut ceste remonstrance en vostre juste condemnation, la mesprisant et y contrevenant entièrement, comme feistes cinq ou six jours après, vous emparant de ladicte ville et la soustrayant de l'obéissance de sa majesté, souz le seul prétexte de la religion? Mais si les hommes se taisoyent, les pierres porteroyent tesmoignage contre vous. Au lieu donc de recevoir lesdictes remonstrances, ils commencèrent (comme ils confessent) à faire leur première demande de les laisser prescher dans ladicte ville.

Ils disent que si l'on y eust consenty, et qu'ils eussent eu lieu pour faire l'exercice de leur religion, qu'ilz offroyent de remettre leurs armes entre les mains de leurs adversaires. Il se verra quelque jour quelles furent leurs offres et la response à iceux, et comme ce n'estoyent que dissimulations et ruzes ; car ils faignoyent de se désarmer en une chose et par ce moyen se renforçoyent en toutes autres. Mais pour ce qu'on réserve à mettre en lumière quelque jour tous actes rédigez par escript concernans ce faict, je n'en diray autre, sinon que lors aucuns des estatz de ladicte ville, d'un costé et d'autre, en furent assemblez, où fut conclu que les deux parties remettroyent leurs remonstrances par escrit, lesquelles seroyent envoyées à sa majesté, pour y ordonner ce que de raison. Encores estoit bonne ceste voye ; mais d'autant qu'elle estoit bonne, aussi ne se voulurent-ils faire ce tort (pour ne contrevenir à leur coustume) de la suyvre. Je vous prie, voyons les occasions qu'ils en donnent.

Ce fut (disent-ils) la venue du sieur de Maugeron. Mais quel tort vous apportoit ceste venue? Pour ce (disent-ils) qu'il estoit envoyé pour estre coadjuteur en ce gouvernement. Si vous désiriez qu'il y eust bon ordre en ladicte ville, pourquoy craigniez-vous tant qu'il y ait un coadjuteur au gouvernement? Si celuy à qui il estoit donné ne s'en plaignoit, quel intérest y prétendiez-vous ? La chose n'est que trop cognue, sans en dire davantage. Comm' osent-ils dire que sa venue enflamba la rage des catholiques (qu'ils nomment adversaires) qu'ils s'obstinèrent tellement par icelle de ne condescendre qu'il leur fust permis de prescher dans ladicte ville, quand tousjours auparavant, d'un cœur magnanime et constant, ils avoient résolu d'en laisser faire au gouverneur, sans y résister, ny aussi prester aucun consentement? A la vérité, sachant que ledict sieur avoit esté envoyé par sa majesté pour secourir ladicte ville, laquelle il auroit entendu estre en danger imminent, par les mémoires et bons advertissemens, accompaignez de plusieurs actes et informations qu'auroyent esté présentées à son conseil par le secrétaire de l'église de Sainct-Paul-Boeronnat, qui auroit esté dépesché par les ecclésiastiques pour cest effect, cela auroit bien asseuré et consolé lesdicts catholiques, pour demeurer plus fermes en leur foy et obéissance au Roy. Ledict sieur de Maugeron n'usa d'aucunes menasses, comme faussement ils disent; bien leur commanda-il de la part de sa majesté de se contenir en paix et poser les armes, autrement il seroit contrainct se mettre en devoir de les faire obéyr. Le lendemain ledict sieur partit de ladicte ville pour aller en Dauphiné, d'où bien luy en print; car ils avoyent résolu de faire de luy comme leurs compagnons firent le jour suivant du seigneur de la Mottegondrin, chevalier de l'ordre, vaillant et magnanime, et lieutenant pour sa majesté au gouvernement de Dauphiné, lequel, par leurs trahisons maudites, ils firent honteusement mourir à Valence, pour s'estre démonstré affectionné serviteur de la couronne et avoir vaillamment résisté à toutes leurs entreprinses; duquel (après avoir usé de toutes les cruautez et inhumanitez) ils volèrent et saccagèrent la maison et brisèrent ses coffres.

Ausquels ils trouvarent (disent-ils) des lettres envoyées à luy par ledict sieur de Maugeron, pour lever quelques gens pour résister à ceux lesquels on pouvoit voir appertement prendre les armes pour se rebeller contre sa majesté. Que pouvoyent moins faire les capitaines dépeschés pour résister aux adversaires de la couronne? De qui avoyent-ils leurs commissions que du Roy mesme, qui les avoit envoyez? que de la Royne sa mère? Et d'autant que ces perturbateurs virent que toutes leurs menées estoyent découvertes et que jà commissions estoyent dépeschées pour leur résister, se déclarèrent aussi, comme se sentans coulpables et contre qui telles choses s'addressoyent. Soudain accoururent aux armes, non pour se tenir sur leur garde (comme ils disent), car le Roy leur avoit pardonné les fautes passées et les vouloit maintenir en paix, s'ils ne se fussent rendus assaillans; non aussi qu'ils eussent aucune permission de prendre les armes (comme faussement ils se jactent); mais par leur propre auctorité et malice ils s'armèrent apertement contre leur prince, se saisirent et emparèrent de sa ville, avec telle hostilité qu'on eust peu espérer d'un barbare et estrangier.

Ils disent que ce fut paisiblement et modestement, et que, sans aucune effusion de sang, ils chassèrent leurs adversaires de la ville; mais ce fut avec telle modestie que le plus doucement qu'on le leur puisse reprocher, c'est de leur dire qu'estans conseillez par les plus fins et malicieux de leur secte, ils ont usé des ruzes (pour entrer et mettre le pied en leur tyrannique domination) telles que l'empereur Julien, surnommé l'Apostat, et Hunnerich et Genserich, arriens, Roys des Vandales, tyrans pleins d'impiété et cruauté détestable, ausquelz ceux-cy se sont de telle sorte conformez que, mettant en avant (comme nous ferons) ce que les historiographes ont escrit d'eux, il semblera voir la mesme farce, ou plustost tragédie, qui a esté présentement jouée en la ville de Lyon, soit qu'on ayt esgard aux personnes qui en sont cause ou qui l'ont exéquutée, soit au faict ou à la manière de laquelle on a procédé. Ils disent donc qu'ils se comportèrent modestement; mais ce fut à cause qu'on ne leur feit aucune résistance, ayant esté par eux toute la ville intimidée. Et de faict on veit dès la minuict sortir soldats armez à blanc, de tous costez, d'où ils avoyent esté cachés et recelés dès long-temps. On les veit saisissant la maison de la ville où estoyent les armes communes, pour armer trois ou quatre mil hommes, en laquelle ils forcèrent le capitaine Peyrat, après l'avoir quelque temps défendue autant qu'il lui fut possible et jusques les munitions luy défaillirent ; lesquelles armes (comme a esté dict) on n'avoit onc voulu disperser aux citoyens qui en estoyent en toutes manières responsables à sa majesté. On les veit remplir toutes les places de la ville, se saysir des églises, meurtrir aucuns religieux, comme aussi ils firent un prebstre de Sainct-Jean en pleine rue, nommé M. François Collonges, traversant sans armes. Dès le soir avoyent faict entendre aux maisons bourgeoises qu'aucun (sur peyne de la vie) n'eust à mettre la teste à la fenestre, quelque bruict qu'il ouyst, car ils n'en vouloient (disoyent-ils) qu'aux gens d'église ; ce qu'abusa plusieurs personnes, se pensans prévaloir desdicts ecclésiastiques, et cuidoyent par ce moyen (comme ces libertins leur promettoyent) estre francs et immunes de payer tous devoirs et droicts seigneuriaux. Mais un chacun a peu cognoistre que leur desseing passoit bien plus oultre que de chasser les prebstres. Estans ainsi les uns persuadez et les autres intimidez, les rebelles se trouvèrent en une matinée maistres de toute la ville. Restoit le cloistre de Sainct-Jean où estoyent les comtes, ausquelz avoit esté osté tous moyens d'estre secourus; et d'ailleurs, esloignez de leurs parens, qui s'estoyent (comme dict est) jà acheminez au mandement de sa majesté pour lui faire service près de sa personne, au devoir de leurs charges, avoyent soudainement levé vingt-cinq ou trente hommes pour résister aux premières furies des adversaires. Cependant les rebelles bracquoyent l'artillerie de tous coustez contre ledict cloistre et leur tirèrent aucuns coups de mousquetz du costé des Célestins; dans lequel cloistre aussi et en la maison de l'archevesché, lougis du gouverneur, estoyent un bon nombre d'arquebuziers (plus grand que de coustume) de la garde dudict gouverneur, grandement suspects auxdicts comtes comme estans de la religion et party contraire. Aucuns leur parlèrent de capituler; mais ayant entendu les demandes injustes et desraisonnables des adversaires, sachans aussi qu'il n'appartient aux sujects entrer en aucune capitulation en la présence de son souverain ou de son lieutenant-général, se mirent souz la sauve-garde et protection de Dieu. Et se voyant destituez de tous secours et ayde humaine, et leur petit nombre de soldatz perdre cueur, estans menassez et intimidez par ceux de la garde dudict gouverneur, qui estoyent les plus forts dans leur cloistre; et voyans que ny la nuict de l'insulte, ny le jour suivant, ceux qui avoient les principales charges dans la ville ne faisoyent semblant de vouloir combattre ny de faire cesser la sédition, encores qu'ils eussent pu estre suyvis d'un grand nombre de catholiques; joinct que le capitaine Fenoil (qui avoit charge des gens de pied de sa majesté pour la défence de la ville) tint fort avec son corps-de-garde en la place de Sainct-Eloy jusques à unze heures du matin et jusques à ce qu'il veit le canon qu'on trainoit pour le faire desloger, et par ainsi tout ayde et secours leur estoit désespéré; et mesmes que lesdicts comtes s'estoyent présentez au gouverneur dans son logis, pour entendre de luy son intention et recevoir ses commandemens pour le service de sa majesté, offrans de le suyvre et accompaigner au conflict et mourir avec luy; voyans d'ailleurs toute la ville de toutes parts occupée, leur cloistre remply de leurs ennemys, tournoyé de gens de guerre et menacé de l'artillerie, et qu'ils n'avoyent aucune charge ny puissance de commander pour la garde de la ville, et ne les y avoit onc voulu employer; après avoir soutenu et tenu bon, et empesché l'entrée de leur cloistre aux adversaires depuis l'heure de minuict, que commença ladicte révolte jusques environ les huict à neuf heures du soir, ils ne peurent moins faire que se retirer et évader le mieux qu'ils peurent. Il ne faut donc que ces nouveaux Roys (ou plus tost tirans) de Lyon se jactent d'autre humanité que de celle des Barbares, ne trouvans aucune résistance; et si un chacun dit avec eux que vrayement ces malheurs sont advenus par une punition de Dieu, pour tant de vices et bombances, pour tant d'usures et paillardises qui régnoyent (par trop grande opulence) dans ladicte ville. Quand nous lisons ès Escritures sainctes que Dieu a permis son temple estre pillé et profané, c'est toujours avec une préface que les péchez du peuple ont causé tel désastre.

Voylà donc les fléaux de Dieu, exerçant par eux sa justice sur son peuple, qui ont usurpé sur leur Roy la ville de Lyon. Aussi se donne aucun d'eux (par honneur) le nom de bourreau de Christ. Il n'advint onc aux catholiques (comme ils leur impropèrent) de dire qu'ils avoyent par trois fois tenté de les meurdrir et destruire; car il est bien certain que, s'ilz l'eussent entreprins, qu'aisément l'exéquution s'en fust ensuyvie. Et n'estoit point pour perdre cœur qu'ils ne l'entreprinssent; mais la crainte de Dieu d'un costé, qui remet la justice et l'exéquution d'icelle ès mains des princes, et l'obéyssance deue au Roy, les retenoit, qui ne leur permettoit prendre les armes. Il est vray que, si lesdicts catholiques en eussent usé autrement, ils seroyent maintenant louez et prisez, pour avoir empesché la ruyne et désolation de leur patrie et si fidellement secouru leur Roy. Mais ce sont choses faciles à dire et mal-aisées à exécuter, résistans ceux qui ont l'auctorité du Roy en leur main, ausquelz le vray subject a tel respect que son devoir la porte. Or, voylà la ville de Lyon hors l'obéissance du Roy; est-ce par la force et puissance d'un prince estrangier? non certainement. Si c'est donc par la fraude et malice de ses subjects, il est raisonnable (toutes excuses cessans) qu'on luy en rende raison, encores à luy, qui estoit mineur d'aage. S'ils estoyent si fidelles subjects qu'ils se jactent, la jeunesse de sa majesté n'eust deu par eux estre mesprisée, ains plus d'obéissance luy devoyent-ils porter que lors qu'il sera majeur, pour rendre meilleur tesmoignage de leur fidélité, suyvant le commandement de Dieu, et non par craincte que l'on a ordinairement des Roys majeurs. Car l'auctorité que Dieu lui a donnée est en luy, n'eust-il qu'un jour, et doit estre recognue par tous ses subjects; et ceux qui ne recognoissent la puissance de Dieu en luy ont beau prendre le prétexte de religion, car il n'y en a aucune en eux que celle de Sathan. Quelle fidélité de subjectz est donc ceste-icy, que les ennemys estrangiers se soyent réconciliez pour secourir ce Roy pupille, et ses propres subjects luy ont couru sus pour luy soustraire sa ville? Mais c'est pour la religion. Les catholiques n'en peuvent donc estre inculpez, qui retiennent l'ancienne et celle mesme de leur Roy. Considérons, je vous prie, le sommaire du cartel en vertu duquel ils ont deffié la France à feu et à sang. Il est contenu au livret de leurs ordonnances sur le reiglement, forme et gouvernement que doyvent tenir les soldats et gens de guerre des bandes (qu'ils nomment) chrestiennes, faict par l'un de leurs chancelliers, Félix Buriac, séneschal de Valentinois, imprimé à Lyon. Il dit ainsi: Le cartel de nostre querelle contient trois points; le premier est l'honneur et gloire de Dieu, avancement du règne de son fils Jésus-Christ et établissement de son evangile en France; le second est la liberté du Roy et de la Royne sa mère, et de tous les siens; le troisième est le bien et délivrance de nostre patrie de la main des tirans. Mais voyons comme, par vray jugement de Dieu, il se condamne par son propre jugement et toute sa séquelle estant dans ladicte ville. Dieu vueille (dit-il) qu'au lieu de ces trois (en l'entendement de plusieurs) le cartel ne soit de trois poincts contraires : le premier, nostre propre honneur, gloire et grandeur; le second, noz propres commoditez et richesses, et le troisième, appétit de vengeance. Or, cependant que les fondemens de nostre querelle seront ainsi pervertis (dit-il) et que nous sortirons des bornes du premier cartel, Dieu ne bataillera point pour nous. Et voylà comme Sathan est contrainct par puissance divine de proférer vérité, au jugement et perdition des siens. Puis donc que ce sont des subjects qui ont commis ceste rebellion et félonnie, qu'ils se regettent la coulpe les uns sur les autres, soyent veuz lesquels on en peut blasmer. Ne seront-ce ceux qui, par leur propre auctorité, ont déchassé leurs concitoyens, leurs propres parens, compaignons et voysins? et qui ont ravy et volé leurs marchandises et meubles, ruyné et démoly leurs maisons, et qui se sont renduz maistres et seigneurs de la ville, et en ont déchassé le Roy ou ses officiers, et sé sont emparez des deniers de ses recettes et de ses tributs et subsides?

Le premier jour de may (qui fut le deuzième de leur règne dans Lyon) se présentèrent devant le gouverneur, en son logis, les principaux de la religion qui se dit réformée, et s'y trouvèrent aucuns de la justice et des eschevins catholiques, où fut joué le premier rolle de la farce ou tragédie par Jean Darut, assisté de Grille, des Plans, de Moreau et autres capitaines du nouveau évangile, pour lesquels il porta la parole pour excuser leur révolte et rebellion, faignant la vouloir faire trouver bonne au gouverneur. Et entre ses belles raisons il disoit qu'il avoit esté contrainct s'eslever et prendre les armes pour tenir la ville en seurté jusques à ce que le Roy soit parvenu à l'aage de pouvoir conduire et gouverner le royaume. O quels tuteurs! Il leur fut respondu par le gouverneur que, à la vérité, par cy-devant ceux de la nouvelle religion avoyent fait démonstration de quelque modestie et obéissance, mais que s'estant à présent si oubliez et débourdez (estans tous les termes de raisons excédez), ils ne se sauroyent jamais excuser d'avoir commis rebellion au Roy et crime de lèze-majesté, et entièrement violé l'authorité qu'il lui avoit pleu donner audit gouverneur sur la dicte ville, ayant icelle, par fraude et hostilement, occupée, forcé les gardes et les portes de la maison de la ville, saisy l'artillerie, les munitions, les armes apertenans au Roy ou à la communauté, violé les temples, assiégé le cloistre de Sainct-Jean, où il estoit logé, entré dans iceluy, où ils le tenoyent encore comme prisonnier. Que pour le regard des particularitez par eux alléguées et prétendues, il les ignoroit, et laissoit à part les différens qui sont entre les princes, lesquels sont si grands et si bons qu'ils se sauroient bien accommoder et rendre raison de leur faict quand bon leur semblera; qu'il estoit bien et deuement informé de la volonté du Roy et de la Royne par les lettres qu'il en recevoit journellement, et lesquelles il savoit et recognoissoit assez estre venues de leurs majestés; ausquelles lettres et mandements portés par icelles seulement son intention et desir estoit obéyr et se régler de tout son pouvoir. Néantmoins, s'ils vouloyent recognoistre leur faute, laysser les armes, restablir la ville en son estat, et remettre toutes choses en son obéissance soubz celle du Roy, sans aucune exception, ensemble se soubmettre du tout à justice, qu'il continueroit à son gouvernement et à les traicter et conserver en toute douceur, et feroit encores tous les bons offices à luy possibles pour faire que sa majesté leur pardonne et leur soit propice ; autrement que, pour le devoir qu'il avoit au service du Roy pour le lieu qu'il tenoit, il ne pouvoit (son honneur sauve) demeurer et moins commander où l'authorité du Roy ne soit entièrement, sans aucune exception, obéye et révérée ; qu'il luy estoit plus décent et convenable à la dignité ou service dudit seigneur Roy se retirer ; mais qu'ils considérassent bien en quel dangier et désolation ils constituoyent leurs biens, leurs vies, leur honneur et ladicte ville, la mettant hors l'obéissance du Roy, et désobéissant à son lieutenant général et le déchassant d'icelle ; que, outre la qualité de lieutenant, et sans que ledict seigneur soustinst aucune fonction publique, pour le lieu d'où il estoit et rang qu'il tenoit, il ne pourroit faire de moins que de s'en ressentir grandement et à jamais. Après que ledict gouverneur leur eut ainsi respondu, les conseilliers et eschevins catholiques luy remonstrèrent que l'insulte et esmotion faicte par les protestans est telle qu'elle ne pourroit estre réparée de long-temps, et que lesdicts eschevins de tout leur pouvoir se sont essayez contenir tous les habitans dudict Lyon en tranquilité et union souz l'obéissance de sa majesté. Et jaçoit que lesdicts protestans eussent faict offre de vivre en paix et de donner caution pour tous ceux de la religion nouvelle que de leur costé aucune agression ne seroit faicte, toutesfois, à cause que ledict offre estoit conditionnel, à la charge que lesdicts eschevins seroyent tenus faire de leur costé pour tous les habitans semblable promesse ; voyant que les habitans sont composez de plusieurs et diverses nations, n'ont pu faire semblable promesse et obligation. Mais pour faire cesser ausdicts protestans toute occasion de craindre, ont lesdicts eschevins convoqué en leur hostel commun les penons, quaterniers, dixeniers et chefs des artisans et commun peuple, et les ont exhortez par plusieurs et diverses fois de s'abstenir de toutes agressions verbales et réelles, en leur donnant à entendre le contenu ès esdicts du Roy concernans la religion. Et pour plus grande seurté, outre les deux cens cinquante arquebusiers ordinaires, payés et employés pour cest effaict, lesdicts eschevins ont soudoyé cinq cens hommes par le commandement dudict sieur gouverneur, pour la tuition de tous les habitans de ladicte ville; de laquelle provision lesdicts protestans se devoyent d'autant plus asseurer que, desdicts cinq cens hommes, y en avoit deux cens de leur religion. Et si aucune insulte, agression et batterie estoit survenue entre quelques particuliers, pour leurs inimitiés privées, auroit esté au grand regret et desplaisir desdicts eschevins, lesquels, pendant lesdicts troubles, se sont mis en tout devoir d'iceux pacifier, et ont tousjours requis aux magistrats de la justice de faire punition exemplaire de tous les séditieux. Et quant à la difficulté que lesdicts eschevins ont faict de prester leur consentement que lesdicts protestans fissent leur presche dans le clos de ladicte ville, ce a esté pour ne contrevenir aux édicts concernans ladicte religion, mesmes celuy de janvier dernier. Toutesfois iceux eschevins, pour ce regard, se sont toujours remis à la discrétion et volonté dudict gouverneur, lequel lesdicts eschevins ont supplié très humblement de vouloir continuer audict gouvernement et n'abandonner ceste povre ville en si grande nécessité; que si ne luy plaisoit les conduire souz l'authorité et protection de sa majesté, comme il avoit par cy-devant faict, ce seroit abandonner la ville à la totalle ruine d'icelle. Fut aussi faicte une remonstrance audict gouverneur par ceux de la justice, par la voix et organe de maistre Hugues du Puy, président au parlement de Dombes, tendant à ce que ledict gouverneur eust à continuer la charge et authorité qu'il avoit de commander dans ladicte ville, pour éviter les dangiers et inconvéniens qui en pouvoyent advenir; lequel fit responce qu'ayant entendu la volonté de sa majesté (laquelle il auroit adverty de ces insultes), il verroit ce qu'il auroit à faire. Le quatrième jour dudict moys de may, s'assemblèrent aucuns de la justice et du consulat avec les protestans, pour pacifier ces troubles, et furent dressés articles par aucuns médiasteurs. Mais pour autant que la rebellion estoit par les adversaires résoluë, aussi ne voulurent-ils accepter aucune chose raisonnable, non pas ce que par eux mesmes avoit esté proposé et requis. Le seizième jour dudict moys ledict gouverneur appella en son logis le baron des Adroictz, Ponsenas, Changy, Sainct-Auban et autres chefz des tumultes, ausquels il remonstra, comme luy avoit esté commandé par le Roy, d'exercer la charge du gouverneur de ladicte ville; néantmoins ses soldats luy auroyent esté soustraicts par Grille et Moreau leurs capitaines. Parquoy voyant qu'eux ny autres de la religion ne luy vouloyent obéyr ni observer les capitulations qui avoyent esté proposées et dressées pour l'union et tranquillité de la ville, souz la faveur des forces qu'ils avoyent dressées, par lesquelles ils s'estoyent rendus seigneurs et maistres de la ville, ne voulant obéyr aux édicts de sa majesté, il auroit bien voulu entendre d'eux s'ils avoyent résolu de continuer leur désobéissance. Plusieurs telles farces furent jouées diverses fois par tels personnages, pour se moquer du Roy et ruiner les povres citoyens. J'en réciteray encore une. Ayant sa majesté mandé, le premier jour de juin, audict sieur de Sault, gouverneur, se retirer la part où elle seroit, pour entendre de luy comme toutes choses auroyent passé dans Lyon, Felix Bouriac, séneschal de Valentinois et chanselier de la religion, accompaigné de plusieurs autres, le septième dudict moys de juin, vint au logis dudict gouverneur, et luy dict, que s'il se vouloit absenter de la ville, il trouveroit les portes fermées et les chaines tendues pour le retenir. Ledict jour, Pierre Moreau et Antoine Regis, capitaines des réformez, vindrent avec cinquante arquebuziers au logis dudict gouverneur, luy dire qu'il leur estoit commandé de la part du seigneur, de Blacon et du conseil de l'église réformée, mettre en garde en son logis cinquante arquebusiers, pour empescher qu'il ne sortist de la ville. J'ai leu l'acte et procès-verbal qu'en fit faire ledict gouverneur, signé de Sault, Blacon, Bouriac, et le notaire au pied. Donques, la ville par eux surprinse, firent faire proclamations publiques de par leurs ministres et capitaines, sans faire aucune mention du Roy; vray est que, quelques temps après, ils en firent conscience, et, pour pallier leur rebellion, adjoustèrent à leurs criées le nom de sa majesté, mais avec icelle furent tousjours nommez leurs chefs, comme s'ils fussent d'esgale authorité. Outre le nombre ordinaire des douze conseillers et eschevins de la ville, furent par eux creés (en temps non accoustumé) autres eschevins en semblable nombre, tous de leur faction. Ils érigèrent un conseil d'état et un consistoire, où se termineroyent les affaires de la religion; tellement que nous pouvons dire avec le Sage: Quel est le gouverneur du peuple, tels sont les officiers; quel est celui qui conduit la ville, tels sont les habitans d'icelle. Furent faictes par leurs nouveaux magistrats plusieurs ordonnances et mesmes de leurs douze cens hommes de guerre, pour la défence de la ville nouvellement usurpée. Et pour avoir honneste moyen d'espier ce qu'on disoit à la cour de leur révolte, dépeschèrent le secrétaire du consulat vers sa majesté pour authoriser leurs belles ordonnances. Mais au lieu de ce furent par leur député apportées lettres patentes et particulières de sa majesté, par lesquelles elle leur défendoit, et à leur douze nouveaux eschevins, de s'ingérer à l'administration des affaires communes et de se mesler d'aucune chose appartenant à l'eschevinage; leur défendoit de lever aucuns gens de guerre sus peine d'estre déclarés rebelles; commandoit de laisser vivre un chacun paisiblement dedans son bien et remettre toutes choses en leur premier estat. Leur rébellion fut telle que lesdictes lettres furent par eux mises en pièces et dans le feu sans y avoir aucun esgard, et peu s'en falut qu'ils ne fissent pendre leur délégué à la cour, porteur d'icelles; et falut, pour faire son apointement, qu'il leur délivrast trois grans cofres pleins de reliques qui avoient esté retirées en sa maison, lesquelles il vit fondre et mettre en lingotz qui furent remis au sieur de Perault pour les porter au chef de la rebellion. Furent alors toutes choses par eux exéquutées avec force et violence et selon leurs vindictes particulières, et les catholiques obéissans au Roy inquiétez et molestez, voire emprisonnez trois ou quatre cens ès couvens et prisons ordinaires, pour les arransonner et forcer de quitter la fidélité qu'ils devoyent à Dieu et à leur Roy. Entre lesdicts prisonniers estoit frère Jacques Gayette, de l'ordre de Sainct-François, gardien du couvent Sainct-Bonaventure en ladicte ville, duquel (par plusieurs menaces et mauvais traictement) vouloyent retirer le chef sainct Bonaventure, à cause de l'argent, aussi les calices et reliquaires, ce qu'ils ne purent oncques faire dudict gardien, qui le leur rendit fort odieux, comme aussi les responses qu'il leur faisoit d'un cueur asseuré et constant, estant interrogé de sa foi par leurs ministres et par plusieurs damoiselles qu'ilz envoyèrent (par mépris) disputer contre luy. Un soir il fut séparé des autres prisonniers et mis en une chambrette à part avec le capitaine Beguin, gentilhomme de bonne part, qui avoit en plusieurs guerres suivy le duc de Guise, et, retournant du voyage de Naples, avoit laissé à Lyon, en la garde de Jean Darut, plusieurs coffres remplis d'armes et meubles précieux, et entre autres une rondelle de pris et valeur. Ledict gentilhomme, revenant de la cour, passa par Lyon, et, parlant de retirer ses coffres, fut accusé par son dépositaire (qui tenoit des premiers lieux entre les séditieux) d'avoir intelligence avec le duc de Nemours. A sa parole et commandement il fut constitué prisonnier, sans autre occasion que pour se prévaloir de ses dépouilles et braver de ceste belle rondelle, comme il fit depuis. Un autre prisonnier, qui estoit de Marseille, fut logé avec ceux-cy. Ces trois furent saisis environ la minuict par plusieurs satelites qui les délogèrent, leur disant qu'ils les menoyent aux prisons de Rouanne, pour estre ausdicts Cordeliers trop bien à leur aise. Ce bruit, estant ouy des autres prisonniers, leur donna grand frayeur, comme j'ai entendu par aucuns d'eux. Estans ces trois povres prisonniers au milieu du pont de Saonne, leur annoncèrent qu'il falloit qu'ils fissent le sault. Lors le capitaine Beguin, gentilhomme de bon cueur, estant saysi pour estre lié et garrouté, se mit en défence telle qu'il luy fut possible pour délivrer sa vie de la main de ces bourreaux; et confessent eux mesmes que, s'il eust eu ses mains à délivre, il leur eust bien faict achepter sa peau. Voyant sa défence, ils lui donnèrent sept à huit coups de poignard dans le sain, et tumbant mort le jetèrent dans la rivière. Quelque temps auparavant ses parens avoyent racheté du gibet, en Avignon, celuy des principaux séditieux de leur consistoire, qui procura le plus sa mort. Le povre frère Gayette, voyant le traictement de son compagnon et qu'on s'adressoit à lui pour lui en faire autant, supplia ces tyrans luy permettre faire son oraison à Dieu, et qu'après il prendroit la mort en gré. Ce disant il se prosterna contre terre et avec la main fit le signe de la croix contre la terre et la baisa ; ce qu'estant apperceu par un de ces bourreaux, luy donna cinq ou six coups de pied et le rua contre terre, disant : Ne saurois-tu faire ton oraison sans user de superstition? Continuant sa prière à Dieu, fut saysi pour estre précipité ; et se voyant si près de la mort, fit une grande exclamation, disant : Mon Dieu, ayez pitié de moi. A ce cry un desdicts tyrans luy donna cinq ou six coups d'hallebarde sur la teste, pour plus lui donner de tourment, et le jettèrent dans la Saonne, qui jadis avoit esté ainsi surnommée pour estre rougie par le sang des anciens martyrs, aux perséquutions des tyrans infidelles, précurseurs de ceux-ci. Le lendemain furent les corps de ces deux martyrs trouvez près l'abbaye d'Ainé. Je ne veux oublier que, le soir de ceste exéquution, fut crié dans ladicte ville au son de trompe que tous ceux qu'on trouveroit parmy la ville (la cloche de Sainct-Nizier estant arrestée) seroyent jettez dedans la rivière. C'estoit pour ne trouver point de tesmoins de leur tyrannie. Laquelle toutesfois fut dans deux jours déclarée par Philibert Nobis, l'un de leurs surveillans, à un catholique lors prisonnier, duquel je l'ai entendu. Le troisième prisonnier, spectateur du bon traictement de ses compagnons, ayant quelque peu d'expérience et usité au faict de la marine, se remettant à la protection de Dieu, permit luy estre attaché une corde au col avec une grosse pierre, et sans faire aucune résistance se laissa précipiter dans la rivière; et tumbant ladicte pierre se brisa, soit par la volonté de Dieu ou autrement, et se mit le pauvre patient à nager entre deux eaux ; de cela s'appercevant ces bourreaux, crièrent qu'on le suyvist, qui luy donna encores plus de courage d'user de diligence. Il reprenoit par foys son aleine et se remettoit souvent à la plonge. En ceste sorte (non sans grand peine) il passa les cheines tendues près la porte Sainct-Georges, et, se voyant hors ladicte ville, sortit de la rivière, et ayant quelque peu cheminé, rencontra quelques personnes villageoises venans à la ville, desquels ayant recouvert un cousteau, coupa ses liens, èsquels il estoit encores attaché, et se mit à la fuytte jusqu'au village de Verneyson, distant de deux bonnes lieuës de ladicte ville, et se retira en la maison de Laurens Carles, marchant florentin, catholique; auquel lieu ayant eu habillement et réfection, s'en alla à Vienne et en Avignon; et de peu faillit qu'il ne fust reprins audict Verneyson, estant suyvi par un des capitaines du consistoire, qui avoit eu commandement le ramener vif ou mort. Ainsi celuy fut bien heureux, qui eut le moyen de sortir de la ville et se sauver par fuyte pour éviter la fureur de ces tyrans. Furent cottisez les eschevins à la somme de cinquante mille livres, et les bons citoyens et marchans à sommes excessives, et contraincts au payement d'icelles par vente de leurs biens, encores que sa majesté leur eust deffendu (par ses lettres patentes) d'exiger lesdictes impositions sur peine de rébellion. En mépris desquelles lettres ils s'élevèrent apertement, et sans plus dissimuler quittèrent toute obéyssance deuë à sa majesté, despouillans de toute authorité les magistratz d'icelle. Abbatirent les quatre grans portails et grande partie des murs et enceincte du cloistre de Sainct-Jean, qui leur avoit tousjours faict teste et résisté à leurs entreprinses. C'estoit bien leur vouloir de le ruiner lors entièrement; mais trouvant l'ouvrage si dur et auquel faloit employer un si grand temps, envoyèrent leurs pionniers de l'évangile aux bastions plus hatifs. Fondirent les cloches pour forger artillerie, et fut procédé en toute diligence à fortifier et remparer la ville, l'artillerie mise sur les remparts, gens de guerre introduicts de toutes parts. Furent créez nouveaux capitaines et nouveaux magistratz, furent dépeschez ambassadeurs ès pays estranges, pour pratiquer d'entrer avec eux en alliance et confédération, pour se cantonner et distraire entièrement ladicte ville de l'obéyssance de sa majesté. Furent introduictes quatorze enseignes de Valésiens, lesquels furent par eux circonvenus en ce qu'on leur faisoit entendre qu'ils estoyent appellés pour le service de sa majesté et pour luy garder la ville. Et pour ce que plusieurs (ausquelz la conscience quelque peu remordoit) faisoient scrupule de se rebeller si apertement contre leur Roy souverain, ils firent quelque semblant de le vouloir en aucune chose recognoistre, mais plustost pour compaignon que pour supérieur; et pour ceste cause ils firent dresser les armoiries de sa majesté avec celles de la ville, les unes à costé des autres, et autant éminentes les unes que les autres et en semblable degré d'honneur, comme on les peut voir en l'église Sainte-Croix, aux Carmes, aux Célestins et en plusieurs autres endroicts de ladicte ville, avec difformation de la marque de l'ordre de France, metans une rose au lieu d'un Saint-Michel. Après que les boutiques et magasins furent par eux forcez et pillez, et doutans que les marchands cachassent le peu qui leur restoit pour le cuider sauver les cachettes furent fort curieusement recherchées et par estranges inventions; et créèrent pour cest effect officiers exprès, qui n'avoyent d'autres charges que d'estre inquisiteurs des cachettes, tellement qu'il n'y eut rien si secret qui ne fust découvert, et (qu'est chose bien inhumaine) ceux desquels on ravissoit les biens estoyent contraincts de payer les salaires des massons et de messieurs les inquisiteurs qui avoyent découvert leurs cachettes; et furent envoyées les marchandises à pleines balles à Genève, en certains magasins, pour estres vendues, comme elles ont esté, pour faire fondz de déniers pour entretenir la guerre contre leur Roy. Par cecy on peut voir quelle est l'intention de ces gens qui, souz masque du nom de religion, ont essayé par tous moyens de se distraire, et la ville aussi, de l'obéyssance de leur Roy souverain, s'emparans pour cest effect des biens de leurs concitoyens et aussi des joyaux et revenus des églises catholiques, souz prétexte de nourrir les povres. L'expérience a bien découvert ce masque et a fait voir à l'œil si en aucun lieu les povres ont esté moins aydés et soulagez, et les aumosnes généralles et particulières moins entretenues, et les povres plus grevez et surchargez de tributs et exactions, que ès lieux où ce bruyant évangile a prins place. Mais qui les a constituez dispensateurs des biens qui ne leur appartiennent? Le Sage dit: Fay l'aumosne de ta substance et du bien qui t'appartient. Escoute, que dict sainct Hiérosme: Il y a aucuns qui donnent peu aux povres pour recevoir davantage, et souz prétexte de l'aumosne cherchent les richesses, qui doit plustost estre estimé une chasse et venerie qu'une espèce d'aumosne. Puis il dit: C'est larrecin de ravir quelque chose à son ami, c'est sacrilége de frauder l'église; mais de soustraire aucune chose de ce dont les povres sont sustentez surpasse la cruauté de tous brigans.

Ils se vantent que, s'estans rendus les plus forts en ceste ville, ils continuèrent en l'obéyssance de leur gouverneur; c'est-à-dire ils continuèrent à rendre aussi peu d'obéyssance au Roy qu'ilz avoient accoustumé, et taschèrent avec douceur (disent-ils), oublians toute vengeance, de se concilier et accommoder avec leurs adversaires.

Ainsi, aux dix ou douze premiers jours, usèrent ces nouveaux Roys de Lyon de quelque clémence et douceur, permettans sortir les personnes et quelques meubles hors la ville en payant dache, sans user de violence, pensans par cette douceur simulée arrester, attirer et asseurer les marchands estrangiers, lesquels prévoyans (comme personnes de bon jugement) la désolation de la ville prochaine, n'espargnèrent de faire présens particuliers pour sortir leur argent et partie de leurs meilleures denrées (Dieu ainsi le permettant et offusquant l'entendement aux adversaires, pour ne se saysir des personnes et biens desdicts marchans, qui estoyent bastans pour entretenir la guerre fort long-temps), estans lors les marchans des nations estrangières saysis dans la ville de plus d'un milion d'or en argent, bagues ou argenterie qu'ils sortirent dans ledict temps hors ladicte ville ; de quoy sont depuis pensez enrager ces bons réformateurs. Telle donq à la vérité fut leur douceur que tant s'en faut que ceux qu'ils disent leurs adversaires les peussent comporter et souffrir, que mesmes aucuns d'entre eux, des premiers et plus anciens de la faction et plus grands zélateurs de leur religion, furent contraincts de s'abstenter de la ville et se retirer à Genève et ailleurs, pour ne pouvoir souffrir et veoir leurs cruautez sur les povres citoyens et habitans de la ville. Par tel moyen se conciliarent-ils avec leurs concitoyens, les contraignans abandonner leurs maisons et boutiques, leur quitter marchandises et meubles, pour estre donnez en pillage à leurs ministres et soldatz, et vendus pour l'entretenement de leur guerre contre le Roy. Voylà certes, et, en vérité une religion bien charitable, fort symbolisant à celle de leurs grands pères les Vaudois, surnommez *pauperes de Lugduno*, sinon que ceux de ladicte secte se contentèrent d'ainsi se nommer pour s'estre de leur propre volonté appovris. Mais ceux-cy, par sacriléges, pilleries, volleries, et par leur violence, ont rendu leurs concitoyens vrayement les *povres de Lyon;* et après les avoir ainsi iniquement déchassez, ils excusent leur tyrannie sur ce que lesdicts citoyens n'ont peu (disent-ils) demeurer à la ville souz la discipline chrestienne. Ouy, si toute inhumanité et infidélité malicieuse se doit nommer discipline chrestienne; encores espèrent-ils, à leur dire, d'estre justifiez envers sa majesté, envers tous les peuples chrestiens.

Nous lisons que Genséric, Roy des Vandales, avoit instruict les soldats de son évangile à si bien réformer les églises de l'Afrique et leurs ornements que font ceux-cy de la France; car depuis qu'ilz entroyent en une ville, la première chose qu'ils faisoyent, c'estoit de chercher les églises, èsquelles, s'ils trouvoient les portes fermées, ils faisoyent belle ouverture, et se plaisoyent en les plus ruinant que tout autre lieu. S'il tumboit un ecclésiastique en leurs mains, il se pouvoit asseurer de recevoir traictement accoustumé aux Barbares et hérétiques. Ce Roy envoya un de ses capitaines, nommé Procule, en la province Eugitane, avec charge expresse de contraindre les prebstres de luy rendre en ses mains les vaisseaux des sacrifices ausquelz on administroit les saincts mystères de la religion chrestienne, et aussi les livres de la religion catholique (desquelz se sont aussi saysis les surveillans calvinistes dans Lyon pour les brusler ou transporter), à fin (dit Victor) de désarmer les ministres de Dieu et les désaisir de leurs armes, à ce que plus facilement l'ennemy caut et rusé se peust assujettir les fidèles désarmez, n'ayans de quoy se défendre. Qui seroit le cueur chrestien (dit-il) qui peust passer sans jetter hors un grand ruisseau de larmes, d'ouyr seulement raconter la tyrannie de ce brigand, lequel nous contraignoit d'ensevelir les corps des fidelles catholiques sans aucune pompe funèbre et sans chanter des hymnes et psalmes, ains cheminions marchans souz un triste et facheux silence durant telles obsèques? Qui sera le cueur si cruel et barbare (s'il n'estoit hérétique détestable) qui, voyant la misère des ecclésiastiques et oyant leurs plainctes, ne se compassionast avec eux sur une telle calamité? Qui pourroit regarder (dit-il) sans horreur et abomination le soldat cruel et barbare, empoignant les saincts ornemens des autelz (ô grande meschanceté!), s'en faire des chausses et des chemises? Ainsi dans Lyon ont esté monnoyés les calices et vaisseaux sacrez pour en faire la guerre à leur Roy. Ils fondirent aussi un crucifix tout d'argent massif qui estoit dans l'église de Sainct-Estienne joignant la grande église Sainct-Jean; et ne fut que les principaux qui gouvernoient entre eux, n'usassent de moqueries (comme nous avons dit de Félix), assavoir que ce pauvre crucifix avoit eu long-temps froid, estant nud, mais qu'on le chaufferoit si bien qu'on l'en garderoit cy-après. Ils me font souvenir de ce que récite Clément Alexandrin, que Denys-le-Jeune, tyran, après qu'il eut osté en Cicile une robbe d'or à Jupiter, il commanda luy en faire une de laine, disant par moquerie qu'elle estoit meilleure que celle d'or, comme estant en esté plus légière et l'hyver plus chaude. Il récite aussi que Antiochus Cizicenus, ayant faute d'argent, commanda que la statue de Jupiter, de quinze coudées d'haut, estant d'or, fust fondue, et qu'en sa place en fust mise une semblable de plus vile matière, couverte de lames dorées. Voyez comme ces tyrans estoyent encores plus conscientieux que ceux qui se disent évangélistes. Fondirent aussi les chappes et autres ornemens des autels, qui estoyent de drap d'or frisé, donnez à la grande église Sainct-Jean par la feu Royne de France Anne, duchesse de Bretaigne, et par le duc de Berry et autres seigneurs, pour le service de Dieu, et ne peurent faire grand proufit de ce qui valloit plus de dix mille escuz. Le reste de tous les ornemens des églises de ladicte ville furent abandonnez au pillage. Les soldatz s'en revestirent en dérision de l'église catholique, et en faisoyent les gentilshommes, et en pourtoit chascun son escharpe ou en faisoyent jarretières, pour monstrer qu'ils estoyent de la livrée des sacriléges. Ils dirent (peut-estre) comme sainct Ambroise, qu'ils ont brisé les calices et saysi les vaisseaux de l'église pour rachepter les pauvres chrestiens esclaves et prisonniers ès mains des infidelles. A la mienne voulonté qu'ils les eussent employées en telle œuvre pies, et à repoucer l'armée des Turcs assaillans les chrestiens, et non plustost à les susciter et appeller par présens, pour invahir la chrestienneté et respandre le sang chrestien! Nous pouvons donc justement faire plaincte semblable que faisoyent les évesques d'Egypte au pape Marc : Nous souffrons tant de maux (disoyent-ils) des arriens, qu'il nous déplaict de vivre. Ils nous ont tellement saccagez qu'ils n'ont laissé ny les livres, ny les vestemens et ornemens ecclésiastiques, ny aucun vaisseau, ny meubles d'église ; et quant à noz livres, ils les ont bruslez jusques au moindre et n'ont oublié un seul iota ; et principalement tous les exemplaires du concile de Nice sont en cendres, à nostre grande confusion et de tous les chrestiens, à fin que le peuple et le clergé n'en fussent plus instruicts comme ils souloyent. Nous nous pouvons aussi complaindre et douloir, comme feit le clergé d'Antioche au cinquiesme concile général contre Sévère, évesque dudict lieu, qui estoit de la secte des acéphales, qui suivoyent l'erreur d'Eutichès. Il n'a pardonné (disoyent-ils) ny aux autelz ny à la saincte vaisselle, qu'il a faict fondre pour distribuer aux siens. Il a osé encores une chose plus estrange ; c'est qu'il a converty à son proufict et usage les colombes d'or et argent qui, pour représenter le Sainct-Esprit, pendoyent sur les fonts baptismaux et sur les autelz; en se moquant disoit qu'il ne falloit qu'on appellast le Sainct-Esprit du nom et forme de pigeon. Outre ce il a ravy et emporté et despencé tout l'argent et les héritages appartenans à l'église, et l'a laissée chargée de grands interestz. Ledict évesque, despouillant les images des anges de leurs vestemens et couvertures, se gaubergeoit et disoit n'estre décent de vestir les anges d'habillemens rouges, veu qu'on les voyoit ordinairement accoustrez de blanc. Non contans desdictz sacriléges, noz calvinistes lyonnois ont encore osé (selon qu'ilz portent le nom d'église réformée) difformer les autelz et toute autre décoration desdiée à l'honneur et service de Dieu, en sorte que nous pouvons dire avec ce grand saint Grégoire Nazianzène, précepteur de saint Hiérosme: J'ai honte (disoit-il) de comparer par le menu les meurtres et violences commises ès églises où telles gens sont entrez. Le Sainct-Sacrement a esté conculqué souz les piedz tous fangeux, les autelz profanez de chants et figures estranges. L'on a tourné la messe et administration des autres sacremens (dit-il) en farces et dérisions. La psalmodie ecclésiastique a esté prohibée, et au lieu d'icelle je ne say quels urlemens sont introduits. Davantage a esté commis un pesché fort énorme (pouvons-nous dire avec ce bon Optatus), qui vous semble toutesfois fort légier : c'est que toutes choses sacrées ont esté violées par voz ministres, jusques à commander que l'Eucharistie fust gettée aux chiens, non sans signe évident du jugement de

Dieu (dit-il); car les mesmes chiens, esguillonnez de rage, ont deschiré leurs maistres à belles dens, comme larrons et punissables pour l'offense faicte contre le corps de Jésus-Christ. Où est la chose de plus grand sacrilége que d'oster et rompre les autelz ausquelz vous aviez vous mesmes autrefois offert? Sur eux on a porté les prières et oblations du peuple et des membres de Jésus-Christ; là Dieu omnipotent a esté invoqué; là le Sainct-Esprit est appellé et descendu; de là plusieurs ont perceu le gaige de vie éternelle, le préservatif et soustenement de la foy et l'asseurance de nostre résurrection; les autelz (dy-je) ausquels nostre Seigneur a commandé de ne présenter son oblation qui ne soit accompaignée de paix. Pose (dit-il) ton don sur l'autel, et retourne premièrement te réconcilier avec ton frère, à fin que le prebstre puisse offrir pour toy. Mais qu'est-ce que l'autel, sinon le siége du corps et du sang de Jésus-Christ? Vostre fureur les a tous ou razés, ou rompuz, ou transportés. Que si, par jugement plein d'envie, nous vous semblions polluz et indignes, qu'est-ce que Dieu vous avoit fait qu'on a accoustumé d'invoquer sur les autelz? En quoy vous avoit offensé Jésus-Christ, duquel (par certain intervalle) le corps et sang habitoit là? En quoy vous vous estes offencez vous mesmes, brisans les autelz où devant nous par longtemps vous avez (comme nous estimons) sainctement offert. Pendant que malheureusement vous perséquutez noz mains là où habitoit Jésus-Christ, vous souillez les vostres. Par ce moyen vous ensuivez les Juifs; car comme ils ont mis les mains en Jésus-Christ sur la croix, vous les mettez en luy sur l'autel. Si vous aviez voulu faire despit aux catholiques, vous deviez pardonner aux oblations que vous mesmes présentiez là par cy-devant; faisant ces choses, vous vous estes associez aux pèchez des gens profanes, desquels le prophète Hélie se complainct à Dieu, et des mesmes paroles desquelles il a usé, vous méritez (entre tous autres) d'estre accusez de tous. Seigneur (dit-il), ils ont mis bas vos autelz. En ce qu'il dit, voz autelz, il signifie que le lieu appartient à Dieu où on luy offre quelque chose par quiconques soit. Il devoit suffire à vostre rage que vous ayez divisé les membres de l'église, desjoincts les peuples de si long-temps en union. Aumoins, entre tant de maux, deviez vous pardonner aux autelz. Parquoy (avec les autelz) brisez-vous la dévotion des hommes; car de là partoit (pour monter devant Dieu) l'oraison du peuple. Pourquoy avez-vous occupé le chemin et bouché la voye des prières publiques? à fin que l'oraison (selon la coustume) n'ait plus son montoir. Vous taschez (de sacriléges mains) d'abbatre et cacher l'eschelle; et encores avez-vous augmenté au double vostre meschanceté (dit-il), froissant aussi les calices qui portoyent le sang de Jésus-Christ. Vous avez réduict leurs formes en masses et lingots, pour vous en servir à pris de meschante marchandises; et pour avoir iceluy payement, vous n'avez pas choysi les achepteurs à qui vous vendriez vos calices, que sans considération vous avez vendu. Vous avez enduré, en les fondant, voz mains brusler, desquelles vous maniez (devant nous) ces calices que vous avez vendu publiquement, sans discrétion, à qui les a voulu achepter; et par adventure femmes deshonnestes en ont achepté pour s'en servir. Les infidelles en ont aussi achepté pour faire des vaisseaux pour sacrifier à leurs idoles vives. O malheur exécrable! ô faict abominable! oster à Dieu ce qu'on desdiera aux idoles; diminuer à Jésus-Christ ce qui accroistra à impiété et sacrilège! Mais, dites-moi, que vous avoyent faict les temples? en quoy vous avoyent offensé les murailles pour leur faire souffrir telle punition? Est-ce pour ce que là on a prié Dieu? que là on a donné louange à Jésus-Christ? que là on a invoqué le Sainct-Esprit? que là, en vostre absence, on a récité les prophéties et saincts Evangiles? que là sont réconciliez les cueurs de noz frères qui avoyent contention les uns contre les autres? que là l'union à Dieu agréable avoit trouvé sa maison? Voylà les parolles de ce bon évesque, escrites il y a douze cens ans, lesquelles semble qu'il profère encores aujourd'hui. Combien se plaindroit-il plus amèrement s'il voyoit encores plus grande désolation en noz églises!

Hunneric, quelque tyran qu'il fust et cruel, remply d'impiété, si ne feit-il que clore les églises de l'Afrique et cimenter et murer avec chaux et sable les portes des saincts temples. Par ce moyen cuidoit-il arracher du tout la religion catholique de ses terres; mais maintenant se sont démonstrez les calvinistes plus cruels envers ladicte religion, d'avoir rasé et ruyné les temples desquels ils ne se sont voulus servir en leurs singeries. Jésus-Christ chassoit peu de gens de son temple, ceux-cy n'y laissent personne; Jésus-Christ les déchassoit du temple avec un fléau, ceux-cy avec l'espée; Jésus-Christ avec la verge, ceux-cy avec hallebarde. Le doux Seigneur terrissoit les sacriléges avec le fouet, ces méchans perséquutent les catholiques avec la pistolle et l'arquebuze. Tous sépulchres de marque ont esté ouverts et mis en pièces, les ossemens jettés en la rivière; toutes les remembrances de Jésus-Christ et de ses saincts ont esté foulées aux pieds et brisées, et dejettées des églises, pour y constituer, au lieu d'icelles, leurs idoles vivantes par eux adorées. Toutes figures ont esté en tous lieux effacées, sinon de Mars, Vénus et celle de M. Calvin, et autres telles idoles qui plaisent plus à la secte que celles de Jésus-Christ et des saincts ou sainctes. Me vient en mémoire que les histoires ecclésiastiques récitent qu'en la ville de Césarée, la femme que Jésus-Christ avoit guérie du flux de sang avoit faict faire près d'une fontaine une statue de bronze représentant Jésus-Christ, en mémoire du bénéfice qu'elle receut de luy, au pied de laquelle statue creust miraculeusement une herbe guérissant de toutes maladies et principalement de la rage. Julien l'Apostat feit déjetter de ce lieu ladicte statue et y feit mettre la sienne, laquelle soudain feut brisée par un feu véhément tombant du ciel. De quoy fachez les sectateurs dudict Julien, prindrent ladicte statue de Jésus-Christ (laquelle avoit esté mise en une église au lieu le plus honnorable, laquelle ils vénéroyent de culte convenant et décent) et la lièrent par les piedz à belles cordes et la trainèrent par toute la ville, luy faisant toute l'ignominie de laquelle ilz se pouvoyent souvenir, et luy séparèrent la teste du corps, lequel ilz brisèrent par pièces. Au contraire les chrestiens, estans doulens de telle injure faicte à Dieu, en ramassèrent secrètement les pièces et les gardèrent et mirent en leur église. Semblable ignominie fut faicte dans Lyon à une image de Jésus-Christ en croix, qui fut trayné par les pieds depuis le fauxbourg Sainct-Just jusques au milieu de la ville, et là n'estoit pas estimé bon fidelle qui ne luy sceust faire ou dire outrage. Le semblable fut faict à Sainct-Galmier, ville du pays de Forestz; mais celuy qui le feit ne demeura pas d'un moys d'en recevoir son salaire, car on le feit sauter du clocher de ladicte ville en bas. Ainsi peu à peu se voit le juste jugement de Dieu sur ces sacriléges et blasphémateurs, dont l'on en voit jà mourir aucuns enragez. Ilz n'ont pas laissé dans l'église de Lyon un cœur à briser, où l'on psalmodioit les cantiques spirituels, et mesmes celuy de la grande église, construit de marbre, avec plusieurs colonnes de porphyre et jaspe, figurées dedans et dehors des histoires du vieux Testament, estimé des plus riches de France, et en levèrent les grans tables de marbre, desquelles ils ont faict leurs présens ou vendu à plusieurs qui les ont transportez en Provence et autres lieux. Davantage, deux jours après la captivité de Lyon, l'un de leurs principaux prédicans, Ruffy, aveq son espée à deux mains, qu'il portoit en preschant (comme un sainct Paul en paincture), entra avec ses satelites dans la grand église Sainct-Jean, où il feit abbattre et faire le sault à l'image du crucifix, de fort grande stature, qu'estoit au milieu de ladicte église, d'argent en partie et le reste tout couvert de lames d'argent; et dès lors qu'elle fut parterre, Ruffy prédicant se rua furieusement dessus, luy mettant ses deux piedz sur la teste; et voyant aucuns de ses soldatz et ministres qui s'approchoyent de l'argent plus près qu'il ne vouloit, de peur qu'ilz ne se contaminassent, déguayna sa grande espée et en joua cinq à six tours. Et quoy (dit-il) ne seray-je point respecté? y aura-il autre qui ruine ceste grand idole le premier que moy? Disant cela il coupa la teste à ladicte resemblance de Jésus-Christ crucifié, et l'eslevoit et monstroit, disant: Voicy la teste de l'idole. Toutesfois, pour ce qu'elle estoit d'argent, il ne s'en désaysit, ains feit mettre le reste du corps en quatre quartiers, par ses plus fidèles évangélistes, et ainsi accompaigné s'achemina, portant toujours ladicte teste en sa main, à la maison de l'archevesché, en telle resjouissance, mespris et felonnie que les Juifs qui conduisoyent Jésus-Christ au supplice de la croix. Bref, ilz ont si bien défiguré les dictes églises qu'en aucune plus n'y appert forme d'église. Ilz ont arraché les trelis de fonte et de fer d'icelles, et n'y ont laissé ny fer, ny clous des fonts baptismaux et bénetiers, ou les ont brisez, ou transportez en leurs maisons et jardins, pour en user en leurs délices, et d'aucuns en ont usé pour chaires percées. O Dieu immortel! on dira que nous sommes seditieux, en récitant nuement et à demy ce que nous voyons et sentons. Ilz feignoyent vouloir garder les joyaux des églises pour le Roy; mais les petits larronneaux vouloyent avoir part au butin, et esgratignoyent les images d'or ou d'argent pour en tirer quelque lippée avant que les présenter aux grans larrons. A un ange ils emportoyent un æslé, à un saint la teste; mais c'estoit à ceux qui méritoyent d'estre emboursez et mis en quartiers; mais aux autres de pierre ou de boys, s'estoit aux marmitons ausquelz ils faisoyent faire l'office de bourreaux, pour les démembrer ou couper une aureille, ou le nez, ou un autre membre, en quoy ils ont bien faict leur apprentissage au grand portail de l'église Sainct-Jean, qu'ils ne sauroyent réparer en tout leur vaillant. Et si est chose facile à juger que seule vindicte et malice les incitoit, et non aucun zèle de religion, ne servant lesdictes choses (à leur dicte mesme) que pour seule décoration sans aucune prétendue idolatrie. Voylà donc un évangile bien chaud et bien ardent d'ainsi (par son aspect) fondre et consommer les vaisseaux et images d'or et argent, encores qu'on les tinst en lieu si froid que les rayons du soleil et de la lune n'y peussent pénétrer. Commirent aucuns d'entre eux pour tenir registre des restes de leurs sacrilèges, et pour ce faict créèrent officiers exprès, desquelz la forme de leurs lettres patentes estoit telle :

Le conseil de l'église réformée de la ville de Lyon à Claude Rochiblave, salut. Comme pour mettre par bon et loyal inventaire tous et chacuns les meubles, ornémens, chappes et autres choses estans ès temples de ceste ville, il soit besoing en donner la charge à gens féables et de probité, à ces causes et à plain confians de voz sens, expérience, preudhommie et bonne diligence, vous avons commis et député, commettons et députons par ces présentes, pour appeller avec vous tel nombre de preudhommes que verrez bon estre, rédiger par escrit et mettre par bon et loyal inventaire tous et chacuns des ornemens, chappes et meubles que trouverez ès temples Sainct-Jean, Sainct-Estienne et Saincte-Croix. D'autant qu'il est question de recouvrer promptement deniers, nous voulons, vous ordonnons et recommandons très expressément que vous ayez à faire fondre et réduire en lingotz tout l'or et l'argent que vous y trouverez, provenans du fil d'or et d'argent et autres pourfileures et enrichissemens, pour ce faict estre lesdicts lingotz et argent mis ès mains de Barthélemy de Gabiano, souz son récépissé, qui vous servira d'acquit et descharge. Et quant au reste des ornemens et meubles, fer et cuyvre, vous les vendrez et ferez vendre à telles personnes que bon vous semblera, etc. Nous confians qu'en userez comme un bon père de famille et en loyauté et conscience, etc., de ce faire vous avons donné et donnons pouvoir, authorité, commission et mandement spécial ; prions à tous les justiciers, officiers et sujects du Roy, qu'à vous en ce faisant obéyssent, etc.

Voylà une forme des lettres-patentes de la chancellerie de Lyon par commandement des nouveaux Roys. Je désirerois qu'ilz eussent eu au moins quelque peu de respect à ce qu'a escript un de leurs premiers docteurs (Luther) sur le premier chapitre de Jonas. Ce sont esprits phanatiques (dit-il) et incensez ceux qui avec tant de tumulte ruynent et jettent par terre les autelz ès temples de Dieu, qui démolissent les images et statues, et raclent celles qui sont painctes contre les paroys, qui mot ne leur dient, estans iceux plus idolatres en leurs cueurs. Ainsi ont donc reformé les pauvres églises de Lyon les calvinistes, et pirément qu'onques les donatistes, ny arriens, ny Gotz et Vandales firent en leur temps. Il est vray qu'ils ont voulu, en récompense de tant de maux, blanchir les églises

Saincte-Croix et Sainct-Laurent ; mais il est bon de savoir l'origine de leur intention et quelz ils ont voulu en cela imiter. Nous lisons entre les canons du second concile de Nice que les Juifs, qui avoient séduict l'empereur Léon, s'adressèrent aussi à un prince des Arabes, nommé Ezis, et luy promirent de luy dire sa bonne adventure et prédire le temps de son règne, s'il leur juroit de effacer toutes les figures qu'il trouveroit ès églises des chrestiens. Le prince, légier de cueur, le jura et mit son serment à exécution, et d'abondant se rua sur les calices et autres ornemens d'églises, souz le prétexte des images ; mais il ne peut onc trouver chrestien (ayant la craincte de Dieu devant les yeux) qui voulust exécuter souz lui telle impiété ; parquoy luy fallut (pour ce faire) se servir des Juifz. Et de peur qu'il ne demeurast aucune forme ou apparence d'image aux églises, ils blanchirent les murailles, comme ont faict ès églises de Lyon les calvinistes, ausquels n'a esté besoing emprunter les Juifs pour cest effect, estant ceste secte aussi propre que nulle autre pour effacer et abolir ès églises (comme ès cueurs des personnes) tout ce que nous peut exciter et remettre en mémoire les mystères de nostre rédemption. Vous avez aussi (dit Optatus) osé mettre vos mains sanguinolentes sur les prestres, combien que Dieu die par le Prophète : Ne touchez point à mes christs, c'est-à-dire à ceux que j'ay oinct, et ne mettez point la main sur mes prophètes. C'est Dieu (dit-il) qui défend son huyle sainct. Car encores qu'il y ayt du péché en l'homme, toutesfoys l'onction est de Dieu. Ne touchez point (dit-il) à mes oinctz, à ce que, pendant que le péché qui est en l'homme est recherché, l'onction qu'est de Dieu soit aussi offencée. Dieu, par son jugement, veut que la chose qui est de luy soit conservée. Et toutesfois vous vous êtes indifféremment ruez en celle d'autruy. Il n'estoit pas décent (disoit un sainct et ancien martyr) que ceux qui consacrent tous les jours le corps de Jésus-Christ par leur bouche propre souffrissent si grande perséqution. Vous avez davantage procuré que celles qui avoyent promis et donné leur foy à l'espoux spirituel, et qui jà avoyent célébré leurs nopces célestes, rompissent, violassent et rendissent vaine leur première foy, s'acquérans par ce moyen (comme dit sainct Paul) damnation éternelle. Si vous pensez que la foy promise aux hommes se doyve fidèlement garder, celle qui aura esté vouée et promise à Dieu ne se devra-elle inviolablement conserver? Si vous estes d'opinion qu'on ne doive rien promettre à Dieu, ou, si on luy a promis, qu'on ne luy doyve maintenir, vous le dites (infidelles que vous estes) pour vous malheureusement licencier de tout ce que vous lui avez promis au baptesme, ne permettant vostre infidélité que luy en mainteniez aucune chose. Mais, je vous demande, depuis quand est mort celui auquel elles s'estoyent premièrement obligées, luy ayant donné et promis leur foy, et s'estoyent à luy conjoinctes, et avoyent célébré avec luy nopces spirituelles. Pourquoy les avez-vous contrainctes convoler à secondes nopces vivant l'espoux premier? Ainsi avez-vous procuré qu'elles eussent des rapteurs et violateurs (mais plustost de sacriléges et adultères) au lieu d'espoux, et a semblé à un chacun (imbu de vostre opinion) ne commestre offence de ravir et envoler celle qui mieux luy plaisoit, encores que sa foy fust à autruy obligée, pourveu qu'il la demandast pour femme. En pourront porter tesmoignage aucuns maris, ausquels, par ordonnance de vos virulents consistoires, vous avez ravy leurs femmes légitimes, desquelles jà ils avoyent eu lignée, et les avez faict (eux vivans) espouser ou plustost adultérer à autres. En telles et autres plusieurs choses, vous avez autant faict de torts et dommages à autruy que vous avez procuré de gains et proffictsà vostre maistre Sathan. Voylà une partie des faits détestables des occupateurs et réformateurs de Lyon, se disans bons fidelles à Dieu et au Roy. Mais si nous sommes si aveuglez et offusquez d'entendement pour tels les vouloir recognoistre et supporter, pour le moins la postérité en pourra faire le jugement. Or, si les mœurs et gestes de la secte se conforment à celle des donatistes et arriens, voyons un peu si les ministres d'icelle symboliseront poinct aux belles complexions des autres. Appian récite que plusieurs philosophes ont jadis affecté la tyrannie et domination souz le beau tiltre de sapience, et y estans parvenuz ont esté plus cruels qu'aucuns autres tyrans indoctes et illitérés. Un chacun a peu voir qu'aucuns des principaux prédicans du mensonge calviniste, voulans séduire ce pauvre royaume, fleschissoyent au commencement le genoil et se prosternoyent contre terre devant les seigneurs et dames, et se preschoyent les très humbles, très obéissans, très affectionnés et très fidelles serviteurs de Dieu et du Roy; mais ayant endormy au chant de leurs chansons et au doux son de toute liberté aucuns de ce royaume, l'on a peu voir si leur desseing n'estoit pas autre que de prescher et chanter, et si eux mesmes ne se sont vouluz usurper la domination plus que tyrannique par les villes où ils ont régenté; ès quelles il n'a plus esté nouvelles de prescher le Christ des chrestiens crucifié, mais un nouveau Christ ou Antechrist empistolé, en monstrant eux mesmes les premiers l'exemple; ce que l'un de leurs ministres avoit assez évidemment promis de faire, quand, ne pouvant sortir à son honneur de démonstrer sa vocation, mission et ministère extraordinaire, duquel il se jactoit, enfin dit, et depuis l'a escript et publié, qu'en temps et lieu il en donneroit bonne enseigne et seures marques. Ce que depuis nous avons bien senty et aperceu, faisant cognoistre par bonnes enseignes et marques qu'il estoit envoyé de Sathan, pour desrobber, tuer et perdre les povres brebis de Dieu; qui sont les vrayes marques qui font cognoistre le larron envoyé par Sathan au parc de Jésus-Christ. Ne veit-on pas leur principal ministre, devenu capitaine, jadis simple disciple de Calvin, après avoir ramassé une grande somme de deniers provenuz des sacriléges commis par son ordonnance, s'en aller avec la bourse pleine quérir des disciples de son évangile en Allemaigne, pour semer les fruicts d'iceluy parmy nous, tels qu'on a veu et senty, et desquels l'on se ressentira fort longuement? Qu'on luy demande en conscience (quelque large qu'elle soit) à quoy il prétendoit, si Dieu n'eust pris la querelle et protection de la jeunesse innocente de nostre Roy et de son royaume. N'en monstra-il aucuns effects en passant par le païs de Champaigne, où il prescha trois ou quatre foys? Et trouvant ce peuple fidèle à Dieu et au Roy, ne voulant obéyr à ses audaces et recevoir ses pernicieuses nouveautés, l'appelloit dure teste, et de despit et rage de n'y estre obéy commanda les curés et prestres estre mis à mort ès lieux où il estoit le plus fort, en feit pendre aucuns, décapiter les autres et massacrer le reste, encores après les avoir pris à rançon comme ennemys. Ce pouvre et fidelle païs a depuis bien ressenty (comme aussi ont plusieurs princes, seigneurs et païs) la rage et vindicte de ce prédicant empistolé, ne pouvant parvenir au but de sa tyrannie conspirée. Ne trouva-on saisy un de leurs espions (qu'ilz nomment surveillans) de certaines mémoires dressées par l'autheur de la secte, où estoit commandé (entre autres choses) à tous les supposts et ministres preschans par la France de vilipender la noblesse et la rendre odieuse au peuple, pour (l'ayant exterminée) facilement venir à bout du reste? Et pour la conclusion ordonnoit que tout ce qui se feroit par ce royaume se deust rapporter au lieu de Genève, pour en décider et disposer. A quoy, je vous prie, tendent telles menées, que pour affecter la tyrannie et domination? Ne s'est constitué dans Lyon le vénérable Virulentus, empoisonneur de gens (ou la poison mesme), superintendant sur tout le consistoire, assisté de quelques semblables collatéraux, où l'on n'a osé aucune chose entreprendre sans qu'il ayt interposé son décret et auctorité? S'ilz n'ont peu gaigner ce poinct de tout gouverner, croyez certes et en vérité qu'ils en sont bien marris et n'a pas tenu à eux; mais ilz ont trouvé des compaignons aussi cautz et fins qu'eux (sauf la ruse de leur nouveau évangile) qui ont voulu (comme eux) régenter. Leur patriarche Calvin voulut bien au commencement s'emparer de la seigneurie de Genève, souz le prétexte que l'évesque en estoit seigneur temporel, auquel il se disoit succéder; mais il fallut qu'il se contentast d'y estre comme le duc de Venise, et un peu moins. Il a voulu estre spectateur (la vieille volpe), non oculaire, mais loing dés coups, des tragédies composées par luy et jouées par ses pauvres ministres affamez en ces païs, et n'est onc osé sortir de sa tanière, prévoyant bien que sa secte y prendroit la fin telle que méritoit sa source, de laquelle autre que luy ne peut estre meilleur tesmoing. Telles choses ne sont nouvelles, car Optatus récite que Donatus, évesque scismatique de Carthage, tascha par tous moyens se faire grand, et par sa fureur accoustumée se voulut eslever et exalter par-dessus l'empereur; et proféroit journellement plusieurs blasmes et injures à l'encontre de luy, et s'efforçoit, contre le commandement de sainct Paul (dit-il), faire injure aux Roys et princes, pour lesquels, s'il eust escouté l'apostre, il devoit prier. Victor dit que les ministres arriens et évesques hérétiques s'acharnoyent plus cruellement sur les catholiques que le roy mesme tyran et inhumain. Ils alloyent partout, comme furieux, les armes au poing (comme l'on a veu souvent dans Lyon l'un de leurs ministres avec une espée à deux mains, monter en chaire avec le corcelet). Cependant les pauvres évesques afriquains et leur clergé catholique couroient çà et là par la province et par les boys, plustot (dit-il) en façon et guise de brigands que de prestres et que gens servans à l'autel (comme nous avons veu ceste année advenir en France). Entre lesquels ministres arriens tenoit facilement le premier et principal lieu, un, le plus cruel de tous ces faux pasteurs, qui se nommoit Antoine, les gestes duquel, dit-il, sont si détestables et pleins d'inhumaine cruauté, qu'il n'est presque possible d'en faire le récit. A l'imitation et exemple d'iceluy, les Vandales usoyent indifféremment de toute cruauté sur les catholiques qu'ilz pouvoyent attraper, veu qu'ilz voyoyent les ministres de leur secte courir eux-mesmes partout, qui espioyent les catholiques passans chemin. Ceux que lesdicts Vandales pouvoyent prendre, il les amenoyent devant leurs faux ministres pour les séduire et meurdrir de mort spirituelle; et lors ilz les rebaptisoyent et leur bailloyent leur certificat par escrit, comme ilz estoyent de leur secte, qui leur servoit aux autres lieux de passeport, à fin qu'ils ne fussent tourmentez par mesme violence. Et n'estoit permis à marchant n'y autre d'aller par pays, s'il ne faisoit apparoir qu'il fust de la secte; ce que nostre Seigneur avoit jadis révélé à sainct Jean son serviteur, quand il dit au livre de la révélation : Et aucun ne pourra achepter ne vendre s'il n'a la marque de la beste en son front ou en sa main dextre. Nous lisons que Julien l'Apostat usoit de ceste manière de faire et voulut imiter la forme des lettres testimoniales, lesquelles les évesques et autres supérieurs ont accoustumé de donner, à ce que de quelque part on vinst, ou à quelconques d'un costé ou d'autre, on fust gratieusement (selon la coustume) traicté, comme gens cognus et amys par le tesmoignage de ceste marque et de ce signe; ce qu'aujourd'huy ont aussi voulu imiter noz singes novateurs, pour se mieux entrecognoistre pour leurs menées. C'estoit horreur (dit Victor) de voir les évesques et prebstres arriens marcher, tout au long de la nuict, en armes, pour brigander les ames des malheureux; car entrans ès ville et bourgs, ils forçoyent les maisons, tenans l'eau d'une main pour rebaptiser les personnes et le glaive de l'autre. Constance, empereur arrien, ayant déchassé sainct Athanase de l'evesché d'Alexandrie, y envoya un méchant homme nommé George pour posséder l'évesché dudict lieu, duquel et des siens ledict Athanase, en une épistre envoyée aux catholiques, escrit les grandes meschancetés, semblables à celles de ces ministres calvinistes, et mesmes les insolences et impiétés faictes par eux aux églises de Dieu. Puis il conclud : Noz apostats se glorifient en la ruyne de noz temples, et d'avoir réduict le peuple et clergé misérables en ceste nécessité, ou de communier et converser avecque les arriens, ou de n'entrer plus aux églises. Et affin que je ne soye trop prolixe à escrire, dit-il, la persécution a esté telle que jamais contre l'église ne s'en esleva de pareille; car aux précédentes, quand quelcun estoit contrainct de fuyr, il avoit où se retirer avec ses semblables, et il se cachoit; le baptesme ne luy deffailloit point; mais la présente ressemble du tout à celle de Babilonne. Car comme Daniel là fut accusé, aussi ce beau George dénonçoit au gouverneur ceux qui prioyent Dieu en leurs maisons, et observoit de mauvais cueur et de près s'il restoit en la ville aucun prebstre catholique administrant les sacremens; en sorte que par telle violence plusieurs, par faute de baptesme, ont esté en dangier de leur salut, et plusieurs tomboyent malades et désolés par faute d'estre visités et absouz de leurs peschés, qui estimoyent ceste calamité plus griefve que leur maladie. Néantmoins, après qu'on eut chassé les prebstres, le peuple, cognoissant bien la meschanceté des arriens, aymoit mieux demeurer ainsi malade et en dangier que de souffrir qu'un arrien imposast ses mains sur luy en sacrement de pénitence et absolution. Sans user d'autres discours, telles ou plus grandes impiétés ont aussi esté exercées dans Lyon; parquoy justement nous pouvons dire d'eux ce que faisoit ledict saint Athanase des arriens: Ce qui est par eux commis surpasse toute malice et inhumanité de bourreau. Où est l'habitation (dit-il) qu'ils n'ayent désolée? Où est la maison que, souz prétexte de la visiter, n'ayent pillée? Qui est le jardin qu'ils n'ayent brotté et rendu désert? Où est le sépulchre qu'ils n'ayent ouvert, souz ombre de chercher Athanase, nonobstant qu'ils ne désirassent autre chose que de rapiner et spolier? Combien ont-ils marqué et scelé de maisons des particuliers? Combien ont-ils distribué à leurs soldats de choses qu'ils trouvoyent par les hospitaux et hosteleries de la ville? Qui s'est peu exempter de leurs larrecins? Qui ne s'est destourné et caché les rencontrant sur le pavé? Qui n'a mieux aymé abandonner sa maison et passer les nuicts en un désert? Qui ne s'est plustost exposé aux dangiers de la mer, encores qu'il ne l'eust accoustumée, que de voir ces galands si furieux et menassans tout le monde? A combien de personnes ont-ils faict payer grosses amendes et rançons? Et si on n'avoit de quoy fournir, il en falloit trouver, voire à usure, non à autre usaige que pour se rachepter de leurs trahisons, impostures et surprinses. Ils se monstroyent terribles à tous, devant tous se glorifioyent, et à tous propos (dit-il) avoyent le Roy en la bouche, menassans toute personne de luy. Pour conducteurs et capitaines ils suivoyent le duc Sébastien, horrible et tempestatif, et aussi le comte gouverneur et l'hipocrite catholique. En somme ils usoyent de telle rudesse et fureur qu'on les appelloit publiquement bourreaux, meurdriers, calumniateurs et d'autres noms semblables, plustost que chrestiens. Voyons encores si tels noms conviennent pas bien à ces difformateurs de Lyon. Il est escrit par ceux qui estoyent de ce temps-là que, du temps de Julien l'empereur, les payens, se voyant avoir grand port et faveur dudict empereur, usèrent de toutes espèces de cruautés contre les chrestiens. Et entre autres choses, en la cité de Sebaste, au pays de Palestine, par une rage et fureur extreme, vindrent assaillir le sépulchre de sainct Jean-Baptiste, et les os qu'ils y trouvèrent getèrent et respandirent en divers lieux par les champs, et encores après (doutans qu'on ne les recueillist) les amassèrent ensemble, puis les bruslèrent au feu, et la cendre d'iceux, meslée avec la terre, espandirent et gettèrent parmy les champs. Mais il avint par divine providence) que celuy mesme jour estoit illec venuz de la cité de Hiérusalem aucuns des religieux d'un sainct homme, nommé Philippe, pour faire leur oraison et dévotion, lesquels, voyans faire un si abominable cas par mains des hommes, et d'un cœur félon et bestial, délibérèrent plustost se mettre en dangier de mourir que d'estre consentans de ce cas et de permettre celles saintes reliques estre ainsi perdues. Ils se meslèrent parmy ceux qui alloyent recueillans les os pour les getter au feu et en retirèrent (avec un grand zèle) une bonne partie, qu'ils portèrent à leur père abbé Philippe, lequel, se réputant n'estre suffisant pour avoir la garde d'un si grand trésor, les envoya au grand évesque d'Alexandrie Athanase, par son diacre Julien, qui depuis fut évesque de Palestine. Lequel Athanase secrètement les enclouit dedans une concavité secrète qui estoit en la muraille de la sacristie de son église, espérant (dit-il) et prévoyant par un esprit prophétique qu'elles profiteroyent encores à ceux qui viendroyent après luy, et qu'à icelles seroit dédiée une belle église et sumptueuse au lieu d'où les idoles des payens auroyent esté arrachées; ce qu'avint lors, car icelles reliques furent mises en l'une des parties du temple. Hélas! a-il fallu maintenant que si précieuses reliques du précurseur de Jésus Christ, sainct Jean-Baptiste, qui avoyent esté (selon qu'avoit prédit sainct Athanase) jusqu'à maintenant si précieusement conservées en la grande église de Lyon, consacrée à Dieu souz le nom d'iceluy Sainct-Jean (ausquelles par divine providence l'inhumanité des payens avoit jadis pardonné) a-il fallu (dy-je) qu'elles soyent tumbées ès mains d'un metif lyonnois (qui s'est osé proditoirement attribuer nom de Roy), auquel s'est trouvé plus d'impiété et cruauté (pour les inhumainement traicter) qu'aux payens mesmes mescréans et infidelles! Au moins se devoit-il contenter d'avoir en sa puissance le trésor de ladicte église, lequel auroit esté remis par aucun des chanoines d'icelle, le jour que ladicte ville fut soubstraicte de l'obéissance du Roy, en la garde du gouverneur, qui depuis (comme il dit) l'auroit livré ès mains desdicts infidelles. Il se devoit contenter (dy-je) d'en posséder l'or et l'argenterie, sans exercer sa rage furieuse sur les os et sainctes reliques de personnage si renommé et estimé par la bouche mesme de Jésus-Christ. Confessez donc (inhumains) confessez que vous avez esté exécuteurs et bourreaux de ceste lamentable impiété, souz le nom et prétexte de vouloir réformer l'église; mais c'est comme Sathan le vous a inspiré. Voyons encores en quoy ces nouveaux Roys ont imité leur guide Julien l'Apostat. Il est escrit que, voulant faire la guerre contre les Perses, il inventa une finesse pour exiger argent des chrestiens; car il ordonna que tous ceux qui ne voudroyent sacrifier aux idoles fussent condamnés à l'amende d'une grande somme d'argent. On peut lors voir une très cruelle exécution sur les chrestiens, et non autre que celle qui a esté exercée dans Lyon sur les catholiques, en leurs personnes ou sur les biens des absens, pour satisfaire aux emprunts sans rien rendre, et aux tailles imposées par ces nouveaux tyrans sur les povres catholiques qui ne vouloyent fleschir le genoil devant leur idole; le tout pour faire la guerre au Roy, où lesdicts catholiques avoyent plus grand regret que si c'eust esté contre eux-mesmes, comme aussi c'estoit. Car estans plusieurs au camp de sadicte majesté, cependant leurs biens se vendoyent à Lyon, à vil pris, pour batailler contre eux. Or, s'ils ont imité ledict cruel empereur en ses inhumanités et impiétés, si est-il raisonnable qu'ils apprennent aussi quelque traict de lui de douceur et clémence. Il est récité en l'Histoire ecclésiastique que Julien, sacrifiant au dieu Apollo, en un village près Antioche, et trouvant aucun signe ès les entrailles des bestes dont les aruspices lui sceussent prédire ou dénoncer aucune chose de ce qu'il désiroit savoir, leur demanda dont cela pouvoit venir; lesquels luy respondirent que c'estoit à cause du corps du sainct martir Babile, qui estoit illec prochain. Lors il fit appeller les Galiléens de la cité (car ainsi nommoit-il les chrestiens, comme ceux-ci nous appellent papistes) et leur commanda qu'ils eussent à oster ledict sépulchre. Au moins estoit-il plus humain que ces calvinistes, qui démolissent lesdicts sépulchres et sont eux-mesmes les bourreaux pour faire injure aux morts.

Il est là récité que par sa ruse et par présens il avoit séduicts aucuns chrestiens, lesquels ignoramment avoyent adoré sa statue ; et leur ayant esté remonstrée la faute qu'ils avoyent faicte, pleins de pleurs et de larmes, s'adressèrent audict empereur et jettèrent à ses pieds l'argent qu'il leur avoit donné, et par un cueur généreux lui requirent qu'en reprenant son présent il leur coupast la gorge ; car ilz ne se pourroyent jamais repentir si, pour l'amour de Jésus-Christ, tout leur corps souffroit peine, pour autant que leur main inconsidéreement avoit péché, et d'avoir receu le présent, et d'avoir sacrifié aux idoles. Ilz requirent aussi leurs piedz estre coupez, qui tant mal à propos s'estoyent acheminez pour recevoir le don. L'empereur oyant ces choses fut certainement bien esmeu de courroux ; il s'abstint toutesfois de les faire mourir, afin qu'il ne feist cest honneur de faire martyrs ceux qui l'avoyent ainsi mesprisé. Si donc noz singes et guenaux imitateurs de ce tyran ont usé de quelque douceur envers leurs concitoyens, de n'avoir faict mourir tous ceux qui sont tombez entre leurs mains, ce n'a esté pour estre attaincts d'autre douceur et clémence que de celle dudict tyran ; car nous nous pouvons asseurer que tout leur desseing et voulonté ne tend qu'à exterminer les catholiques et obscurcir la gloire de noz majeurs, et anichiler le nom de la vraye et universelle église. Qu'est l'occasion qui les meut de vouloir tourner tout sans dessus dessouz, avec l'orage de leur furieuse et foudroyante hérésie, qu'ils sayent couvrir si malicieusement, stimulés d'une enragée convoitise de régner qui brusle leur cueur, à ce les conduisant une avarice insatiable ; s'efforçans, avec le sac et pillage qu'ils ont faict de noz biens, faire perdre (par leur fausse doctrine) noz pauvres ames. Et si en leur guerre ils ont espargné quelcun, ç'a esté, pour la nécessité présente, pour recevoir semblable traictement. Bref, ç'a esté pour se pardonner eux-mesmes; car entendans le mauvais renom que jà ils prenoyent (pour leurs grandes tyrannies et cruautés), et que plusieurs de ceux mesmes qui avoyent ouvert leurs aureilles au doux chant de toute liberté par eux promise commençoyent à leur courir sus comme à loups enragés, ils se refroidirent un peu; en sorte que leur vénérable Virolet feit semblant en ses sermons se douloir des cruautés plus que barbares par eux commises au pays de Forestz; mais ce fut qu'ils n'en avoyent assez faict à son gré sur la noblesse et sur les ecclésiastiques; prévoyant bien aussi (comme il advint) qu'on feroit quelque jour faire le sault à leurs singes et guenaux, aussi haut qu'ils l'avoyent faict faire aux pauvres gentilshommes en la ville de Montbrison, et qu'à la longue ils périroyent (comme Phalaris) par le torment de leur propre invention tyrannique. Donques chacun peut voir comme leurs faicts sont du tout contraires à leurs paroles; mais telle est la marque ordinaire des séducteurs. Pourquoy ce qu'ils disent en ce libelle est vray, si toute furieuse barbarie, ou de payens, ou de Juifz, ou d'hérétiques, ou de Gotz et Vandales, mérite d'estre justifiée devant les chrestiens; et ne méritent d'estre inculpez, si tous excès indignes non seulement de toute religion, mais de toute humanité (et telz que le ciel et la terre en crient vengeance) ne sont dignes de répréhension. Ce sont personnages qui ont joué à bon escient des actes tragiques si horribles et barbares, et les veulent faire ressembler plaisantes farces et comédies. Ils rejettent leurs sottises et désobéissances d'avoir abbatu et brisé les images, contre ceux qui ont meurdry et espandu le sang inocent des vives images de Dieu, crées à sa ressemblance; et cependant eux-mesmes se condamnent, estans vrayement coupables de tous les deux. Ils s'excusent toutesfois, disans que cela a esté faict à leur desceu, et que l'on n'a peu empescher le peuple esmeu d'un zèle ardent, selon plusieurs exemples de la Bible, autant alléguez à propos que feit Sathan l'Escriture-Saincte à Jésus-Christ, quand il le voulut tenter. Mais comme pourroit estre la chose faicte à leur desceu, de laquelle eux-mesmes monstroyent premiers exemples? Comme empescheroyent le peuple esmeu, ceux qui par leurs sermons et édicts ne font journellement que l'animer à telles choses?

Et cependant ils appellent les sainctes remembrances des mystères de nostre rédemption et mémoires des saincts (receuës de tous temps en l'église de Dieu) idoles, combien qu'à la vérité leurs propres opinions et fantasies sont les vrayes idoles, lesquelles ilz proposent tous les jours à ceux qu'ilz ont séduicts pour estre adorées, et lesquelles idoles Dieu commande aux Roys et princes destruire, déchasser et exterminer de leurs royaumes; assavoir ces idolatres hérétiques, lesquelz, se segregeans de l'unité de l'église, adorent leurs propres fantasies les premiers et les proposent aux simples pour estre adorées et suyvies par-dessus la parole de Dieu. Et ce faisant le Roy exercera vrayement sa devise, de laquelle ils parlent audict article, qui est *pietate et justitia*.

Je diray que si une douzaine, ou moins encores, des habitans de Lyon eussent esté par justice jetés dans un sac en la rivière, pour espargner le boys qu'ilz cousteroyent de brusler, dix millions d'or eussent esté espargnés au Roy et autant gaignez à ses pouvres subjects; l'importance de ladicte ville ayant esté telle que, du malheur d'icelle (procuré par ces dix ou douze), cinquante lieues de païs à la ronde s'en sont resentis, et si lesdicts séditieux n'ont pas (ayant rendu ce qu'ilz détiennent de l'autruy) dix mil escuz vaillant.

Ils s'efforcent en bons orateurs de respondre à ce qui est si notoire qu'on ne peut moins que leur objecter : c'est qu'on les rend suspects envers sa majesté (ou plustost attaincts et convaincus) de désobéissance, publians qu'ils tendent à se réduire en république, ayans fortifié ladicte ville et rendu inexpugnable. Sainct Athanase dit que les arriens ne faisoyent pas grand conscience de s'accommoder aux meurs des payens, moyennant que leur secte et hérésie en prinst accroissement; ainsi facilement s'accordoyent-ils avec les ethniques, pour ce qu'ils expérimentoyent cela redonder à nostre dommage et confusion. Voz menées donc et pratiques, tant en l'Allemaigne qu'ailleurs, pour vous allier, confédérer, liguer, cantonner, vendre et donner à tous ceux que vous avez pensé vous pouvoir maintenir contre le Roy, sont assez notoires, et par qui elles ont esté faictes, dont aucuns François en ont prins le mal des gouttes, desquelz la félonnie ny l'aveugle gloire n'a pu estre gouttée. Il ne faut donc pas que le Roy vous sache gré, quand il aura sa ville en son obéissance; et bien luy a servy que vous n'avez trouvé qui vous ayt voulu recevoir en sa protection contre sa majesté. Dequoy estans désesperez, vous vous estes bien vouluz donner au diable, qui vous a par quelque temps tellement possédé que ces grandes démolitions d'églises et maisons privées, et rues entières (exercées par vindictes particulières tant aymées de Sathan), s'en sont ensuyvies, encores après qu'avez sceu la paix (vraye ennemye d'iceluy) estre déclarée. Ne faut donc pas attribuer telles rages et furies sinon à celuy qui est le chef et capitaine de ces gentils réformateurs d'églises, lequel aussi enseigna et guida ses ministres, pour si sainctement réformer la pauvre ville de Montbrison, au pays de Forestz.

Dequoy ilz disent qu'ilz ne doyvent estre blasmez, ce que je leur accorde à la manière susdicte ; car on ne peut penser que telles inhumanitez plus que barbares ayent par autres esté faictes et exercées que par Sathan mesmes, transformé en robbe de ministre réformateur. Lequel, après avoir faict faire le sault à la pauvre ville de Lyon, feit aussi sauter neuf ou dix gentilzhommes du haut du dongeon du chasteau de Montbrison en bas, y commetans telles cruautez (mesmes de massacrer les enfans ès bras de leurs mères propres) que toute la ville baignoit en sang humain. Mais il est bon d'entendre d'où procède l'enuie et malveillance qu'ilz ont conceu contre le pays de Forestz ; c'est que l'air d'iceluy pays ne peut non plus souffrir un ministre calviniste que l'air d'Angleterre un loup. En pourroit dire quelque chose ce pauvre jadis basteleur affamé, leur prédicant, qu'ilz envoyèrent prescher au fauxbourg de Sainct-Bonnet-le-Chastel, lequel le seigneur de Morron, gouverneur du pays (accompaigné de plusieurs gentilzhommes et du procureur du Roy), constitua prisonnier avec les deux Brutelz et une paillarde, saisis de fausse monnoye et des coins dequoy ils la forgeoyent, et furent menez ès prison du Roy à Montbrison, où justice en eust esté faicte, si en ceste rébellion ils n'eussent esté secourus par leurs bons compaignons. Estant depuis proposé en leur dévot consistoire de renvoyer un autre ministre audict pays, fut par un gentilhomme faicte response semblable que feit Héliodore à Séleucus, roy d'Asie, lequel, ayant par lui esté envoyé pour se saisir des thrésors du temple de Jérusalem, fut miraculeusement fouëtté et battu par un homme qui soudain apparut armé d'un harnois doré, estant monté sur un furieux cheval, ensemble par deux beaux jeunes compaignons qui environnèrent ce pauvre financier, et le fouëttèrent fort bien de tous costés; et sans les bonnes prières de l'évesque, il n'en fust réchappé sans mourir. Et dirent ces jeunes hommes à Heliodore : Remercie hardiment ce bon prebstre; car par luy le Seigneur t'a laissé la vie; mais ayant senty sa main et son fouet, rapporte à ton maistre la grandeur et puissance d'iceluy. Cela dict, ils esvanouirent. Quand il fut de retour vers le Roy, il lui récita son adventure. Le Roy lui demanda qui seroit donc propre pour entreprendre derechef pareille commission d'aller en Jérusalem. Héliodore respondit (comme aussi leur feist ce gentilhomme de Fourests) : Sire, s'il vous plait vous deffaire d'aucun des vostres qui vous soit odieux ou duquel vous ayez aucune deffiance, envoyez-le là, et asseurez-vous qu'il en reviendra bien puni et foueté, voyre s'il en eschappe pour le pris, parce que là il y a une vertu de Dieu bien évidente, et celuy qui habite au ciel est protecteur et garde de ceste place et de ce pays-là. Donques noz réformateurs suyvirent avec grande diligence ce pays de Fourests, auquel ils savoyent bien qu'ils ne trouveroyent grande résistance, s'estans quasi tous les gentilshommes dudict pays retirés près de la personne de sa majesté (comme leur estoit commandé), estans la pluspart ordinaires de sa maison ou de ses ordonnances. D'ailleurs il n'y avoit ville audict pays où il y eust autre forteresse (pour résister à l'ennemy) qu'une simple clousture de muraille sans flancs, sans artillerie et munitions aucunes, et moins lors garnies de soldats ayans expérience de guerre, ains seulement de gens de labeur desguisés et revestus en gens de guerre. Ayans donc pris par assaut la ville de Feurs, audict pays, toutes munitions y estans deffaillies et consumées, ils prirent prisonniers deux frères gentilshommes dudict pays, de la maison de Pravieux, l'aisné desquels, qui commandoit dans ladicte ville (sa maison ayans jà esté pillée et saccagée), fut mis à rançon, laquelle il paya ; l'autre, qui estoit chevalier de Malte, lieutenant de sondict frère, fut retenu prisonnier. Ledict chevalier (encores que son frère présentast semblable ou plus grande rançon pour luy et envoyast un de leurs jeunes frères à Lyon vers le sieur de Soubize pour lui offrir sa rançon, lequel respondit qu'il n'estoit point retenu pour argent, au jugement mesmes des adversaires) avoit combattu avec sondict frère et autres gentilshommes autant vaillamment que seroit possible à gentilhomme de cœur, et ne se voulut oncques rendre de son bon gré à aucun desdicts ennemis, ne voyant en la trouppe aucun qu'il estimast digne de recevoir sa foy. Il fut donc conduict (mais plustost trainé) prisonnier à Lyon, où il ne tarda guières qu'il ne fust estrenné des prisons, non de celles qui sont propres à ceux de sa qualité prisonniers de guerre, mais pour les larrons et autres malfaicteurs. Là ils se moquoyent de luy à leur plaisir; luy, au contraire, sans aucune crainte, leur rendoit bien leur change, sans leur espargner leurs vérités ; tous les jours le preschoyent pour le séduire et pour luy faire renoncer tout à un coup la vraye foy de Dieu et la fidélité qu'il doibt à son prince, et luy promettoyent délivrance et charge s'il se vouloit retourner de leur costé ; envoyoyent souvent leurs prédicans pour le catéchiser, lesquels il rendoit honteux et confuz par raisons d'escripture saincte qui procédoyent de celuy qui a promis de donner la bouche remplie de savoir et prudence à ceux qui, pour la deffence de sa foy, seront constitués devant les infidelles expugnateurs d'icelle, duquel aussi dérivoit la fermeté et constance de son cœur généreux. Il rembarroit donc ces ministres de mensonge aussi bien qu'il eust faict en plaine liberté, et voyans le peu d'estime qu'il faisoit d'eux tous, pensèrent (par ruse assez commune à Sathan) le séduire par femmes. Il fut donc mandé par une damoiselle, femme d'un des premiers capitaines qui commandoit dans la ville; par elle fut arangué avec douces persuasions (communes à ce sexe) attrayant les cœurs impreveuz; par elle fut aussi conduict au presche de M. Vireloret, pour voir jouer le badinage de leur cène calviniste, sans qu'il fust onc en leur puissance de luy faire fleschir le genoil n'y descouvrir sa teste devant ce Baal sathanique, non sans grand dangier de sa vie; mais son conducteur estoit trop respecté. Fut après par ladicte damoiselle représenté à son mary, feignant l'avoir réduict à la connoissance de la vérité de leur évangile, mais aussy elle luy avoit promis de luy rendre la liberté de sa personne; ce qui constamment fut par ledict sieur de Pravieux desnié. Ains tant s'en falloit qu'il en estoit revenu mieux édifié en la foy catholique, ayant veu leurs façons de faire, qu'il estimoit plustost une singerie que chose qui approchast de l'institution de Jésus-Christ. Se voyans ainsi moqués, le renvoyèrent en la prison, où Dieu sait les traictemens qu'il receut, aymant mieux, ce bon gentilhomme, souffrir toutes choses (voyre la mort) qu'en rien offenser sa foy généreuse. Et plusieurs foys avoit esté entre eux sa mort résolue; mais si leur desseing n'a esté (comme en plusieurs autres choses) mis en exécution, n'en faut savoir gré à leur douceur et clémence (si aucune y en a), mais qu'ils estoyent bien asseurés que le traictement qu'ils luy eussent faict eust esté revenché au premier d'eux qui fust tumbé ès mains d'un million de gentilshommes ausquels ledict de Pravieux appartenoit. Et aussi en faut rendre graces à la bonté et providence de Dieu, qui s'est voulu réserver (en plusieurs tels gentilshommes) une intégrité de foy envers les majestés divine et humaine, pour maintenir et conserver sa religion saincte catholique en ce royaume très chrestien. Enfin, quand les soldats du nouveau évangile provenceaux sortirent de ladicte ville de Lyon pour se retirer, après la publication de la paix dans ladicte ville de Lyon, ne s'y trouvant plus de calices pour les payer, entre leurs autres butins ledict sieur de Pravieux leur fut livré prisonnier, pour faire loing et par les estrangiers sur luy exécuter ce que dans la ville craincte ne permettoit à leur cruauté, après l'avoir detenu environ unze mois en prison estroicte. Conduisans donc leur prisonnier au milieu de leurs troupes, passans par le Dauphiné, à la descente d'un bois, requérant Dieu en son ayde, il se getta dans ledict boys à pied; fut poursuivy par douze ou quinze cens hommes dans ledict boys, plus ardemment qu'onques beste sauvage y fust chassée, et ne laissèrent buisson ou halié dans lesquels ne tirassent coups d'arquebus, faisans alte toutes les troupes plus de six heures. Toutesfois, par vray miracle plus que par ayde humaine, il évada de leur rage et furie. Et comme excusent-ils ceste plaisante réformation qu'ils ont faict audict pays de Forests? C'est en faisant entendre qu'ils ne se sont seulement contentés de ravir la ville de Lyon au Roy; mais encores se vantent-ils qu'ils ont continué de prester ayde à plusieurs églises françoises, c'est-à-dire à tous ceux qui ont voulu massacrer et piller les fidelles subjects de sa majesté. Mais je voudroys bien savoir qui les meut d'envoyer ceste armée en Forests et qui estoyent ceux qui requeroyent leur ayde? Autre raison ne sauroyent-ils donner sinon qu'ils estoyent ennemis mortels de tous ceux qui estoyent demeurés en l'obéissance du Roy, sans se révolter; et de ceux-là ils donnoyent en proye à leurs soldats et les corps et les biens; et à cause de ceste fidélité ils ont eu ce pauvre pays de Forests en grand' hayne, et spécialement la noblesse d'iceluy, pour s'estre toujours desmontrée très chrestienne et très obéissante à sa majesté. Voylà ce qu'ils appellent en cest article le soustenement de la gloire de Dieu et la liberté du Roy, quand ils ont peu renverser, envoler et fouler aux pieds toutes choses divines, massacrer et piller les fidèles subjects du Roy.

Et après avoir commis toutes inhumanités : Voylà (disent-ils) le devoir (Sire) que nous avons à vostre service et envers noz prochains. Pour s'aquiter donques fidèlement de ce devoir, ils envoyèrent leur armée en Forests; mais ce fut après que ces bons réformateurs eurent bien plumé les pauvres bourgeois de Lyon de leur argent et marchandise. Lors ne trouvans plus quasi où mal faire dans la ville, entreprindrent ce voyage, saillirent par troupes sus les villages et y réformèrent les églises à leur mode. Le premier qui pouvoit aborder estoit le plus habille à succéder aux choses consacrées et dédiées au service de Dieu. Quand ils rencontroyent un prebstre, l'honneur qu'ils luy faisoyent estoit d'exécuter le devoir de l'office duquel les plus braves d'entre eux se donnent le nom, assavoir, de bourreaux de Christ, mais plustost de l'Antechrist, luy mettoyent un liecol au col, et après l'avoir trainé longuement et bien tormenté, battu et moqué en toutes sortes, pillé et despoillé de tout ce qu'il avoit, l'arrançonnoyent comme prisonnier de bonne guerre; et n'ayant de quoy payer sa rançon, le contraignoyent par diversité de torments d'emprunter quelque escu d'aucuns catholiques pour sa rançon, et l'ayant receuë, le pendoyent et estrangloyent aux fenestres de sa maison. Et ainsi en usèrent ces bons fidelles à Riviedegrer, petite ville de Lyonnoys. S'escartèrent desdictes troupes quatre-vingts ou cent chevaux, pour aller réformer quelques maisons de gentilshommes voysins, comme ils faisoyent les églises; et n'y trouvans que les damoiselles, démonstroyent bien qu'il n'y avoit en eux une seule scintille d'honnesteté et d'humanité ; aussi estoit leur chef un marchandeau banquerottier, suivy de telles canailles; pillèrent et vollèrent lesdictes damoiselles, jusques à prendre les habillemens qu'elles devoyent vestir (les ayant surprinses au lict), sans oublier leurs bources ; leur feirent ouvrir leurs petits cabinets où elles retiroyent leurs bagues ; faisoyent semblant d'y chercher des prebstres, qu'ils disoyent y estre cachés (encores qu'il n'y eust aucune verisimilitude), ou bien des ornemens d'église ; cependant pilloyent et envolloyent tout ce qu'ils rencontroyent ; allèrent au chasteau de Varennes (des premières et anciennes maisons de Beaujoloys) où estoit la damoiselle dudict lieu, vefve, qui est de la maison de Chevrières, assez cognuë et renommée : y estoit aussi le frère du feu sieur de Varennes, comte en l'église de Lyon. La damoiselle, sachant qu'ils la vouloyent emmener prisonnière, évada de leurs mains en habit de chambrière ; prirent le comte prisonnier, le dépoillèrent et saysirent ses habillemens, le revestirent d'un vieil habit de soldat et le chapeau de mesme, luy demandèrent où estoyent ses idoles; et cognoissant de quelles idoles ils parloyent, il leur présenta une bource de drap d'or où estoyent quatre-vingts ou cent pièces d'or et quelques médailles antiques, lesquelles ils firent semblant inventoriser, avec promesse les luy rendre. Après avoir pillé et saccagé ladicte maison, montèrent le comte sus un petit cheval chargé de poules et de chapons. En cest équippage le menèrent jusques près de Belleville, et firent une salve pour advertir ceux de ladicte ville, lesquels se mirent en bataille ès places et rues pour estre spectateurs de ce triomphe. Entrant le comte dans la ville, fut par aucuns salué : Dieu gard monsieur le mangeur de jan blanc. Autres disoyent : Monsieur l'évesque, donnez-nous vostre bénédiction ; et plusieurs autres moqueries. Trois jours après fut conduit par quinze soldats dans Lyon en ce bel équipage et présenté au sieur de Soubbise. N'estoit pas estimé bon évangéliste qui ne luy disoit injure et outrage, avec menasses de le faire mourir. Fut constitué prisonnier en la garde d'un capitaine huguenot, où il demeura cinq semeines, Dieu sait avec quel traictement. Toutesfois, ayant toujours vescu en telle sincérité (sans reproche et sans avoir onc offencé personne) que les huguenots mesmes estoyent contreins porter bon tesmoignage de luy, fut eslargy et mis hors la ville, à la grande poursuite de son frère, commandeur des Escheles, en payant deux cens escuz de rançon et les despens, sans compter les idoles et autres choses qu'ils luy pillèrent et enlevèrent à Varennes, à la valeur de plus de cinq cens escuz. Voylà comme pratiquoyent leur évangile ces bons réformateurs. Où est donc ceste profession vrayement évangélique de laquelle se jacte ceste église qui se dit réformée! Où est cest Evangile qui deust estre pacifique, de bon et joyeux rencontre? Plustost se trouveroit-il entre les Scites et barbares qu'en ceste conjuration calviniste. Or je me repren de ce que j'avoys dict au commencement, que cestuy leur libelle ne contenoit un seul mot de vérité, car maintenant ils en confessent une ; c'est que leur armée se desborda dans Montbrison jusques à effusion de sang, de quoy Dieu sait (disent-ils) quel desplaisir nous receumes; comme si leurs ministres et capitaines dépeschez expressément par eux eussent faict autre chose que ce qui leur estoit commandé. Optatus et sainct

Augustin après luy disent en plusieurs passages que, quand on reprenoit les donatistes de leurs inhumanités et sacriléges, par excuse ilz disoyent: Nous n'avons pas commandé cela; ce sont autres que les nostres; et les désavoyent. Et de faict, s'ilz n'eussent voulu que telz massacres et pilleries eussent esté perpétrées audict Montbrison, à quelle occasion y eussent-ilz envoyé leur artillerie et leurs munitions? Je dy les leurs, les ayans ravyes au Roy pour en ruyner ses subjects. Qui furent ceux qui exercèrent les cruautez, sinon les capitaines et soldats de leur ville? Et on les croira que, dès lors qu'ilz furent advertis du siége de ladicte ville, qu'ilz envoyèrent deux de leurs eschevins pour requérir le baron des Adroicts (chef de telle armée) de traicter humainement ceux de ladicte ville, comme sujects de sa majesté, ce qui n'est vraysemblable; car ilz se confioyent jà assez à la douceur et clémence dudict baron pour traicter fort doucement lesdicts subjects, et sans l'asseurance qu'ilz avoyent de son humanité, ilz ne luy eussent donné la charge de leur armée. Ilz démonstrèrent assez le bon vouloir qu'ils avoyent de les bien traicter, d'autant qu'ilz cognoissoyent le cueur de la noblesse du pays estre invincible pour ne fleschir à leurs nouveautez et quitter la fidelle obéyssance deuë à sa majesté. Car au partir de Montbrison ilz allèrent au chasteau de Montrond, appartenant au sieur dudict lieu, lors gouverneur dudict pays, auquel estoit l'un des jeunes de Pravieux, ayant avec luy cinquante ou soixante homme des sujects ou voysins dudict lieu, qui avoyent retirés leurs biens audict chasteau, mais n'ayant la plus grande partie d'iceux aucune expérience de guerre, et ayant entendu la prinse de Montbrison et les cruautez qui y avoyent esté faictes, se retirèrent file à file et se jettoyent des murs en bas, au desceu dudict Pravieux, qui s'estoit pour cest effect saisy des clefs dudict lieu. Arriva devant le chasteau l'avangarde conduicte par Blacon, qui fit sommer ledict Pravieux de rendre la place, lequel feit responce qu'il y vouloit vivre et mourir. Ne luy en fit autre instance ledict Blacon, sinon qu'il le pria de ne tirer à luy ny à ses troupes, et qu'il délogeroit dudict bourg, ce qu'il feit. Ceste nuict là, vingt et cinq hommes qui estoyent restez dans ledict chasteau, estans mis en garde, intimidés des cruautez susdictes, suyvirent le chemin des autres et se retirèrent, et n'en resta que six avec ledict de Pravieux. Le lendemain matin y arriva le baron des Adroits avec son armée, qui envoya sommer par un trompette ledict de Pravieux de remettre ledict chasteau ès mains du Roy et les siennes, auquel il feist response qu'il n'estoit là dedans que pour le service du Roy et pour garder ladicte place au seigneur dudict Montrond, à qui elle appartenoit. Toutesfois, se voyant despourveu de gens et abandonné, sans espérance d'aucun secours, voyant l'armée avec l'artillerie à sa porte, luy estant offerte composition, l'accepta, moyennant qu'il sortiroit avec les siens les armes au poing et ce qui restoit de meubles ne seroit pillé ny transporté, ce qui luy fust accordé. Néantmoins, estant prest à partir, ils arrestèrent l'un des six restez, nommé le capitaine Fournillon, quelque instance que fist ledict de Pravieux, soustenant que c'estoit contre la composition à luy accordé; et depuis, après son partement, contre toute foy et fidélité, luy firent faire le sault d'une haute tour en bas ; lequel, n'estant encores mort dudict sault, se traina dans une cave, de laquelle cinq ou six heures après il fut tiré et arquebuzé, et massacré à coups de poignards. Prirent un prebstre dudict lieu auquel ils demandèrent les reliquaires de l'église, et qui estoit celuy qui les avoit en charge ; lequel estant estonné (comme ayant la mort devant les yeux) leur nomma un paysan qui avoit autresfois esté marguillier; lequel incontinent fut envoyé quérir, et luy furent demandez les calices et reliquaires de l'église, lequel respondit n'en avoir la garde présentement (comme à la vérité il n'avoit). Néantmoins fut précipité du haut du chasteau en bas et mis à mort, et à l'instant en firent autant au povre prebstre. Ne faut oublier que dans ledict chasteau estoit demeurée une assez vieille chambrière picarde, qui avoit la charge du linge, laquelle estant priée par les soldatz de l'évangile leur faire charité de sa personne (assez commune à ceste religion) la leur accorda pour craincte d'avoir pis, et la traictèrent si doucement qu'elle leur décela les cachettes dudict chasteau, où estoyent plusieurs meubles et tapisseries qu'ilz emportèrent à pleines charrettes dans Lyon, contraignans les pauvres subjects à les conduire avec leurs bœufz, et leurs autres pillages et butins, parmy lesquels ils logèrent ladicte Picarde. Et entre leurs autres inhumanitez, le corps du feu sieur d'Achon, seigneur dudict lieu de Montrond, n'estant encores inhumé (à cause que sa sépulture n'estoit parachevée dans l'église dudict lieu, qu'on édifioit de nouveau) et estant ledict corps dans un cercueil en la chappelle dudict chasteau, fut tiré par eux hors dudict cercueil et trainé inhumainement hors ledict chasteau, où il demeura quelque temps sans sépulture, à la mercy des bestes sauvages (plus pitoyables certes que ces inhumains) jusques à ce que, la nuict survenant, aucuns de ses pauvres sujectz luy donnèrent la sépulture dans ladicte église, au lieu qui luy estoit destiné. Et exercèrent encores audict lieu toutes manières de cruautez. Or, je vous prie, jugez quel desplaisir (comme ilz disent) ils peuvent avoir receu de telles plus que barbares inhumanitez, quand incontinent après ils composèrent un livre dans ladicte ville de Lyon, intitulé l'*Histoire des triumphes de l'église lyonnaise, avec la prise de Montbrison*, auquel ils louent si hautement la prinse de ceste ville (en mentant en la pluspart du discours) que, comparant le baron des Adroictz à Josué, ilz le nomment vaillant et victorieux, et plus que digne d'estre receu en triumphe dans Lyon, pour avoir faict sauter (disent-ils) le seigneur de Monselas (capitaine ancien d'une des bandes françoises en Piedmont, fort estimé entre ceux qui auroyent faict, ès guerres passées, service fidelle à la couronne de France) d'une tour de trois cens toises d'hauteur en bas, sur un rocher, avec unze autres gentilzhommes. Ledict capitaine Montselas, lorsqu'il commandoit en Piedmont pour le service de sa majesté, avoit, à l'assaut de Valfenières, relevé et secouru ledict baron des Adroicts, qui estoit tumbé dans les fossez à la mercy des ennemys, et sans son aide et secours y auroit laissé sa vie ; l'avoit aussi accompaigné en deux ou trois querelles, comme bon et fidelle compaignon de guerre ; ce que luy remonstroit (mais bien en vain) ledict capitaine Montselas, lorsque, l'ayant fait monter au plus haut du dongeon de ladicte tour, le fit en sa présence dépouiller, et sans avoir respect à noblesse ny amitié et sodalité de guerre, ny à humanité aucune, en sang rassis, toute fureur de guerre passée, après luy avoir donné à disner, s'estant retiré et soustraict de la compaignie de quasi tous ses capitaines et gentilzhommes, qui luy faisoyent requeste de traicter en bonne guerre ledict capitaine Montselas. Rien ne proufitèrent ces choses (qui deussent avoir esmeu un cueur plus que barbare) qu'il ne feist en sa présence précipiter ledict gentilhomme sus les rochers, où estoyent les fidèles ministres du prevost Saduret (qui proditoirement avoit procuré le malheur à ceste pauvre ville, et se seroit rendu guide principal de l'armée), lesquelz, endoctrinés par maistres si enragez, exerçoyent l'extreme cruauté de couper la gorge aux pauvres gentilzhommes précipitez. Après avoir mis à mort dans ladicte ville de trois à quatre cens hommes (sauf le plus, disent-ils) et peuvent bien faire ceste parentaise, car il s'entrouva bien nombrez (par ceux qui eurent permission de ces tyrans de leur donner sépulture) huict cens soixante-troys, et dix-neuf femmes, de nom et marque, prinses par force. Or, regardez comme est bien loing de avoir eu à desplaisir tel brigandage, quand ilz composent livres de triumphes de telles cruautez. Parquoy justement on peut dire qu'ils sont de ceux desquels dit le Sage aux Proverbes, chapitre deuxiesme et quatriesme, qui se réjouissent ayans mal faict, et prennent leur plaisir en choses très mauvaises, desquelz les sentiers sont pervers et leurs œuvres meschantes et infames, lesquelz ne dorment point s'ils n'ont faict mal, et n'ont point de repos s'ils n'ont trompé quelqu'un ; car ils mangent le pain d'impiété et boivent le vin de violence. Je ne puis oublier qu'au commencement dudict libelle des triomphes de l'église lyonnoise, ilz ne peuvent qu'ilz ne confessent que les comtes de Lyon (lesquelz ils se ventent avoir déchassé de Lyon) auroyent esté seigneurs de ladicte ville par l'espace (disent-ils) de huict à neuf cens ans, qui est (ce me semble) prescription suffisante contre la tyrannie de ces nouveaux usurpateurs, qui en ont déchassé le Roy et lesdicts comtes. Ayant ladicte armée vuydé ledict pays de Forestz, s'achemina pour en faire autant en la Bourgongne et en la Provence, si leur audace n'eust esté réprimée par les bons chevaliers et fidèles serviteurs de sa majesté, les sieurs de Tavanes, chevalier de son ordre et son lieutenant général en Bourgogne, et les sieurs de Maugeron et de Suze, depuis chevaliers de l'ordre et capitaines de cinquante hommes d'armes. Lors par eux fut donnée la charge du gouvernement dudict pays de Forestz, et constitué baillif, un nommé Jean Quintel, homme incogneu et de nulle valeur; et fut commis pour commander dans Montbrison ce vaillant proditeur de sa patrie, le prévost Saduret, lequel eut aussi la charge, par lettres patentes de leur dévot et vénérable consistoire, de suyvre toutes les églises et chappelles et se saisir et ravir tous les reliquaires et joyaulx et ornemens des églises dudict pays. Et si aucun d'iceux estoyent transportez ou cachez, emprisonnoit ou tourmentoit les pauvres marguilliers des lieux jusques on les luy eust mis en sa puissance. Toutesfois, pour en user plus honnestement, les mettoit en inventaire, puis emportoit et l'inventaire et les joyaux. Là où il savoit des prebstres qui eussent quelques meubles ou aucun temporel, soudain les advertissoit par ses satalites de rachapter leur vie et leurs biens, autrement (s'ils ne luy payoyent rançon) qu'il saisiroit tout ce qui leur pourroit appartenir, car ils estoyent fugitifs parmy les boys et montaignes. Il recevoit leurdicte rançon, et, leur en passant quitance, mandoit à tous les capitaines les tenir quictes de leurdicte rançon qu'ilz devoyent comme prebstres. Exécutoit davantage diligemment l'autre point de sa commission, qu'estoit de briser toutes les croix où il passoit, desmollir tous les autels, brusler toutes les images de boys, rompre les taillées en pierre, mettre en sa bourse celles d'or et d'argent, lequel office il exécutoit fort dévotement, estant acompaigné d'exécuteurs de mesmes. Or regardez, je vous prie, comme ilz osent dire que c'estoit à leur desceu que les croix et images estoyent brisées. Il est certain que dudict pays ces larrons envollèrent plus de cent mil livres d'argenterie et joyaux des églises. Encores prindrent une autre envie, ces bons fidèles de Lyon, de traicter en une autre sorte les subjects de sa majesté. Ils députèrent commissaires qui allèrent inventoriser tout le bled et tout le bestail ès mesteries des gentilshommes et des granges des pauvres habitans d'iceluy pays; et à huict jours près ilz dépopuloyent entièrement tout le pays de bled et de bestail, et mettoyent tout à la famine; et jà estoyent envoyés de Lyon pour cest effect plus de cinquante mil sacz, pour les faire conduire (estans remplis) par le bestail dudict pays, lequel aussi ilz vouloyent retenir pour la munition de leur ville. Mais le bon Dieu ouyt d'en haut la clameur du pauvre peuple, qui suscita fort à propos le secours du pays d'Auvergne, conduict par le grand-prieur des Rhodiens dudict pays, de la maison de l'Astic, et par le sieur de Hautefueille. Vint aussi le seigneur de Sainct-Chaumond, lequel dès lors commença à lever ses troupes, lesquelles il a depuis employées par sept à huict mois au siége de la ville de Lyon, par le commandement et service de sa majesté, souz le duc de Nemours, où il a tousjours si bravement rembarré l'audace de ces rebelles qu'ils n'ont depuis osé comparoir ny entreprendre aucun acte de guerre du costé où ils ont senty la présence dudict sieur, lequel depuis en a esté honoré de l'ordre de sa majesté. Et onc si soudain ne fuyt lièvre vivement poursuivy du bon lévrier, comme effrayement gaignèrent au pied (entendans ce secours approcher) ces braves réformateurs, qui avoyent aussi entrepris de mettre à sac la ville du Puy, où estoit honorée par les chrestiens la Vierge mère de Dieu, laquelle (en mespris et moquerie) ilz appelloyent la Masquerade. Là ilz alloyent en pélerinage, pour y faire leurs offrandes commandées en la loy calviniste, des chandelles d'infidélité, volerie et inhumanité; duquel lieu furent vaillamment repoucez et déchassez (à leur grand perte et confusion) par l'évesque de ladicte ville, de la maison de Senetaire, avec l'ayde de plusieurs gentilshommes du pays. Or ils avoyent jà jetté leur venin et rage envenimée sur la renommée abbaye de la Chasse-Dieu, pays d'Auvergne, en laquelle ils exercèrent toutes manières de cruautez et inhumanitez, jusques à violer, spolier et briser les sépulchres; faisoyent leur compte (si on ne leur eust résisté) d'ainsi réformer les églises et maisons des gentilshommes du pays d'Auvergne. Ainsi est la noblesse foulée par les pieds de ses valetz. N'ouvrira-elle donc enfin les yeux pour veoir en quelle servitude la veut réduire ceste religion si furieusement réformée, après qu'elle aura (comme elle prétend) ruyné toute police et ordre ecclésiastique? Ceux qui jusques à présent (par leur vertu et accord), suyvant leur Roy, ont maintenu ce royaume contre les forces estrangères, se lairront-ilz surmonter par leurs valetz et par un tas de fins prédicans et cauteleux renardz, qui les séduisent par douces parolles, pour s'en servir à leurs infidélitez et rebellions, pour puis les faire eux mesmes tresbucher et leur mettre le pied sur la gorge, d'où ilz ne se puissent jamais releyer? Ne seroit-il plus décent et utile à la noblesse d'employer ce zèle, qu'elle démonstre avoir, pour rembarrer (soubz l'obéissance et commandement du Roy) l'audace de ces perturbateurs du repos public, ausquels l'expérience démonstre assez qu'il n'y a rien moins que religion, encores que du nom d'icelle ilz sachent finement masquer leur infidélité? Et souz ceste apparence ilz se sont armés d'autres harnois que de l'évangile, pour renverser tous estats et mettre division en ce royaume, par laquelle ne luy peut advenir (selon le dire de Jésus-Christ) que ruine et désolation. Or voylà la guerre (comme ils disent) pour le soustenement de la gloire de Dieu et pour vostre liberté (Sire). De cela je m'en rapporte à vostre majesté, et si vous vous plaignez d'avoir onc esté (la Dieu grace) prisonnier, pour le moins ce n'est pas pour vostre proffit ; car ils vous ont si bien ménagé vostredict pays (comme aussi d'autres) qu'outre ce qu'ilz en emportèrent l'argent de vostre recepte générale, pour vous en faire la guerre, ils ont aussi tellement appauvri voz subjects qu'à bien grand peine ont-ilz le moyen de vivre et vous payer les devoirs qu'ils vous doyvent. Ce seroit grand dommage si la race de ces fidèles et loyaux réformateurs, et si bons subjects, se perdoit en vostre royaume.

Lesquelz ont si sainctement versé en toutes choses qu'on doit faire grande conscience (comme ils disent en cest article) de se plaindre de ce qu'ilz ont spolié tous les pauvres citoyens et marchans de Lyon de toutes leurs marchandises et meubles, les ayant employé pour conserver ladicte ville souz vostre obéissance (Sire), ainsi qu'ils sont tenus de faire. C'est un grand cas que d'impudence audacieuse qui veut persuader et faire croire à celuy qui a esté destroussé et brigandé par le voleur que c'est à bonne et juste cause. Toutesfois ils disent que le corps de ladicte ville a fait promesse et donné asseurance que, ces troubles appaisez, ils espèrent trouver moyen de satisfaire à un chacun. Tousjours ont-ils faict estat de jurer et se perjurer, de beaucoup promettre et rien tenir. Je pense bien que la promesse y est, mais l'asseurance est bien difficile à ce corps de ville ainsi (comme il est) composé; car, osté cinq ou six d'entr'eux, le reste n'a vaillant que ce qu'il y a pillé et desrobé. Et se voyans ainsi sans moyens de satisfaire, voylà pourquoy les premiers et riches entretiennent la guerre et ne veulent obéir à sa majesté, cognoissans que, si justice règne, leurs biens n'estans bastans, que leurs personnes en respondront. Et de faict, prévoyant (après leurs menées et efforts) que le Roy enfin demeureroit leur seigneur, et maistre de la ville, estans un jour assemblez, celuy qui entre eux se nommoit Roy Henry et l'Arcles commandarent au secrétaire du consulat d'apporter tous les registres receus par luy des actes et ordonnances faictes durant leur règne, lesquelles (à ce qu'il n'en demeurast aucune mémoire) ilz brulèrent en la présence dudict secrétaire, nonobstant ses plainctes et remonstrances. Mais par quel moyen entendent-ilz de satisfaire à un chacun? C'est de moyenner que ceux qui ont esté spoliez rachapteront de leurs propres deniers ce qu'on leur a volé; assavoir qu'il faut mettre un grand impos nouveau sus la ville, duquel ceux qui sont offencez, au lieu d'estre satisfaicts, recevront nouvelle injure, ou bien que le Roy leur quitte aucuns de ses droicts et subsides. Ainsi ilz procurent faire à un chacun recevoir nouvelles pertes, pour (par ce moyen) demeurer quittes de leurs voleries et rébellions. Mais jà n'advienne telle injustice; ains (puisque telle promesse est faicte, et encores n'y en eust-il poinct) il est plus que raisonnable que ceux-là soyent contraincts qui ont excité ceste sédition ou consenty à ce monopole, et non que par nouvelles impositions ceux soyent grevez qui l'on jà par trop esté, pour estre demeurez en l'obéissance de sa majesté.

Mais voicy bien la calomnie la plus plaisante et ridicule qui soit entre les autres. Après avoir par édict déchassé et banny les vrays citoyens qui n'auroyent voulu adhérer à leurs nouvelles fantaisies et infidelles rébellions, et les avoir pillés et sacagés, et détenu par long temps en grand misère, prisonniers, encore disent-ilz par moquerie qu'ilz ont juste occasion de les blasmer de ce qu'en si grandz affaires ilz n'ont voulu prester aucune ayde au lieu de leur patrie et naissance; et mesmes les eschevins qui ont faucé leur foy (disent-ilz), et, oublians le devoir qu'ils ont à ladicte ville et leur patrie, ils l'ont abandonnée. Nous respondons avec sainct Hiérosme que nous a semblé beaucoup meilleur de changer de biens que de vraye foy, et de perdre la beauté et commodité de noz maisons et habitations que d'estre souillés par la compagnie et communication de ceux à la présence desquelz ou il falloit céder et faire place, ou certainement combatre, non avec la langue, mais avec armes.

Il est vray que l'amour et devoir qu'on doit à sa patrie a esté de tous temps estimé et jugé grand; mais deux choses sont encores à préférer à iceluy, asçavoir : l'honneur de Dieu et la fidélité qu'on doit à son prince et seigneur; et qui ne préfère ces deux choses à l'amour de la patrie ne peut éviter de tumber en infidélité et félonnie. Tant s'en faut donc que le blasme que vous donnez aux vrays citoyens soit à reprendre, d'avoir abandonné leur famille, biens et patrie plustost que consentir à vostre hérésie et rébellion, qu'ils sont dignes de grande louange d'avoir en vrays chrestiens abandonné toutes choses mondaines, suyvans le conseil de Jésus-Christ, pour le suyvre et adhérer à sa loy, et demeurer en l'obéissance de leur prince naturel; où au contraire, si la rigueur de justice est suyvie, il n'y a excuse aucune qui puisse exempter celuy qui a demeuré durant ces rébellions dans ladicte ville (sans bien grande occasion) qu'il ne soit coupable (mais attainct et convaincu) de crime de lèze-majesté divine et humaine. La vraye patrie du chrestien est celle de là-sus, qu'il s'acquiert en l'observance des commandemens de Dieu et en l'union de l'église catholique; la vraye patrie du fidèle Françoys est partout où l'on demeure en l'obéissance du Roy. Le blasme donc que vous donnez aux catholiques, d'avoir fourny et contribué à l'entretenement de l'armée envoyée par sa majesté devant ladicte ville, leur réussit à leur honneur et démonstration de leur grande fidélité. Ne plaignez (bourgeoys catholiques), ne plaignez si, en ce temps calamiteux (avec voz grans pertes), vous avez encores fait plusieurs despences pour vous mettre en devoir de faire service à Dieu, à vostre Roy et à vostre patrie. Ne craignez que voz adversaires s'enrichissent de leurs sacriléges et triumphent guères de voz despouilles. Escoutez qu'en dit Salomon: Aucuns distribuent libéralement leurs biens, et néanmoins deviennent plus riches; les autres ravissent l'autruy, et demeurent tousjours pauvres. Sainct Ambroise tesmoigne que Julien l'Apostat trouva les coffres de ses ancestres empereurs pleins de richesses, lesquels avec tous ses sacriléges en peu de temps il vuida du tout sans rien laisser. Au contraire Valentinien, qui après luy n'avoit rien trouvé, laissa par sa débonnaireté grans trésors et finances. Vous n'avez donc que trop tard et trop peu contribué; mais aussi en ostoyent-ils les moyens à beaucoup, lesquels (ne pouvans mieux) ont pris les armes eux-mesmes et se sont faicts gens de guerre, combattans pour l'honneur de Dieu, sa religion catholique, la querelle de leur Roy et recouvrement de leur patrie. S'ilz ont porté l'écharpe rouge (comme vous leur reprochez), ilz l'on faict à l'imitation de leur Roy, qui l'a portée luy mesmes, tant pour vous estre injustement revestus de la sienne blanche, comme vous vous estiez iniquement emparez de sa ville, qu'aussi pour démonstrer exemple à ses vrays sujects qu'il vouloit luy mesmes (en son jeune aage) rougir la sienne de son sang propre, pour restablir sa religion ancienne en son royaume, pour laquelle il porte le nom de très chrestien, et pour chastier vous, ses sujects, rebelles à sa majesté. Estant aussi en parfaicte paix et amitié avec le Roy d'Espaigne catholique son frère, il a voulu emprunter son escharpe avec son secours, se confiant plus en luy qu'en plusieurs de ses propres subjects. Quant aux excès que vous dites avoir esté faicts par le camp du Roy devant ladicte ville, à la vérité il y en a eu plus qu'il n'eust esté de besoing, mais non telz que faussement vous controuvez. Et à qui doit-on imputer la coulpe de tous les maux qui sont advenus, que aux autheurs d'iceux et perturbateurs du repos public? Vous aviez saisy et ravy tous les deniers des receptes générales du Roy, des quartiers de par deçà, parquoy (estant ailleurs empesché) ne pouvoit ceste armée estre soudoyée; il estoit donc forcé que le soldat vesquit. Davantage ceste armée estoit composée de plusieurs sortes de gens : l'une, des habitans du pays mesme, qui avoyent fraichement esté pillez et saccaigez et leurs maisons ruinées, lesquelz il estoit bien difficile de contenir qu'ils ne rendissent la pareille à ceux qui avoyent commencé et lesquelz ils savoyent leur avoir faict ce tort; aucuns des autres estoyent de ceste religion réformée, qui avoyent porté les armes pour l'autre parti et s'en estoyent retirez, tant pour remord de conscience que pour avoir esté persuadez de se recognoistre; lesquels aussi estoyent bien aises d'avoir plus de moyen de continuer aux champs (que enclos dans une ville) leur premier mestier de piller et desrober. Ils ne faisoyent donc, vivans mal, que ce que la religion réformée leur avoit appris et enseigné. Il y avoit aussi plusieurs reistres et estrangiers, assez coustumiers à telle chose. Bref, la police estoit bien difficile pour contenir telles gens sans argent. Mais je m'esbay comme ils osent ouvrir la bouche pour reprocher telles fautes, quand il est certain que leurs soldats ont excédé (sans comparaison) ceux-cy en toutes sortes d'inhumanitez, encores qu'ilz fussent soldoyez des deniers volés au Roy et des reliquaires desrobez aux églises. Vous vous plaignez, messieurs, qu'aucuns des vostres ayent esté offencés ou tuez par la gendarmerie du Roy; comme si en nulle manière aucun ne méritast d'estre mis à mort par la vengeance de Dieu. Si c'est mal d'estre occis, vous estes cause de vostre mal.

Mais considérons les moyens subtilz par lesquelz ces regnardz malicieux prétendent (quand les forces leur manquent) d'abbaisser et anichiller l'authorité royale. Cognoissans et sentans comme (par la grace de Dieu) le Roy par sa puissance a rembarré leur audace et cognu la fin de leurs nouveautez n'estre rien moins que religion, ains renversement de tous estatz; et que ce que sa majesté permet, pour encores qu'ils preschent leursdictes inventions et exercent leurs badineries, n'est que pour appaiser les émotions de son royaume, estimant (comme il est vray semblable) que la pluspart se réduira en l'union de l'église catholique, cognoissans la mauvaise intention de ces abuzeurs; et aussi que sa majesté ne veut approuver aucunement ny establir deux religions si contraires en son royaume, ces renardz (dy-je) mettent subtilement en avant qu'il ne faut plus estre gouvernez par un Roy, mais qu'il est nécessaire de convoquer de nouveau les estatz, où tous soyent ouys en pleine liberté, en lieu asseuré, pour donner ordre aux affaires. Je vous prie de bien considérer lesdictes circonstances; car par icelles ils prétendent anichiller l'authorité des Roys, comme par le concile qu'ilz demandent (ainsi qualifié) ilz veulent oster la puissance du Pape et des pasteurs légitimes de l'église. Le concile général et les estatz, tenuz et célébrez en l'ordre qu'ilz doyvent et comme d'ancienneté ils ont esté introduicts, sont utiles et nécessaires; mais autrement n'en est sorty que erreur et confusion. Les discours en seroyent trop prolixes. Je diray seulement qu'on ne trouvera point en toutes les histoires, que l'assemblée des estatz en France (où l'authorité du Roy n'a assisté, et en tout et partout esté supérieure et obeye) ayt esté qu'un vray monopole, duquel n'est issu que désordre et confusion. Or ces libertins, qui cognoissent qu'autre chose ne leur est plus nuysante que le lien d'unité, n'ont rien aussi plus odieux que ce qui réduit en union et qui se conserve par l'authorité d'un, lequel ès chosés générales admet un chacun à proposer ce que bon lui semble, puis il les dispose et ordonne par ceux qui sont esleuz et constituez pour discerner et juger desdictes choses. Or, d'autant que c'est le propre de l'arrogance de ne vouloir recognoistre aucun supérieur, aussi n'affecte-elle que donner loy et dominer sur tous; tellement que ceux qui ne méritent (à grand peine) d'estre le pied du corps mystique se veulent usurper l'office du chef et des autres membres, comme si le corps estoit bien composé quand tous les membres d'iceluy seroyent la teste, ou les bras, où un autre. Sainct Paul n'est pas de cest advis, car il veut qu'en ce corps les membres soyent distincts et qu'un chacun d'eux exerce son office. Considérons donc comme ces libertins veulent dresser et ordonner ses estatz. Premièrement ils ne font mention d'aucune chose qui soit attribuée à l'authorité et disposition du Roy. Je laisse ce qu'ils disent y vouloir proposer; ce n'est qu'un sommaire de leurs redictes, qu'ils preschent sans fin et sans cesse pour esmouvoir le peuple contre les ecclésiastiques et ministres de justice, contre lesquelz ilz sont tellement accharnez qu'ilz en escument de rage; car aussi bien parleroyent-ilz plus haut, si les choses estoyent ordonnées selon leur vouloir. Voyons leur intention principale. Ils veulent que tous soyent ouys, cela est bon, mais ils prétendent souz ce prétexte se rendre les plus fortz. Ils veulent que ce soit en pleine liberté pour donner chemin libre à tous les séditieux et rebelles; en lieu asseuré, pour s'en pouvoir saisir et de tous ceux qui leur contrediront, et que ce soit pour donner ordre aux affaires à leur plaisir et fantaisie. Ainsi et par ce moyen l'ordre sera donné aux difficultez de la religion et aux affaires du royaume selon qu'il leur plaira en disposer; ce sera par la fantaisie de tous ceux qui seront ouys, qui seront aussi juges, quelques rebelles, voleurs, et séditieux qui soyent, leur y étant donné seur accès en toute liberté. Et si on ne les veut croire, le lieu asseuré, tel qu'ilz auront choisy, respondra des contredisans à eux. Ilz permettent bien au Roy et à son conseil de pouvoir employer à meilleurs effects les biens des ministres de l'église romaine, mais c'est à la charge qu'après que le Roy aura despouillé l'église, et par ce moyen déchassé la religion chrestienne. ilz lui en puissent autant faire à luy mesme. Ilz en ont bien monstré en la ville de Lyon et aux autres leur intention générale. Car (comme a é dict) ces séducteurs persuadoyent à un chascun qu'ilz n'en vouloyent qu'aux gens d'église; mais il ne tarda pas qu'ilz ne dépoillassent aussi le Roy et tous autres estatz, et on a cognu par expérience qu'ilz ont saccaigé l'église catholique que pour avoir de quoy faire la guerre au Roy et voler ses subjectz.

Et ainsi faisant (disent-ilz au Roy), c'est-à-dire vous endormant en noz douces paroles, vous pourrez cognoistre l'équité de nostre cause ; mais ce sera à la charge que nous en soyons juges comme nous en sommes bons advocatz. Et ferez entendre (Sire) à tous peuples et nations de la terre (disent-ilz) combien nostre service vous aura esté proffitable et agréable, et l'obéissance que nous avons tousjours rendu à vostre majesté. C'est un grand cas de ceste téméraire présumption, qui ose encores bien penser que le Roy et son conseil ayent si peu de sens de croire tout le contraire de ce qu'ilz voyent de leurs yeux propres. Et ayant renversé toute police et ordre séculier (où ilz ont peu usurper domination), ilz veulent néanmoins qu'on croye qu'ilz n'y pensèrent onc. Je m'asseure que sa majesté a jà satisfaict à ce poinct, et qu'elle a fait entendre à tous les Roys et princes chrestiens, seigneuries et communautés, voire au concile généralement assemblé de toutes les parties du monde, les troubles et dommaiges que la rébellion de ses subjects (tels que vous estes), luy a apporté en son royaume, desquelz le service luy a esté si peu proffitable que la ruyne de ses villes et presque de tout son royaume s'en est ensuyvie. Vous avez très mal démonstré cela, de quoy vous vous jactez, de n'avoir désiré ny pourchassé autre chose que de vivre souz sa subjection et empire ; voz rébellions (sans en dire autre) en portent assez suffisant tesmoignage. Bien demandez-vous que ce soit en liberté de vos consciences.

C'est geyner son prince de le forcer à plus que son subject ne veut faire luy-mesmes pour luy. Durant vostre tyrannie usurpée dans Lyon, vous ne luy avez voulu octroyer un temple, non pas mesmes une maison privée, dans sa ville occupée par vous, pour y faire célébrer la messe, à laquelle eussent assisté ses subjects chrestiens, à l'imitation et bon exemple de leur Roy. Et vous le contraindrez de vous donner des temples dans ses villes et faubourgs pour y exercer une abomination contraire et opposite à la religion catholique, laquelle vous blasphémez journellement, osant appeller (à cause d'icelle) vostre Roy idolatre, et ce en tous lieux où il vous tolère prescher? Servet a esté par mort exéquuté à Genève pour n'adhérer en tout à la religion de Calvin ; Bèze, disciple de Calvin, fit un livre de la punition des hérétiques, s'efforçant prouver par l'Escriture-Saincte que les hérétiques doyvent estre punis de peine de mort. Aussi seroit crime capital à Genève faire aucun exercice de la religion catholique ; tant s'en faut qu'on y voulust tolérer liberté de conscience, pour autant qu'ilz estiment d'endurer deux religions contraires estre chose contrevenante à l'expresse parole de Dieu, qui commande que toute idolatrie et fauce religion soit exterminée. On ne permettroit donc à Genève, non pas qu'en un temple, mais seulement qu'en une maison privée l'on y célébrast une messe, sur peine de la vie ; et un Roy de France sera forcé et contrainct de permettre, outre son gré et contre sa conscience, en son royaume, qu'on batisse théatres et autres lieux, en ses villes et fauxbourgs, pour l'exercice de la superstition nouvellement forgée par un sien subject banni et contraire à sa religion ancienne ?

Ilz disent davantage qu'ils désirent vivre souz bonne police conservatrice de leur ville et patrie ; mais c'est à la charge qu'on leur donne tel gouverneur qu'il leur plaira; et encores qu'ilz en ayent demandé un, s'ils ne le trouvent entièrement dévoué à leur dévotion, il leur en faut le lendemain un autre. On ne veid onc gens si difficiles à contenter. Au moins vous deviez-vous un peu plus modestement comporter envers ce prince qui vous a esté (par sa majesté) ordonné gouverneur (1), lequel par voz mémoires vous avez si malheureusement poursuivy et dépainct de si exécrables couleurs, que non un prince de cueur généreux, mais un homme desbordé et adonné à tous vices, ne les auroit sceu penser. Telle est la modestie de vostre évangile affectionnée envers les princes, pour leur faire (à un coup) perdre par touz efforts et vie et honneur. C'est chose assez notoire combien de faulx bruicts vous avez semés et envoyé libelles diffamatoires

(1) Le duc de Nemours.

contre l'honneur de ce prince, duquel la vaillance a si souvent estonné ses adversaires; mais il a tousjours mesprisé voz détractions par une brave magnanimité, et ne les a jamais estimé dignes d'en faire compte, parquoy de soy mesme s'est rompue vostre impudente vanité. Aussi maintenant ne peut eschaper la vertu et vaillance des princes qu'elle ne soit assaillie par la détraction des mesdisans, aussi bien que leurs personnes sont offencées par l'aguet des assassinateurs. Et voylà comme se démonstre la syncère charité que vous vous jactez avoir à voz prochains, ainsi que vostre évangile le vous enseigne; encores osez-vous dire davantage que c'est sans enfreindre les édicts de sa majesté; mais taschez de les observer inviolablement pour ne contrevenir aux commandemens de Dieu et à l'obéissance que souz Dieu vous luy devez. Je m'esbahy comme ils ne recognoissent leur menterie si évidente, n'ayans voulu (escrivans cela) obéyr ny satisfaire à aucuns commandemens à eux faicts ny aux édicts de sa majesté. Ils ont encores les armes au poing, sans les avoir posées; ils n'ont licenciés leurs soldats estrangiers; ils n'ont voulu prester aucune obéissance au gouverneur envoyé par sa majesté pour commander dans ladicte ville, et ils osent dire qu'ils n'enfreignent ses édicts, mais taschent de les observer! Il ne leur suffit de persister en leur rébellion, sans encores oser mentir si manifestement à leur Roy. Comme pensent-ils donc que jamais il se puisse fier en eux, quand si lourdement ils se moquent de luy?

Mais voyons comme ils se gaudissent plaisamment de sa majesté. Il leur mande et commande qu'ils luy ayent à remettre sa ville en son obéissance et qu'ils obéissent à son lieutenant général, et ils luy respondent, ayant tousjours les armes au poing: Croyez (sire) et vous tenez asseuré de la fidélité de nous, voz très humbles subjects, qui avec l'ayde de Dieu vous conserverons ceste ville en son entier, comme jusques à présent nous avons faict. Voicy bien la plus plaisante farce qui fust onc jouée. Ils veulent en despit du Roy luy garder sa ville ; mais en quelle sorte garder? Comme jusques à présent (disent-ils) nous avons faict. Ils la luy ont si fidèlement gardé par douze ou treize moys, qu'il a esté contrainct envoyer une armée qui a demeuré, à grands fraiz et ruine du pays, environ sept moys devant icelle. La paix survenue, je gaige qu'encores faudra-il que le Roy se désarme le premier, et qu'ils auront encores les armes en main ; et luy disent en se moquant : Nous la vous gardons comme nous avons faict (c'est-à-dire) : Si vous y voulez entrer (Sire), levez une autre armée; car nous ne sommes pas prestz à nous rendre, sinon le plus tard et que nous y soyons bien contraincts. *Qui exultant in malis consenescunt in malo.* Pensez-vous (rebelles) que le Roy n'aura souvenance d'une telle félonnie?

Ilz trouvent leur excuse parquoy ilz empeschent au Roy l'entrée de sa ville : C'est estans asseuréez (disent-ils) de la délibération qu'ont noz adversaires de se venger des hontes par eux receuës et pertes de leurs compaignons. C'est grand cas d'une conscience qui remord, qui ne se peut asseurer. Ils savent bien comme griefvement ilz ont offencé tous estats ; je dy de telle sorte qu'il n'y a homme chrestien qui ne s'en puisse ressentir, ny homme naturel qui leur doyve pardonner ; et en cela un chacun satisfera à son devoir et inclination. Quant à ce qu'appartient à la partie chrestienne, les catholiques remettent de toutes injures la vengeance à Dieu ; pour chasseront toutesfois par tous moyens deuz et raisonnables le rétablissement des choses qui concernent son honneur et sa religion saincte. La partie naturelle requerra justice au Roy des pertes et ruines reçeuës pour ne s'estre voulue départir de l'obéissance et fidélité deuë à sa majesté. Et (à la vérité) la religion catholique ne permet par autres moyens demander ny prendre vengeance; on n'y a point d'assassinateurs à gaiges pour meurdrir les princes et ceux qui parlent et escrivent contre les dissolutions et hérésies des novateurs; les pasteurs et prescheurs n'y animent les auditeurs à vindictes, à raiges et furies plus que sathaniques, ny à prendre les armes contre leur prince pour se faire croire, et exercer toutes cruaultés et inhumanités contre luy et les siens. L'hypocrisie accoustumée aux hérétiques n'y est point, lesquels quand ils disent bien, c'est lors qu'ils machinent le mal, et fault attendre tout le contraire de ce qu'ils promettent et disent, tesmoin le mot de guet de leur grand prédicant. C'est quand il admoneste ses dévotz auditeurs d'eux préparer pour jeusner, il leur donne advertissement de prendre les armes et se tenir prestz et appareillés pour entreprendre et exécuter quelque meschanceté. Il semble tousjours à gens désespérés et si mal instruicts qu'un chacun leur doive ressembler. Les catholiques sont trop attrempés pour se laisser transporter aux abboys de ceste canaille; ils sont si fidèles observateurs des commandemens de Dieu et affectionnés au repos public, et en l'obéyssance qu'ils doibvent au Roy, que jamais ils ne préféreront la vengeance de leurs injures particulières à leur devoir, encores qu'ils ressentent bien les aguillons par lesquels ces séditieux ne taschent qu'à les mettre aux champs. Ils se gaudissent aussi des chefs, capitaines et soldats tenans le camp devant ladicte ville, par le commandement de sa majesté, desquels (à la vérité) ils ont occasion de se moquer d'une chose: c'est des honnestes et bons traictemens qu'ils ont usé à l'endroict de ceux qui ne méritent rien moins et encores moins qu'ennemis estrangiers. Mais comme c'est une condition des ingrats de donner blasme pour récompence de tous bienfaits, aussi est-ce une deffence vertueuse et excellente, en bien faisant les démentir et leur fermer la bouche. Aussi cuidoit-on tousjours (veu la douceur et mansuétude de laquelle usoit le Roy en leur endroict) qu'ils se deussent réduire en son amour et obéyssance. L'on espéroit que leur malice enfin se lasseroit et auroit quelque jour honte de son infidélité, qui estoit cause que la patience, modestie et bonté du Roy et de la Royne sa mère, et nos seigneurs de son conseil, espéroyent d'obvier à leurs menées et entreprises par un moyen doux et gratieux, et retenir leur fureur par douceur. Et en ceste intention commandoit souvent sa majesté de n'user envers eux de toute rigueur de guerre, désirant avec toute grace de gaigner le cueur de ses subjects, comme fait un prince doux et aymable; mais l'on a expérimenté que leur rage est autant effrontée qu'insatiable, voir mesme incurable. Aussi faut-il entendre que sa majesté, ayant en tant de lieux de ce royaume esté contrainte dresser divers camps, il ne luy estoit possible d'avoir en tous le nombre suffisant pour assaillir l'ennemy, en sorte que ces moqueurs, ayans eu le loisir de parachever la fortification de Lyon, jà fort advancée, estant ladicte ville avantageuse en son assiette et spacieuse, arrousée par deux fleuves si renommés, commodes et propres à toutes choses, estoit nécessaire d'avoir une bien grande armée et dresser trois camps pour la pouvoir (comme il faut) assiéger, car autrement il est impossible luy empescher les vivres. Or il est certain et notoire qu'au camp de sa majesté (sous la charge du duc de Nemours, gouverneur et lieutenant général dudict pays) estoit si petit nombre de gens de pied qu'ils estoyent dans ladicte ville au moins deux fois plus. Quant à la cavalerie dudict camp, en quatre ou cinq compaignies de cavallerie françoise, ils n'estoyent point deux cens hommes d'armes complets. Il y eut par quelque temps quatre ou cinq cens reistres. C'estoit bien loing d'avoir le moyen (sans artillerie et munitions) d'assiéger une telle ville, où il falloit trois camps complets; en sorte que ladicte armée estoit destinée, non pour assiéger ladicte ville, ains seulement pour empescher les rages et voleries de ces réformateurs sur les subjects de sa majesté. Je demanderois donc à ces malfaisans gaudisseurs en quoy ils prennent occasion de se moquer du camp du Roy? Est-ce qu'il est certain qu'eux-mesmes ne se sont onc montrés en campaigne hors la portée de leur canon (desquels ils ont grand nombre, ayant fondu quasi toutes les choses de ladicte ville) qu'ils n'ayent estés rembarrés et occis? Qu'ils nomment une seule saillie qu'ils ayent osé faire en hardis gens de guerre, estans deux contre un (comme ils estoyent), où ils ayent osé attendre l'ennemy en lieu esgal? Davantage il est notoire que ladicte armée, au fort de l'yver (pour l'incommodité du temps et des vivres) auroit esté contrainte s'esloigner et séparer les uns des autres, en lieux non guières forts, estans plus escartés de leurs compagnons qu'esloignés de ladicte ville, qu'estoit le plus de quatre à cinq lieues. Qu'ils dient une seule entreprise qu'ils ayent fait sur l'ennemy, en gens de guerre. Ouy bien du costé de Dombes, où nostre camp ne se pouvoit estendre, pour la barrière de la rivière de Saone; là où ils se peuvent vanter d'avoir usé de grandes inhumanités envers ceux qui n'avoyent moyen leur faire résistence. Davantage le seigneur de Sainct-Chaumont, durant ledict temps d'hyver, conduict ses troupes par deux fois pour chastier les rebelles de la ville d'Annonay, comme il feit vaillamment, prenant la première foys ladicte ville par assaut, sans y avoir faict bresche par artillerie, et la seconde foys la receut à mercy. Puis donc que ces chevaliers du désordre de Lyon se font si vaillans et charitables envers leurs frères en Christ, comme ne leur envoyèrent-ilz secours, ayans gens de reste pour la garde de leur ville? Ou bien que ne faisoyent-ils seulement semblant de courir sur l'autre partie de l'armée (estans trois contre un) pour divertir ce voyage d'Annonay? Depuis, estant le temps commode pour camper, le duc de Nemours se logea à Sainct-Genis-Laval, distant deux petites lieuës de la ville de Lyon, auquel lieu le camp estoit assez escarté par les villages pour l'incommodité des vivres. Quelles saillies, quel acte d'homme de guerre en tout ce temps ont osé entreprendre ces braves vanteurs? Sera-ce que les premiers et plus grands d'entre eux avoyent chacun un couple de grands chevaux toujours célez et bridés, à la moindre alarme pour gaigner plustost une des portes de la ville pour s'enfuir à Genève que pour se présenter au combat pour la deffence de la ville? Mais sera sur une gentille trahison où leur stratagème (duquel ils se glorifient le plus) sera fondé. Il advint qu'un de leurs dévotz évangélistes, qui avoit eu son refuge à la religion si bien réformée, après avoir emporté les sonnetes et desrobé l'argent du Roy, à la recepte qu'il avoit en charge, combien que d'ailleurs son procès auroit esté instruict pour autres mesfaicts. Donques ce réformateur si bien califié, se promenant en glorieux financier (plustost qu'en ruzé soldat), fut pris par les nostres prisonnier. Voyant qu'il ne pouvoit éviter la mort qu'il méritoit par justice, si bien tost il ne trouvoit moyen d'évader, il faignit vouloir donner moyen pour surprendre la ville. On luy donne liberté de se retirer en la ville, laquelle il advertit de l'entreprinse qu'il brassoit. Ilz se mettent tous en armes; noz vieilles bandes tentent d'exécuter ceste entreprinse. Il en entre soixante ou quatre-vingts, hardiment et vaillamment, dans le fauxbourg Sainct-Just, pour aller gaigner la porte des Farges, estans suyvis des autres. L'on laisse tumber une porte-colisse qui leur empesche l'entrée dudict fauxbourg ; l'artillerie affustée tire contre ceux qui estoyent entrés ; ilz sont mis en pièces. Je vous promets que voilà une vaillantise qui mérite d'estimer braves ces vanteurs, que douze ou quinze mil hommes en armes et cent pièces d'artillerie affustées en un lieu ayent peu deffaire soixante hommes, ausquels tout moyens de se pouvoir deffendre estoit osté. Il ne se faut esbayr si leurs vaillances sont ainsi renommées par le monde universel. A la vérité, qui cognoistra beaucoup de leurs braves capitaines ne s'en donnera guières d'admiration. Si est-ce qu'ilz n'eurent onc l'hardiesse de faire aucune saillie sur le reste qui leur estoit assez descouvert. Et ne feirent aucune démonstration, je ne dy pas de gens de guerre, mais de ceux qui en ont ouy parler seulement. Et pour leurs braves deffences, il disent : Nous leur avons gardé ceste modestie que, combien il nous eust esté facile de les assaillir et leur courir sus, néantmoins, pour ce qu'ilz se vantoyent et couvroyent de vostre nom (Sire), ne l'avons jamais faict, et n'ont de quoy nous reprendre sinon d'avoir usé de trop de douceur et clémence, les aydans en toutes leurs nécessités, soit en santé ou en maladies, d'hommes et de biens de ceste ville. Ç'a esté de tous temps l'honneste couverture de couardise de l'armer de prétexte d'espargner son frère chrestien, encores qu'il n'y ait eu aucune scintille d'humanité et charité. Ilz ne se peuvent aussi vanter d'aucune honnesteté envers les malades que de celle assez commune à tous ennemys, voyre barbares. Les actes qu'ilz ont faict au pays de Dombes et ailleurs, où l'on n'a eu le moyen de leur résister (je dy lors qu'ilz escrivoyent cecy qu'ilz disent), et les menasses qu'ilz faisoyent de ruyner le pays de Forestz et autre circonvoisin (si nostre camp fust allé en France comme il pensa faire) tesmoignent assez de quelle modestie ilz sont coustumiers d'user, où il leur a esté permis avec impunité. Et l'on croira qu'aucune humanité puisse sortir de telles gens plus que barbares? lesquelz, quand tous autres moyens leur deffaillent, n'ont recours qu'aux calumnies et mensonges, comme ilz disent que la cité de Vienne auroit esté pillée par l'armée du Roy, après leur avoir porté et livré les clefz d'icelle et les avoir receu comme amys. C'est une imposture qui mérite d'estre autrement chastiée que par un démentir; mais si ladicte ville a eu de grands charges et foules pour avoir si longuement soustenu partie du camp sur ses bras, elle en doit savoir gré à ces réformateurs, qui avoyent (comme dict est) saysi et envollé tous les deniers royaux, où estoit le moyen de pouvoir soudoyer les soldatz, qui estoyent (à faute de ce) contraincts de vivre à discrétion, mais non avec telles meschancetez qu'ilz leur imposent contre vérité; desquelles (avec leurs autres calumnies) ilz se veulent couvrir comme d'un sac mouillé, pour donner coleur à leur obstinée félonnie de ne vouloir au Roy rendre sa ville qu'ilz luy occupent. Lesquelz aussi ont de rechef (en ce qu'est en eux) persécuté les saincts martyrs, violé et spolié leurs sépulchres, en ont arraché leurs saincts ossemens, honnorez de tous temps par tous ceux qui ont esté chrestiens, comme le tesmoigne sainct Hiérosme et autres anciens; et le droict de sépulture, qui ne leur avoit esté empesché par les tyrans, leur a esté présentement par ces infidèles desnié et osté; et leurs précieuses reliques, qui doyvent un jour résusciter en éternelle béatitude, ont de rechef par double martyre esté conculquées, foulées aux pieds et brisées, et par grande inhumanité, leur ayant refusé sépulture, en ont de rechef consacré la rivière, laquelle jadis par leur sang auroit pris le nom de Saone, se nommant auparavant Arar. Mais l'intention de ces infidelles n'a esté autre que celle des tyrans, leurs précurseurs, qui aussi recolligeoyent les cendres des corps des martyrs par eux bruslez en icelle ville (comme récitent Eusèbe et Nicéphore), et les jettoyent dans ledict fleuve, pour leur oster tous moyens (pensoyent-ils) de résusciter au dernier jour. Et ont redoublé leur cruauté envers les saincts martyrs; car, ne se contentans d'avoir exercé toute inhumanité à leurs ossemens, encores ont-ilz voulu abolir leur mémoire, ruinans et razans entièrement l'église dédiée à Dieu, où estoit célébrée la saincte mémoire du second évesque de Lyon, voysin des Apostres, sainct Irénée, auquel lieu fut son corps inhumé par les chrestiens lorsque l'empereur Sévère excita si grandes persécutions contre eux; en laquelle il fut mis à mort après innumérables tormens, avec dix et neuf mil martyrs, en la place nommée (de ladicte ville) la Croix de Cole, ou des décolez; de laquelle (des saincts en icelle décolez) décola si grande quantité de sang que la rue située au pied d'icelle montaigne en print le nom de Gourguillon, lequel, défluant à la rivière et luy changeant sa couleur, mua aussi son nom, comme nous avons dict. Les corps desdicts martyrs furent inhumez par les chrestiens, tant en ladicte église Sainct-Irenée qu'en sa voysine, depuis dédiée à Dieu souz le nom de Sainct-Just; desquelles (par ces réformateurs à Sathan) ont esté deshumez lesdicts saincts martyrs et de rechef martyrisez par ces nouveaux tyrans, qui ont aussi (par plus grande rage) razé entièrement leursdicts sépulchres, ensemble lesdictes églises. Et ne peut-on penser l'occasion d'une telle rage, sinon qu'elle ayt esté faicte en vindicte des livres escrits par ledict Sainct-Irenée contre l'hérétique Valentin, duquel Calvin (autheur de la secte et de ces tumultes) a pris plusieurs erreurs qui ont esté amplement descrits et confutez par ledict sainct Irenée et Epiphane.

Il n'est pas aussi qu'ils n'ayent faict moindre cruauté en l'église tant renommée d'Esnay, envers les saincts ossemens des célèbrez martyrs Attalus et Ponticus, et de ce miracle de nature, saincte Blandine, honnorez audict lieu et sépulturez, desquels est faicte mention en ladicte histoire ecclésiastique. Que diray-je davantage, sinon qu'en toutes les autres églises leur tyrannie a de rechef excité (en ce qu'est en eux) nouvelle persécution à l'encontre des saincts et anciens martyrs meurdris pour la foy chrestienne?

Donques, pour appaiser l'ire de Dieu pour si grands crimes commis dans ladicte ville de Lyon, et pour testifier devant lui et le monde que les vrays et naturels citoyens d'icelle n'ont donné aucun consentement à telles impiétez, il est convenant (attendant que la bonté divine, accroissant l'aage de nostre Roy très chrestien, augmente aussi son pouvoir pour contraindre ces rebelles et séditieux de réparer les violences et excès par eux commis), il est décent (dy-je) d'ériger des columnes aux lieux où jadis furent édifiées lesdictes églises Sainct-Irénée et Sainct-Just, où soit inscript à mémoire perpétuelle :

« L'an 1562, fut excitée (par les ministres de l'hérétique) la seconde persécution en ceste cité de Lyon, contre les saincts et anciens martyrs qui receurent jadis en ceste ville la couronne de martyre, pour le soustenement de la foy chrestienne, en la persécution de l'empereur Sévère, il y a quatorze cens ans ; laquelle de rechef a esté renouvellée (contre toute religion et humanité) par ceux

« qui, le dernier jour d'avril, ladicte année, s'emparant de « ceste ville, se rebellèrent ensemblement contre Dieu et « le Roy, leur seigneur souverain. Et entre autres leurs « impiétez et cruautés par eux exercées (desquelles demeu- « rent assez d'apparens vestiges ès église, rues et mai- « sons privées par eux gastées et ruinées dans ladicte « ville), ilz ont entièrement razé les églises jadis édifiées « en ce lieu, par structure sumptueuse et excellente, dé- « diées et consacrées à Dieu, en l'honneur et mémoire « desdicts saincts martyrs, souz le nom de sainct Irenée « et de sainct Just. Ensemble ont ruiné les cloistres et « maisons appartenant aux chanoines desdictes églises et « autres pauvres habitans de ce lieu, qui méritoit plustost « le nom d'une ville ample que d'un simple fauxbourg, « comme lesdictes ruines le peuvent encores tesmoigner. « Lesquelles inhumanitez sont advenues outre le gré et au « grand regret des vrays et naturelz citoyens de ceste ville, « qui eux-mesmes ont esté deschassez de leurs maisons, et « leurs biens mis en proye, et leurs personnes détenues « captives et arrançonnées; desquelles ilz demandent « vengeance à Dieu et justice au Roy. Et pour mémoire « perpétuelle de leur fidélité envers la religion chrestienne « catholique romaine, et de l'obéissance qu'ils doivent au « Roy très chrestien, ilz ont, aux dépens publicz (en expia- « tion de telles impiétez), desdié et consacré la présente « mémoire. »

Or la religion chrestienne catholique estant remise dans ladicte ville, et l'honneur et service divin réintégré, il est aussi raisonnable que l'authorité du Roy y préside et domine sur toutes choses, que ses forces contiennent en paix et tranquillité l'estat de ladicte ville, les bons sujectz en repos, et réprime l'audace des rebelles; que les officiers de la justice rendent droict à un chacun; que les bourgeoys et citoyens rentrent en leurs biens et maisons, les artisans reprennent leur métier, les marchans des nations estrangières soyent rappellez, le commerce restably, les foyres restaurées, les changes exercez, paix, union et concorde entre tous. Et comme, par discorde et faute de s'entendre et unir, la désolation de la ville et ruine des estatz d'icelle est survenue, aussi faut-il que par union l'ordre y soit remis et conservé. L'église disoit que par faute de justice les séditieux estoyent supportez; la justice s'excusoit d'avoir en plusieurs choses les mains liées; les conseillers et eschevins estans meslez ne s'accordoyent; les notables et marchans s'en remettoyent à l'église et à la justice; les nations s'en rapportoyent à tous; les artisans estoyent intimidez, et tous estoyent frappez d'un coing de ne vouloir rien despendre pour les diligences requises et nécessaires. De ce discord Sathan a bien sceu faire son proufict, et par iceluy (par divine permission) il a semé à son loisir ses hérésies et estably par force sa tyrannique domination, à laquelle la bonté divine donnera fin quelquefois; mais non sans que vous, de tous les estatz d'icelle ville, soyez préveuz et admonestez de vous rendre plus studieux à l'observation des saincts commandemens de Dieu et décliniez de tant de dissolutions et péchez ès quelz vous avez par trop esté encleins, de fuyr et éviter toutes sectes et doctrines nouvelles par lesquelles Sathan a introduict tous ces maux en ladicte ville.

Veillez donc, soyez fermes et constans en la foy et immuables en l'espérance de l'évangile que vous avez ouy, lequel a esté presché non premièrement en la ville de Genève (où a pris son commencement ce nouveau, qu'est maintenant annoncé en aucuns lieux), mais entre toute créature qui est souz le ciel. Et si vous demeurez unanimes et d'un consentement, et vivez en paix et amitié, en l'obéissance de Dieu, de son église et de vostre Roy très chrestien, le Dieu de dilection et de paix sera avec vous. Ainsi soit-il.

FIN.

ÉMEUTE A TOULOUSE

ARRIVÉE EN 1562.

AVERTISSEMENT.

La surprise de la ville d'Orléans par le prince de Condé, chef des huguenots, enfla le courage de ces derniers et répandit partout chez eux le désir d'occuper en maîtres les villes qu'ils habitaient. A Toulouse, plusieurs capitouls tramèrent un complot dirigé vers ce triomphe de la cause protestante, et dont la découverte hâta l'explosion. Une fois connus, les conjurés, qui n'attendaient aucun pardon, ne gardèrent aucun ménagement. La pièce suivante, où sont consignés les événements relatifs à leur insurrection, fait partie des *Mémoires de Condé*, et, comme toutes les autres empruntées à ce recueil, a été revue sur le texte original.

RELATION
DE L'ÉMEUTE
ARRIVÉE A TOULOUSE EN 1562 (1).

La vérité est telle que le mardy deuxième de may 1562, estant advertie la cour de parlement de Thoulouse que certaines lettres avoyent esté envoyées à ung capitoul dudict Thoulouse, nommé monsicur De Lanta (2), contenant qu'il ne faillist à mectre à exécution ce qu'il avoyt promys le xiiij^e dudict moys, et de se saisir de tous les lieux fortz de ladicte ville, mesmement de la Maison de ladicte ville et munitions; surquoy ladicte cour envoya chercher lesdictz capitoulz, leur faisant remonstrances dudict faict; ensemble le grand nombre de gens que l'on soupçonnoyt estre en ladicte Maison-de-Ville et autres

(1) *Manusc.* de Du Puy, vol. 428.

Tous les historiens contemporains ont parlé de cette émeute. La Faille ayant ajouté, à ce qu'ils en ont dit, des faits tirés de différents monuments, l'a décrite avec beaucoup d'étendue dans ses *Annales de Toulouse*, t. II, p. 211; mais il place cet événement sous l'année 1561, quoiqu'il soit arrivé en 1562.

L'auteur de cette relation était catholique. Il n'a pas écrit exactement tout ce qui s'est passé dans cette émeute, et son style n'est rien moins que correct; mais il rapporte plusieurs faits importants qui ne se trouvent point dans La Faille.

(2) La Faille, p. 220, le nomme *Hunaut, baron de Lanta.*

lieux; à ceste occasion, qu'ilz advisassent de donner ordre audict affaire et gardassent que en ladicte ville n'advint aucun scandale ne désordre; autrement, que leurs biens et personnes en respondroient. La responce desdictz capitoulz fut que, quant à eulx, ilz ne vouldroient penser à tel acte; moins, que ledict Lanta leur compagnon estoit en cour, combien que à la vérité il en estoit revenu; et pour donner à congnoistre au sénat et bourgeois de la ville que ilz n'estoient tels qu'on les soupçonnoit, offroient de donner les clefz de deux ou trois autres portes qu'ilz tenoient de ladicte ville, qui estoit la porte de Villenove où estoit le temple (1). Car est à noter que ung mois auparavant, se soupsonnans ladicte bourgeoisie desditz capitoulz et de leurs menées, feirent assembler aux Augustins, où estoit la pluspart dudict sénat, ensemble lesdictz capitoulz, la bourgeoisie, ensemble certains autres de la nouvelle religion, où fut accordé que chacun vivroit paisiblement et se contiendroit ensemble, et que tous vaccabons et gens de désadveu vuidroient; et les clefz des portes du château Narbonnois, Sainct-Estienne, Montgaillard, Montolive, Renau, Bernard, le Basacle, et celles du pont Sainct-Subran, demoureroient ès mains desdictz bourgeois qui seroient tenuz garder lesdictes portes en personne, et ung d'iceulx emporteroit lesdictes clefz la nuyt quand se retireroient; si offrirent, pour oster tout soupson, donner les autres clefz qu'ilz tenoient. Ledict sénat feit reponse qu'il commanderoit à la bourgeoisie sur ce faict de venir au lendemain, qui estoit le mardy xij^{e} dudict mois de may. Or, pendant ledict délay, la nuyt dudict lundy, deux desdictz capitoulz et aultres, estans

(1) La Faille, p. 215, dit que les huguenots avaient bâti un temple sur le bord du fossé de la ville, vis-à-vis de la porte de Villeneuve.

monopollez ensemble et congnoissans leur téméraire entreprise descouverte, délibérèrent mectre en exécution icelle avant ledict jour xiiij^e, à leur grand' honte et infamie perpétuelle. Et advenu le mardy matin, xij^e dudict mois, les habitans de ladicte ville à leur coustume estimans aller librement à leurs affaires qu'ilz avoient en ladicte ville, trouvèrent empeschement; car les soldatz estrangers qui avoyent esté mis en ladicte ville tenoient les rues de la Porterie et partie de la grande rue, jusques devant l'église Sainct-Rome, et partie de la rue Argentière, jusques au collége Saincte-Catherine, où chacun qui passoit par ladicte rue, n'estant de leur mauldicte faction, estoyent oultragez. Et si aucuns serviteurs des chrestiens portoient aucunes provisions, leur ostoyent icelles, ensemble toutes armes, en criant *vive l'Evangile* en chacune prise qu'ilz faisoient. Estant adverty ledict sénat de ce désordre, commance à s'assembler pour donner ordre à oster et faire cesser iceluy; et à ces fins depputèrent aucuns des sieurs conseillers pour se transporter en ladicte Maison-de-Ville, pour sçavoir et entendre quel estoit leur desseing et de ceulx de ladicte nouvelle religion; et feirent sonner, de par le Roy, laisser ladicte Maison-de-Ville et aultres lieux, où avoyent mis grand nombre de gens, ou bien venir dire ou monstrer raison et moyen de l'occupation; lesquelz ne voulurent aucunement y entendre, ains usèrent tousjours de leur terme, crians *vive l'Evangile*, et repoulsèrent lesdictz sieurs du sénat de fort estrange façon, leur prohibant de plus venir faire telles réquisitions; dont lesdictz sieurs depputez feirent response audict sénat. Quoy entendu, et avec des principaulx de ladicte ville qui estoient allez faire leur plaincte audict sénat qui estoit en ladicte ville, et furent appelez en ladicte court; lesquelz délibérèrent faire appeler tous les gentilzhommes lesquelz estoient en ladicte ville, pour le faict du ban et arrière-ban, où estoit le séneschal de Thoulouse chef. La remonstrance faicte par ladicte court audict séneschal, nommé Vabres, et autres gentilzhommes, de l'occupation de ladicte Maison-de-Ville et trahison faicte au Roy et à icelle ville, contraventions des édictz, et telle téméraire entreprise, la response desdictz nouveaulx chrestiens faicte audict sénat, et le moyen qu'il convenoit faire et tenir pour ledict affaire. Surquoy ledict séneschal parla fort froidement, dont M. de Boisjourdain, estant en ladicte ville pour faire le vouloir du Roy et amasser gens, sans crainte redargua ledict sieur sénéchal (1), et eut soupson que l'on avoyt de luy pour estre de ladicte religion nouvelle, et qu'il advisast d'aller droit; et que s'il cognoissoit aucune trahison, sans doubte il n'espargneroit personne, avec protestation de ne approuver pour son chef ledict sénéchal (2). Lors ladicte court feit retirer iceluy séneschal, ensemble aucuns desdictz gentilzhommes estans de sa faction et loy, lesquelz furent renvoyez en ladicte séneschaulsée, avec prohibitions de n'en sortir que autrement la cour n'en eust délibéré; et ledict Boisjourdain demeure en ladicte cour avec certains autres, auquel fut donné la charge pour conduire et ranger tant les gentilhommes non suspectz que peuple jà amassé, et faire en sorte que le Roy demeurast seigneur, et que les téméraires fussent rejectez et eussent à rendre les armes; lequel promist faire son devoir; aussy M. De Montmort,

(1) Endroit qui paraît défectueux; on pourrait corriger : *Sénéchal*, vu le *soupçon*, etc.

(2) Boisjourdain, qui était gentilhomme et sujet à l'arrière-ban, proteste qu'il ne reconnaîtra point pour chef le sénéchal, qui par le droit de sa charge devait commander cet arrière-ban.

M. De Clermont, M. De Savignac Peuloron et certains autres. Pendant ledict affaire, la cour n'avoit rien oublié; car elle avoyt envoyé commissaires en toutes partz des consulatz des villes et villages, et aux gentilshommes circonvoisins, pour venir donner secours chacun en son endroit et force; et fut mandé à MM. De Montluc, Terride, Gondrin, Bellegarde, venir donner secours et ayde au Roy; en quoy ladicte bourgeoisie n'espargna aucune dilligence ny argent. Si fut sonné le tocqsain par toutes partz, et tant que en ville et hors ville, que, avant qu'il feut l'heure de neuf à dix heures dudict jour, il y eut si grande mulitude de peuple aux faulxbourgs Sainct-Michel et de Sainct-Subran, Sainct-Estienne, le Basacle, qu'il estoit chose incrédible et admirable comme en si peu de temps et heure estoient venuz tant de gens au son desdictes cloches, toutesfois mal armez pour combattre lesdictz de la nouvelle religion, qui estoient tous armez, portans harquebouzes et pistolletz; car portoient des faulx tornées, espées, bastons à deux boutz comme houës; petit nombre il y avoit qui eussent harquebouzes et arbalestes. Lors, pour rafreschir lesdictz soldatz, fut prinse certaine quantité de vin aux caves desdictz nouveaulx chrestiens, et défoncé au meillieu des places, tant hors la ville que dedans, pour leur donner réfection. De la part de la ville il y avoit assez compétamment d'armes, mais non pas à feu, horsmis ès maisons de M. Mansencal, premier président, Du Tournoir, président d'enqueste, du greffier criminel, et ès maisons de MM. d'Elpés, Madyos, Boley, La Vache, mais non pas pour respondre au nombre des forces de ceulx qui estoient en ladicte ville, prinse par leur auctorité, et qui s'estoient emparez d'icelle. Ce nonobstant, ledict Boisjourdain, lequel se ressentoyt de l'injure à lui faicte le jour auparavant, car lesdictz nouveaulx chrestiens, soubz ombre d'obéissance qu'ils disoient donner au Roy, et de charité dont ilz disent faire profession, interrogeant le tabourineur dudict Boisjourdain pourquoy il sonnoit le tabourin, leur ayant respondu que c'estoit pour le service du Roy, inhumainement lui coupèrent le poing et luy rompirent le tabourin; dont, pour le devoir de sa charge, et foy promise audict sénat et ville, voyant que lesditcz nouveaulx chrestiens estrangement occupoient (1) sur ladicte ville et avoient pillé et combattu la maison de M. le maistre des portz (2) et plusieurs autres, en la rue de la Pomme, ledict Boisjourdain, pour refrener leur témérité, commença à assaillir du costé de Sainct-George, et M. De Montmort d'autre costé; si bien qu'il y en eut beaucoup de tuez ledict jour de ceulx de ladicte nouvelle religion; desquelz est impossible sçavoir le nombre ny leurs noms, d'autant que l'on les retiroit et la nuyt on les portoit en terre en leur (3).......... hors la ville; car ilz avoyent la clef de ladicte porte et si estoient saisiz des deux tours pour garder icelle, avec bonne munition et artillerie des chrestiens. Ledict jour fut tué le frère du cappitaine Savignac et trois aultres soldatz, ledict Montmort blessé en la cuisse d'un coup de harquebouzade, et plusieurs autres de la compagnie dudict Boisjourdain.

La nuict, l'on canonne à coups perduz des maisons des bons chrétiens et catholiques, pour empescher que lesdictz nouveaulx n'usurpent rien, et sont dressez rondes au Change, à la Pierre, à la tour de Nera, Sainct-George, Sainct-Sernin, au Basacle, auquel lieu l'on a trouvé

(1) S'emparaient de plusieurs endroits de la ville.

(2) Le juge qui connaît en première instance des contestations qui s'élèvent au sujet des droits d'entrée et de sortie.

(3) Il manque là un mot dans le manuscrit. C'est peut-être *cimetière*.

grande quantité de pouldre, non pas toute affinée, qui donne grand secours à ladicte ville; aussy il y avoit ronde à la Daurade, Capelle, Redonde, la Dalbade, au Pallais, à Sainct-Estienne, Roues et autres lieux.

Ledict jour, sur le mynuict ou après, l'on tient pour certain que ledict Lenta renforça les forces de ladicte Maison-de-Ville usurpée; les ungs disent trois cens, les autres quatre, les autres cinq, les autres sept; la commune est de cinq cens hommes.

En ladicte nuyt, lesdictz de la religion nouvelle feirent grandz saccagemens et tuèrent quelques femmes et enfans à la rue de Pome, chose déplorable! le tout au désavantage des chrestiens, et les gectèrent par les fenestres.

La court, de l'autre costé, faict son debvoir et se saisit de plusieurs qui estoient venuz en ladicte ville pour donner secours à ceulx de la nouvelle religion, qui estoient receuz pour ceulx venuz au secours de ladicte ville, chacun en son endroict recognoissant leur ministre. D'aultre part, n'oublient à prendre les espions que ceulx de ladicte nouvelle religion envoyèrent pour descouvrir les forces; la justice exercée sur les coupables.

Le mercredy matin autre nombre de harquebouziers et nombre de chevaulx entre à l'ayde de ladicte ville; et le combat dudict jour dura de six heures du matin jusques au soir, où furent tuez aucuns de la part des catholiques, non pas aucun de marque que un soldat; et ledict jour on poursuyt à gaigner les maisons où estoient en garnison lesdictz de la nouvelle religion; et fut faict prisonnier le viguier Portal et ung conseiller Jambert (1) .... et plusieurs autres de qualitez.

(1) Il manque là dans le manuscrit quelques mots.

Se sont armez les catholiques des armes recouvertes desdictz de la nouvelle religion. Pendant lesdictz jours ceulx qui se sont trouvez suspectz ont été tuez, les autres noyez, les autres prisonniers.

Au soir lesdictes rondes sont dressées ausdictz lieux, et à Roue principalement, où on a pris une maison forte, battant la place et à quatre ou cinq rues, en laquelle l'on mect bonne garnison, et à la place Sainct-Estienne, en la maison d'un barbier qui tenoit main forte ; icelle fut abbatuë.

Ledict jour on prins sur les ennemys vingt-cinq caques de pouldres, qui servirent de beaucoup, et aussy lesdictz jours en fut prins sur le soir certains tonneaulx.

Le jeudy arrive plus grande force de cavallerie de MM. De Terride et Gondrin, qui sortirent hors les murs avec mil hommes de pied que l'on tenoit pour garder que secours ne vint ausdictz de la nouvelle religion ; lesquelz feirent bien leur debvoir.

Et advint ledict jour qu'il y eut grandes escarmouches ; et fut bruslée la maison d'un nommé La Gaynye, qui n'avoit voulu obéyr aux commandemens du Roy et daidaignoit son auctorité, qui ne faisoit acte de ladicte religion ; dont ledict Gaynye et sa compagnie tuèrent cinq hommes des bons catholiques et chrétiens ; si est-ce qu'il ne fut possible les avoir sans tuer, et furent tous bruslez en ladicte maison.

L'on tient qu'ilz estoient plus de soixante en garnison en ladicte maison.

L'on print à mercy la femme et la fille dudict Gaigny ; l'on fouille les maisons des suspectz, et ny laisse-l'on rien ny en la rue ; et qui en peult avoir en a prins.

Ledict jour grandz meurdres d'une part et d'autre ; mesmement au Basacle, où l'escarmouche fut donnée, où n'a esté tué que ung chrestien sans armes, portant du butin, et des nouveaulx sept, dont y en avoyt un qui estoit armé d'une armeure dorée, auquel l'on trouva grande somme de deniers; mais l'impatience et furie du peuple les gecta en l'eau sans permectre qu'ils fussent recherchez (1).

A Sainct-Sernin fut combatu vaillamment, comme chacun jour avoyt esté assailly; mais ne fut possible de gaigner ladicte église, veu la diligence de M. de Montmor.

Les rondes dressées ledict jour au soir, à la coustume, et dehors les chevaucheurs.

A ce jour arriva M. de Bellegarde, qui a faict combattre ses harquebouziers et sa cavallerye hors la ville, pour empescher le secours.

Le vendredy, grande batterie, et les hérétiques gaignent le couvent des Jacobins, des Cordeliers et du Tryn (2), et au couvent des Jacobins l'on a bruslé l'enfermerie où il y avoyt plus de soixante-dix septiers de bled, et enfondré partie des vins.

Ung jacobin tua six desdictz nouveaulx chrestiens, leur fut impossible voler la chasse sainct Thomas; tous les aornemens vollez, dont partie a esté trouvée chez le conseiller Férières et de Mornac.

Ledict jour, grande batterie et feu fut mis à Sainct-George, qui a bruslé jusques à la Pomme, mis par partie de toutes partz, de costé et d'aultre; de tuez l'on ne sçayt le nombre des nouveaulx.

Pendant ledict temps, la court avoyt mis huict capi-

(1) Reconnus.

(2) La Faille, p. 232, parle de la prise du couvent des Cordeliers, des Jacobins et de plusieurs autres monastères; mais il ne nomme point celui de Tryn.

toulz, fort gens de bien, pour la conduicte du commun peuple; ce fut faict le mercredy auparavant.

Le samedy, à la coustume, l'on canonne de rechef, chacun aux endroictz, et les couventz sont laschez par lesdictz nouveaulx.

Et est dressé, par lesdictz particuliers et sans chef, une batterie à la rue de Perolière, où lesdictz nouveaulx faisoient plus de maulx qu'en lieu de la ville; si estoient fortz en ladicte rue par le moyen de la maison de Berenin, de Sainct-Estienne, Nicolas Ferrie, La Touille, Cornerre, Blanchordy; et par la volunté de Dieu est si très bien faict par le peuple, sans que le cappitaine qui estoit pour lors en cedict lieu donna ayde, que l'on gaigna jusques au coing des Prescheurs, et les ennemys repoulsez, la maison de Berenin gaignée, le président fugitif et M. Chambert (1), consciller, prisonnier, tout saccagé. Le jour auparavant l'on envoya la femme et enfans dudict Chambert en la maison de Lancefoc. Quand les cappitaines veirent ce faict, se meirent en devoir sur la fin, poursuivirent la bataille jusqu'à neuf heures, et mis le feu au collége Saincte-Catherine; dont lesdictz nouveaulx chrétiens demandent composition, et lesdictz sieurs Boisjourdain et de Clermont feirent crier ne combatre jusques au lendemain. Pour cela, la nuict l'on ne cessa de canonner d'un costé et d'autre, chacun en ses gardes.

Le dimanche matin, lesdictz nouveaulx chrestiens, la nuict, reprindrent le collége Sainte-Catherine contre la convention, dont il y eut grand' discorde avec ledict de Clermont; si fut tant faict que ladicte composition fut accordée, et les plus riches sortirent de leurs garnisons

(1) La Faille, p. 235, dit que Chalvet fut pris dans la maison du président Bernui, dont il était beau-frère.

en habitz dissimulez, sans estre congneuz, partie ayans pris les livrées des gens des cappitaines, dont l'on tient que les cappitaines n'y ont rien perdu.

Les ungs, nonobstant leurs dissimulations, ont esté pris; dont il y a eu un cappitaine nommé Comitis, fort riche, et deux Jourdains frères, ayans modérément de quoy prendre, et un ministre, comme l'on dict.

Sur les neuf à dix heures, ilz laschent la ville et sortent les autres, où l'on a faict terrible boucherie; et voyans ce, ceulx qui estoient encores dans la ville se renfermèrent en ladicte ville, et pensoient rentrer en ladicte Maison-de-Ville; mais les cappitaines s'en estoient saisiz à bonne heure, qui cause que, ayant trouvé dans ladicte ville aucuns desdictz nouveaulx, ont esté mis au cousteau ou prisonniers.

Le lundy, l'on trouve les colléges vuydes, la maison de ladicte ville ès mains de la ville, grand quantité d'artillerye, les colléges saccagez, et partie des maisons mal sentans de la foy. Le collége de Foix encores ne fut pris, et sursoyoit-l'on à le prendre.

Pendant lesdictz jours la court avoyt mandé à toutes villes empescher le secours de nouveaulx chrestiens d'une part, et d'autre dépesché hommes, où l'on tient que les villes et villages ont faict de grandes exécutions.

Ledict jour, M. de Montluc est arrivé avec notable compagnye de cent chevaulx et de quatre cens harquebouziers.

La court a créé prévost en ladicte ville pour empescher le pillage.

Pendant ledict temps la court a faict exécuter plusieurs et mis prisonniers plusieurs des notables esleuz de ladicte ville, tant hommes que femmes.

Et si bien a esté procedé que ladicte ville est ès mains du Roy.

La commune estimation est que, dedans ladicte ville, il n'y a eu de tuez que de trois à quatre cens; la grande boucherie a esté faicte hors les murs.

FIN.

Discours sur le

SACCAGEMENT DES

Eglises Catholiques, par les Heretiques anciens, et nouueaux Caluinistes, en l'an

1 5 6 2.

*

A Monseigneur l'Illustrissime Cardinal de Lorraine.

Par F. Claude de Sainctes, Theologien à Paris.

A PARIS,

Chez Claude Fremy, en la rue sainct Iaques, à l'enseigne sainct Martin.

AVEC PRIVILEGE.

1 5 6 3.

AVERTISSEMENT.

Le discours suivant appartient à Claude de Sainctes, évêque d'Évreux, l'un des plus célèbres controversistes du seizième siècle, titre qui lui valut de figurer avec distinction au colloque de Poissy, au concile de Trente, aux États de Blois et au concile de Rouen. De Sainctes défendit la foi catholique dans plusieurs écrits, où il força les protestants de reconnaître sa supériorité. Ayant embrassé le parti de la Ligue, il n'épargna, pour le faire triompher, ni l'argent, ni les démarches, ni les paroles. Enfin il tomba au pouvoir de Henri IV et fut condamné à mort comme ayant enseigné la doctrine du régicide. On commua cette peine en une prison perpétuelle dans le château de Crèvecœur, où de Sainctes mourut, suivant les uns de misère et suivant les autres de poison. Celui de ses ouvrages que nous donnons est loin de se renfermer dans son titre. La dédicace, les chapitres préliminaires et ceux qui terminent, n'ont avec les excès commis par les calvinistes qu'un rapport d'estimation. L'auteur, établissant la criminalité de ces excès, recherche à quel point Dieu les condamne, dans quel but il les permet et de quelle peine il les châtie. Nous avons omis ces discussions et conservé seulement la partie historique, qui embrasse une partie de l'année 1562. Cette pièce n'a été réimprimée dans aucun recueil.

LES PILLAGES ET RUYNES NOTABLES

DES ÉGLISES DE FRANCE,

ET EN SPÉCIAL

DU SACCAGEMENT

FAIT EN CESTE PRÉSENTE ANNÉE 1562.

Entre les vertus et louanges en la religion chrestienne des habitans du pays de France, on remarque qu'ils ont eu conscience par dessus toutes nations de s'emparer des biens de l'église, et qu'en horreur du sacrilége ils ont nommé tous détestables hommes brigans, du nom de Burgandus, insigne voleur des églises, duquel nous parlerons en son ordre. Néantmoins n'y a dessous le ciel aucunes églises qui ayent esté plus souvent spoliées et opprimées que les nostres, comme les doctes et de plus grande leçon que moy sçauront trop mieux recueillir; et tousjours ont esté remises dessus et augmentées par la dévotion naïve de noz Roys, seigneurs et peuples du païs.

Agathius, autheur grec, qui poursuit les victoires de Justinian en Italie contre les Gothes, après Procopius, compare les François et Allemans qui estoient passez en Italie en armes au secours des Gothes, et dit pour autant que les François estoient meilleurs chrestiens que les Allemans, plus aimans, craignans et honorans Dieu, qu'ils ne voulurent toucher aux richesses ecclésiastiques, que les Allemans, sans aucune discrétion, comme peu religieux, fourroient en leurs bouges.

Noz historiens récitent que le Roy Clovis, avant que croire et recevoir baptesme, vengea un larcin fait d'un urceau de l'église, qu'un soldat avoit fendu en deux de peur de le rendre, auquel après, en punition, Clovis fendit la teste en deux de sa propre main. Clotaire voulut réduire à son domaine la troisième portion du revenu de l'église; l'évesque de Tours, nommé Injuriosus, luy résista et dit : Si vous ostez ce qui appartient à Dieu, il vous ostera en brief vostre royaume; car il est illicite de détourner en voz grainiers le bien des pauvres, que vous devriez sustanter du vostre. Et cela dit, s'en alla. Après lequel le Roy envoya, craignant la vengeance de sainct Martin, et révoqua son ordonnance.

Sous Guntram toutes les provinces de France prinrent les armes les unes contre les autres à raison de la diversité des princes, et désolèrent tout le pays, sans espargner les églises. Un jour ce Roy pensa à telle abomination, et, venu en une église, appella quatre évesques avec bon nombre du clergé et de ses capitaines, et commença à dire: « Comment sera-il possible que nous ayons victoire de « noz ennemis, veu que nous ne gardons pas seulement « ce que nos pères nous ont acquis? Ils ont conquis le « pays et obtenu tant de victoires en édifiant des églises, « constituans leur espoir et force en Dieu, en honorant « les martyrs et en révérant les prestres. Nous, au con- « traire, non-seulement nous avons perdu la crainte de « Dieu, ains nous perdons surtout ce qui est sacré et le « profanons; nous massacrons les ministres de Dieu et « nous démembrons et deschirons en nous riant les re- « liques, gages des saincts, qui nous doivent aider. Vic- « toire ne peult advenir à ceux qui commettent telles

« abominations. Pour ceste cause noz mains sont alachies, noz espées rebouchent et noz boucliers ne nous « couvrent plus. Donques, si c'est par ma faute et si j'en « suis coupable, Dieu le face retomber sur ma teste; mais « si c'est par vostre mespris de mes ordonnances, la punition en sera et doibt estre sur vous et servira d'exemple à tout mon camp. Pour ce, je veux faire publier « ce qui est à garder. Celuy qui désire suyvre justice, qu'il « me suyve; si aucun la contemne et transgresse, il sentira la vengeance publique sur sa teste, car il est meilleur que peu de rebelles périssent que de permettre la « punition de Dieu venir sur tout le pays innocent. » Les seigneurs et capitaines respondirent au Roy : « Sire, il « n'est en nostre puissance d'exposer vostre magnanimité, « la crainte de Dieu qui est en vous, l'amour envers les « églises, l'honneur que portez aux prestres et la bonté « que vous exercez envers les pauvres; mais pour combien que vostre dire soit très sainct, juste et équitable, « que pouvons-nous faire, attendu que tout le peuple est « dépravé? Chacun veult faire toutes choses à son plaisir « et se délecte à mal faire. Le Roy n'est craint ny obéy « de personne; on n'a plus respect à aucun seigneur, « soit duc ou conte, et si aucun se plaint de telle désordre et tasche à le corriger pour l'asseurance de vostre vie et couronne, incontinant se lève une esmotion « populaire et sédition, et chacun tellement se révolte de « mauvais cueur contre un plus ancien que soy qu'à « peine il luy pardonne, si d'adventure il ne se peult « taire. » Le Roy répliqua : « Celui qui obéyra à la justice vivra; mais si aucun contemne nostre mandement « et loy, qu'on le face mourir, afin que ce malheur ne « nous poursuyve davantage. » J'ai eu grand plaisir à trouver ce fragment de Grégoire, évesque de Tours, premier historien de France que nous ayons, attendu qu'il contient un mirouer de nostre temps, des causes et remèdes de nostre calamité. Dieu nous face la grace d'en user.

Combien que Charles Martel eust grande occasion d'user et récompenser sa noblesse des dismes et biens de l'église, car vaillamment elle avoit combatu et mis à mort plus de trois cens mil Sarrazins près de Tours, toutesfois noz fidèles chroniques portent que gens de bien eurent visions terribles et espouventables des peines qu'enduroit l'ame de ce grand Roy pour ce faict.

Le Roy Philippe-Auguste, enfant mineur, ne put souffrir qu'on tyrannisast les églises ou ministres d'icelle, et, pour venger les injures de Dieu et des siens, print en personne les armes à l'aage de quatorze ans, contre quelques nobles qui s'estoient élevez en Berry sur l'église, par mespris et contemnement de la grande jeunesse du Roy.

Il y a un concile faict à Aís en Allemagne, sous le Roy Pépin, où aucuns sont condamnez ; je croy que c'estoient les brugans, desquels tantost je parlerai, qui tenoient les propos que tiennent volontiers les emprunteurs de l'église sans affection de rendre. Quel mal est-ce (disoient-ils), quel danger y a-il, si nous usons des choses ecclésiastiques en noz nécessitez? Que s'en soucient Dieu et les saincts, en l'honneur desquelz on les offre, veu que rien n'en vient à leur proufit; et où Dieu a-il commandé qu'on les luy donnast, attendu que tout luy appartient? Quasi tout ce concile s'employe à confuter tels malings esprits; et si aucun a loisir de prendre garde de près, il n'y a presque pas un concile national de France qui, sur toutes choses, n'excommunie tous empiéteurs et usurpateurs des biens ecclésiastiques.

Nonobstant ce bon naturel des François, il n'y a eu quasi hérésie soustenue de puissance, ny Barbares en l'Occident, qui n'ayent desbordé sur l'église gallicane, sans infinies oppressions qui luy sont advenues par les guerres ordinaires de ses Roys et princes.

Lucius, pape environ le temps de sainct Cyprian, escrit aux évesques de Gaulle et d'Espaigne : « Nous avons « receu de bien bon cueur voz lettres, mais nous sommes « fort tristes de vos maux et afflictions ; car vous nous « mandez que vous estes vexez et tourmentez, tant par « aucuns qui ne tiennent la droicte foy, ains sont em- « brouillez de plusieurs erreurs, que par autres qui les « poulsent à persécuter voz églises et à les dénuer de « leurs possessions et oblations des fidèles, et à travailler « voz pauvres ministres, et que pour ceste occasion plu- « sieurs quittent et laissent la saincte et vraye religion. »

Semble que sainct Hilaire, de son temps, se plaigne du ravage des églises par les arrians, aussi bien en France comme ailleurs : « O loup ravissant (dit-il à Constance, « empereur), nous voyons bien vostre robe de simplicité! « Vous faignez honorer Dieu et porter sa cause, y employant « le pillage des églises et exactions sur le peuple. Quelle « fureur avez-vous exercé contre l'église de Tholose? Les « pauvres clercs sont meurtris de coups de bastons et « vous avez mis les mains sur Jésus-Christ. Les saincts et « fidèles entendent bien avec moi ce que je veux dire. O « Constance! si je mens, que vous soiez estimé ouaile ; « mais ayant commis tel faict, vous estes Antechrist. »

Les Romains et les Grecs, depuis Valantinian premier, furent si subtils qu'ils chassèrent et envoyèrent, les uns après les autres, Gothes, Vandales, Hongres et autres Barbares voguer et flotter par les belles pleines de France, pour s'en despescher, tant que leur puissance s'estandoit, et aussi que la descente des Allemaignes a tumbé ordinairement sur icelle. Dieu sçait si tels sauvages eurent miséricorde des églises! Le bon sainct Hiérosme, eslongné d'autant qu'il y a depuis la Judée jusques au Rhein, plore ce misérable païs des Gaules. Nations barbares (dit-il) et d'infinie multitude ont envahy toutes les Gaules. Mayence est prinse et démolie, et gens innumérables, tuez ès églises, jusques à Rheims, belle et puissante ville, Amyans, Arras, Térouenne, Tournay, Spire, Strasbourg, sont emmenées captives en Allemaigne. Aquitaine d'avantage et le païs de Lyonnois, qui contient neuf peuples, et la Provence, bien peu de villes exceptées, sont pillées, et le tout dehors le gouteau de peché et au-dedans la famine. Je ne puis (adjoute-il) sans plorer parler de Tholose, que je croy estre sauvée de la ruine par les mérites du sainct évesque Exupère.

Grégoire, évesque de Tours, couche en son histoire que Evarix, Roy des Gothes, suscita grande persécution en France, et, massacrant les gens ecclésiastiques, fit estouper les portes des églises d'espines, afin qu'on les obliast par faute de les fréquenter.

Tant par le concile assemblé *ad Theonis villam,* je croy que maintenant nous disons à Thyonville, que par un canon du pape Nicolas premier, aparoit que, du temps de Charlemaigne, en Gascongne se leva une troupe de mauvais garçons sous la conduite d'un nommé Burgand, qui défaisoit tant de prestres qu'il rencontroit, et ravissoit les autels, les vaisseaux du précieux corps et sang de nostre Seigneur, et le sainct huille, comme choses en rien différentes des autres communes; et comme apert par le concile tenu à Ais en Allemaigne, icy devant allégué, il y avoit de l'hérésie en telle manière de voleurs, qui premièrement acquirent le nom de brygans en France, de leur capitaine, et en exécration de leur meschanceté les François ont appellé depuis tous détestables larrons brygans.

Environ Carloman, les Normans, pour lors infidèles, prinrent terre en France et par l'espace de quarante ans luy firent porter et expérimenter toutes les afflictions du monde. Entre les autres abominations desquelles ils se délectoient, estoit d'establer leurs chevaulx par les églises après les avoir saccagées. Ils assaillirent de toute leur puissance deux fois Paris et une fois Chartres, mais en furent repoulsez. De crainte de leur fureur, les François adjoutèrent en leurs letanies et prières: *A furore Normanorum libera nos, Domine*. Mais pour lors ils n'estoient chrestiens.

Après que Philippe-Auguste, en son bas aage, eut puny en Berry les assassineurs des églises, ils se réalièrent et se nommèrent les Cottereaux, je ne sçay pour quelle raison. Ils s'assemblèrent environ sept mil, et alloient de place en place, fouillant les églises, et emportoient toutes les reliques et calices, et bailloient les corporeaux à leurs femmes pour en faire des couvre-chefs; il conculquoient le sacrement comme les autres; et, serrant la gorge aux prestres, ils leur disoient : Chantez, noz beaux chantres. Le bon Roy usa de sa puissance et vangea l'injure de Dieu, qui vangeoit après les siennes autant qu'il souhaitoit, et luy donna le surnom d'Auguste, pour ses prouesses.

Quelque temps après un grand et long désastre courut sur la France par les Albigeois, Vaudois et leur semence, qui dure encores en la conspiration qui nous travaille; touts ont prins plaisir, avecques peu de proufit, à dégaster, désoler et destruire les églises, et à les infecter; l'histoire des Albigeois contient qu'ils déchargeoient leurs ordures sur les autels et que puis se torchoient des nappes.

Sainct Bernard remonstre en beaux termes les fruicts qu'ont apporté telles sectes en l'église gallicane, escrivant d'un meschant moyne apostat nommé Henry, escholier prédicant de Pierre du Brueul: O combien (dit-il) avons-nous ouy et cogneu de maux que ce malheureux a fait et continué par les églises de Dieu. Seigneur Hildefonce conte de Sainct-Gilles, il demeure ès terres de vostre obéissance, cachant le loup soubs la peau de brebis; mais nous cognoissons bien quel il est par ses œuvres, comme nostre Sauveur nous a donné advertissement. Les églises son vagues et sans peuples, les peuples sans prestres, les prestres sans l'honneur à eux deu; et en somme, les chrestiens sont sans Jésus-Christ. On n'estime les églises non plus que synagogues, on nie que le sacraire soit sainct, on juge les sacremens estre sans aucune sanctification, les jours de festes sont sans solennité, les hommes meurent en leurs péchez, et les ames passent sans considération devant le terrible jugement, hélas! ne reconciliées par pénitence, ne munies de la saincte communion.

Je croy que voilà une part des plus notables algarades que nostre église ait receu par les adversaires de la foy, depuis sa première fondation sous les empereurs et princes chrestiens, par lesquels n'a esté souvent mieux traictée à l'occasion des guerres ou inimitiez privées contre le clergé.

Doncques les Roys chrestiens ont aucunes fois deschargé leur cholère sur les églises, comme Théodebert fils de Chilpéric, qui rua sur les terres de son oncle Sigibert, et occupa Tours, Poitiers et les autres villes qui sont sur le bord de la Loyre, et de là passa en Limoge, Cahors et le pays circonvoisin, gastant tout et renversant. Il pilla, destruit et brusla les églises, emporta tout le meuble, dépescha le clergé, rasa les abbayes des hommes, et pressa les religieuses de leur déshonneur, et en abusa, et mit tout à sac, en sorte que la misère des églises estoit plus lamentable que celle du temps du persécuteur Dioclétian.

Chilperic, quelque temps après, envoya son armée à Bourges, contre son frère Guntram, qui ne laissa pas une maison entière, ne vigne, n'arbre, ains coupoit tout et brusloit, voire jusques aux églises, après avoir tiré et robé ce qui estoit dedans. Guntram après, accompagné de ceux d'Orléans et de Bourges, eut sa revanche et fit le semblable par les églises de Poictou. Il chemina outre et se campa à Comminges; et près y avoit une église de Sainct-Vincent, où tout le peuple avoit retiré le plus beau de son bien, estimant que les François, en révérence du martyr, n'auroient le courage de toucher et violer ceste église. Mais depuis qu'ils eurent entendu le butin, ils enflambèrent le temple et n'oblièrent rien de ce qui estoit là serré; et entrez en la ville mirent tout à feu et à sang, sans pardonner à aucune église, ou à aucun prestre, ou à aucun calice ou autel. On rencontrera par noz histoires et chroniques infiniz pareils pillages de noz églises par le moyen des guerres.

Or, s'il fault comparer l'affliction de nostre temps, qui est de l'an mil cinq cens soixante et deux, à celles de jadis survenue en noz églises, les anciennes ne seront que seul et simple advertissement de celles que nous voyons et portons, soit que nous ayons esgard aux persones qui en sont cause et l'ont exécutée, soit au faict, soit à la manière de laquelle on a procédé. Je puis bien exclamer et crier au commencement comme Esaye : Oyez, oyez, ciel et terre, le cas énorme. Un asne recognoit bien l'estable de son maistre en laquelle il a esté nourri; un beuf sent bien le logis de son seigneur; Israël m'a mescogneu. J'ay eslevé et avancé mes enfans, et en récompense ils m'ont renoncé et condamné. Nous savons tous et voyons que les proveuz et exaltez par Dieu et son église, ce sont ceux qui principalement ont brassé et procuré la ruine d'icelle. Je n'ause nommer les plus grands qui en sont coulpables, qui tous doivent leur bien, nourriture et grandeur aux prélats de l'église. Pour le moins, tant qu'on fit venir et qu'on présenta d'hommes à Poissy, pour ministres et bourreaux de ceste lamentable exécution soubs le nom du ministère de la parole de Dieu, estoient tous sortis du giron de l'église, en laquelle ils avoient esté entretenuz, instruicts, et de bélistres poulsez au ranc et nombre des gens de bien. De douze y en avoit huict ou neuf moines apostats, et Besze, le capitaine et prescheur empistolé, avoit luxurié et paillardé tout le long de sa vie aux despens de l'église, engressé de deux ou trois priorez que depuis a vendu. Aux semblables exterminations de l'église par les arrians et autres, nous lisons qu'ordinairement les chrestiens, voire Barbares, comme Vandales et Arabes, ont eu horreur d'un bon sang naturel, sans y adviser par conseil, de souiller leurs mains en si exécrables sacriléges, ores qu'on les commist hors de leur pays et terres de leur naissance ; et combien qu'ils les appetassent et commandassent estre faicts par l'esprit qui les possédoit, néantmoins pour exécuteurs de telle injustice et impiété usoient de Juifs et payans, que la conscience ne pouvoit retirer et remordre. Sans rien amplifier, les François calvinistes, jadis tant conscientieux, ont pollu leurs mains de tous sacriléges desquels se pourroit adviser l'homme, soit juif, payan, ou nay et nourry en toute barbarie et sauvagine, et n'ont appellé à leur service aucun estranger pour exécuter leurs cruautez, sinon après avoir abbreuvé et engressé leur enragée et affamée férocité du pillage des églises, du ravissement et effusion du sang de leurs pères, mères, frères, prochains, amis et voisins, de leur Roy et autres seigneurs. Les François, jadis si bien réduits et composez à toute humanité, ont cherché par toute la terre, et de leurs sacriléges ont monopolé avec les plus sauvages, les plus sanglans et anciens ennemis de leur vie, religion et païs, pour défriter, désoler et déserter la terre d'un royaume si fertile et florissant ; car bien peu d'autres choses restent à brouter et consommer, pour accabler et esgorger ce qu'il demeure de leur peuple, et pour du tout opprimer leur Roy, naturel seigneur, pupille et orphelin, qui n'a sauvé de leur tirannie que sa jeune et innocente vie, que par tant de fois et moyens ils machinent avant son accroissement luy couper et estaindre. Il pourra bien dire cy-après avecques l'église de Jésus-Christ: Les hérétiques m'ont souvent persécuté dès mon enfance. Dieu veuille qu'il puisse achever le propos, et dire : Mais par la grace de mon Sauveur ils n'ont pas prévalu. O quelle évangile ! O quelle parole du Seigneur ! O quels sangliers eschauffez et laschez sur la florissante vigne du Rédempteur ! O quelle hérésie qui, de la propriété des membres de Jésus-Christ, change et transmue l'homme au naturel de l'Antechrist, et de chrestien le rend pis que payan, et de miséricordieux, gratieux et obéissant evangéliste en fait un cruel, furieux, abandonné et désespéré athéiste ! Soit que nous regardions aux actes commis contre la religion, soit aux offenses faites contre le magistrat, soit aux injures, concutions et carnages multipliez sur le peuple paisible, rien plus n'apparoistra que toute effrenée bestialité, et rien moins qu'aucune humanité. Ce n'est mon propos et desseing, en ce traicté, d'escrire au long la tragédie qu'ils ont jouée, c'est l'œuvre d'un meilleur esprit que le mien et matière des bien limez stiles ; je me contenteray de toucher en passant, et en sommaire, aucuns de leurs sacriléges seulement et des moyens par lesquelz ils ont procédé. Les historiens déduiront leurs rébellions contre le Roy, dommages et violences sur le peuple. Je dis doncques que les ministres de mensonge,

Besze et ses consors, lorsqu'à Poissy et en court, fléchissans le genouil et se jectans contre terre, se preschoient aux trop bons seigneurs et dames les très humbles, très obéissans et très affectionnez serviteurs de Dieu et du Roy, ils prochassoient et brassoient ceste dernière entreprinse des très fiers, très rebelles et très ennemis conjurateurs contre Dieu et le Roy, et pour la première instruction imprimèrent ès cueurs de leurs suyvans et confédérez de ne faire aucune conscience de mentir, dissimuler, calomnier, imposer faux crimes, piller, desrober, voler, assommer et tyranniser en toute cruauté, moyennant qu'ils sceussent bien desguiser toutes choses et se couvrir du nom de la parole du Seigneur. Après ils obtinrent bon support entre les grands et firent repoulser ceux qui les entendoient bien et prévoioient aux affaires pour rompre ceste conspiration.

Quand ils eurent gaigné ce poinct, ils délibérèrent de l'exécution de leur conseil, et arrestèrent que, pour commancer l'année des merveilles, qu'au mois de janvier on raviroit en une mesme nuict tous les joyaux des églises qui sont ès villes de France, et pour ce faire, que les gentilshommes de leur association seroient advertis de se retirer en ce temps par les hostelleries des villes ou aux maisons secrètes de leurs frères en hérésie, avec tel nombre de leurs gens qu'ils pourroient introduire à petit bruit et soubs ombre de venir des champs ès ville ouïr la parole du Seigneur ; et qu'ainsi assemblez, d'un effort en une mesme nuict, ils pilleroient les églises sans résistance ; car on désarmoit toutes les calamiteuses villes de ce royaume, pour le moins à la requeste et solicitation des dévoyez. En concluant leur concile sur tel pillage, ils usèrent de ce propos : Mesques nous ayons eu de quoy, on voirra la brave entreprinse du mois de may. Cela fut descouvert, et je m'asseure l'avoir ouy par les champs dès le moys de novembre, peu après leur conclusion. Les plus fins et malitieux de leur secte leur remonstrèrent que s'ils brigandoient les églises sans authorité du magistrat, que les nations estranges en seroient scandalisées et qu'on ne pourroit aucunement soustenir leurs sacriléges; mais que s'ils pouvoient avoir un peu de patience, qu'on trouveroit la façon de circonvenir le Roy et son conseil et d'arracher un édict par lequel ils auroient quelque prétexte d'accomplir leur vouloir. Nonobstant les Gascons, comme les plus ardents en toutes choses, exécutoient dès lors les églises réalement et de faict par la Guyenne : et environ de Noel, nombre de gens apparut à Paris, trop plus grand que de coustume, qui alloient en armes aux presches, un jour hors la porte de Sainct-Antoine, en un lieu dit Popincourt, et l'autre aux faulxbourg de Sainct-Marceau, en un jardin nommé le Patriarche. On voyoit bien que tant de gens ramassez avoient quelque mauvaise intention; car ils estoient si insolens que on n'eust ausé se trouver devant eux sur le pavé ou seulement les regarder. Ils injurioient impunément le peuple, ils frapoient et menassoient un chacun, sans contredit, et ne demandoient qu'occasion de faire leur coup, pour lequel ils estoient appellez. Toutesfois encore craignoient-ils la grande multitude du peuple, nonobstant qu'il fust tout désarmé; car qui eust trouvé une espée à un bourgeois parmy la ville, qui n'eust esté huguenot, on l'empoignoit comme séditieux, et cependant les conspirateurs estoient armez de toutes pièces et de tous bastons. Advint que le jour Sainct-Jehan, deux jours après Noel, ceste grande flote de gens desbauchez estoit à la presche au lieu du Patriarche, et pour autant qu'il estoit feste les catholiques sonnèrent leurs vespres, après le sermon, en leur église de Sainct-Médard, où le peuple estoit assemblé comme de coustume. Les huguenots prinrent à injure le son des cloches et alléguoient qu'on troubloit la parole du Seigneur. Et sans autre offence coururent saccager ceste pauvre Eglise, qui n'estoit pas encore parfaicte, rompirent toutes les portes, entrèrent l'espée au poing, les pistolets en main, frappèrent sans discrétion et outragèrent le peuple tout nud, rien moins pensant qu'à la guerre. Entre les autres ils recogneurent celuy qui avoit presché les catholiques, et de fureur ruèrent sur luy, estant à genouil, pour lui trancher la teste : et de faict, du coup ils coupèrent le collet de sa grande robe et de ses autres habillemens, et peu luy offensèrent le col, mais le bastonnèrent à leur plaisir et navrèrent de taillades d'espée. Ils tuèrent aucuns des parroiciens et en blessèrent plusieurs. Ils mirent en pièce le sainct sacrement et le jectèrent contre terre, le conculquants. Ils ne laissèrent pas une image sans luy abattre la teste, comme à un sainct vif et sensible. Ils cassèrent la pluspart des vitres, brisèrent une quantité des autels, volèrent les ornemens, calices, reliques, et généralement tout ce qu'ils purent emporter. Gabaston, chevalier du guet, entra à cheval jusques devant le maistre autel et crioit en gascon corrompu : *Pilla tout, pilla tout.* Ils se vantoient avoir faict leur ordure dedans les fons de baptesme, et celuy d'entre eux qui pouvoit faire ou dire le pis estoit le plus estimé. Je laisse à un chacun à juger les pleurs, clameurs et contenance de ce bon, tant religieux et tant fidèle à Dieu et à son prince, peuple de Paris, qui voyoit tirer et traîner en prison, comme forcères, accouplez et liez deux à deux en une grande corde, des prestres, autres hommes et femmes tous sanglans et navrez, qu'on jecta en un fond de fosse, sans aucune compassion de leurs playes et de leur innocence, et aucuns d'eux là moururent faute d'appareil.

On n'eust ausé gémir ou souspirer à tel spectacle. Le chevalier du guet et ses gens, stipendiez aux dépens des bourgeois de Paris, gardoient les huguenots et matinoient les catholiques. Si aucun levoit les yeux, on l'abbatoit et assommoit comme sédicieux; et une pauvre femme fut trainée par les cheveux en my les ruisseaux et meurtrie de coups pour avoir seulement dict en plorant: Voilà grand' pitié; serons-nous tousjours en telle affliction? Les huguenots marchoient par la ville en ordre de bataille, à pied et à cheval, l'espée flamboyante en la main, et crioient à haute voix: L'évangile! l'évangile! Où sont les idolâtres papistes? et autres blasphèmes qu'ils chantoient. Le peuple ne sçavoit qui réclamer et à qui s'adresser en ce monde. Ceux qui le devoient soustenir le disoient peuple mutin et séditieux, et qu'on l'amoliroit bien. Voilà l'essay de la volerie des églises gallicanes faite par les calvinistes en ceste année, à laquelle, au lieu d'obvier, on poursuivit en l'instant avoir l'authorité du Roy, pour asseurer les huguenots, augmenter leurs bandes et pour achever lesdictes églises par le commandement du magistrat. Car la conséquence de ceste violence privée desplaisoit pour lors aux protecteurs de la secte, qui avoient bon crédit. Doncques, au moys de janvier, deux choses furent mises en délibération au conseil du Roy, sçavoir: premièrement si on devoit establir deux religions en France et ordonner des temples à la huguenote. Pour en opiner furent choisis gens de justice de toutes parts, et de peur de les scandaliser, ou ceux qui les appelloient, je laisseray aux historiens de nostre temps à s'en informer et fidèlement en discourir. Je sçay que les ministres disent qu'on leur a fait tort, et qu'à la pluralité ils gaignoient et obtenoient plus qu'ils ne demandoient, quand ils eussent esté des pires sectes. Sur la consultation des personnes soy disantes de police, non pas de théologie, l'édict de janvier fut basty, par lequel on fondoit desjà sur la puissance du Roy la secte de Calvin, en permettant aux siens, et à tous autres sans limitation, prescher, baptiser, marier et mespriser tous sacremens, hors les villes, sans y comprendre les fauxbourgs, ny mesme les fossez ; car pour monstrer la conclusion de l'édict, Mallon preschoit dedans les fossez de la porte de Sainct Jacques à Paris. Afin de contenter et abuser les catholiques, on disoit avoir beaucoup faict pour Dieu et pour eux d'insérer en l'édict que les huguenots n'auroient aucun temple et ne prescheroient publiquement dedans le circuit des murailles des villes ; néantmoins qu'ils y seroient logez et campez. On tient par expérience la facture de cest édict estre la source des esmotions et ruines de la France ; car la secte depuis a voulu maintenir estre approuvée et receue par le magistrat de ce royaume, combien qu'expressément en l'édict il fut dict : Sans approuver deux religions ; mais on voyoit la mocquerie. Doncques la secte lors desploya les armes plus hardiment qu'auparavant, sous couleur de poursuivre la publication et exécution de tel édict. Les cours des parlemens de France y répugnoient ; j'omets leurs causes et raisons tirées de tout droict, loy, police, expérience et du sens commun. Celle de Paris gravement respondit : *Nec possumus, nec volumus, nec debemus*. Mais depuis, intimidée par la violence des armes et par les menaces de ceux qui la devoient croire et soustenir, changea de propos et laissa couler l'édict par provision seulement. La secte ne fut contente de cela, car elle prétendoit autre chose que de prescher ou de chanter ; toutesfois elle estimoit beaucoup d'avoir desjà la permission de débaucher, diviser et attirer les subjects du Roy à la pipée de faulce presche.

Pour la seconde chose procurée au proufict des calvinistes, en ce mois de janvier, au lieu qu'on avoit différé de leur octroyer des nouveaux temples, les ministres de la secte s'efforcèrent d'impétrer le mandement du Roy de saccager et occuper les nostres : mais finement procédèrent en leur requeste. Ils faignoient vouloir se réalier et rejoindre avecques nous en une mesme église, et seulement qu'aucunes choses les empeschoient, qui estoient et qu'on pratiquoit en noz temples, qui dérogoient à l'honneur de Dieu et à la pureté de l'évangile ; et sur l'abolition d'icelles requéroient estre ouiz contre les théologiens et autres personnes qu'on voudroit. On dit que ceste menée se faisoit aussi par autres gens de police, c'est-à-dire qui ne se soucioient point de Dieu ni de religion, ains seulement de leur phantasie, par laquelle ils pensoient ranger ou rompre la rage des huguenots, leur jectans des pierres en la gueule pour mordre et descharger sur icelles leurs mains et fureur ; mais cependant ils ne considéroient ou feignoient ne préveoir les brisées que tenoit la secte et à quoy elle aspiroit, combien que les dispositions et préparatifs en fus ent oculaires. On dit qu'on allichoit aussi les grands à condescendre et consentir la volerie des églises, par espoir de participer des premiers au butin. Dieu sçait tout et le manifestera quand bon lui semblera. Tant y a que, le mesme mois de janvier, sans aucun préalable advertissement, fut décernée au conseil du Roy une dispute sur le faict de la religion, qui se feroit en court devant la Royne. Et subit, sans aucun délay, fut escrit à la faculté de théologie de Paris envoyer de son corps quatre ou cinq, pour respondre à ce qu'on leur demanderoit ; et on luy commandoit de les nommer et présenter à Sainct-Germain-en-Laye dedans trois ou quatre jours sans dilation. Pour contredire aux théologiens y avoit le capitaine Besze, qui sçait bien brouiller, quand on l'escoutoit sans contredit, la religion et la république, et le badin Perrucelli qui, pour le plus solide argument contre les images, amena un blasphème et fable contre les sainct Dominique et sainct François, son patron et père nourricier, qui l'avoit instruit et eslevé en l'ordre des Cordeliers, à laquelle il a renoncé pour se marier et ouvrer les miracles que nous voyons en France par luy et ses semblables. Afin de plus seurement obtenir les malheureuses conclusions de la ruyne des églises catholiques, les ministres, ou ceux qui les portoient et poulsoient, observèrent deux choses avant qu'entreprendre ceste dispute : l'absence de monseigneur le cardinal de Lorraine, qui en mesme temps arrivoit à Saverne, près Strasbourg, pour délibérer avec aucuns princes et ministres protestans des moyens de pacifier la chrestienté pendant qu'en France on tentoit toutes les voyes de la troubler et renverser. En ceste occasion mondit seigneur ne pouvoit assister en court et donter Besze, la furieuse et cruelle beste, comme dextrement il avoit fait à Poissy, en la présence de la Royne, princes et seigneurs de France. En second lieu on practiqua, ainsi qu'on dit, aucuns ecclésiastiques assez renommez, et qu'on estimoit les plus suffisans, pour droictement ou indirectement accorder avecques les ministres telle désolation des églises, sans par adventure qu'ils y pensassent, ny ceux devant qui on disputoit. Et de crainte qu'aucuns théologiens espars par le païs n'eussent loisir de venir au secours de la foy catholique, d'heure en autre on pressoit et on forçoit la Sorbonne de contraindre ses déléguez partir ; lesquels ne vouloient aller, attendu que c'estoit chose illicite de décider ou disputer publiquement de la religion en court. Ils craignoient aussi les menasses et mauvais visages que pour lors on monstroit en court aux personnages de leur profession. Néantmoins obéirent, conduicts et asseurez par les bourgeois de Paris, ausquels on vouloit persuader la religion catholique contrevenir aux sainctes lettres et que leurs prescheurs et docteurs en seroient convaincus. Eux, au contraire, soustenoient leurs ayeux et devanciers avoir esté cogneuz par leurs œuvres, de si bon esprit et de si bonne conscience, que, sans évidence des Escriptures, tradition apostolique et grand repos public, ils n'eussent gardé, observé et baillé de main en main à leur postérité la foy et église de Jésus-Christ, en laquelle, sous l'obéissance du Roy, leur naturel seigneur, ils aimoient mieux mourir que d'adhérer jamais aux hideuses, furieuses et cruelles bestes nouvelles qui couroient en my leur ville, par la connivence ou permission du magistrat, et troubloient tous les estats; mais puisque c'estoit force de rendre raison de la religion, ils offrirent amener, à leurs propres cousts et despens, gens pour ce faire. Incontinent firent toute diligence de haster les théologiens, et leur donnèrent cueur et moyens de faire leur devoir; en sorte que je puis bien dire que, s'il plaist à Dieu restituer la religion et le Roy en leur pristin estat, on en doibt sçavoir principal gré au Roy de Navarre, aux seigneurs de Guise, connestable et mareschal de Sainct-André, et aux bourgeois marchands de Paris, qui les premiers se sont opposez aux assaulx des calvinistes et ont fait tout devoir envers les princes et seigneurs, et toutes autres personnes, de supplier, admonnester, inciter et aider à rompre les nouvelles factions qui premièrement se dressoient en la ville capitale de Paris, comme l'histoire de nostre temps sçaura bien le déduire.

Le premier article de la dispute touchoit au vif où prétendoient de première face les ministres : à abatre et exterminer toutes images, reliquaires, oblations, paremens et ornemens des églises ; et là disoient ne vouloir faire fin, ains qu'il y avoit plusieurs autres choses qui les faschoient et empeschoient de se réunir avecques nous. L'issue de ceste conférence fut partie en trois : les ministres demeurèrent obstinez en leur opinion de tout muer, briser et dissiper; les théologiens contentèrent fort la Royne (comme il sembloit), princes et seigneurs assistans, qui n'eussent cru, sans ouir et entendre les raisons, beaucoup de choses que l'église simplement propose au peuple par les temples, sans disputer, et montrèrent le légitime et accoustumé usage des images, en réprouvant les abus ; les autres, choisis pour renforcer les ministres, en leurs propos enclinoient avecques eux, et en conclusion voulurent moyenner et partir la robe de Jésus-Christ en cest article, retenant la croix contre les calvinistes qui l'ont en horreur, et remuans ou transportans les images à leur plaisir contre les catholiques. Les calvinistes et sorbonistes ne trouvoient aucun fondement à l'advis de ces moyenneurs : Car, disoient les calvinistes, s'il faut oster les images et ne les recognoistre par honneur aucunement, parce qu'elles ne sont que bois et pierre ou autres matières, la croix ne mérite rien d'avantage, car elle est de mesme matière. Les sorbonistes en pareil disoient : Si révérence est due à la croix, parce qu'elle est image représentante celuy à qui l'honneur se réfère, pourquoy ne honorerons-nous les autres images, qui représentent aussi ceux et celles à qui est deu quelque honneur et recognoissance? La Royne remit, et appointa au concile ou au Pape ce différent, et ce qui estoit certain et bien prouvé de la foy catholique, conformé par possession immémoriale, fut laissé en aussi grand doute comme les deux autres opinions; d'où les huguenots ont tiré argument et occasion de soutenir et colorer leur sacrilége. Ils ont fait imprimer un livre et l'ont inscrit : la Remonstrance au Roy sur les idoles abatues hors des temples, où ils maintiennent avoir brisé les images par authorité publique et vouloir du Roy, non exprès, mais assez cogneu par la conférence ou colloque, voir arrest (ausent-ils escrire) faict au conseil privé de déjecter et abolir les images et le service de Dieu accoustumé ès églises. Ainsi porte le texte : « Sous vous, Sire, la parole de Dieu a esté publiquement « preschée et ouie, et les sacremens administrez et receuz « selon la vraye institution de Jésus-Christ. Sous vous, « encores a esté délibéré, et arresté, et conclu le moyen « de servir Dieu en toute pureté et intégrité, et de chas- « ser et extirper l'idolatrie qui, par le passé, a trop com- « mandé en ce vostre royaume. Et n'a rien esté trouvé plus « expédient que d'oster les images et idoles qui sont ès « temples, certes trop abominablement. »

Voilà que sert aux Roys d'admettre devant leur face ces harengueurs, bourdeurs, imposteurs, voleurs, sacriléges, brigans, tirans et desloyaulx traistres à Dieu et à leur prince. Depuis qu'une fois ils sont ouiz, ils se disent receuz, approuvez, authorisez et chargez d'exécuter leurs massacres, et se persuadent et preschent estre ministres extraordinaires de la volonté des Rois et Roines, comme ministres de Dieu par vocation et mission extraordinaire; mais la prouve de l'un et de l'autre gît à la poincte de leur espée. Depuis ce mois de janvier les églises furent assaillies en plusieurs endroicts et assiégées comme villes; à Tours et par la Guyenne, on les rençonnoit, et par composition d'argent on les laissoit en paix; on en pilloit aucune. Les ministres partout semoient que par dispute et vive raison ils avoient obtenu qu'on osteroit les images et qu'on repurgeroit les églises, et que la Sorbonne et évesques de France en estoient d'accord. Aucuns seigneurs faisoient déjà amas de gens secrètement; les autres commençoient fort à se manifester et tiranniser le clergé. Sur le païs on tua quelques bons curez résidens sur leurs bénéfices; on coupa à aucuns prestres les oreilles, et en dérision les nobles bourreaux en faisoient des enseignes à leurs chapeaux. Les chefs de ceste conjuration n'omettoient rien à faire tenir près leurs gens par les villes, d'autant que le mois de may approchoit. Le premier signe de la rebellion se devoit donner à Paris, pour, après avoir occupé et saccagé la ville capitale, intimider et saisir les autres de leur bon gré. De sept à huict cens hommes à cheval furent quelquefois au presche audit Paris, sans une infinité de gens de pied de toutes qualitez. La ville trembla et fut fort, non sans grande occasion, esmeue. Desjà les supposts de la conjuration avoient marqué jusques à neuf cens des principales maisons pour piller. Monseigneur de Guise, retournant des Allemaignes, survint à la bonne heure, qui, mandé par la Royne et le Roy de Navarre, par messeigneurs le connestable et mareschal Sainct-André, avecques eux et autre grande compagnie de seigneurs et gentilshommes, asseura ce pauvre peuple désarmé et livré en proye (Dieu sçait par qui) entre les mains des rebelles et conspirateurs contre la couronne de France, qui, déchassez et enragez de si beau butin qui leur estoit eschapé, se retirèrent à Meaux pour adviser à leurs affaires. Et le lundy de Pasques, au mois d'apvril, de rechef se présentèrent aux portes de Paris pour le surprendre en l'absence des dénommez seigneurs, mais furent admonestez de ne pas s'approcher, sur peine d'estre mis en pièces. De Paris, à bride avalée, coururent à Orléans et y entrèrent, car on les y attendoit. Ils disoient venir par exprès commandement du Roy pour lui conserver sa ville, qu'aucun n'auroit dommage ni fascherie, que chacun vivroit librement en sa religion, selon l'édict de janvier, avecques inhibition de forcer, violer, piller et occuper les églises; mais estoient bourdes et belle entrée, comme tous infracteurs et transgresseurs de la foy catholique, sans aucun excepter, ont eu la conscience double et cautérisée, et ont fait estat de jurer, parjurer, promettre et rien tenir. Ainsi, de jour en jour et de plus en plus, contre l'édict de janvier, duquel ils se nommoient observateurs et protecteurs, et contre leur foy, ils muquetoient les églises d'Orléans, et commencèrent à donner sur celle de Sainct-Euverte et la déchiquèrent à leur façon; brisèrent les images, froissèrent à coups de marteau de fer les autels et sépulchres, cassèrent les vitres, fendirent les chaires, et tout ce qui estoit de bois, en esclats, et y mirent le feu, pour dénigrer et enfumer les murailles, et jectèrent dedans ce feu tous les livres ecclésiastiques et ceux qu'ils trouvèrent en l'abbaye, et usèrent des plus ordes et sales paroles qu'ils pouvoient trouver, et y establèrent depuis leurs chevaux, et y firent leur ordure, et ruinèrent du tout le monastère sans laisser une seule muraille entière; empoignèrent aucuns des religieux qui y estoient demeurez et les constituèrent prisonniers pour révéler les reliques qu'on avoit cachées, desquelles seurent le lieu par aucuns jeunes qu'ils desbauchèrent de promesse, et ravirent tout, reste les saincts ossemens qu'ils bruslèrent. Les seigneurs faisoient bonne mine avecques leurs ministres et monstroient n'approuver telles abominations; mais toutesfois ils vouloient avoir en possession tout le butin. Et les grands sacriléges emprisonnoient les moindres, comme fut saisi au corps un gentil-homme logé, auparavant la destruction, audict Sainct-Euverte, accusé d'avoir prins sa part des reliques avant que les faire venir en lumière. Je ne dois taire la pitoyable condition des deux plus anciens religieux de ce monastère, aagez d'environ chacun quatre-vingts ans; l'un est demeuré en la ville, enfermé plus de quatre mois en un grenier, au feste d'une maison pestiférée, et pour ce les huguenots n'y fréquentoient pas, et là prioit Dieu jour et nuict, attendant telle mort qu'il plairoit au Créateur luy envoier. Un sien bon parent luy administroit secrètement son vivre.

L'autre, curé de la parroisse qui estoit en ladicte abbaye, s'estoit sauvé et retiré en un petit bourg nommé Mareau, sur le chemin d'Orléans à Pithiviers, ou firent courses les brygans dudit Orléans, le mois d'aoust, et trouvèrent en ce lieu le pauvre vieillard malade, tirant à la mort, qui avoit esté administré le matin, se disposant à mourir. Ces bourreaux l'interrogèrent s'il n'estoit pas prestre et moyne; parlant encores un peu, leur respondit que ouy; et lors luy mirent une corde au col et dessous les bras, et le trainèrent parmy le bourg, tout nud, fouetans d'osiers, et au bout, voyant que le misérable corps vieil et caduc remuoit agité de mort, luy donnèrent un coup de boulet à travers la teste, et, rendant l'esprit, l'attachèrent à un arbre et par plaisir le hacquebutèrent.

Après le sac de l'église et monastère de Sainct-Euverte on procéda aux autres, mais avecques l'hypocrisie accoustumée des hérétiques. Quand ils disent bien, c'est lors qu'ils machinent du mal, et fault attendre tout le contraire de ce qu'ils disent et promettent. Doncques audit Orléans fut fait un cry de ne dommager aucunement les églises, n'esgratigner une image; mais ce furent publications à la huguenote; l'inhibition de mal faire, à leur jargon, c'est permission et commandement. A l'instant de tel édict, les églises furent enfondrées, et, sans rien répéter, accoustrées comme l'autre. Le sainct sacrement fut deshonoré, blasphémé, mis soubs le pié, où il fut trouvé, ou haquebuté. Ceux qui avoient la charge des fabriques et reliques des églises ne furent oubliez pour en rendre compte suivant une inventaire faite à ceste fin par le baillif; et faulte de tout représenter, et plus qu'il n'y en avoit, on les tenoit prisonniers, on les rensonnoit et tormentoit. Le feu fut mis à tout le bois de la maistresse église, appellé Saincte-Croix. Le peuple, effrayé et estonné de voir ardre leurs temples et la flamme qui en sailloit par les fenestrages des vitres rompues, crioit parmy la ville : Miséricorde, et cuidoit desjà estre perdu, comme de vray il estoit. Ils simuloient vouloir garder les joyaux ecclésiastiques pour le Roy et les porter en la tour neuve, qui est sur l'eaue, en seureté; mais avant qu'ils fussent enregistrez et présentez aux grands voleurs et larrons, les larronceaux en vouloient avoir leur part. Ils esgratignoient par où ils pouvoient les riches vaisseaux. Si un chef estoit soustenu par des images d'anges, les uns en rompoient une aille, les autres la teste, et les derniers en contemnoient le reste. Les pierreries et enrichissemens estoient enlevez, que facilement on emboursoit ou embottoit. Du gros et du menu, ils en rendront aussi bon conte au Roy, mesques il soit majeur, comme de leurs autres faicts, ainsi qu'ils promettent par leurs déclarations et libelles, escrits pour amuser les fols, qui ne croient, ne sentent, ne prévoyent le mal avant que le recevoir. De ce qui a esté amassé en ladicte tour, ils en ont forgé depuis monnaie. Quant aux ornemens, ils furent abandonnez au pillage, pour mieux les vilipender, profaner et contemner. Les soldats s'en firent gentils-hommes de couleur et en portèrent chacun son escharpe, et jartiers à leurs chausses, pour enseigne et livrée des sacriléges ; et disoient mots correspondans, de blaspheme et infamie, contre l'honneur et service de Dieu, de ses saincts, de son église et de son peuple. Aucunes fois, par récréation, ils habilloient l'un d'entre eux en prestre, disant la messe, et le menoient en triomphe parmy la ville, chantans par irrision *Te Deum laudamus*, ou *Requiem*, et faisoient autres infinies insolences, indignes d'estre ouies entre les chrestiens. Ès églises, et par les maisons des gens ecclésiastiques, rien ne demeura entier. Ils deschiroient et brusloient les bibliothèques. Toute figure fut effacée, reste de Vénus ou des vrais idoles et fables, si aucunes y en avoit, qui plaisent plus aux huguenots que les saincts et sainctes ; tout sépulchre éminent ou de marque fut ouvert, mis en pièce, et les ossemens bruslez ou laissez sur place. Le cueur enterré en Saincte-Croix a esté fricassé et bruslé, de l'innocent et bien conditionné Roy François deuxiesme de ce nom, fils aisné de Henri Roy, non sans cause bien regretté de son peuple et de la Royne mère vivante, frère du Roy Charles et du duc d'Orléans, ausquels Dieu face grace de tout entendre. Il mourut en ladicte ville, tenant ses estats pour obvier aux calamitez de son peuple et royaume, que nous portons. Depuis ils descendirent les cloches pour en fondre des canons, avec les pilliers de cuyvre, aigles et chandelliers des églises. Ils emportèrent les portes et bruslèrent les livres et tout le bois d'icelles, et démassonèrent les quartiers de pierre de taille des portaulx et fenestrages, afin qu'aucune forme d'église plus n'apparut, sans y laisser ny fer ny clou ; et des fons baptismaux en ont usé pour retraicts et selles percées. D'aucunes églises ils en ont fait des granches, celiers et lieux publics pour retirer leurs munitions, comme celle des cordeliers, qui estoit pleine de leurs pouldres, ou le feu print sans sçavoir comment et consomma tout. O Dieu éternel, on dira que nous blasphémons en récitant nuement et à demy ce que nous voyons. Le clergé, environné de ces maux, se sauva clandestinement, chacun se desguisant comme il peut, pour sortir des portes ; plusieurs se jectèrent la nuict dedans les fossez pour eschaper. Le premier qu'on attrapoit, on le coffroit en une fosse, et on luy imposoit qu'il recéloit les reliques ou autres faux crimes, pour le tourmenter. Autant que ces tyrans en ont cognu en la ville, ils les ont despeschez, s'ils ne renioient chresme et baptesme.

Un jour en surprinrent un disant la messe en un grenier et consolant les catholiques, lequel tirèrent tout revestu de ses ornemens en pleine rue, et luy mirent en la teste un morion et sur l'espaule une picque, et par opprobre le firent tenir tout le jour entre les gardes des portes de la ville, sans manger ne boire ; mais assez le souloient d'injures, mocqueries et blasphemes. Le pauvre curé de Sainct-Paterne, nommé Gueset, aagé de plus de soixante et dix ans, n'avoit voulu abandonner ses parroissiens ; ains, caché, les consoloit, attendant la miséricorde de Dieu et du Roy, et a demeuré en cest estat environ quatre mois. A la fin fut descouvert et empoigné, livré entre les mains du baillif, son ancien ennemy, pour le faict de la religion; car y a quinze ou vingt ans que ce bon curé se tourmentoit et emploioit tout son bien à obvier à la ruine d'Orléans par les huguenots, et principalement par ce baillif et autres justiciers, qui de longue main sont fort desbauchez. Il les poursuivoit et souvent déféroit au conseil privé et à la court de parlement de Paris. Au lieu de le croire et faire justice, on l'estimoit sot, indiscret, homme de sang, séditieux, aux propos duquel on ne devoit avoir esgard, ains s'en mocquer; qui a esté la rétribution, en France, de tous ceux qui se sont formalisez pour la religion, et ont prédit et crié sans cesse les maux où nous sommes décheuz. Dieu, de sa bonté et puissance, nous en veuille retirer, et nous apprenne à ne plus récidiver par l'expérience de noz afflictions. Tant y a que si on eust fait justice, à la clameur des bons personnages, de peu de gens que nous voyons et avons veu incorrigibles, pour cent ou deux cens pour le plus des principaux de toute la France qu'on eust executé, desjà ne fussent morts plus de cinquante mil hommes, sans que soyons asseurez du nombre qui mourra avant que soyons en paix, après la ruine et dévastation de ce tant riche et opulent royaume.

Les seigneurs, ministres et juges d'Orléans, tenans lié ce pauvre curé, en firent comme les Juifs et Hérodes de Jésus-Christ, se gabèrent de luy à leur plaisir, et cherchoient faux accusateurs et accusations; ils luy imposoient qu'il faisoit estat de trahir le Roy, comme desjà ils le disoient avoir voulu faire avecques un nommé Artus Desiré, et que, sorty d'Orléans, il estoit rentré pour trahir la ville. Ils luy faisoient accroire aussi qu'il forgeoit de la faulce monnoye ; mais il leur en souvenoit à cause qu'ils estoient bien empeschez à en forger de leurs sacriléges. Enfin, ils luy promettoient impunité s'il se vouloit amender et renoncer à la foy catholique, et pour le catéchiser, envoioient souvent leurs ministres, et pour luy remonstrer et disputer. Le bon homme, plus qu'il enduroit, plus constant et vertueux il estoit en sa vieillesse, et rembarroit les ministres mieux qu'il n'eust peu faire en sa pleine liberté. Enfin le questionnèrent et géhénèrent par deux fois, plus pour luy faire renier sa foy et créance que pour tirer aucun secret; car il n'en sçavoit aucun et leur protestoit n'avoir changé d'estat ne de robe depuis leur venue à Orléans, mais qu'il avoit mieux aimé s'exposer à la mort, que de fuir, laissant son troupeau à la gueule des loups. Ils le condamnèrent à estre pendu en la place publique, comme traistre, séditieux et ennemy de l'évangile. Allant au supplice, ce vieillard commença à dire la passion de nostre Seigneur, à prier Dieu pour ses brebis et pour la ville; et en l'eschelle fit plusieurs et grandes remonstrances, aux seigneurs et ministres qui le faisoient mourir, de leur entreprinse et rébellion contre Dieu et leur Roy, de la religion catholique, en laquelle et pour laquelle il remercioit Dieu de ce qu'il luy faisoit grace de mourir; et admonnestoit le peuple d'y persévérer, quelque affliction ou mort qu'on luy présentast. Il parloit de sens rassis et sans aucune appréhension; de quoy offensez les seigneurs et ministres, et pour autant qu'aucuns de leurs soldats et du peuple assistant commençoient à frémir et à murmurer de compassion et pitié, de veoir exécuter, sans crime et cause, un si constant et atténué vieillard, ils le firent de rechef advertir par l'un de leurs ministres, que s'il vouloit se convertir à leur hérésie, qu'on le délivreroit; quoy refusant, fut jecté et estranglé. Nostre Sauveur Jésus-Christ, entre les mains duquel il rendit son esprit, nous donne pareille force et patience, si ainsi luy plait que tombions entre les mains de ces Nérons et tirans françois.

Les chevaliers du désordre, ne trouvant plus ou mal faire, sinon qu'aux bourgeois catholiques, lesquels ils rençonnoient et plumoient, bon gré mal gré, de tant d'argent qu'ils vouloient, saillirent par troupes sur les villages et visitèrent les églises à leur mode. Le premier qui arrivoit estoit le plus habile à succéder au bien public et consacré. Quand ils rencontroient un prestre, l'honneur qui luy portoient estoit de l'enchevestrer du licol de leurs chevaulx, et, après l'avoir trainé longuement, de luy crever les yeulx, ou couper le nez et les oreilles, ou les parties honteuses, et puis le pendre ou hacquebuter. A aucuns, pour approuver leur force, ils ont d'un coup fendu la teste en deux ; ils ont escorché la face à aucuns et les doigts consacrez en leurs sainctes ordres. A Boisgensi et aux environs, ils ont fait des meurtres exécrables et estranges de persones de toutes qualitez, en grand nombre, jusques aux petits enfans. A un village nommé Patte, loing de six à sept lieues d'Orléans, ils assaillirent vingt ou vingt-cinq personnes, entre lesquelles il y avoit des enfans, qui, de crainte de leur venue, s'estoient retirez au cloché de l'église, auquel ils mirent le feu pour brusler ceste jeunesse, de laquelle deux petits innocens se laissèrent tomber à bas, pour eschaper, qui furent reprins de ces brigans et reportez dedans le feu.

Ils voyagèrent aussi, comme ils disoient, à Nostre-Dame de Cléry, et y firent leurs offrandes de toute inhumanité et cruauté. N'ayans trouvé du premier coup les reliques, ils s'addressèrent entre les autres à l'image du Roy Louis unzième; et, comme s'ils l'eussent tenu vif entre les mains des bourreaux, luy coupèrent les bras, les jambes, et à la fin la teste; après, cassèrent et ouvrèrent son sépulchre et bruslèrent ses os.

La mémoire du Roy leur déplaisoit, qui avoit instruit ses successeurs de la façon de laquelle on doibt punir les rebelles françois. Ils ne pardonnèrent non plus à la chapelle de Longueville, où estoient les sépulchres des seigneurs de ceste maison, qui furent aussi brisez, et leurs corps à demy entiers exposez aux chiens sur la paille, sans couverture. Ne trouvans ce qu'ils demandoient ny les chanoines pour en respondre, ils les firent proclamer à trois briefs jours pour se présenter à Orléans et fournir de leurs reliques, sur peine d'estre penduz où ils seroient rencontrez. A la fin, ils eurent révélation du trésor et en ont disposé comme des autres. De Cléry ils furent à Vendosme, saluer la Roine de Navarre, et jouèrent en sa présence leur jeu contre les églises, et déterrèrent les pères et ayeux du Roy de Navarre et du prince de Condé, et les brusièrent ou laissèrent comme les autres. Un moyne de l'abbaye dudit Vendosme, voyant ceste tant repentine invasion et destruction, jecta la saincte larme en son sein et la sauva.

A Angoulesme le sépulchre du comte Jean, réputé sainct, fut violé, et celuy de ses successeurs de la maison d'Angoulesme, de laquelle est celle de Vallois, régnante encores par la grace de Dieu en France; les ossemens de tous furent bruslez et mis en cendre, ou semez sur la place.

Le capitaine Besze, ministre du Christ des Juifs empistolé au lieu de Jésus des chrestiens crucifié, après avoir amassé une bonne somme d'argent des sacriléges faicts par ses gens et par luy commandez, se retira d'Orléans avec la bourse, loing des coups et du camp du Roy, en Champaigne, pour passer en Allemaigne quérir du secours, comme il disoit; et prescha en ladicte Champaigne trois ou quatre fois, et appelloit les Champenois dures testes, qui ne luy vouloient obéir; et, de despit et de rage de n'y rien profiter, ordonna la mort des curez et prestres, et fis pendre les uns, décapiter les autres et meurtrir le reste, après les avoir prins à rençon comme ennemis.

Voilà un brief recueil des faits abominables des soydisans bons serviteurs de Dieu et du Roy. Si nous sommes si aveuglez et dépravez que ne les voulions cognoistre, ou tousjours les voulions supporter, la postérité en jugera et Dieu sur nous le vengera. Le tout est advenu depuis le mois d'avril jusques à la my-aoust de ceste année 1562.

Pendant ce temps Tours fut rendu entre les mains de ceste conjuration, et de trois églises, de Sainct-Martin, Sainct-Gratian et de l'abbaye de Marmontier, les huguenots ont bien tiré des reliques deux mil marcs d'argent et mil d'or, sans les pierreries et autres singularitez ; et ont si bien tout espluché qu'ils n'ont laissé ny fer ny clou, et les démolitions sont irréparables. Bloys, Poytiers, Bourges, Lyon, avecques tout le Daulphiné, Chaalon sur la Saune et Mascon leurs ont esté livrez par telle manière qu'il a pleu à Dieu le permettre, et aux hommes de ce faire ou endurer. Sans nouvelle description, gens de semblable profession ont exercé partout cas semblable. Des uns on peult juger et cognoistre les autres, sans user d'infinies répétitions par chacune ville. Le Mans fut livré par un lieutenant de la ville, en un jour de feste ; et pendant qu'on chantoit l'*Agnus Dei* de la grande messe, entrèrent en la grande église je ne sçay combien d'hommes bien armez, qui d'arrivée crioient : Sortez, bougres de prestres, qu'on vous taille en pièces. Toutesfois quelqu'un des principaux dit : Laissons-les achever ceste messe, ils n'en diront jamais. Les pauvres chanoines la prolongèrent le plus qu'ils peurent, lesquels furent empoignez, revestuz de leurs surplis, et trainassez parmy les rues et en leurs maisons, pour exhiber ce qui estoit dedans. On les menassoit de froter les pieds des chevaulx de leur sang. Un, entre les autres, ne peut avoir patience, et, estant en son logis, pria un baron qui menoit ces voleurs de se retirer et de ne l'assaillir en sa maison sans cause ne commission du Roy, et que, s'il le faisoit, il seroit contraint de se défendre. Le gentilhomme si bien accompagné print à injure ceste remontrance et se mit en devoir d'entrer par force le premier ; il fut traversé et tué d'un coup de boulet, et le chanoine fut saisi au corps de la multitude de ces brigands, et condamné par le lieutenant a estre pendu et estranglé, nonobstant son bon droict, et sa cléricature, et tout appel, et ainsi mourut exécuté.

Là les huguenots resembloient aux autres, contre les églises et le clergé, et firent un cas fort énorme; ils prinrent un vieux moyne en son logis, lui coupèrent sa nature, la fricassèrent, et puis firent avaller par violence; et enfin luy fendirent l'estomach vif, pour veoir que ceste partie honteuse estoit devenue.

A Rouen et par toute la Normandie, ils brusloient dedans les églises les ornemens d'or et d'argent et de toutes autres matières, et n'en vouloient même vendre les cendres, ains tout consommer.

En Gascongne ils eussent esté fort cruels, si on ne les eust chastié de bonne heure. A Sainct-Macare ils enfouissoient tous vifs les catholiques, trenchoient les enfans en deux, fendoient le ventre aux prestres et en tiroient peu à peu les entrailes et les dévidoient à l'entour d'un baston ou d'un arbre. Entre les excez mémorables des huguenots, rien ne m'esmeult plus que les scandales contre le sainct sacrement, et qu'ils ont mis en cendre les corps précieux des saincts patrons et propugnateurs de la France. Je ne doibs dire, sans grande effusion de larmes, que de cela on ne peult colliger qu'une dernière dévastation, quoy qu'elle tarde un peu de temps, de nostre pauvre païs, qui a esté, en honorant plus que toute nation le sainct sacrement et les saincts que Dieu luy avoit suscité, tant florissant en abondance de tous biens et en réputation de toute grandeur, grace et louange spirituelle et temporelle. Je crains davantage que, d'autant que c'est le moindre de noz soucis de plorer les injures faictes à Dieu et à ses saincts, que la main de Dieu ne continue sur nous et nous extermine plus tost que ne l'attendons. Nostre

Sauveur Jésus-Christ me face menteur et pardonne à son peuple, enfant de si saincts personages et de tant chrestiens Roys et princes qui, d'amour et de zèle envers leur Dieu et Seigneur, ont souvent tout exposé et oblié leurs propres vies, pour venger, voire jusques aux extrémitez de la terre, moindres abominations que celles que nous voyons devant noz yeulx. Sainct Paul dit que, pour les irrévérences et indévotions qu'on apportoit à la saincte communion et au sainct sacrement, que Dieu envoie sur le peuple grandes mortalitez et diversitez de maladie. Je ne sçay qu'il pourra envoyer sur nous, s'il use de sa rigueur, pour toutes les sortes de blasphèmes que la subtilité des hommes a peu inventer, penser et dire impudemment contre le précieux corps et sang de Jésus, qu'on a donné aux chiens et autres bestes, ou qu'on a brisé, ou jecté aux privez, ou contre terre et trépigné soubs le pied, ou hacquebuté en despit de la puissance de Jésus-Christ, de sa tant claire parole et de son église catholique, tant bien et de si longtemps d'accord. Hélas! desjà la malebosse et la peste, quasi en tous lieux, et spécialement où les huguenots ont régné, nous estrangle; la famine nous poursuit, le cousteau de guerre nous esgorge, le ciel pourrit noz corps et nous menasse de tous maux; la terre travaille et ne peult produire; l'air nous infecte, suffocque et mélancholie.

Nous confessons qu'en vain on fortifie et on fait bon guet en une ville si le Seigneur n'en est le principal protecteur et garde; mais nous lisons ès sainctes lettres et histoires ecclésiastiques que, dessoubs sa protection et grace, il a estably et assis, selon son bon plaisir, par les païs, places et villes, anges et saincts pour y surveiller, aider, s'opposer et intercéder pour les fautes et offenses des habitans, jusques à ce que leur malice soit venue au comble de meschanceté, que la terre ne puisse plus porter sans requérir vengeance devant le Seigneur ; que, comme il est tant miséricordieux, aussi est-il tout juste. Lorsqu'un peuple est parvenu en telle extrémité, noz Escritures enseignent que les sainctes et spirituelles gardes crient : Saillons d'icy ; nous avons fait nostre devoir d'admonester et secourir ce peuple ; il n'a tenu compte de nostre aide, abandonnons-le entre les mains de ses ennemis. De rechef je ne doibs dire, sans grans et affectionnez sanglos, qu'il n'y a royaume soubs le ciel, et en ce royaume qu'il n'y a ville à qui Dieu ait suscité et donné pour patrons et gouverneurs spirituels tant et de si grands personnages qu'à ce royaume de France et qu'aux villes d'icelluy, desquelles se sont emparez les huguenots. C'est chose notable que l'histoire de sainct Aignan, évesque d'Orléans. Attila avoit couru parmy la France en toute cruauté et inhumanité ; il se campa devant Orléans et le peuple n'attendoit que la mort. L'évesque sainct Aignan le consola et luy promettoit secours en brief, et ainsi advint. Depuis les Guepins avoient recognu sainct Aignan vif et mort pour leur bon et fidèle pasteur ; et entre toutes les villes de France leur ville a esté la moins affligée et nullement ruinée. Je ne puis espérer qu'on la revoie jamais ne si longuement en son entier, comme elle a esté pendant que le corps et protection de sainct Aignan y a duré. Dieu de sa bonté la veuille restituer en son pristin estat ; car je suis tenu de prier pour la ville de la naissance de ma mère, qui est morte à Chartres, à mon grand regret, pendant que j'escrivoie ce discours. Nostre Sauveur Jésus-Christ luy face pardon et à moy grace de le recognoistre et servir en aussi grande assiduité comme elle faisoit. Le plus grand mal qui m'eust peu advenir est que je suis privé de ses prières ordinaires, que j'estimoie plus que tout heur de ce monde. Nostre Rédempteur lui en donne rétribution et son paradis, par sa bonté et miséricorde, où elle persévère en la bonne affection maternelle qu'elle portoit à mon ame et à celle de tous ses autres enfans; mais il ne fault sortir hors de propos.

Tous escrivains de la primitive église admirent l'antiquité de sainct Erigne, que nous appellons en latin, tiré du grec, *Eirenus,* c'est-à-dire pacifique, évesque de Lyon, escholier de sainct Polycarpe, disciple de sainct Jehan l'évangéliste.

Les martyrs de Vienne et de Lyon, sous Antonin, surnommé le Bon, sont fort célébrez par leur épistre, qui sent bien son Jésus-Christ, insérée en noz histoires. Ils envoièrent à Rome de leurs nouvelles au pape Eleuthère, et déclarent, disposez à la mort, quel chrestien estoit Irenée, duquel ainsi escrivent : Père Eleuthère, nous vous saluons et désirons que bien vous soit en toutes choses. Nous avons baillé noz lettres et avons persuadé de vous les porter à nostre bon frère et compagnon de noz afflictions, Irenée. Nous vous prions l'avoir pour recommandé, car il est l'un des plus grands zélateurs et amateurs du Testament de Jésus-Christ; et si nous estimions aucun mériter louange de justice et vertu par sa dignité et degré éminent, nous vous le recommanderions, principalement par sa qualité, comme le prestre de nostre église; car de vray tel il est. En somme, ils le louent de son grand courage à soustenir la foy de Jésus-Christ, à conforter les martyrs et endurer avecques eux, et de son ordre de prestrise, qui pour lors estoit donné à celuy qui plus digne et capable en estoit. Si lors il eust tant combatu par disputes et livres contre les ennemis de nostre Sauveur, hérétiques, s'il eust desjà monstré le chemin aux bons évesques de France, comme depuis il fist, de hardiment corriger et admonnester le pape en ses faultes, et de le prier de chercher les moyens de contenir la chrestienté en union, et pour peu de cas ne se cholérer et exterminer ceux qui faillent, ains les supporter et doulcement les attirer, de quel cueur, en quels termes eussent escrit ces francs martyrs de nostre Seigneur, de leur évesque Irenée? L'eussent-ils injurié mort ou vif? l'eussent-ils bruslé mort ou vif eussent-ils aboly sa mémoire de vif ou de mort? l'eussent-ils reçeu en leur compagnie et recogneu pour leurs frères membres de Jésus-Christ ou protecteurs de la saincte parole? Les Lyonnois, qui ont bruslé, plus de treize cens ans après sa mort, leur évesque tant sainct, tant excellent, tant docte, tant ardent et prochain imitateur de nostre Rédempteur et de ses apostres ne les eussent-ils pas condamnez et ne les condamneront-ils pas un jour, pires que tirans, que payans, qui le plus souvent se contentoient de la mort des chrestiens, laissans leurs corps à la bonne disposition et discrétion de leurs amis? Ou pour le moins ne les eussent-ils pas jugez semblables aux Juifs et inhumains tirans, qui, de peur que les os des chrestiens ou cendres ne fussent résuscitez ou recueilliz et honorez de l'église (comme appert par les épistres des martyrs de ce temps-là), ils les consommoient du tout en cendre qu'ils jectoient dedans le Rhosne ou ailleurs, ou les faisoient manger par les lyons ou austres bestes.

Comme Dieu, selon la nécessité du temps, prouvoit à un chacun païs de quelque grand homme qui soustienne et repoulse les assaults contre la religion, aussi du temps des arrians il n'avoit destitué la France et dénué de rempars pour la foy catholique, entre lesquels fleurirent sainct Hilaire à Poictiers et sainct Martin à Tours, deux personages renommez, redoubtez et honorez depuis l'Orient jusques en Occident. Sainct Hilaire estoit un François naturel, en rien simulé ou desguisé, franc, apert, immobile en la foy, libre, irrépréhensible en sa vie, ardent, docte, subtil, vigilant, impatient contre tous hérétiques, voire monarques de tout le monde, comme Constance, lequel il a ausé appeller Antechrist. Quoy qu'on luy promist, quoy qu'on le menassast, quoy qu'on luy présentast la mort, quoy qu'on le chassast hors de son païs, au loin en exil, tousjours persévéroit à estre vray François, ne pouvant se taire ou oublier Dieu, pour lequel il s'opposoit à tous et contre tous, désireux du salut et conservation de son pays; aux évesques duquel il escrivoit, les admonestoit, exhortoit et enseignoit, absent et présent, de la droicte voye en Jésus-Christ et église catholique. Ce que je dis est recogneu notoirement par ses livres et anciennes histoires. Sainct Martin, au lieu de longues et subtiles disputes, en sa saincte vie reluisoit si doué des graces de Dieu, si parfaict, si excellent en ses œuvres et miracles, qu'on ne l'estimoit moins qu'un des douze apostres, et on l'appelloit et escrivoit à eux équal et semblable. Les historiens Sévère Sulpice et Grégoire, évesque de Tours, ont discouru amplement des prérogatives et faicts admirables et charitables, envers ce royaume, de sainct Martin, tant en sa vie qu'après sa mort.

La France, par longue expérience et par sensible évidence de la garde et protection de ces deux saincts, les a, depuis leur mort, révérez et réclamez, après Dieu et nostre Seigneur Jésus-Christ, comme ses présens et favorables patrons et intercesseurs devant la majesté divine. Tant noz premiers Roys chrestiens avoient de dévotion à eux que, quand ils vouloient jurer et s'obliger en bonne conscience, ils disoient: Que les saincts confesseurs Hilaire et Martin soient juges et rétributeurs à celuy qui mentira ou trompera.

Le premier Roy chrestien, Clovis, après son baptesme,

dict à ses subjects : Il me fache beaucoup de veoir les arrians hérétiques occuper une bonne partie de nos Gaules. Allons, soubs l'aide et protection de Dieu, recouvrer nostre terre. Pour autant que son passage estoit par Tourraine, il ordonna qu'aucun de ses gens n'y print autre chose que de l'eau et des herbes. Un de ses hommes d'armes rencontra du foin qui appartenoit à un pauvre homme, et dit : Le Roy nous a permis de prendre de l'herbe, et le foin n'est autre chose ; j'en puis user sans offense. Le Roy entendit le faict et sans délai luy fit trancher la teste, disant : Où sera nostre espoir de victoire, si sainct Martin est irrité ? De là marcha avecques son armée à Poictiers ; et, campé près de la ville, veit venir sur soy, la nuict, comme un grand phalot qui sortoit de l'église Sainct-Hylaire, que luy envoioit en signe de conduite et protection ce sainct, qui tant avoit combatu en sa vie contre les hérétiques et persistoit après sa mort. Le Roy commanda aussi qu'on ne pillast rien sur le territoire dudit Poictiers. Depuis et auparavant, en toutes les nécessitez de France, tousjours les Rois et peuples ont eu recours aux monumens de ces deux divins hommes, et en ont eu tout secours, pendant que de bonne dévotion, sans faintise, ils s'y addressoient et qu'une sanglante et supreme iniquité n'abondoit en ce royaume. Mais depuis que les peschez qui méritent extermination ont prins racine en nous, Dieu a retiré sa sauve-garde et force des saincts, lesquels il avoit estably par les places, choisis entre les autres par son bon plaisir et grace. Tels péchez, selon les prophètes, sont faulce doctrine, blasphemes, ingrate recognoissance de Dieu, soit par athéisme, soit par indévotion, énormes fornications, incestes et adultères, usure, avarice et oppression des pauvres, déloyauté, infidélité, tromperie, détraction des uns des autres, grande injustice, grande malice des chefs et insolence intollérable en toutes pompes et superfluitez. Depuis que tels péchez nous ont accueilly et possédé, nous avons interrogé Dieu et ses saincts et sommes demeurez sans responce, confort et consolation, comme Saül et le peuple d'Israel. Et au lieu d'examiner nostre conscience et nous amander, afin de regaigner la grace et manutention de nostre Seigneur et de ses saincts, aveuglez par noz faultes, comme gens effrontez, avons voulu soustenir noz offenses, nous mocquer de Dieu et de ses saincts par nouvelles opinions, gausseries et estranges inventions contre l'instruction de tous chrestiens qui jamais furent, contre noz pères et majeurs, lesquelz nous condamnons pour nous justifier, nous blasmons pour nous honorer, nous déterrons et bruslons pour nous sanctifier et immortaliser; et, comme hommes hors du sens et phrénétiques, nous cherchons, nous solicitons, nous avançons nostre perdition et ruine, et en icelle de gaieté de cueur nous nous précipitons.

J'appelle devant Dieu la conscience des habitans des très puissantes, très nobles et opulentes villes de Lyon, Tours, Poictiers, Bourges, Orléans, Rouen et des autres, s'ils ne confessent pas que par ces vices ils sont tresbuchez au plus pitoyable estat où ils furent jamais, si bien le considèrent. Et pour accomplir leur malheur et se priver de la protection de Dieu, il sera dict et escrit que, de leurs mains et au milieu de leur habitation, ils ont embrasé les corps des plus anciens, des plus notables saincts, doctes, charitables et admirables, que, depuis les apostres, Jésus ait suscité en toute la chrestienté. Hélas! tant de Barbares, tant d'ennemis de Dieu et de la France, tant de tyrans brigans et hérétiques ont-ils passé par nous, et pardonné à ces morts, afin que les instruits et convertis à Jésus, par eux et si longuement aidez et conservez par leur intercession, jectassent leurs cendres, plus de douze cens ans après leur mort, au feu et au vent? Hélas! l'Escriture reproche, comme chose exécrable, à tous qui ont persécuté les saincts qui ne cognoissoient pas. Ils ont exposé (dit-elle) les corps des serviteurs du Seigneur comme charongne aux oyseaux; et les très chrestiens peuples n'ont fait difficulté de livrer au feu ceux que toute la chrestienté cognoissoit et honoroit, et que, par si longue espace de temps, on avoit sauvé de tout outrage et scandale! O villes lamentables! si le clergé, si le Roy innocent, si moy, le plus grand pécheur, vous avions mesfaict ou offensé! hélas! (comme remonstre Optat Milevitan aux donatistes) quel mal vous a fait Jésus-Christ, duquel vous avez desmoly les autels et conculqué le corps? Quel mal avez-vous receu des saincts Irenée, Hilaire, Martin, Aignan, et autres infiniz, pendant leur vie et depuis leur mort, desquels avez plus mesdit et aux corps desquels avez fait pis que tous infidèles? Fault-il que le sang de Jésus-Christ conculqué et les mérites des siens persécutez, qui crioient miséricorde pour nous, demandent vengeances sur nous? Fault-il que nostre postérité soit deshéritée et privée par nous du plus grand et précieux trésor que noz ancestres nous pouvoient laisser et que plus ont travaillé de contregarder avecques la foy du Sauveur? Fault-il que, par nostre méchanceté et ingratitude, noz amis envers Dieu deviennent ennemis, et patrons soient par juste cause adversaires? O Sauveur Jésus-Christ! je ne sçay si avez réservé aucun Abraham, Noé, Moyse, Samuel ou Hiérémie, qui s'oppose et prie pour vostre peuple; mais je sçay qu'il a plus péché contre vous que tout l'Israël en fis jamais. Nonobstant, ô Dieu débonnaire! par vostre miséricorde et passion, ne repoulsez le moindre des innumérables qui, par vostre grace, n'ont encores fléchy le genouil devant Baal ou Calvin, ou autre idole de la nouvelle religion. Voyez leur affliction, oyez leurs regrets du deshonneur qui vous est faict, entendez leurs voix et prières, et pardonnez aux mauvais en faveur des bons, aux vivans pour le respect de leurs ancestres, qui tant vous ont magnifié et exalté en ce pays, remply de vostre bénédiction. O Rédempteur! qui en la croix avez excusé et prié pour les ignorans qui vous injurioient et crucifioient, maintenant en vostre majesté nous vous supplions excuser et pardonner à tant de pauvres enragez qui ne scavent ce qu'ils font ni à quoy ils tendent. Ouvrez de vostre main leur entendement bandé par leur malice, cassez et humiliez leurs cueurs endurcis et enflez; qu'ilz vous cognoissent, aiment et cherchent en toute obéissance, humilité et affection, et ne recherchez jusques à la troisiesme génération les peschez des pères qui vous ont blasphémé et deshonoré, sur leurs enfans et postérité.

Pour plus long déduit des calamitez de nostre temps, je supplie, au nom de nostre Dieu, messeigneurs les évesques et archediacres, desquels l'office primitif consiste à s'enquérir des afflictions de l'église et en laisser la mémoire, de faire, chacun pour son regard, diligente inquisition des maulx que l'église a souffert en peu de temps, par qui et comment, et le tout dresser en l'histoire particulière et fidèle, qui servira à quelcun pour en composer une universelle et du tout véritable.

DISCOVRS
DES GVERRES DE LA COMTE' DE VENAYSCIN, ET DE LA PROVVENCE: ENSEMBLE QVELQVES INCIDENTZ.

**
*

Le tout dedié a l'illustrissime, et excellentissime seigneur, et cheuallier, monseigneur FR. FABRICE de SERBELLON, cousin germain de N. S. P. et son General en la cité d'Auignon, et dicte Comté:

Par le seigneur LOYS *de* PERVSSIIS, *Escuyer de Coumons, subiect, et uassal de sa sainctcté.*

Imprimé en Avignon
par Pierre Roux.

1563.

AVERTISSEMENT.

L'histoire que Pérussiis a écrite des guerres dont le midi de la France fut le théâtre embrasse dix-neuf ans. Cette histoire, imprimée pour le commencement, est manuscrite pour la fin. Le marquis d'Aubais, dans son recueil de pièces fugitives, a donné un extrait de l'ouvrage tout entier. Il est d'autant moins excusable d'avoir préféré une réduction analytique à une reproduction fidèle que, de son aveu même, l'auteur écrit d'une manière extrêmement comique. Cette manière méritait ainsi d'être conservée. Au reste, et le style et les événements ne font foi que pour la partie livrée à l'impression. Ne possédant pas le manuscrit, et d'Aubais n'en accusant qu'un double, nous avons cru devoir omettre le résumé peut-être incomplet d'une copie peut-être inexacte. Nous donnons donc seulement et pour la première fois le commencement des guerres dont il s'agit, tel que Pérussiis nous l'a transmis lui-même.

Louis de Pérussiis, seigneur de Caumont et viguier d'Avignon, en 1561, eut beaucoup de part aux affaires de Provence pendant les guerres civiles. En décembre 1563 il fut député par le vice-légat d'Avignon au baron de Montbrun qui s'était emparé du bourg de Malancène, pour lui faire des propositions de paix; mais il fut arrêté contre le droit des gens et obligé d'acheter sa liberté. Pérussiis mourut vers 1584.

DISCOURS DES GUERRES

DE

LA COMTÉ DE VENAYSCIN ET DE LA PROUVENCE :

ENSEMBLE QUELQUES INCIDENTZ,

PAR LE SEIGNEUR LOYS DE PERUSSIIS, ESCUYER DE COUMONS.

Pour n'entrer tant avant en une matière pleine de désolation, misère et calamités, en laquelle sont estés commis plusieurs et divers maulx, soubz prétexte d'estre dictz et appellés réformateurs d'aucuns abuz que peut estre aucuns seigneurs tiennent par le monde, choses que encor qu'ainsi feust (ce que je ne sçay ne veulx croire) se devoit faire par l'autorité de nostre Sainct Père, vicaire en terre, pasteur vray et légitime pour Dieu nostre Créateur et Rédempteur, par celle de la majesté du très chrestien Roy, et aultres princes et potentatz d'icelle, avec aussi celle du très sainct concile convoqué et assemblé au nom et puissance du Sainct-Esprit, ainsi que de tout temps nos pères et ayeulx ont faict, et non de puissance absoluë prendre les armes en main, voulant contre tout debvoir, raison et équité, forcer le peuple des trois estatz à tenir le party, sans aucun délay, intermission ou compromis, et ce par aucuns qui se sont enlevés par ces pays, et consécutivement par aultres provinces à nous voisines, où lon y ha commis et exécuté tant de meurtres, homicides, pilleries, bruslementz, et tant d'autres cruautés que les escrivant la force me deffault, pour la pitié que mon ame en sent, je larray en arrière toutes les assemblées qui se sont faictes despuis la mort de félice recordation de la majesté de feu très chrestien Roy Françoys, segond de nom, et viendray à raconter en partie celles qui ont esté faictes en la fidelle et dévote cité d'Avignon, et en la comté de Venayscin, province et terres appartenantes à la saincte et catholique église rommaine, et régies soubz le félicissime gouvernement de monseigneur illustrissime et révérendissime Alexandre, cardinal de Farnes, vicechancellier du Saint-Siége apostolique, et nostre très digne et bon légat.

Il fault savoir que voyant nostre Sainct père Pie, quatrième de nom, heureusement et pour long-temps régnant, les troubles suscités par ceulx qui se nomment de la nouvelle religion, autrement appellés huguenaux, et mesmes en la France estre tant enracinés; ne voulant permettre qu'une si grande erreur augmentast et accreust sans y pourvoir de toutes ses forces, comme vray et légitime pasteur de l'église rommaine, saincte, catholique et non errante, héritière et succédente à celle de sainct Pierre, premier pasteur d'icelle, instituée et ordonnée de la bouche de Dieu nostre Père, Créateur et Rédempteur, par la convocation et volunté du Sainct-Esprit, puis par tant et diverses fois auctorisée, approuvée et corroborée par les saincts conciles universellement congregés et légitimement assemblés, se délibéra, avec les opinions de son sacré collége, de la majesté du très chrestien Roy

Charles, neufvième de nom, heureusement et par longues années régnant, celle de la majesté du catholique Roy, et aultres Roys et princes chrestiens, d'assembler son concile en la cité de Trente, partie située en la région italique et partie aux Alemaignes, lieu propre et destiné pour le seur accez des seigneurs cardinaux, patriarches, archevesques, évesques, abbez et autres prélatz de l'église, et là veoir et disputer des abuz proposés et advancés de la part desdictz protestanz, ensemble de toutz autres affaires concernans l'utilité de l'église, ne voulant Sa Sainceté permettre qu'aucun endurast chose laquelle feust préjudiciable et contraire aux sacrés canons et institutions d'ycelle. Et pour ce faire manda audict concile cardinaulx, légatz, et manda commander à tous les prélatz d'y aller en personne. Et à ceulx que n'avoient le de quoy entreprendre si long chemin, et pour l'assistance, ne cessoit Sa Sainctеté de leur distribuer or et argent, ouvrant pour une si saincte et louable œuvre le thrésor de l'église, cuydant aussi que les aultres princes de leur cousté en fissent de mesme, ou pour le moins de faire constreindre les évesques de leurs provinces d'y aller et assister. La majesté du très chrestien Roy fit commander et députa des siens pour y aller, et celle du Roy catholique fit que les siens s'y acheminèrent, dont la plus part firent le chemin d'Avignon et de Carpentras. Cependant quelques édictz furent mis sus en France, obvians aux scandales en attendant la deffinition dudit sacré concile, lesquels portoient en effect très expresse deffence de ne toucher les biens et bénéfices des personnes d'église, de ne les troubler en leurs offices, charges et dignités, ne moins en leurs sainctes et louables cérémonies, la fracture des églises, croix, images et autres lieux sacrés, l'emblement des vestements et joyaulx précieux, choses jà commencées à exécuter aux provinces de Languedoc, Daulphiné, Provence et princi pauté d'Orenge.

Voyant ceulx de ladicte nouvelle religion les affaires ainsi bien disposées et ne voulans prester patience audict concile, cuidans en icelluy perdre l'authorité jà assez par eulx usurpée ou ne voulans laisser tel proffit, firent soubz aucun leur prétexte venir quelques ministres de Genève (ainsy appellés) gens apostats, séditieux et aucuns sans oreilles, de peu de suffisance, fors d'une langue fardée par dehors, et iceulx conduirent en quelques lieux de la France, où par plusieurs fois, et par des seigneurs très illustres, sçavantz, dignes et suffisans, et autres capables personnes, furent publiquement confutés et confondus. Mais ou que Dieu le permit ainsi pour réprimer noz offenses, ilz firent tant après cela qu'ilz obtindrent permission de prescher en aucunes provinces, leur défendant toutesfois de ne proférer ou faire chose contre Dieu, son église et l'authorité de sa majesté. Ce fut bien chose daumageable, non que l'intention de sadicte majesté et de son conseil l'entendist ainsy ; mais l'ardeur et calomnie desdictz ministres prédicantz fut telle que, de quatre paroles qu'ilz proféroient en leur assemblée (ainsy appellée), il y en avoit la moitié contre l'authorité de la saincte église rommaine. Enfin ne sçurent tant bien s'abstenir que dans peu de temps le bon, fidèle et chrestien peuple ne s'apperçeut de leurs façons masquées, lesquelles tendoient, soubz coleur de leur cène ou ministère, faicte avec si peu d'observation, ordonnance, police et révérence, qu'ilz vouloient en un moment (peut-estre) opprimer, aboulir et anéantir l'authorité et puissance de ladicte église et celles aussi des princes temporelz, ou, pour mieulx dire, gaigner une desordonnée liberté de faire toutes choses illicites et faire du plus fort le maistre.

Dieu, qui toutes choses pour son mieulx ordonne, ne voulcit permettre que son bon peuple fut plus tant affligé, mesmes qu'en la Provence et Languedoc, et notamment en la cité de Nismes, Mompellier, Mendes, Casac et presque jusques à Tholouze, toutes les églises et lieux sacrés avoient estés donnés au pillage du populas. Messieurs les évesques, mesmes ce bon et chrestien prélat de Nismes, monsieur révérendissime Delbene, prebstres, religieux, religieuses et aultres personnes d'église, chassés hors de leurs résidences, et aucunes forcées de soy marier contre leur volunté et de leurs parentz, et aucunes en vie et après mort conduictes par les lieux et places publiques; faisant aussi de la très sacrée et très saincte hostie chose non digne de rédiger par escrit. Enfin l'on y commettoit tant et si divers actes que chascun sain de jugement les pourra nommer telz, et encores fit que ledict bon peuple se leva, ayant premier veu et supporté toutes ces extorsions, et pour la dernière main encor se veoir jà taillables par autres que par sa majesté son souverain Roy et prince; se voyans aussi privés de leur repos public, voyant rompre les croix, démoullir les sépulchres de leurs parentz mortz, et les os d'iceux brusler et mettre en cendre, prophaner ceulx des sainctz et sainctes tenus en dévotion en leur mémoire et vénération, affin de les inciter à prier Dieu pour nous et avec nous implorer sa sainte et digne grace et miséricorde.

Pour ce faire ledict bon peuple print en quelques lieux son revanche, mettant à mort aucuns desdictz ministres; toutesfois la pluspart s'exécutoit par les mains des enfans et innocentz, suivant ce que Dieu ha dict, que sa vertu et puissance sera mieulx manifestée par les personnes innocentes. Dont ce faict s'ensuivit au lieu de Villeneufve-lez-Avignon, ung jour de sainct Jean, troisième feste de Noël, que, y estant aller prescher ung sçavant et catholique prescheur, que les bons chrestiens dudict lieu avoient demandé à messieurs d'Avignon, les adversaires, au sourtir de l'église, estre dict son presche, le vindrent assaillir, pourtant haquebutes et autres armes, en délibération de le tuer ; et de faict tirèrent quelques haquebuzades, mais Dieu donna tant bonne force aux gens de bien qu'ilz tuèrent aucuns desdictz adversaires et les autres chassèrent, sans que pièce d'eux y en eust de mortz ; dont messieurs de la justice de sa majesté audict lieu de Villeneufve, ayans treuvé cest acte tant détestable, firent prendre les informations, et notamment M. le révérend père monseigneur Françoys de Castellane, très digne abbé de Sainct-André et conseigneur dudict lieu, ensemble M. Agaffin, capitaine dudict lieu pour sa dicte majesté. Mais peu de jours aprez, ayant bien clérement sceu lesdictz adversaires que eulx estoient aucteurs et coulpables du faict, cregnant que telles charges et informations ne vinssent en lumière, les vindrent oster des mains des officiers et les bruslèrent. Et au mesme instant survint audict lieu ung acte digne de noter pour cognoistre la religion, force et constance d'une femme, laquelle, aiant son mari huguenault, la solicitoit tous les jours à tenir sa loy et façon de vivre, ce qu'elle ne voulut jamais faire, encor que de luy elle fust tancée, mais essaya par tous moyens et raisons de le divertir de son erreur. A la fin, et ne pouvant rien achever, se pauvre homme esperdu luy dict ung jour : Il fault nécessairement que tu tiegnes ma loy ou que tu demeures sans mary. Ce qu'il prognostica, car il fut tué à l'agression dudict sainct précheur.

Voyans ceci ceulx de la nouvelle religion, suscitèrent une nouvelle demande, ou, pour mieulx dire, un stratagème, requérans que les armes fussent ostées à ce bon peuple, assavoir par ce qu'ilz entendoient, aux chrestiens, affin de mieulx exploicter leur desseing. Et se voyant foibles, et ayant sur ce poinct fondement principal de M. de Flassan de Provence, de l'ancienne, noble et généreuse famille de Pontevès, bon et chrestien seigneur, fidelle vassal et suject de sa majesté, et pour lhors premier consul de la cité d'Aix, légitimement et universellement esleu par le peuple, avoit quelque trouppe de gentilzhommes, ses parentz et autres ses amis, pour obvier aux traictés de ses adversaires, gentz de ladicte nouvelle religion, qui le vouloient opprimer parce qu'il ne vouloit condescendre que leurs ministres preschassent scandaleusement, firent et obtinrent que monseigneur de Crussol, chevalier de l'ordre de sa majesté et capitaine de cinquante hommes d'armes, fust mandé ez pais du Lionoys, Languedoc, Daulphiné et Prouvence, pour y faire laisser les armes et cesser les troubles. Mondict sieur fut mandé avec telle et si grande puissance que chacun ha sceu veoir à son advénement.

Tout le mal print source parce qu'en la compaignie de mondict seigneur de Crussol vindrent deux commissaires jeunes (mais vieulx renardz), suspectz aux catholiques chrestiens, à ce que leurs effectz en ont puys donné clére connoissance; et furent M. Fumée (1), conseillier de Paris, et M. Ponat, conseillier de Grenoble, lesquels avec leurs cautelles vouloient forcer la gentillesse et bonne nourriture de mondict seigneur, qui, à le veoir et à le pratiquer, on pourra tousjours juger que ce n'estoit sa voulunté. Aydèrent aussi ausdictz commissaires aucuns de Prouvence, et mesmes quelques gens du parlement

(1) Adam Fumée, petit-fils du médecin de Louis XI. C'était, dit Lacroix du Maine, un homme docte ès langues, poète français, mathématicien, jurisconsulte, orateur, historien et philosophe. Il mourut le 17 octobre 1576.

d'Aix, qui estoient esgarés et desvoyés du bon et vray chemin, ou pour se veoir injustement vengés d'aulcuns aultres seigneurs, ou à l'adventure pour vouloir faire entr'eulx ung triumvirat et posséder par inique chemin l'authorité sus le pays et sénat.

Or, ayant mondict seigneur de Crussol prins chemin, ensemble lesdictz commissaires, et arrivé en ces pays, premièrement s'arresta à Lyon, mais peu de jours, et de mesmes en Daulphiné; puys, ung sabmedy, dixième de janvier, arriva à Villeneufve-lez-Avignon, où en ung instant beaucoup de suspectz, lesquels encor ne s'estoient descouvertz, s'assemblèrent, mesmes ceulx d'Orenge, foruscitz d'Avignon, de Carpentras, de la Comté, de Prouvence, du Daulphiné et Languedoc, cuidans à l'adventure trèuver mondict seigneur de leur haleine; mais il monstra tout le contraire, car il ne demandoit que pacifier les troubles et ne se soucioit de leurs presches, ains oyoit toutz les jours la messe.

Estant ainsy assemblés ceulx de la nouvelle religion et foruscitz (1), prindrent résolution de premièrement s'attaquer en Avignon, y désirant planter une colonne de ministres et y aboulir les églises, comme jà ilz avoient faict aux autres lieux; et ce à la principale instigation du sieur Perrinet Parpaille, docteur et régent audict Avignon, comme puis s'est descouvert, ayant aussy donné faulx entendre à sa majesté, à celle de la Roine, madame sa mère, et à celle du bon, sage et magnanime Roy de Navarre, que messieurs de la cité d'Avignon tachoient à conspirer quelque traicté contre sadicte majesté, chose toute contraire à la vérité, luy ayant de tout temps esté très humbles, très obéissans et très fidelles serviteurs, et

(1) Bannis.

par leurs actions passées s'est peu aisément congnoistre; et lors en asseurèrent de rechef lesdictes majestés par lettres et aussi par embassades à icelles mandées, et par espécial celle de M. Pierre d'Anselme, seigneur de Janaz, leur bon citoyen.

En ce faict avoit sagement advisé et très prudemment préveu monseigneur illustrissime et excellentissime monseigneur Fabrice de Serbellon, chevallier et cousin germain de nostre Sainct Père, qui depuis le dix-neufvième de novembre estoit arrivé en Avignon, mandé par la seigneurie de nostre Sainct Père, avecques très ample et grande puissance et authorité pour y pacifier quelques troubles, conserver l'authorité de Sa Saincteté et maintenir son peuple et ses subjectz en union, paix et concorde, et ce faict passer puis en Espagne au Roy catholique. Les procédures de mondict seigneur avoient tousjours esté escrites à monseigneur illustrissime et révérendissime Hippolyte, cardinal de Ferrare (1), très digne légat en France pour nostre Sainct Père, et par tel moyen sa majesté en estoit aussy advertie.

Aussi avoit souvent et prudemment préveu en ce faict et autres importantz et intrinsèques, et mesmes pour l'heureuse venue de mondict seigneur Fabrice en ce pays, monseigneur révérendissime Alexandre de Guidiccion, gentilhomme, très digne pasteur, prélat et évesque de Lucques, sienne patrie, et nepveu de ce grand cardinal de Guidiccion, qui en son vivant eut tant de dignités en récompense de ses rares vertus, lequel seigneur de Lucques tenoit pour lors et à bon droit le lieu et place de vice-légat èsdictz païs, et qui de toutes choses donnoit

(1) Hippolyte d'Este, connu sous le nom de cardinal de Ferrare, fils d'Alphonse d'Este et de Lucrèce Borgia. Mort le 2 décembre 1572, âgé de 63 ans.

ample information à messeigneurs illustrissimes et révérendissimes messeigneurs nostre légat, au cardinal Borromée et cardinal Sainct-George, cestuy frère et celuy cousin de mondict seigneur Fabrice.

Servit aussi beaucoup en ces affaires et troubles la présence et conférence des magnificques seigneurs monseigeur Claude des Bertons (1), seigneur de Crillon, lors premier consul de la cité et vraiment digne d'une si honorable et belle charge, tant pour son rare sçavoir que pour son expérience, pouvoir et vaillance, en ces qualités ne dégénérant point à messieurs ses ancestres ; aussi celle des bons et vigilans Françoys Levancit et Françoys Salvadour, segond et tiers consulz, et de l'égrége et docte personne et éloquent orateur M. Elzias de Cadenet, assesseur; et avec eulx, magnifiques, révérendz et égréges seigneurs, MM. Joseph des Panisses, prévost de Cavaillon, Françoys des Galliens, seigneur dez Essartz, le baron de Rochefort, de Coumons dez Sceptres, Pierre de Ricijs, seigneur de Lagnes, François de Fogasses, seigneur de la Bartelasse, capitaine de la cité, le docteur Parisi et Bernardin Laurens, tous députés par le conseil, avec faculté de pourvoir à tous affaires et notamment à cellui de la guerre; dont vrayment est fort à considérer que tous mesdictz seigneurs les consuls, assesseurs et députés, aymans tant l'honneur de Dieu, du prince et bien public, se sont voulus priver de touts particuliers affaires pour vaquer ordinairement à la maison commune, sans perdre une heure de temps, et (ce faict sçay-je bien) ilz sont estés tousjours prez de la personne de monseigneur Fabrice, et sa seigneurie illustrissime les ha voulus honnorer d'estre

(1) Claude des Bertons, premier consul d'Avingon en 1562, tué au combat de Menerbe le 14 juin 1574. Il était frère aîné de Louis de Berton, connu sous le nom du brave Crillon.

avec eulx. Or donques, quelle récompense pourra donner la cité à telz seigneurs? L'un mérite qu'on face son statue, et qu'elle soit représentée en lieu apparent, comme protecteur et deffenseur du repos et bien public; les aultres qu'ilz soient tenus et reconneus pour bons et fidelles citoyens. En ceste illustre et généreuse compagnie ha aidé beaucoup le continuel et sincère service que ha tousjours faict le seigneur Honnoré Henry, très digne et fidelle secrétaire de la cité, dont à bon droict luy et ses descendantz méritent estre recommandés.

Se sont aussi dignement pourtés, tant en conseil que autres affaires, les magnifiques, égréges, vénérables et spectables seigneurs MM. Françoys Vidal, conseill[r] pour sa majesté et secrétaire de la légation, Augustin Floreventus, Jean Nicolai, chanoine de l'église cathédrale, Jean Laurenti, recteur de Sainct-Martial, et Jean de Valence, commandeur de Sainct-Anthoine, les quattre auditeurs du sacré palais apostolic, Estienne des Robbins, seigneur de Gravesons, Pierre de Baruncellis, seigneur de Javon, Dominiques, escuyer des Panisses, Richard de Perussijs, escuier de Lauris, Françoys Bon, seigneur de Thèze, Pierre des Girards, seigneur d'Arbres, Alexandre, chevalier de Cambis, Accursy, seigneur de l'ysle Faret, César Cantelme, seigneur de Nions, Alexandre des Grillets, seigneur des Brissac, Paule-Antoine de Gadagnes, capitaine de Chasteau-Neuf de Pape, Nicolas Tertully, seigneur de Bagnolx, Loïs, escuyer d'Anselme, Jean de Cambis, seigneur d'Orssan, Pierre, escuyer de Donis, Joachin de Rolandi, seigneur de Bortz, l'escuyer de Forlivio, capitaine des clefz des portes, Loys Achard, escuyer de la Baume, Claude Achard, seigneur de la Baume, Barthélemy Achard, seigneur de Valobres, l'escuier de Puget, seigneur de Chastuel, Jacques Ninis de Claretis, docteur, Antoine de Navarins, maistre de l'estat de la ville, Jacques de Navarins, docteur et comte palatin, seigneur de Venasque, Manaud de Guillens, docteur, Jean de Guillens, docteur, le capitaine de Cocis Agaffin, Antoine Clerici, docteur, la maison des Tulles, Charles de Fortia, capitaine du pont de Sorgue, Françoys Fortia, Pomponi Fortia, docteur, Jean-Marie de Francia, docteur, Marc de Paretz, Jean-Baptiste de Paretz, Jacques Serre, Thomas Serre, Jean Alfonse, seigneur de Mimars, Raymond Alfonse, dépositaire de la légation, Françoys Bus, clavere de nostre Sainct Père, Antoine-François Banqui, l'escuyer Pol, sersonur de Sainct-Tronquet, Claude Guerin, Micheau et Jean Villelles, Françoys Lopis, seigneur de Montmirail, Jean de Lopis, Bernardin de Rueddes, Jean de Rueddes, Barthélemy de Rodes, Anthoine Romieu, Marc Romieu, Julien Collin, docteur, Phelippes Garnier, docteur, Lemaistre Bourdini, Celeuco de Cusans, Antoine et Jean Cay, docteurs, Loys Pomard, Claude Bernard, Micheau Croset, Laurens Casal, Jean Labia, Françoys Labia, Barthélemy Labia, le visiteur Bartélemy du Baye, Jean du Roure, docteur, André Sissoine, docteur, Jean Joannis, docteur, Jean-Pierre de Monté, Rodrigue Rapale, Pierre Vassol, Jean Ferrier Benet, Acursy Roland, Jacques Gardiole, Paberani, docteur, Villardi, docteur, Bodard de Renis, Jean-Antoine de Magis, Peregrin Tonduti, Loys Barrier, la maison d'Hugues, de Acqueria, docteur, Siméon Philieul, docteur, Nicolas de Ceps, Balthezar de Ceps, Jean Zemiffren, Micheau Lenoble, les maisons des Lauzes, les maisons des Beaux, Jean Massilhan, Melchior Massilhan, Jean Zanobi, Bonnard Borcelet, Demaresis, docteur, Françoys Morini, Laurens Borrel, Laurens Royret, Jean Cambaud, Antoine de Bedarrides, Jacques de Brye, Antoine Fort, Antoine Aliberti, le chevalier Granet, Pierre de Sainct-Sixt, Gabriel Serre, Pebre, Jean Paillard, Jaumet Boet. Ces seigneurs sont ceulx que j'ay veus bien souvent dans la maison commune, pour estre partie des conseilliers et autres appellés. Il en y ha puis une infinité d'autres, sans derroger au bon devoir qu'ilz ont faict, qu'il faudroit ung livre à part pour les y nommer; que tous ensemble, de tout leur pouvoir et estude, et unanimement accourdés, ont faict si bon office de citoyens et si sainement que j'en pourteray bon et véritable tesmoingnage, ayant esté pour lors fort heureux d'estre continuellement en si digne, honorable et bonne compagnie, y tenant (encore que indignement) la charge d'office de viguier pour la seigneurie de notre Sainct Père.

Retournant à mon discours commencé, je dirai qu'ayant mondict sieur de Crussol assés apertement congneu que tout ce qu'avoit esté proposés à sa majesté à son conseil, et à luy par quelques ennemis de la cité d'Avignon et de son repos, et que aussi il s'en fust clarifié par le raport de monseigneur de l'Estrange, bon et prudent seigneur, mandé de sa part voir et visiter tout le palais apostolic, toutesfois à la réquisition de mesdictz seigneurs Fabrice et vice-légat; après avoir, mondict seigneur de Crussol, disné dans ledict palais, en compagnie de mesdictz seigneurs, il s'en partit, prenant son chemin vers la cité d'Usés, pour y entendre les doléances du povre affligé peuple. Mais les voyant tant grandes et de tant de façons, et que les ministres tachoient tousjours de ennichiler (1) l'authorité de sa majesté, et que ceulx de Mompellier et de Nismes ne vouloient s'abstenir d'endommager les prebstres et gens de l'église, prophanant la saincte messe, bat-

(1) Anéantir.

toient et meurtrissoient ceulx qui la disoient, se délibéra de suivre son entreprise de Prouvence, attendant le retour qu'il feroit d'aller en Languedoc. Il passa de çà le Rosne, et de prime arrivée lougea à Tarascon. Estant donc mondict seigneur de Crussol suivi de plusieurs seigneurs de la nouvelle religion et capitaines, les catholicques n'osoient guières y comparoistre. Délibérèrent de dresser dis-huit compagnies de gens à pié, et quatre qui jà avoient esté commandées de cavallerie, qu'estoient celles de monseigneur le comte de Tende, chevallier de l'ordre de sa majesté et son séneschal et lieutenant général au païs de Prouvence, celle de monseigneur le prince de Salerne, aussi chevallier de l'ordre, celle de monseigneur le comte de Roussillon, et celle de monseigneur de Clermont.

Pendant que la masse se dressoit, mondict sieur de Crussol demeura quelques jours à Salon de Craux, le demeurant à Marignac, où ceulx de la nouvelle religion firent leur possible pour y faire aller M. de Flassan, qui pour lors estoit à Aix, à la charge de son consolat. C'estoit pour le calumnier (1) ou endommager; et obviant à tous ces dangiers, attendant autre commodité, avec le conseil de ses parens et amis, délibéra partir d'Aix et des forces de ses adversaires, et avec quelque petite trouppe de sesdictz amis se retira à la volte de la ville de Barioulx, lieu populé et riche, où y avoit une belle et riche église collégiale, a ornée de précieux aornemens, pour avoir esté de tousjours fort catholic et dévot. Et ayant choisi mondict seigneur de Flassan ce lieu pour fuir tumultes et inquiétudes, s'adonnoit à passer le temps avec ses amis.

Au mesme instant mondict seigneur de Crussol eust

(1) Insulter.

assemblées ses forces, et aiant encor quelques pièces d'artillerie, s'achemina à la cité d'Aix, et de là, passant par la plaine de Trez, arriva à la ville de Sainct-Maximin, où repose le chef de saincte Marie-Magdaleine avec grand honneur et révérence; auquel lieu estant arrivées toutes les forces des adversaires de mondict seigneur de Flassan, sollicitèrent fort mondict seigneur de Crussol de l'aller assiéger; mais ayant, mondict seigneur de Flassan, sceu cette délibération, pour fuir le mal qui en pouvoit venir, partit dudict lieu avec sa compagnie pour se retirer plus hault aux montagnes et à ses places, nu et desporveu de toute munition de guerre. Icy se peuvent taire les maldisans qui ont voulu dire et nommer ceste troupe rebelle et séditieuse, et qu'elle vouloit faire teste contre la puissance de sa majesté; car mondict seigneur de Flassan ne les siens n'eurent jamais voulonté de faire violence ou sédition, estant de fort bonne et très ancienne maison, d'où sont sourtis plusieurs dignes seigneurs, lesquelz ont faict et font tous les jours très humble et très fidelle service à sa majesté. Aussi il se peut sçavoir que, à son partement d'Aix, tous ensemble n'avoient pas une livre de pouldre. Mais n'aiant voulu cogiter ou cognoitre, lesdictz adversaires, son innocence, ne voulcirent cesser, se voyant en armes, jusques à ce qu'en ung instant eurent veu la toutalle perte et ruine irréparable du sang et lieu de Barjoulx; car sourtant ledict seigneur de Flassan par une porte, le sixième jour de mars, les adversaires entrèrent par l'autre à force simulée; et encore firent mieux pour couvrir leur faict, qu'ilz voulcirent aussi entrer par eschelle. Là ilz mirent presque tous les habitans au fil de l'épée, jusques aux femmes et petits enfans, et ayant mis à sac toutes choses, ensemble l'église et reliquières, fust aussi tué et meurtri ung docte et suffisant précheur, tenant en sa main la très sacrée et très digne hostie, après lui avoir faict adorer par force un pourceau sus l'autel. Ne sont-ce pas belles religions et bons imitateurs de l'évangile? Tout le bestail et biens des povres habitans fust donné à pillage et les morts furent environ de neuf cens à mille.

Je ne veulx dire que tous ceulx qui se trouvèrent à la prinse dudict Barjoulx fussent de la nouvelle religion ni adversaires de mondict seigneur de Flassan ; ains confesse qu'il y en avoit la plus grande partie de fort bons chrestiens et catholicques, lesquels ne avoient peu fuir d'y aller, dont le cas que s'ensuit en donne cler tesmoignage : c'est que M. de Senteran (1), enseigne de la compagnie de monseigneur le prince de Salerne (comme bon et vray catholic seigneur), sauva ung crucifix dans ses chausses, avec volunté de le loger dans la chapelle de son chasteau, en mémoire de telle cruaulté, et là le tenir honorablement, l'ayant sauvé des mains d'ung qui le vouloit rompre.

Entre autres qui furent là faictz prisonniers fust le seigneur d'Entrages, de la maison de Guiremans, fort noble; et l'aiant tenu quelque temps aux prisons d'Aix, et là instruict par les susdictz commissaires et autres de ce qu'il devoit dire, en espécial de ne les point aléguer suspectz, luy prometant par ce moien vie et élargissement, peu de jours après, toutes promesses rompues, luy firent trencher publicquement la teste, ensemble celle du viguier dudict Barjoulx, au grand regret de tous les catholicz. En après lesdictz commissaires alloient tous les jours exécutant quelque nouvelle invention, pressés de ce faire par quelques personnes de Provence suspectes.

(1) *De Senteran*, Jean de Montmorin, seigneur de Saint-Herem. Il était chevalier et porte-enseigne d'une compagnie de trente lances.

Peu de jours après mondict seigneur de Crussol partit de Provence et s'en retourna à la court, et y laissa lesdictz commissaires pour parfaire les procès des carcérés; mais ayant eulx veu venir le temps serein et calme en faveur des catholicz, se retirèrent à grandes journées en leurs maisons. Il est vray que ledict sieur Ponat disoit que sa femme s'estoit accouchée; mais, comme que ce fust, ilz partirent *hospite insalutato*.

Ayant messieurs de Marseille et d'Arles conceu que si cesdictz commissaires aloient en leur cités, que de ce qu'elles estoient en paix et concorde tout iroit mal, délibérèrent d'envoier à la court et donner entendre à sa majesté ces évidentes raisons; laquelle, inclinant libéralement à leur juste requeste, exempta mesdictz sieurs de Marseille de tel inconvénient, et à messieurs d'Arles manda monseigneur le baron de Gordes (1), chevalier de l'ordre de sa majesté et lieutenant de ce grand et chrestien connestable; lequel seigneur de Gordes, pour estre tant sage et expérimenté, et pour estre encores de la nation prouvençale, y fust fort honnorablement receu et accepté. Puis, y aiant faict quelque séjour et treuvé les affaires bien disposées, après avoir laissé la cité bien munie et gardée de quelques compagnies faictes entr'eulx, et entr'autres d'une soubz la charge du seigneur Nicolas d'Aiguières, capiteine, se retira à sa maison de Gordes, et de là à Grenoble, à sa maison de Laval.

S'estant monseigneur révérendissime de Lucques, vicelégat, beaucoup travaillé en ces troubles et à la pacification de toutes choses, tant à la cité d'Avignon que à la Comté, et se treuvent mal dispost, à cause d'une indiges-

(1) Il s'appelait Bertrand Raimbault de Simiane. Il était né le 18 novembre 1515; il fut fait lieutenant-général en Dauphiné, et mourut à Montélimar le 21 février 1578.

tion d'estomac; ayant par plusieurs fois mandé supplier nostre Sainct Père et monseigneur illustrissime légat de le licencier, pour se pouvoir retirer avec ses brebis, toutes luy furent refusées, ne voulant Sa Saincteté mondict seigneur illustrissime, ne moings tout le corps de la cité d'Avignon et dudict païs, permettre qu'ung tant gentil et suffisant pasteur laissast si tost sa charge, s'en estant si dignement pourté, et mesmes aiant tant travaillé pour conserver nostre saincte religion et l'authorité du prince, ayant aussi par tant de fois faict au peuple si ornées oraisons et remonstrances du bien et utilité que leur pouvoit venir pour demeurer fermes et constans, dont sa seigneurie révérendissime fust si heureuse qu'elle sceut veoir avant son partement toutes choses bien acheminées. Pour obtenir tel refus, le corps de la cité et plusieurs autres seigneurs escrivirent à Sa Saincteté et à mondict seigneur illustrissime légat; mais, enfin persuadés des parents de mondict seigneur de Lucques qui estoient allés exprès à Romme, il fust licentié, au grand regret de tout le peuple.

Sa Saincteté et mondict seigneur illustrissime légat envoyèrent en la place de mondict seigneur de Lucques monseigneur révérendissime Laurens, gentilhomme florentin, de la famille de Lencys, très digne prélat et évesque de Fermo, seigneur plein de toutes bonnes sciences, qualités et vertus, et qui de long-temps ha esté embassadeur en France pour nostre Sainct Père, aussi vice-légat à Bolongne, et commissaire général à la dernière guerre du royaume de Naples, seigneur vraiement rare et singulier, prompt et soliciteux, doulx et amiable, du gouvernement duquel chacun espère repos et tranquillité.

Mondict seigneur révérendissime de Fermo arriva en Avignon le seoir du seiziesme jour d'apvril; et ayant le lendemain matin faict faire lecture de ses amples facultés, tant de vice-légat que de commissaire général, fust receu avec très grand honeur et satisfaction de messieurs de la cité, dont l'éloquente et bien expliquée oraison de M. l'assesseur de Cadenet en fit pleine démonstration.

Quelques jours après, ayant monseigneur révérendissime de Lucques rendu son syndicat, ainsi qu'est la coustume, et n'ayant treuvé personne quérélante, sinon de qu'il avoyt si peu demeuré à l'office, et ayant prins congé de tout le peuple, fut par icelluy accompaigné avecques larmes jusques au Rosne, où sa seigneurie s'embarqua le vingt-troysième dudict avril, et fut accompaignée jusques en Arles par MM. de Crillon, de Sainct-Geurs, l'escuyer de Laurys, capitaine Beauchamps, mon frère et moy. Et à ladicte cité fut receue avec grand honneur de tout le peuple, et notamment par messieurs les consulz, tenant lors la place du premier M. de Beynes, et du segond M. Bastonys. Et ayant mondict seigneur visité la teste de sainct Anthoyne et aultres sainctes reliques, ensemble quelques vestiges des antiquités, fut accompaigné au logis de Mme d'Oppède (1), présidente de Prouvence, laquelle, usant de son accoustumée libéralité, clémence, doulceur, et de son tant bon et gracieux accueil, le lougea pour ce soir, et lendemein matin s'embarqua sur ses batteaux, prenant son chemin de Bouch pour entrer en mer.

Peu de jours avant ce départ estoit aussy party d'Avignon monseigneur Françoys de Perussijs, baron de Laurys, et président pour sa majesté en Prouvence, pour aller à la court, voir ce que pourtoit une lettre de cachet

(1) Anne Mainier, dame d'Oppède, mariée à François de Pérussiis, baron de Lauris, second président au parlement de Provence.

que luy avoit esté donnée durant ces troubles, à l'importune requeste d'aucuns de la nouvelle religion, cuydans par ce chemin le desvoyer du sien, tant bon et tant louable à l'exercice de son office, et de ce qu'il favorisoit en leur justice les bons et vrays sujects de sa majesté, ensemble toutes charges concernantes à l'honneur et utilité d'ycelle. Puys, voyant lesdictz adversaires que la chance tournoit, desiroient que ledict sieur président n'y allast pas; mays il n'y vouloit pas adhérer; ayns avecques l'adviz de ses proches parentz et amys s'achemina droict à Grenoble, et de là à la court, où il fut veu et receu de sa majesté et de celles de la Royne, madame sa mère, et du Roy de Navarre, de monseigneur illustrissime et révérendissime grand et catholique cardinal de Lorraine, des semblables messeigneurs les ducz de Guyse, et connestable, et aultres seigneurs, avecques fort bon visaige, reconnoissant par cela de combien ledict seigneur de Laurys estoit en la bonne grace de son Roy, son seigneur et maistre; duquel voyage, cinq moys après, ledict seigneur en raporta charge fort honorable tant pour le faict et réglement du sénat que pour ses affaires particulières.

Estant ceulx de la nouvelle religion délibérés de ne cesser leurs assemblées, pour mieux parachever leur desseing et oster tout obstacle et empêchement; désirant aussy avoir tout le pays du Daulphiné favorable, ce qu'ilz ne pouvoient avoir à cause de l'assistance que en ycelluy pays faisoit M. de la Motte-Gondrin, chevalier de l'ordre de sa majesté et capitaine de cinquante hommes d'armes, lieutenant et gouverneur audict pays en l'absence de mondict seigneur le duc de Guyse, cognoissant que ledict seigneur de la Motte de sa personne estoit vaillant et fort redoubté; désirant aussy prendre sur luy injuste vengeance de la juste poursuite qu'il fit, ensemble monseigneur Françoys de la Baume, seigneur de Suze, gentilhomme ordinaire de la chambre de sa majesté et lieutenant lors de la compagnie de mondict seigneur le prince de Salerne, en l'année mille cinq cens soixante, aux moys d'aoust et septembre, pour la délivrance du lieu de Malaucène, dans la conté de Venayscin, occupé par les forces de M. de Mombrun, un Séguirany d'Aix, et aultres, ayans mesdictz seigneurs eu pour ce faire ample auctorité de sa majesté, braz dextre de nostre saincte mère l'église, et coustumière de luy aider et la secourir en toutes ses nécessités. Je ne veux yci déduire ycelle occupation et détention; seulement diray le peu d'occasion que ledict sieur de Mombrun avoyt de la laisser ainsy ruyner, ensemble son église; la despense grande que le païs de la Conté fit soustenant la guerre, à laquelle messieurs mes capitaines de Saincte-Jalle et Rosset firent sy bien leur devoir, et tous messieurs les vassaulx et gentz du pays, ensemble le capitaine Melchior de Perussijs de Coumons, qui en celle guerre estoit commissaire de l'artillerie; la détention de MM. Loys de Ancezune, seigneur de Capderousse, Tomas de Passis de Panisses, seigneur d'Aubignan, MM. de Crillon, d'Orsan, de Novesan, et mienne, qui avoient esté esleus et députés pour aller audict Malaucène pour entendre la volunté dudit sieur de Mombrun. Je tairay aussy les grandz peines et travaulx que mondict seigneur de Lucques, vice-légat, pour lors print, et les voyages qu'il fit pour assembler les estatz du pays, pour l'expugnation dudict seigneur de Mombrun, aussi les peines et incommodités souffertes par messeigneurs révérendissimes recteur et vice-gérent de ladicte Conté, et Paul Sadolet, nepveu de ce tant docte cardinal et très digne pasteur Jacques Sadolet, jadis évesque de Carpentras, aussi l'intégrité et suffisance du seigneur Bartholomé Mancyno, digne secrétaire de mondict seigneur de Lucques, lequel en ce faict, et aultres qu'il ha manniés estant en ces pays, ha peu clarifier chascun de son rare savoir, mannyant affaires d'importance. Revenant à mes erres, et pour racompter un sy pitoyable et énorme spectacle, diray que le vingt et neufvième jour d'avril, s'estant assemblés aucuns desdicts adversaires, gens de la nouvelle religion (ainsi par eulx appellés), dans la cité de Valence du Daulphiné, là où mondict seigneur de la Motte-Gondrin faisoit sa principale résidence, et là estant survenue quelque émotion et tumulte par quelque séditieux, mondict seigneur les pacifia avecques bien peu de forces qu'il se treuvoit, s'estant par trop voulu fier à sa vaillance. Toutesfois il en fut supérieur; mais puis après croissant encores ladicte émotion et les forces des adversaires, rechargèrent ledict seigneur, de façon qu'il fut contrainct de se retirer dans son logis, où il fit fermer les portes, lesquelles peu après cuydèrent estre forcées. Ce voyant ledict seigneur, se fit aux fenestres, où avecques gracieuses parolles tachoit de les pacifier, leur amenant devant les yeux le devoir et l'obéyssance qu'ilz devoient avoir à la majesté du Roy, son maistre et seigneur, de laquelle lors il représentoit la personne; enfin, ne treuvant lieu la raison ne la doulceur de ce bon seigneur, mesmes à l'endroict de ceulx qui avoient jà conspirée sa mort, il connut aysément que ses affaires aloient mal, se délibéra de mourir combattant, vestu de vestementz requis à chevallier de sa grandeur, et ce fit pour donner encore crainte et terreur ausdictz adversaires, dont il s'arma, et par-dessus de son hausse-col print son grand collier, avecques l'ordre pendu. Et de rechef se mit à la fenestre. Mais tout ce fut en vain; car aiant lesdictz adversaires forcés les portes, entrèrent dans la basse-court du logis, et là, craignant encore d'estre offencés par la grande résistence que faisoit ledict seigneur, lui demandèrent qu'il se rendist à eulx, où il ne recepvroit que courtoisie et humanité. Se voyant ledict seigneur contrainct de recepvoir une mort honteuse et détestable, forcea sa volunté et se soubmist entre les mains d'aucuns seigneurs de la trouppe, pour y cuider recepvoir digne garant. Tout fut aussy en vain; car estans tous ensanglentis et obstinez, avecques belles parolles le prièrent de se désarmer. Ce fait, en un instant ledict seigneur fut meurtry de plusieurs coupz et mis à mort; le corps puys fut pendu à une des fenestres, et peu après trayné par la ville à l'espectacle du peuple. Autant en fut faict à ses serviteurs plus domestiques, et ayant osté l'ordre du col laissèrent les corps à la discrétion des bestes. Ceste œuvre parachevée, lesdicts adversaires fort contens se rendirent maistres de la ville et de l'artillerie, l'ostant de l'obéyssance de sa majesté, son légitime et vray seigneur. Or, seigneurs liseurs, jugés (s'il vous plaist) ce faict, et comment est-il possible le pouvoir jamais colorer, avecques quelle pierre brayera-on les coleurs? Et s'il y ha évangile ou espitre qui commande de tuer et meurtrir les hommes, et d'aller offencer les supérieurs et magistratz? La doctrine de sainct Pol, ô monsieur le ministre qu'estiés alors dans Valence, le commande-elle? Vous ne l'entendés pas bien ou vous êtes sourd et aveugle; mays c'est de volunté, laquelle est pernitieuse.

En ce mesme temps, du cousté de Languedoc et à la cité de Beziers, en voulcirent faire de mesme à monseigneur illustrissime et révérendissime Laurens, cardinal d'Estrozzi, leur très digne prélat et pasteur; mais il y avoit en sa compagnie quelques gentilz hommes des reliques de ce grand, illustrissime et martial seigneur, mareschal de France, frère dudict seigneur cardinal; lesquelz de leurs mains prindrent bien tos juste revenche. Brief, c'estoit une chose délibérée qu'ilz vouloient mettre bas tous les catholiques du Daulphiné, Languedoc et Prouvence, par ce qu'on pouvoit entendre et voir à l'oeil.

Tous ces faicts, encore qu'ilz fussent énormes, ne firent rien, car encores tentèrent pis faire; c'est que peu de jours après, que fut le troisième de may, Lyon, avec l'intelligence qu'ilz avoient avecques aucuns des habitans de la ville, leur fut rendu, ensemble les forteresses et munitions de guerre, ostant les armes au bon peuple, abattant et démollissant toutes les églises; et en chassèrent hors messieurs les chanoines et contes, et touts autres qui ne vouloient, ou de volunté ou constreincts, adhérer à leur opinion. Il y sont esté faictes depuis tant de diverses choses que chascun les peut avoir entendues.

Voyant messieurs les députés de la cité d'Avignon et aultres bons citoyens tousjours les troubles continuer, et quelle perte avoit esté celle de Lyon, non-seulement en la France, mais encores à toute la chrestienté, y cessant les grandes affaires et commerce, treuvèrent bon de prouvoir à leur faict, doubtant aussy la descente du Rosne, laquelle estoit aux adversaires, fort favorable; lesquelz (tenant jà les principalles villes long du rivage) avoient fermé le navigage tant du bois que autres choses nécessaires, et mesmes s'estoient eulx mesmes privés du sel, à son grand détriment, pour avoir meurtry et mis à mort plusieurs mariniers, aux aultres donné frayeur, et aux autres osté tous les chevaulx du voyage. Avecques la permission et volunté de mondict seigneur Fabrice, général, furent résolus de renforcer les guardes et dresser nouvelles compagnies de gens à pié, et les assembler avecques celle qui avoit paravant esté faicte et conduicte soubz le seigneur de la Bartelasse, capitaine de la cité, esleu par mesdicts seigneurs les députés, et puis autorisé par tous messieurs les conseilliers. Pour ce faire, prièrent monsieur de Crillon d'en prendre une ; lequel, comme désireux de l'employer pour le service de nostre Sainct Père, du bien public et de sa patrie, s'en contenta, et dès lors voulcit honorer le seigneur Melchior de Perussijs de Coumons de sa lieutenance et le capitaine Jolly Jean de son enseigne; lequel par avant pour ses mérites avoyt eu la charge d'une des portes. L'autre compagnie fust donnée à M. de Sainct-Jeurs, de la maison de Castellane, et très bon citoyen de ladicte cité, qui fit son lieutenant le capitaine Cailhe; et l'enseigne fut Paul Bellon, lequel, comme se dira après, mourut au siège d'Orenge, et à sa place dignement proveut le capitaine Berton. Tous ces capitaines dans peu de jours eurent ses compagnies bien complètes, bien armées et en bonne volunté de faire bien leur devoir, et furent mises à la solde de notre Sainct Père pour la moitié, et pour l'aultre du corps de la cité.

Mesdicts seigneurs treuvèrent bon d'oster tous les obstacles qui pouvoient pourter dommage à leur ville ; i fut expédient de curer le mal intrinsèque et faire sortir hors les suspectz, lesquelz tost après vuidèrent, par le commandement et auctorité de monseigneur révérendissime vice-légat et seigneur Fabrice. Toutesfois ce fut faict sans les scandaliser, sans les battre, sans les meurtrir ou faire autre dommage; ayns furent traictés humainement, retenant dans leurs maysons leurs femmes, enfans, famille, sans vouloir permettre qu'ilz fussent saccagez ou pillez; qu'est une chose grandement à noter et de grande admiration, cuidant par tous ces raysons les rendre plus doux et leur donner occasion de s'amender; mais ilz monstrèrent bien puis le venin qui estoit tenu couvert, car estre dehors, la pluspart se getta dans le camp des adversaires, où ils ont exploictées toutes vengeances et cruaultés contre les personnes et biens de messieurs les citoyens. O ingratitude grande ! ô bien mal reconnu ! et avec tout cela voz femmes, voz enfans ne sont pas estés piz traictés et respectez, parquoy il faut nécessairement croire que Dieu ha eu pitié de celle bonne cité, et l'ha voulue conserver sayne et entière jusques yci, comme il fera pour l'advenir moyennant sa grace et le bon gouvert de monseigneur Fabrice.

Durant ces affaires mondict seigneur Fabrice ne falloit jamais d'assister deux fois le jour à la maison commune, où estoient messieurs les députés, pour entendre et ordonner toutes choses nécessaires; et bien souvent encor s'y treuvoit monseigneur révérendissime vice-légat, nonobstant tous autres empèchemens pour le faict de la justice, par lesquelz moiens on pouvoit voir troys voluntés unanimement accordantes, et là sus le commencement délibérèrent de bien nectoyer les fossés vieulx de la cité, et en faire de neufz du cousté du Rosne, et du terre gect faire parapectz et défenses; firent aussy abattre quelques tours et les mirent en plattes formes, les remplissant de fascines et de terre ; firent monter l'artillerie tout à neuf, et en treuvèrent sept pièces cachées soubz un légnier de bois de la mayson commune, dont furent puis en nombre de quarante-deux pièces ; mandèrent aussy supplier monseigneur le comte de Sommerive de leur vouloir prester encores quelques pièces de celles que lors estoient superflues à Marseille, ce que mondict seigneur fit libéralement ; et furent mandés deux canons soubz la conduicte du sieur Bernardin Laurens, qui les fit porter sus eau jusques en Arles ; firent faire grande quantité de caques de pouldre à canon et aultres ; édifièrent quatre moulins à vent sus la montaigne de Sainct-Martin et en firent venir d'aultres sus eau, lesquelz furent lougés prez la porte de la Leigne. Toutes aultres provisions et œuvres dignes de fortification, et d'endurer le siége, furent faites et ordonnées, sans aucune espargne; tous les citoyens prestèrent libérallement argent au corps de la ville, chacun selon ses facultés. Et ýci je ne veulx obmettre de dire la libéralité grande que fit le révérendissime monseigneur Pierre de Bisquerijs, évesque de Nicopoly, lequel presta aussi bonne somme de deniers, voyant qu'ilz s'emploient pour le service et pour la deffense de l'église, faysant comme bon pasteur qu'il est. Tous messieurs du clergé prestèrent aussi quelques pièces rompues des reliquières, desquelles furent monnoyés escuz et testons, soubz les armoiries de nostre Sainct Père, de monseigneur illustrissime légat, et de celles de mesdicts seigneurs Fabrice et vice-légat, fort bien insculpées par les coingz gravés par le gentil et expérimenté maistre Bernardin Megières, tailleur et orpheuvre de ladicte cité. Donnèrent aussy lesdictz sieurs du clergé quelques cloches rompues, pour en faire plusieurs pièces de campaigne et quelques colouvrines. Enfin ne s'espargnoit chose que fut; qui n'avoit d'armures s'en prouveut, et furent aussi mandés gens à Millan et à Bresse pour en faire apporter, comme corselletz, morrions, picques, hacquebuttes et toutes autres, tant pour l'usage de pié que de cheval, aucunes desquelles furent puis mesparties pour le service de sa majesté au siège de Sesteron. Par permission et commandement de mondict seigneur Fabrice, furent abattues plusieurs maysons des citoyens pour faire les trenchées. Toute la campaigne à port du canon fut razée d'arbres, et furent ostez tous autres empeschemens. Ce furent de bien grandes et promptes exécutions, et d'admiration, mesmes les voyant exécuter en une cité non accoustumée, et aiant de tous temps vescu en paix et repos, et hors de toutes ces altercations.

Encores fut advisé ung moyen par mondict seigneur Fabrice, et l'exécution commencée et suivie à ses despens; ce fut de coupper la vive roche de Sainct-Martin pour y faire passage, afin que les soldatz et aultres eussent la commodité de tournoyer toutes les murailles sans estre constreinctz de passer par les degrés de Saincte-Anne; euvre vrayement bien inventée et digne d'un tel seigneur, inventeur et dispensateur[1].

Toutes ces choses faictes, la cité florissante et envyée d'Avignon, qui peu paravant estoit en préde et prenable, au dire des adversaires, se rendit non seulement forte, mais defensable, et pour résister à toutes leurs forces, de façon que beaucoup de notables seigneurs et gentilhommes du Languedoc, Prouvence, Daulphiné, Vivarez et royaume, y vindrent avecques mesdames leurs femmes, filles et famille habiter, estant chassez et forcez de laisser leur ancienne et commode démeure, pour n'avoir voulu adhérer à ses adversaires, lesquelz en Daulphiné, incontinent après la prinse de Lyon, prindrent la cité de Grenoble, lieu et résidence du parlement, et s'en rendirent maistres, ensemble de l'artillerie, y démolissant les ymages et églises, et en chassèrent hors ceulx qui ne vouloient tenir leur party.

Retournant aux affaires de Prouvence (ayant des aultres provinces assez racompté de pitoyables tragédies), quand monseigneur de Crussol en partit, quelques compagnies de gens à pié des reliques de l'exécution de Barjoulx y demeurèrent, et furent mises en garnison ès lieux de l'ysle du Martègue, Salon de Craux, Sainct-Remy, Noves et aultres places de la haulte Prouvence; et à Senas estoit résident quelque nombre de fanterie et cavallerie, où partout cesdictes gens commensèrent à faire rompre les ymages, croix, et ne permettoient que la saincte messe s'y chantast ne aultres heures; ayns tous les présens avoient estez forcez de s'en fuyr, laissant les chaires à leurs ministres, lesquelz haulsoient jà fort les cornes, et s'estoient à présupposez d'avoir tout réduict. En effect, ilz commettoient de grandes extorsions et scandaleux actes, et sy estoient alimentés aux despens du povre peuple, dont le vigueriat de la ville de Tarascon en receut une fort grande playe. Et ne pouvant plus endurer, furent constrainctz le tout faire entendre à sa majesté, se prosternans à ses piedz, la réquerant vouloir faire juste vengeance du sang innocent espandu à Barjoux, demandant aussy réparation de leurs églises, et que la charge et commission de tout ce faict fut baillée à quelque grand notable seigneur et prince, afin qu'il eusse leurs doléances en singulière recommandation, et pouvoir de chastier et chasser tous les séditieux et rebelles, et qui tiendroient aultre forme de religion que celle de sa majesté et de tous ses prédécesseurs Roys, s'offrant, pour tel faict et pour tout aultre que plerroit à sadicte majesté, y despendre tout leur avoir et jusques à la propre vye, tenant le tout de la main de Dieu et d'ycelle majesté, leur vray Roy, prince et légitime seigneur.

Regardant sa majesté de bon œil son peuple affligé, voyant aussy croistre les scandales dans son règne et que ses édictz et mandemens ne pouvoient avoir lieu envers les séditieux, en tant ce que touchoient contre leur opiniastreté et opinion, voyant de mesmes que la pluspart de ses principales cités et places estoient jà par eulx usurpées, ses finances retenues, les chemins et passages fermés, la négotiation abolie, doubtant de pis, avecques bon et meur conseil de la Royne madame sa mère, du Roy de Navarre et aultres princes et seigneurs de son conseil, entre aultres de messeigneurs les ducz de Guyse, pair et grand-chamberlan de France, de Montmorency, pair et connestable, pour lesquels princes et seigneurs toute chrestienté est obligée de prier Dieu continuellement et pour leur prospérité, se délibéra d'obvyer à semblables inconvéniens, et manda par ses provinces gouverneurs avecques ample pouvoir. Et au gouvernement de Prouvence manda à monseigneur le conte de Sommerive, gentilhomme ordinaire de sa chambre et séneschal audict païs, puissance et pleine auctorité d'y commander en tout et partout, et le députa son lieutenant général en absence de monseigneur le conte de Tende, son père.

Ayant mondict seigneur de Sommerive receu l'ample commission que avoit pleu à sa majesté luy mander, comme désireux de luy faire très humble et très agréable service, désirant aussy donner clère cognoissance de son cœur tant illustre et généreux, fit si bon devoir, avecques l'assistance de monseigneur de Carces, aussy gentilhomme de la chambre de sa majesté et lieutenant de ses galères, soubz la généralité de monseigneur le grand-prieur de France, seigneur vrayement digne de toutes bonnes entreprises et exécutions, pour estre vaillant, asseuré et pénible, avecques aussy le prompt secours que luy donna ledict païs, sy bien que en peu de jours se treuva un camp de cinq à six mille hommes à pié et mille chevaulx; en oultre audict camp la plus part de la noblesse de Prouvence s'y treuva; et avecques deux pièces de campaigne commença mondict seigneur le comte à marcher la province, pour en gecter hors les capitaines et soldatz adversaires; car telle estoit la volunté de sa majesté. A la compaignie de mondict seigneur estoit monseigneur de Mondragon, lieutenant de la compaignie de mondict seigneur le comte de Tende, lequel avoit aussy eu mandement de sadicte majesté d'y employer ses forces et celles de ses amis, et eut un régiment. Pareillement y estoit monseigneur de Cental, seigneur très bon en conseil et aux exécutions, et un des premiers de la Prouvence, et qui ha fort grand suicte de gentilz-hommes; quatre de la maison de Ventabren, tous capitaines ou de cavallerie ou de fanterie, en fort bon équipage; M. de Flassan, capitaine de cavallerie et de fanterie; les seigneurs de Montagut, de Meyrargues, de Moriers, du Chastellet, de Beaujeu d'Arles, et une infinité de gentilz-hommes de ladicte cité, tous bien à cheval, de Tarascon, de Marseille, d'Aix et de toute la basse et haulte Prouvence. Chascun suivoit mondict seigneur, mesmes les seigneurs Fourbier, Rogier et capitaine Fabry, qui ne l'ont jamais abandonné.

Entendant les adversaires les forces ainsy préparées, et sçachant qu'il falloit desloger à leur grand regret, après avoir estés par plusieurs foys sommés de ce faire, sortirent et allèrent tous se joindre avecques les forces qui estoient au lieu de Senas, laissant dans le chasteau quelques soldatz, et de là passèrent la rivière de Durence, tirant droit au lieu et fort de Mérindol, lieu de leur ancienne retraicte et demeure; dudict lieu marchèrent à celluy de Laurys où pillèrent et mirent à sac le beau chasteau et riches meubles de monseigneur le baron, président jà nommé, et emportèrent ses fruictz, et pour payement brulèrent l'église et mayson du prieur. De là marchèrent à Pertuys, qui tenoit bon pour les chrestiens, et l'assiégèrent; et là se vindrent joindre les forces de leur capitaine Mouvans et aultres, qui venoient du cousté de la haulte Prouvence, et furent telles que dans peu de jours s'y treuvèrent campés environ quatre mil hommes à pié et cinq cens chevaulx, en bon équipage; et ne l'ayant peu prendre de prime arrivée, firent mil maux à la campaigne. Dans ledict Pertuys mondict seigneur le conte y avoit mandé quelque nombre de soldatz de Marseille, lesquelz, avecques le bon et fidelle secours des habitans qui s'y portèrent tant heureusement, soubstindrent le siége trois sepmeines, pendant lequel temps les adversaires firent tout leur possible, jusques à avoir parachevée une myne à main d'entrer dedans, laquelle fut descouverte par les nostres et à leur grande confusion esventée.

Cependant mondict seigneur le conte de Sommerive faisoit tout son possible pour faire passer son camp deçà la Durance, pour aller batre l'ennemy audict siége de Pertuys; mais ne luy fut jamais possible, à cause que tous les portz avoient estez rompus par lesdictz adversaires, horsmis celuy d'Orgon, et ne s'en pouvoient dresser d'aultres, à cause de la grosseur et impétuosité de la Durence, qui alors estoit tout à coup pour desborder.

Voyant toutes ces difficultés mondict seigneur le conte de Sommerive, se délibéra, avecques l'instante prière que luy faisoit mondict seigneur Fabrice, de passer son camp au port d'Orgon et venir se refreischir dans la Conté et terres de nostre Sainct Père, pour puys prendre le chemin de Mérindol, et le mesmes qu'avoit tenu l'adversaire. Et fut ainsy accordé et résolu; car le vingtiesme de may, mondict seigneur et tout le camp passa ledict port d'Orgon et se campa au bort de la rivière, en ung fort beau lieu et fort de sa nature, et prez de la cité de Cavaillon, auquel lieu firent encore faire de trenchées du cousté de Mérindol, pour oster l'accez à l'ennemy qui estoit trop voysin de là. Et estant là campés, attendant quelques troupes que M. de Montagut conduisoit soubz son régiment, les nostres faisoient tous les jours courses sus les forces des adversaires qu'estoient à Mérindol, où ilz receurent souvent perte de leurs gens, mesmes un dimanche que mondict seigneur Fabrice fut voir mesdictz seigneurs au camp. Et pour le gratifier, quelque nostre cavallerie et fanterie furent conduictz par mondict seigneurs de Carces à toutes entreprinses courageux, jusques en veüe dudict Mérindol, où estoit venue toute la cavallerie desdictz adversaires, conduicte par Mauvans, et quelque bon nombre de fanterie ; et estoit ladicte fanterie parquée sus ung coustauld, en délibération d'enfermer à leur milieu les nostres, lesquelz lors estoient inférieurs en nombre. La volenté desdicts nostres fut si grande à vouloir donner dedans et combattre, qu'ilz ne donnèrent loysir aux adversaires de se mettre à la plaine campaigne, prez du port de Malemort, ayns voulcirent en un instant se joindre ensemble de queüe et de teste, où fut ataquée une bien grande et chaulde escarmouche menée entre les deux cavalleries, jusques à ce que le capitaine Beaujeu s'approcha dudict Mauvans et luy tira la pistoletade de si prez que le jument que montoit ledict Mauvans se treuva blessé ; dont le sentant affoyblir, et aiant receu perte d'aucuns des siens, se retira à son fort, et les nostres retournèrent au camp sans faire autre chose pour ce jour.

Peu de jours après, voulant nostre cavallerie s'exerciter, faysant ung salut, il survint un estrange inçonvénient, parce que la pistolle du capitaine Usanne d'Arles lascha son coup et casuellement blessa le capitaine Mejannes, ung de ses principaux amys, duquel coup peu d'heures après mourut, au grand regret de tout le camp et aultres qui avoient sa congnoissance. Son corps fut ensepvely et inhumé avecques grand pompe funèbre dans l'église cathédrale de la cité de Cavaillon et dans la chapelle de ses ancestres, qui sont partis et ont prins origine de là. Tous messieurs du clergé et les confraternités des disciplinantz feirent compagnie à son corps, et là repose, et son ame, si plaist à Dieu, éternellement bien colloquée. Audict camp de Cavaillon vint ung jour visiter mondict seigneur le conte Mme la comtesse de Sommerive, sa femme, accompagnée de Mmes Marguerite de Pontevès, dame de Cabannes et de Senas, Catherine de Joyeuse, dame d'Oyse, Clère de Mayniers, dame de Pourrières, et plusieurs aultres dames, dont chascun de telle venue s'en resjouit bien fort.

Estant les affaires de ce païs en telz termes, du costé de Thoulouze, messeigneurs de Terrides et de Monluc, chevaliers de l'ordre de sa majesté, faisoient extreme diligence pour chastier les rebelles et gentz de la nouvelle religion, lesquelz, ainsi que par deslà, faisoient mille insolences, et presque s'estoyent saisis de toute la cité de Thoulouze, dont le dix et neufvième de may mesdictz seigneurs, au nom de sadicte majesté, entrèrent dedans avecques telle force que, durant quinze jours, l'on y sceut bien aysément compter huict à neuf mille personnes mortes, qui fut une terrible carnacerie et une belle et prompte exécution. Et ayant mesdictz seigneurs rendu la ville en sa première dévotion et obéyssance, furent faictz prisonniers des plus apparents en dignités qui tenoient la main en telles assemblées, saufz quelques présidens, conseilliers, viguiers, juratz, quelques capitaines, lesquels ne peurent estre faictz prisonniers à cause que leurs testes furent séparées des corps, afin que l'exemple en demeurast bien marqué.

Ayant sceu sa majesté avecques grand regret la mort de son bon chevalier monseigneur de la Mottegondrin, désirant prouvoir en sa place de quelque aultre seigneur digne de telle dignité, en prouveut monseigneur de Maugiron, lieutenant de monseigneur le mareschal de Brissac, avecques pouvoir de commander en Daulphiné, en l'absence de monseigneur le duc de Guyse ; lequel estre arrivé, et ayant treuvé tout le païs en armes et en tumultes, pour la récente mémoire de la tragédie jouée par les adversaires, par yceulx fut récusé d'estre admis et receu. Dont incontinent mondict seigneur de Maugiron assembla ce peu de forces que luy furent possibles, avecques lesquelles entra dans Grenoble, ville du siége et parlement, duquel il fut gracieusement receu et admis ; et y aiant fait intériner ses facultés, en chassa hors quelques seigneurs et aultres suspectz de sédition.

Ayant puys veu les adversaires de Prouvence qu'ilz travailloient en vain au siége de Pertuys, et que à bon essient sa majesté prenoit les voilles contre eulx, et que vivement sa volonté estoit exécutée par ce bon seigneur de Sommerive et mesmes par le vigilant seigneur de Carces, qui estoit tousjours prez de la personne de mondict seigneur, et qu'ilz prenoient un extreme peine, estant tousjours campés prez Cavaillon, jour et nuict, à toute rigueur du temps, lequel en ce temps-là estoit fort divers, pour cause du grant vent et pouldre de la rivière ; ayant descouvert une nuict, par les aguetz qu'ilz tenoient sur les sommets des montaignes de Mérindol et du Lebreon, le feu qui casuellement s'estoit mis en aucunes loges de nostre camp, cuidant qu'il deust marcher contre eulx, et ayant tenu quelqu'un de ses principaux conducteurs telles paroles au conspect de tout leur camp : Marchons, mes amys, retirons-nous tost, car vrayement Satan règne, ce dit, le camp laissa le siége de Pertuys, et de lieu en aultre prindrent le chemin droict à Sesteron, pour estre une des clefz de la Prouvence, l'aiant aussy esleu et choisi pour estre de sa nature des plus fortz, estant coustoyé de montaignes et deux rivières, assavoir du cousté du levant celle de la ravissante Durence, et là de tramontane celle du

Buech, en délibération de s'y retirer trestous et demeurer en force et seurté, y aiant amenées la pluspart de leurs richesses et beaucoup de biens et meubles des églises pillées, et le tenir jusques à toute dernière extrémité. De Pertuys leur camp passa à la tour d'Eigues, une place amène et forte, de celles de monseigneur de Cental, où il y ha ung superbe, riche et fort chasteau, prouveu de toutes commodités requises, et entre aultres d'un somptueux et spacieux jeu de paulme, de beaux estaingz, parcz, jardinages, garennes, praeries, pigeoniers, moulins, laberintes, allées, et ung rare jeu de pallemart, faict avecques grand artifice, le tout à veüe du chasteau, avecques une belle et ample campaigne et quelques coustaultz, à la semblance de ceulx de Thuscanne ou Montferrat. De là ils lougèrent à la ville de Manoasque, et puis au lieu de Peirves, sus le rivage de Durence, place de M. de Faucon, et où il y ha un fort et beau chasteau, lequel est aussy proveu de grandes et belles commodités, ensemble un aultre qu'il en ha là tout joignant, qui est chasteau Arnoux, fort beau édifice. Ilz passèrent aussi par beaucoup d'aultres lieux, où ils rompirent toutes les églises et firent des maulx innumérables, et, à ce que je crois, c'estoit pour la dernière main, connoissant bien qu'ilz n'y retourneroient plus. A leur passage et aprez le passé de leur camp, ilz rompirent tous les chemins et pontz, et firent beaucoup d'empeschemens pour oster tous accès aux nostres.

S'estant aperceu mondict seigneur le conte de Sommerive de la soubdaine, honteuse et inopinée retraicte des adversaires, délibéra de les suyvre; et voulant faire marcher son camp droict ez lieux de Mérindol, Lauris et Pertuys, fut mondict seigneur requis et prié par monseigneur Fabrice de vouloir lors exécuter l'entreprinse d'Orenge, pour la purger et chastier des incursions, pilleries et larrecins que aucuns des habitans et aultres forus-cis y commettoient soubz couverte de leurs assemblées ou presches, y ayant rompues les églises, bruslés les os des corps sainctz, et mesmes de leur protecteur M. sainct Eutrope, les sépultures des mortz rompues, en espécial celle de M. de Causans (1) leur gouverneur, et que pis est, ayant estaché la figure du crucifix sus une asne, l'avoient mené foetant par toute la ville, et tant d'aultres ignominies et inhumanités qu'il seroit besoing faire ung discours à part pour les réduire par le menu, aiant de tout esté acertené monseigneur leur prince, et de ce qu'ilz n'avoient voulu recepvoir monseigneur leur très digne prélat, évesque et pasteur, ains occupoient sa maison épiscopale et ne vouloient permettre que son église fut régie et servie par les prebstres et autres personnes catholiques et religieuses.

Estant accordées les voulentés de mesdictz seigneurs, ensemble celle de monseigneur de Suze, qui peu de jours avant cecy estoit arrivé au camp de Cavaillon, tant bien veu, receu et honnoré pour la bonne expérience sienne au faict de la guerre et aultres, comme pour l'honnorable et digne charge que avoit pleu à sa majesté luy donner au partement qu'il fit de sa court, tant pour s'aider à expulser les rebelles que aussy de la compaignie de gens d'armes que luy avoit baillée par mort dudict seigneur de la Motte; avecques mondict seigneur de Suze arriva aussy monseigneur Charles des Grilhes, seigneur des Taillades (2), gentilhomme ordinaire de la chambre de sa majesté, es-

(1) De Vincens, seigneur de Causans, avait été gouverneur d'Orange.

(2) Taillade arriva au camp de Sommerive vers le 31 mai 1562. Il s'appelait Charles Grillet, était fils de Julien Grillet et d'Hélène de Gondi. Il fut chancelier de l'ordre du Roi, capitaine de cinquante gens d'armes, et tué le 25 juillet 1569 au siége de Poitiers.

tant désireux de se treuver en toutes bonnes factions pour le service de son maistre, estant aussi vassal de nostre Sainct Père; et furent constreincts de faire le chemin de Piémont et de Nice, pour la difficulté des chemins fermés et occupés par les adversaires; encores ne sceurent-ilz tant faire que leurs chevaulx et hardes ne leur fussent esté prinses, que leur fut une bien grande perte. Estans ainsi ensemble accordés, délibérèrent de partir dudict Cavaillon le quatriesme jour de may, pour s'acheminer promptement à Orange; mondict seigneur le conte conduisit la cavallerie et M. de Carces la fanterie et artillerie, à sçavoir deux canons de batterie et deux moyennes, que peu de jours avant leur avoit mandées de Marseille le bon et vigilant monseigneur le baron de Meuillon, gentilhomme ordinaire de la chambre de sadicte majesté, capitaine de ses galères, et aiant les affaires de Marseille en si bonne recommandation que sa suffisance et auctorité la maintenoit en paix et accord. Se partit dudict Cavaillon mondict seigneur Fabrice et s'achemina en Avignon, pour y faire dresser les préparations nécessaires pour une sy haute entreprise, et y estant tout le jour ne fit que travailler sans le communiquer à personne. La nuict, et après que les portes de la cité furent fermées, ce grand et secret capitaine appella à soy M. de Crillon et moy, lequel suyvimes jusques au lougis de monseigneur des Essarz, où estans, et dans la salle basse, mondict seigneur commanda que les portes fussent closes, et, avant qu'il nous voulcyt proposer son intention, nous fit jurer sur les sainctes évangilles de ne point dire son secret jusques à entière perfection de son œuvre, laquelle (ainsi qu'il espéroit de la grace de Dieu) et à l'ayde de mes susdictz seigneurs et sienne, prétendoit rendre parachevée de façon que dans vingt et quatre heures il seroit dedans et ne se feroit deschausser les bottes qu'il n'eust faict son oraison dans l'église d'Orange. Ce dict, et aiant donné charge à mondict seigneur de Crillon de ce qu'il devoit ordonner et commander à sa compaignie, la faysant partir à mynuit, donna les aultres à mondict seigneur des Essartz et à moy, et estoient escriptes en une mémoire et de sa main. En après mondict seigneur ordonna aussy que la compaignie de M. de Sainct-Jeurs marcheast, et aultres soldatz de la cité. La diligence de mondict seigneur fut tant véhémente que sus l'aurore arriva en veüe d'Orange, où toutes les troupes furent aussy assemblées et campées et faisoient les aproches. Et, ayant advisé le lieu le plus commode pour faire la batterie, y braquèrent les pièces, que fut au mesmes lieu où les adversaires, au grand regret des bons et fidelles chrestiens habitans, avoient bruslés les oz de M. sainct Eutrope leur protecteur. Ilz firent premièrement sommer les occupateurs de se rendre à l'obéyssance promise et jurée, leur promettant vie et biens sauves. Tout fut en vain requis, estant obstinés et endurcis, se cuydant par trop fier à ce que la fortune jusques là les avoit voulu favoriser. Quoy voyant, la batterie et tonnerres fut si chaulde et terrible que en un moment la brèche fut faicte. Et n'estant encores du tout bien suffisante, noz soldars, accouragés des remonstrances que leur firent mesdictz seigneurs, lesquelz ne se partirent jamais de l'artillerie, ayant aussy peu d'esgard à leurs personnes et dignités qu'un simple soldat; et estoient si près que mondict seigneur Fabrice estant appuyé sur une des roues des canons avecques monseigneur de Carces et capitaine Bouquenegre, mondict seigneur Fabrice receut en ung instant deux harquebuzades, l'une sus la barbe du cousté gauche, l'autre à la lèvre de dessus, qui luy brusla les mostaches et le blessa un peu, dont soubdain, mettant la main dessus, demeura quelque peu de parler, qui fut cause que mondict seigneur de Carces l'embrassant dict : Ah! monsieur, estes-vous blessé? Non, non (respondit mondict seigneur Fabrice), ce n'est que bon augure; et demeura sa bousche bruslée quinze jours après. Puis partirent d'un sy bon accord que en un instant, et ne craignant les harquebuzades et mosquetades que les assiégés faisoient pleuvoir sur eulx, entrèrent dedans, criant victoire, et sus la chaulde beaucoup de leurs soldars furent par les nostres tués et grand nombre dans le chasteau, où ceulx dedans voulurent un peu faire des opiniastres; enfin tout fut réduict en obéissance. Des nostres n'y en moururent que dix ou douze, entre lesquelz fut l'enseigne du capitaine Sainct-Jeurs, nommé Paule Bellon; les mors desdicts adversaires furent environ de neuf cens à mille. Peu d'intervalle après, s'estant mis le feu dans quelque vieille maison pour l'inconvénient survenu à ung soldat, qui brusla sa flasque, ne sceurent les nostres tant bien y obvyer qu'il ne s'ataquast presque par toutes les maysons, au grand regret de mesdictz seigneurs, n'ayant jamais esté leur délibération telle, encor que aucun des adversaires l'ayent voulu dire. Ceste exécution fut faicte le matin sixième de may (1). Les prisonniers furent le capitaine jeune Coste, le seigneur de la Caritat, et ung de la Raïz, lesquelz furent menés au chasteau de Tarascon soubz la charge du seigneur Benoict Bertran, gentilhomme de Venise, qui le

(1) De Thou (tome III, p. 227) fait le récit d'horribles cruautés commises par les vainqueurs à la prise d'Orange. « On tua, dit-il, la pluspart des femmes; on les pendoit aux fenêtres ou aux portes, on arrachoit les enfants qu'elles tenoient dans leurs bras et on les tuoit à coups d'arquebuze. » L'incendie dont parle ici Perussiis consuma l'Hôtel-de-Ville, le palais épiscopal et 300 maisons.

tient pour sa majesté en bonne seurté. Ces choses faictes, mesdicts seigneurs rendirent à Dieu graces d'une sy grande victoire, obtenue avecques sy peu de sang des nostres; et ayant mis dedans et à son auctorité monseigneur de la Tour, gentilhomme mandé par monseigneur le prince, mesdicts seigneurs Fabrice et de Suze, et les compaignies, retournèrent en Avignon, et mesdictz seigneurs le conte et de Carces, ensemble le camp de Prouvence, refirent leur chemin par Vedennes, Chasteauneuf et Coumons. De là alèrent camper aux Beaumettes, en Prouvence, suyvant tousjours leur volenté d'expulser les adversaires, lesquelz travailloient à soy fortifier à Sesteron jour et nuict.

En ce lieu je descriray un incident qui ne sera pas mal convenable à ce discours, qui est tel que, peu devant ceste expugnation d'Orenge, son président, M. Parpaille, en estoit sorty une nuict avecques quelques soldatz, conduisant mosqueçtz ou pétars, pouldres, cordages et aultres munitions de guerre, délibérant de surprendre le chasteau de Chasteauneuf de Pape et s'y fortifier et tenir, pour oster toutes les commodités à ceulx d'Avignon, en récompense des honneurs et dignités qu'il y avoit receues. Mais ceste sienne entreprinse fut vaine, car noz soldars là dedans mis par l'authorité de monseigneur révérendissime l'archevesque d'Avignon, comme membre sien, se défendirent sy bien que ledict Parpaille y brusla sa barbe et y laissa quelques uns des siens mortz, ensemble ses pièces et cordages, et honteusement se retira à Orange, ou peu après, suyvant tousjours nouvelles inventions, en voulcit aultant faire au lieu de Sainct-Laurens des Arbres, où il permit que l'église fut dépérie. S'en retournant à Orange, avecques l'autorité qu'il y avoit, peu de jours après, fit assembler ung général parlement et conseil, forceant chacun de s'y treuver, pour y entendre quelque siene proposition, laquelle en substance portoit qu'il vouloit prendre l'or et l'argent des reliquières de la cité, que peu paravant avoit esté sequestré en mains des consulz, et le pourter à Lyon pour en faire monnoye, pour la solde sienne et des soldars, et pour la fortification ; et là se voulcit eslire triunvirat des monnoies, diction et mot des anciens Romains; et estant jà presque tout le peuple abreuvé de ses parolles ou forcé, facilement luy accorda sa demande. Mais voulant avoir particulière opinion de tous les assistans, se leua de sa place ung fort homme de bien et ancien et droit, parla en façon asseurée ainsi : « Messieurs, il n'estoit jà besoing « que prinsiés tant de peine à faire yci assembler tout ce « peuple pour avoir son advis et conseil d'une chose jà « délibérée. Jusques yci (graces à Dieu), vous avés manniés « les affaires sans en avoir permission du peuple, et sont « estés telz et sy mal conduictes que chacun de nous en « porte la peine. Mais puisqu'il vous plaist, ou estant « forcé, j'en diray ce qu'il m'en semble, m'asseurant que « ne sera pas treuvé bon d'aucuns, et mesmes de mon« sieur Parpaille, lequel ha esté toute sa vie impatient, « et ne s'est sceu entretenir dans sa patrie avecques les « siens, où il avoit esté receu et conduict tant à son prouf« fit et honneur. Je sçay aussi que ce que je dis causera « ma ruine ou ma mort ; sy est-ce que désirant (deschar« geant ma conscience) obéir à voz commandemens, je « diray encores que je ne vois estre besoing de prendre « l'or et argent de noz reliques, ne les joyaulx précieux « pour nostre fortification ; car voulant défendre nostre « cité contre Dieu, nous ne sçaurions, estant sy grand et « puissant que toutes choses sont soubmises à son obéys« sance; contre nostre prince, nous tumberions en crime « de lèze majesté ; contre noz voisins, je m'asseure tant en

« leur bonté que, sy nous ne les cherchons jamais, ne « nous feront aucun dommage. Pour cela la despense que « vous avés faicte et desirés faire sera vaine. » Ne sont-ce pas, ô vertueux et sage liseur, remonstrations d'un bien grand et profond orateur ou magistrat, et non de personne ruralle? Car ainsi estoit-elle; mays il estoit orguanisé par la permission de Dieu, qui ne vouloit permettre l'évidente et proche ruine de celle cité, où les bons habitans d'ycelle estoient travaillés pour la supression d'aucungs malins, lesquelz estant offusqués et abreuvés elle ne sceut avoir lieu ou place. Car ayant obtenu ledict Parpaille tout son desseing, il partit tost et s'achemina à Lyon, d'où il revint après sus de batteaux chargés ou d'armes ou d'ardes, et en bon équipage. Estant habillé en soldat et non en docteur, il fut reconnu près du bourg et chargé du fidelle et chrestien peuple qui est régy soubz l'évesque de Viviers, de façon qu'il y demeura prisonnier. De là conduict au chasteau de Mondragon, à mondict seigneur le conte de Sommerive, y estant allé après la prinse d'Orange, fut mis soubz bonne et seure garde, suyvant tousjours mondict seigneur jusques au lieu de Coumons, où monseigneur révérendissime vice-légat le vint demander à mondict seigneur le conte, pour estre ledict Parpaille subject de nostre Sainct Père et ayant commis crimes dans ses terres, ce que fut accordé avecques charge d'en avoir puis l'autorisation de sa majesté. Et ainsi ledict Parpaille fut conduict prisonnier dans le palais apostolique dudict Avignon. Et peu de temps après mondict seigneur le conte eust letres de sadicte majesté et de celle de la Royne, madame sa mère, le clarifiant avoir eu pour bien agréable la prinse dudict Parpaille, et encores que ledict seigneur l'eusse remis en la puissance des officiers de Sa Saincteté, désirant que son autorité feust gardée et que les démérites dudict Parpaille fussent cogneus et chastiés, afin d'en donner perpétuel exemple; et autant sesdictes majestés en escrivirent lors à mondict seigneur révérendissime vice-légat.

Ayant le camp de Prouvence, après l'expugnation d'Orange, laissé la Conté, et le peu de noz forces retirées dans Avignon, Carpentas et Vaison, en opinion de ne rien innover, ains seulement les guarder des incursions et invasions des adversaires, et estant eulx requis et solicités de nous foruscitz, firent assembler grandes forces du cousté de Valence, Monteillimart et aultres lieux du Daulphiné, avecques bonne voulenté de descendre avecques l'artillerie et entrer dans ladicte Conté, et y prendre d'emblée Carpentras et aultres places, ce qu'ilz firent; et de prime arrivée mirent leur siége devant la ville de Pierrelate en Daulphiné, place de sa majesté dans laquelle estoit le capitaine Richard de Vaulrias, avecques quelques soldars assez mal proveux. L'aiant battue, ne pouvant les assiégés plus en durer, qui durant quelques jours firent tous bien leur devoir, tuant beaucoup des adversaires qui estoient soubz la conduicte de M. des Adrez, pourtant chacun un rameau de chaisne à la teste, se retirèrent dans le chasteau, le défendant des assaults desdicts adversaires, lesquelz, creignans d'y perdre beaucoup de leurs soldars, demandèrent vouloir parlementer et les avoir par composition; et furent les paches accordés et jurés que les nostres auraient la vie et biens sauves, mais toutes ces promesses furent violées et rompues; car estant le capitaine et ses gens sourtis du chasteau soubz telle condition, il fut et les siens tuez et meurtris. O cruel et exécrable acte, et non plus entendu en nation estrangière! Par ainsi ladicte ville tumba en la puissance desdictz adversaires, que fut la première poincte qu'ilz firent pour entrer dans la Conté.

Ayant la sainctetè de nostre Sainct Père esté adverty, par les lettres que tous les jours monseigneur illustrissime Fabrice escrivoit à messeigneurs illustrissimes et révérendissimes cardinaulx Farnez, légat, Borromée, nepveu de Sa Sainctetè, et Sainct-George, son frère, de l'affliction et péril que se treuvoit ce povre et chrestien peuple, comme souverain pasteur, prince et seigneur, manda en poste le sieur Raymond de Perussijs, gentilhomme de la maison de mondict seigneur cardinal de Farnez, lequel fit telle diligence que en cinq jours se rendit de Romme en Avignon, portant lettres de Sa Sainctetè et de mesdictz seigneurs illustrissimes, adressantes à messeigneurs vice-légat et Fabrice et à messieurs de la cité, leur faisant entendre combien elle estoit desplaisante de leurs adversités, lez asseurant que sa volanté les voullant secourir estoit fort bonne, ensemble celle du sacré collége, et qu'elle aymeroit plus perdre sa thyare que ce bon et catholique sien peuple et pays, duquel n'en faisoit moins d'estime que de Romme et Bolongne; portoit aussy faculté pour avoir argent, qui est le vray nerf de la guerre. Je ne veulx obmettre dire l'estratagème que ledict gentilhomme usa au gouverneur de Sesteron, qui estoit là soigneux pour les adversaires, l'interrogant s'il pourtoit point de lettres et d'où il venoit, le sommant de dire pure vérité à peine de mort, que me semble estre la plus grande; à quoy fut respondu qu'il venoit de Piémont pour se retirer à sa maison, et ne pourtoit aultres lettres fors une qu'il portoit ouverte, et laquelle il avoit faicte de sa main; et ne pouvant comprendre par ycelle aucun soupçon, le laissa passer aysément, mais les bonnes furent sauvées avec la grace de Dieu, ensemble sa personne.

En ce mesme temps les adversaires reprindrent Grenoble et achevèrent de dissiper les églises, et de là allèrent à la Grande-Chartrousse qui est voisine de là, en ung lieu fort aspre et austère, et est la principale et première fondée par sainct Hugues, de l'ordre des Chartreux, et, à ce que j'ay entendu, prindrent les reliquières à l'extime, que ne fut pas petite, estant une des riches églises de France. Je ne scay quand elle sera rendue, car à mon advis il n'y ha point de caution.

Voyant messieurs les consulz et députez d'Avignon que la despence et l'ocasion leur croissoit, treuvèrent nouvelle invention pour avoir argent sans foller le peuple; ce fut que tout ainsy que messieurs du clergé, docteurs, colléges, gens de la soye et de la layne estoient exemptz de toutes charges et impostz, et mesmes de la gabelle, prérogative et exemption de tous temps observée et jamais rompue, en cest effect et pour sy saincte œuvre fussent contribuables. Et pour ce faict ayant mandé convoquer mesdictz seigneurs du clergé, de l'auctorité du révérend docteur et bon seigneur M. Jean-Pierre Forteguerre, très digne vicaire et official d'Avignon, avecques l'assistance des révérendz et égréges seigneurs messeigneurs Gaspard du Pont, vice-gérent pour la chambre apostolique et auditeur du sacré palais, Perrinet de Rouillasc, seigneur dudict lieu, conseillier pour sa majesté et prévost de l'église cathédrale dudict Avignon, fut conclus et accordé que tous payeroient ladicte gabelle pour le temps de neuf années.

Autant en fut résolu faire par l'égrége, très sage et docte collége de messieurs les docteurs et régens, assemblé par l'auctorité du révérend et égrége seigneur Bartelemi Serre, son primicier. On peult donc aysément connoistre que personne ne s'est espargné que n'aye faict tout devoir pour fournir à la manutention de la saincte religion, pour le service de son prince, et à l'honneur et utilité de sa patrie, laquelle à bon droict porte le mot de son tymbre, *A bec et à griffes;* l'aultre, *Amici omnes, sed magis amica veritas*. Continuons donc à suivre la vérité et l'ancien chemin, sans point tergiverser, car tout le demeurant s'en ira en fumée.

Estant le peuple de la cité d'Aix encores mémoratif des oppressions faictes par les adversaires, gens de la nouvelle religion, dicts huguenaulx, du sang de Barjoulx et des aultres lieux de Prouvence; s'estant aussi apperceu que dans ladicte cité y avoit encores de suspectz quelque nombre et mesmes quelques apparens, un jour se leva en rumeur et de main à main en vouloient faire mourir quelques uns; à quoy fut soubdain sagement et prudemment remédié par la présence, auctorité, clémence et inestimable doulceur de la très illustre et très vertueuse dame madame la contesse de Sommerive, miroer et exemple d'honneur, laquelle se treuvoit lors audict Aix avecques M. de Bagarris, très bon conseillier de sa majesté, à qui mondict seigneur le conte avoyt donné la superintendance des affaires en son absence, aiant faict mettre tous lesdicts suspectz hors des mains du populaire, et dans la conciergerie en seurté ; furent un nombre de quatre-vingts personnes. Il est vray que sus l'émotion première se rencontra ung conseillier parmy le peuple, dont il en mourut, et crois que ce fut casuellement. O monseigneur de Sommerive, bien heureux d'avoir pour perpétuelle et fidelle compaigne une si rare dame, la clémence de laquelle oblige non voz subjectz, mais les estrangiers, à luy rendre très humble service ! O tous deux ensemble tant heureux, parce que les vertus et les amitiés sont réciproquement conjoinctes ensemble, dont il s'en doit espérer ung gouvernement entier et pacifique !

Revenons à la Conté et disons que, poursuivant les adversaires leur desseing de vouloir ruiner le païs, pour avoir accés et passage ouvert et entrer à la Prouvence, après la prinse de Pierrelate vindrent assiéger la riche ville de Bollenne, qui est en frontière de ladicte Conté, du cousté du Daulphiné. Et l'aiant treuvée nue des habitans, s'en estant fouis pour la terreur et espouvantement que donnoit l'adversaire, à cause des cruelles et sanglantes exécutions jà faictes, et n'y aiant environ que trente soldars, qui avoient là estés mandés de la compaignie de M. de la Bartelasse, qui, après avoir eu faict tout leur possible, et estant battus de furieuse batterie, lesdictz adversaires entrèrent dedans à force, où tous les nostres passèrent par le fil de l'espée, au grand regret de leur povres femmes, enfans et amis.

Revenant de la court M. Marseille, un des secrétaires de monseigneur le duc de Guise, pour demeurer avecques sa femme et parens, fut retenu et faict prisonnier par les adversaires, et dans Valence maltraicté de sa personne.

En ces jours aussy fut prins le capitaine Parisot, gentillomme d'Arles, ayant esté mandé à la court pour les affaires de sa cité, estant lors ung des consulz; et luy ayant osté toutes ses despèches, fut pendu et estranglé; autant en fut faict à beaucoup d'aultres. Ne sont-ce pas de beaux actes et bien exécutés? De façon qu'il ne se treuvoit plus personne qui osast entreprendre voyager, et feust bien pour les exprès et urgens affaires de sa majesté.

Ayant veu monseigneur de Suze que le camp des adversaires se renforçoit et commençoit à gaigner païs dans la Conté, délibéra se camper à Orange, et là faire teste, avecques les compaignies que M. illustrissime Fabrice luy avoit faictes fournir par le païs, et aultres que furent assemblées au lieu de Sarrian, avecques deux petites pièces de campagne, ensemble messieurs les vassaulx de la Conté, là assemblés à l'arrière-banc; mais estant lesdicts adversaires en triple avantageux nombre des nostres et munis de grosses pièces, vindrent le cinquième jour de juillet se présenter devant mondict seigneur de Suze, près de la rivière d'Ouèze, joignante Orenge, lesquelz ayant estés descouvers par M. de Saincte-Jalle, s'ataquèrent parmy les nostres de telle façon que, ayant sentu la force du bras de mondict seigneur de Suze, ilz se mirent en fuicte avecques perte de quatre cens des leurs, qui, sans les point frauder, firent bon devoir de prime arrivée; la victoire nous en demeura, ayant tous faict bien son devoir. Se treuvèrent en ceste journée monseigneur de Mondragon, de Saincte-Jalle, qui receut perte de toutes ses hardes, de Montenard, capitaine de cavallerie, de laquelle portoit la cornette l'escuyer de Nyons, de Glandages, de Venterol, maistre de camp, duquel estoit lieutenant le capitaine Servery et enseigne le capitaine Joachin de Cambys-d'Orsan, la Coronne, sergent-majour, le Pègue, Arces, Raillon, Pignan, la Roquette, Arzac, Chessan, Baudon, Hugon, dont son enseigne portoit l'escuyer D'Anselme, Laval, Donnine, Ycard, Beauchamps, Grenier de Cavaillon, Propiac, Claude-Jean de Bedoin, Baptiste de Ceps, le Cadet de Lisle, le Dagot, et ce bon vieil capitaine et commissaire du païs Jean Raxy, seigneur de Flassan de la Conté, facture du sieur Rence, duquel l'histoire de Marco Guazzo faict mention, et plusieurs aultres seigneurs et capitaines, et beaucoup d'Avignon, entre aultres le seigneur Morelly, amateur de toutes vertus, Henry et Pierre Serre frères, et Serpillon, que tous firent sy bien qu'il n'estoit possible de mieulx. Ledict capitaine Beauchamps, avecques un spadon à deux mains, fit tel carnage des adversaires que par deux fois l'avoient envelopé, dont en vint victorieux et assanglanti, et à bon droict il print pour imprese à son enseigne le feu et l'escoube, avec de motz françois et bon prouvençal.

Ceste victoire obtenue, connoissant mondict seigneur de Suze qu'il estoit chose difficile de camper audict Orenge, tant pour la difficulté des vivres que pour le peu d'asseurance qu'il avoit encores aux habitans, treuva bon de camper au lieu du pont de Sorgue, et ayant laissé le capitaine Hugon dans le chasteau d'Orenge avecques sa compaignie, vint camper audict pont de Sorgue le sixième dudict; et estant là, ne cessoit mondict seigneur Fabrice de leur mander toutes choses nécessaires, et s'y visitèrent souvent pour consulter des affaires, tant pour la conservation des païs de Sa Saincteté que de sa majesté, car tous tendoient à une mesme conformité et un mesme but.

Le huictiesme dudict, s'estans encores reassemblés les adversaires et en plus grand nombre, aiant jà Bolenne, Vaurias, Visan et aultres lieux dans la Conté en leurs mains, aiant aussy par leur derrière tout le Daulphiné, de plus les lieux Sainct-Esperit et Baignolz, de là le Rosne, en faveur, délibérèrent d'assiéger le lieu de Mornas et son chasteau, une des clefz de ladicte Conté, estant flanqué d'un de ses costés de la rivière du Rosne, lequel, encores que le chasteau soit fort de sa nature, il n'est pas en défense, n'estoit pas aussi fourny des choses requises et nécessaires pour la guerre, avoit esté aussy laissé presque en ruine despuis la résidence des sainctz Papes en ce païs, ou pour le peu de solicitude des capitaines et chastellains qui pour le passé l'ont tenu, la cisterne laissée sans eau. Encores avecques toutes ces incommodités le capitaine la Combe, enfant dudict lieu, se hazarda d'y demeurer avecques quelques soldars, qui ne sceut tant faire que les adversaires n'entrassent dans la ville par la brèche. Quoy voyant, il print pour son dernier refuge partir et se retirer dans ledict chasteau avecques ses soldars, qui estoient environ cent, avecques quelques habitans dudict lieu, et là veoir de tenter tous les remèdes qu'un bon et vaillant capitaine pouvoit et devoit faire. Estant les adversaires estés advertis de ce faict, montèrent sus le sommet du rocher, qui estoit fort hault et difficile, et là guaignèrent les advenues et sorties avecques perte grande des leurs, à cause de la bonne défense des nostres. A la fin lesdicts adversaires demandèrent parlamanter audict la Combe, et par belles et emmyellées paroles (ne se recordant du traité fait au capitaine Richard) firent tant qu'il se contenta de leur rendre la place, luy promettant pareille condition de la vie et biens sauves. Estans entrés lesdicts adversaires, et la foy rompue, en un instant ledict capitaine la Combe fut mis à mort, ensemble tous ses soldats et gens du lieu. Qui estoit meurtry d'espée, qui de poignard, qui de baston, car ilz en pourtoient beaucoup, et qui faisoient monter sus ung rocher, et puis faisoient précipiter du hault en bas, dont il survint une chose admirable et presque miraculeuse ; ce fut qu'un de noz soldars, estant forcé de se getter en bas et voyant que le sault estoit trop difficile et dangereux, demanda Dieu en son aide et sa glorieuse très sacrée Mère, dont à son intercession ce povre et chrestien homme demeura pendu de ses mains à demy rocher, les jambes en bas, sans se faire aucun mal. Ce voyant lesdictz adversaires (parmy lesquelz se treuvent quelques pitoyables) le firent secourir, et la vie luy fut sauve. Les corps des aultres morz, qui estoient presque à pièces au dessoubz de la montaigne, furent gettés dans le Rosne, et partie d'iceulx liés et despouillés furent mandés à vau leau. Ledict capitaine et aultres apparens furent mis nus dans ung bateau sans timon ou guide, et aveeques des cornes mises à force dans leurs testes et ung baston blanc aux mains, où estoit attaché ung escripteau disant : *O ceulx d'Avignon, laissés passer ces pourteurs; car ilz ont payé le péage à Mornas.* Furent aussy envoyés en bas tous ces povres mors, où la plus grande partie le lendemain se vindrent rendre et prendre port au bort de la rivière prez Avignon, voulant signifier qu'ilz estoient là venus pour demander juste vengeance de leur martire et tirannization. Ce faict se peut vrayment dire des plus estranges et détestables qui fut onques veu ne leu en aucune histoire. Voyant monseigneur Fabrice ce piteux spectacle, meu de pitié et compassion, ordonna qu'ilz fussent tous inhumés et ensepvellis et honnorablement en terre sacrée, et bailla de ses deniers pour les prières et funérailles, usant de son accoustumée grandeur et clémence.

Estant ce faict ainsi exécuté, tout le peuple des lieux aux environs, comme de Caderousse, Piolenc, Orenge, Corteson, Bederrides et Chateauneuf de Pape, laissèrent leurs habitations, femmes et enfans à l'abandon, et se retirèrent aux fortes places, comme d'Avignon, Carpentras, Lisle et Vayson, et partie de leur bestail en Prouvence, laissant leurs grains, fruictz et labourage à la prède desdictz adversaires ; sy bien que en un instant lesdictz adversaires entrèrent par tous ces lieux, y faisant de leurs accoutumées violences, y rompant tous les autelz, retables, ymages, croix et oratoires ; et le tout metoient en un monceau, et dans les églises brusloient, et puis des cendres en tiroient l'or et argent pour le convertir à leur usaige. Icy se void qu'ilz sont plus sur l'avarice que à leur religion. Cependant les nostres qui estoient campés au pont de Sorgue tous les jours couroient sus les adversaires, faisant tousjours quelques prisonniers; et entre aultres furent prins près de Nyons les seigneurs de Pierre Rue et de Simiane, proavençaulx, gens de bonne estimation entre eulx, lesquelz estoient sortis de Sesteron pour aler en Daulphiné; ledict de Pierre Rue avoit aussi sa femme; et furent tous menés dans le palais d'Avignon, d'où incontinent après sadicte femme fut eslargie et mise en liberté, donnant connoistre nostre clémence, et que la guerre ne se doit faire aux damoyselles qui, de leur naturel, sont doulces et aymant la paix.

Ayant le camp de monseigneur de Sommerive faict tout le possible pour s'aprocher de Sesteron, chose qui fut fort difficile à cause des rampars, empèchement des pons et chemins rompus par les adversaires, les embuches par eulx mises aux lieux plus fors et difficiles, comme au lieu du Lux, l'abbaye de Gannagobye et aultres fors, où partout lesdictz adversaires receurent perte de leurs gens. Ce faict sçavent fort bien les seigneurs de Flassan, de Ventabren et commandeur de Cugges, qui se treuvèrent aux coups. Enfin, le dizième jour de juillet, les nostres campèrent près ledict Sesteron, du cousté du midy et près de l'observance démollie, où nostre artillerie fut braquée, et le hunzième la batterie fut faicte, ensemble une fort mal aysée brèche, s'estant rencontrée au plus fort lieu des murailles et où il y avoit des caves par où il falloit monter, descendre et puis remonter. Tous ces empèchemens ne sceurent retarder les vaillans et courageux assaillans qu'ilz ne donnassent l'assault, montant les uns sur les aultres, tuant beaucoup des défenseurs adversaires; mais il fut advisé par mondict seigneur et M. de Carces de les faire retirer pour celle heure, attendant meilleure occasion, pour ne les vouloir perdre ainsy facillement, n'estant aussy la brèche raisonnable.

Je ne veulx frauder de l'honneur mérité en ces approches et siége par messeigneurs et capitaines les seigneurs du Puy Saint-Martin (1), gentillomme d'honneur, la vaillantise et grande courtoisie duquel est de tous tant congneue, portant méritement la cornette blanche de mondict seigneur le conte, du seigneur de la Verdière, du seigneur de Mireval et du capitaine Boquenègre, lieutenant de M. de Flassan, qui, ayant travaillé tout le jour combattant, et lassé s'estant mis dans le lieu de Pépin pour reposer, fut cause de son dernier travail et repos perpétuel; car les adversaires le y vindrent surprendre, forçant l'huis de sa chambre, et à l'entrée combatu et fort bien défendu. Enfin forcé fut faict prisonnier des adversaires, qui le menèrent dans Sesteron, où peu de jours après fut pendu en une croix (à ce que j'ay ouy dire) et par les mains des femmes. Ce ha esté une grand perte, parce qu'il estoit fort vaillant et asseuré capitaine; la mort duquel retourna au dommage du jeune capitaine Coste, lequel, le quinzième dudict, dans le chasteau de Tarascon, passa à meilleur vie, ce que se doit espérer aiant veu la grande contrition et repentence qu'il eut de ses péchés, et comment il réclama l'aide de Dieu, nostre Créateur, et l'intercession de la glorieuse Vierge, sa mère, saincts et sainctes. Furent aussy cruellement meurtris en ce mesme temps dans Sesteron quelques soldars de nostre camp, mesme deux Corses, lesquelz furent pendus par les piedz sur le hault pont de la Durence, et puis les faisoient mourir à coups de harquebuzades et à loysir, pour plus de vengeance.

Quand le camp des adversaires, qui estoit dans la Con-

(1) Du Puy Saint-Martin. Il était de la maison d'Urre, et s'appelait Louis. Le Puy Saint-Martin est une paroisse du Dauphiné, à 7 lieues de Valence.

té, eut entendu que le nostre engrossissoit, le trezième dudict se retira en arrière, laissant les lieux de Cadérousse, Orenge, Piolenc et Chasteauneuf de Pape, et partie se mit dans Bolenne et Mornas, et partie print le chemin de Vaison, pour aller secourir les leurs assiégés dans Sesteron.

Pendant ces affaires, monseigneur de Suze avoit bien et soigneusement préveu pour la garde et tuition de son fort et superbe chasteau, et l'avoit muni d'armes et munitions, et pour chef des soldars que y estoient fit ung capitaine italien, gendarme de la compaignie de monseigneur le prince de Salerne; lequel s'est jusques aujourd'hui tant honorablement pourté en sa charge que lesdicts adversaires ne l'ont jamais voulu essayer, ains l'ont crainct et redoubté.

Après que mondict seigneur de Suze eut sceu la retraicte des adversaires, cuidant que leur fut chose mal aysée en un instant de réassembler ses forces (estant comme dict ha esté méparties), ne voulant laisser perdre point d'occaions, le dix-septiesme dudict mois se partit du pont de Sorgue, et le dix-neufvième se présenta devant les enfermés de Bolenne, qui à coups de mosquectz saluèrent les nostres, d'un desquelz coups se treuva blessé le seigneur de Rossieu, capitaine, dont il mourut tost après; et d'un aultre fut blessé à la joue le capitaine Gauchier de Ventabren, seigneur de Méjannes (1), aiant voulu de trop d'hardiesse aler escripre le nom de sa maistresse aux murailles de ladicte Bolenne. Il ne se peult dire qu'il ne mérite d'estre aimé. En ce temps, la fraguate d'Avignon, commandée par les capitaines Imbert et Luquin,

(1) Gauché de Ventabren, seigneur de Mejanes, était renommé pour sa force extraordinaire; il attaquait et terrassait des taureaux furieux. Ce capitaine mourut d'une blessure le 28 novembre 1567.

ne cessoit d'endommager les adversaires, leur prenant pain, vin, chair et aultres munitions qu'ilz faisoient descendre long du Rosne, de façon que bien souvent les faisoit jeusner sans dévotion.

Le dix-neuf je fus mandé de la part de messeigneurs vice-légat et Fabrice au camp de Sesteron, à mondict seigneur le conte portant lettres de sa majesté et de la Roine madame sa mère, et aussi de la haultesse de monseigneur de Savoye, où je fus receu de mondict seigneur de son acoustumé bon visaige, et aussi de celluy de monseigneur de Carces.

L'entreprinse de Bolenne ne se peut lors aysément faire, dont monseigneur de Suze treuva bon de marcher à la volte de Vaurias, ce qu'il fit; et le vingt-troisième jour dudict mois, le capitaine André de Vaurias, qui le tenoit, abandonna la nuict ladicte place, après y avoir perdu quelque nombre des siens. Les nostres y entrèrent et la tindrent jusques au vingt-cinquième que les adversaires eurent tout auprès assemblées leurs forces, et encores augmentées de quelque nombre d'Alemans venus de Lyon. Et ayant entretenu les nostres par belles parolles, enfin se campèrent près dudict Vaurias en un lieu fort advantageux, et là estant demandèrent aux nostres: Bataille, bataille; lesquelz ne la pouvant refuser, et estant mondict seigneur de Suze tant animeux chevalier, donna dedans de telle roideur et fureur que en un instant il y eut mil cinq cens hommes des adversaires renversés mors, et perte de cinq de leurs enseignes; des nostres n'en demeurèrent que deux cens (1). A mondict

(1) Vauréas, où il y eut un combat le 25 juillet, entre Suze et le baron des Adrets, est situé à trois lieues de Vaison. Presque tous les historiens donnent l'avantage à des Adrets, mais Perussiis et Nostradamus assurent que Suze y remporta la victoire.

seigneur fut tué soubz ses jambes un des meilleurs chevaulx de son écuyerie, et remonté qu'il fut sus un aultre, fit tant bien son devoir, la teste nue et les mains, estant suivi de vingt à vingt-cinq gentilshommes, que tous ensemble se lassèrent de tuer lesdicts adversaires, lesquelz, du premier rencontre, avoient gaigné le hault et print la fuicte, criant les nostres après eulx : Victoire! victoire! Lesdictz gentilzhommes estoient le seigneur Ferrante Pagano, gentilhomme napolitain et guidon de la compaignie de monseigneur le prince de Salerne, fort sage, vaillant et expérimenté, qui se treuva blessé d'un coup de picque à la bouche. M. des Taillades, qui s'estoyt tant advancé combattant, fut aussy blessé de pareil coup. M. d'Arbrez fut blessé à la cuisse d'une harquebuzade, en dangier de mort; le sieur de Pierrevine, gentilhomme de Quier, d'un coup de picque au col. Seigneur Jean-Baptiste Copole, Horatio de Viquary, gentilshommes napolitains, aussy furent blessez. Au sieur Noguier fut tué son cheval. Entre aultres fut tué le chevalier d'Olon, dict de Rémusa, enseigne de monseigneur de Glandages, et le capitaine de Ceps d'Avignon. Vray est que par désastre pour lors nostre artillerie tumba aux mains des adversaires. Ce fut au grand regret de mondict seigneur de Suze et de messeigneurs de sa suicte, qui estoient monseigneur de Mondragon, de Montenard, de Glandages, de Laborel, de Trochenu, de Belle, et infinité d'aultres. Il est bien aussi à noter ce que fit l'escuier de la Jardine du Thor, lequel, estant desmonté de son cheval pour dresser la bourguignote de mondict seigneur de Suze, fut envelopé des adversaires, des mains desquelz il se desempécha, et pourta ladicte bourguignote à mondict seigneur.

Ayant esté adverti de ceste journée le seigneur Fabrice, qui estoit dans Avignon occupé en continuelz affaires, en receut une extreme doleur, tant pour le grand travail que mondict seigneur de Suze y avoit porté que pour les blessures de tant de vaillans seigneurs. Et encor que ceste journée se soit dicte perdue, pour l'alliénation de ladicte artillerie, elle se peut à bon droict nommer victoire et bataille gaignée sus les adversaires, lesquelz, s'ilz veulent confesser la vérité, ilz se mirent en routte et en fuicte, et ne se sont peu tenir de dire et confesser que le braz de mondict seigneur de Suze est par trop pesant et fort; et encor ont confessé que des leurs y estoient morts dix et sept cens, lesquelz furent enterrés dans une grande et profonde fosse.

Durant ces affaires, du costé de Languedoc monseigneur le conte de Joyeuse (1), sourty et né de celle maison tant illustrissime, tant chrestienne, dévote et libéralle, et qui, pour ses mérites, commande audict païs en l'absence de monseigneur le connestable, seigneur tant catholique, ne cessoit endommager les adversaires de ladicte province, et mesmes à la plaine de Montaignac (2) en avoit tués ou desfaicts de deux à trois mil, dont pour une sy grande victoire les suivoit de bien près et chaussoit les esperons à la volte de Béziers, où lesdictz adversaires faisoient le principal desseing de leur dernière retraicte, aiant jà mondict seigneur gaigné plusieurs places sur eulx et réduictes en l'obéissance de sa majesté. Vraiement mondict seigneur de Joyeuse se peut dire heureux, aiant

(1) Guillaume, vicomte de Joyeuse. Il fut destiné dans sa jeunesse à l'état ecclésiastique et pourvu de l'évêché d'Aleth avant d'être dans les ordres; mais il embrassa plus tard la carrière des armes et se signala dans la guerre contre les protestants du Midi. Il fut nommé maréchal de France en 1582 et mourut en 1592.

(2) Le combat dont parle Perussiis se donna le 20 juillet, au nord de Pézenas et non dans la plaine de Montagnac.

commandé en une province presque toute révoltée et toute en armes, la réduict en l'obéissance sans guières perdre des siens.

Le camp de Sesteron, tant à cause des nostres blessés aux continuelles sorties que les assiégés faisoient, entre lesquelles en fut faicte une le dix-neufvième dudict juillet, où le chevallier d'Ansoys, capitaine d'une de noz compaignies, fit si bien qu'estant joinct aux mains avecques ung robuste soldat adversaire, se roulla jusques aux murailles de la cité assiégée, et, là estant, tua de son poignard son costellier ou luicteur, que aussy pour estre les nostres lassez au continuel travail faict en ce siége, que pour aultres obstacles, fut résolu que ledict camp se lougeroit au lieu de les Mécs, près de la Durence, pour yllec avoir meilleure commodité de toutes choses et là attendre la venue des aultres canons que mondict seigneur le conte avoit mandé quérir, ensemble les fougages de la Prouvence. Et estant nostre camp audict lieu de les Mécs, trois lieues loing dudict Sesteron, ne se pouvoit tenir Mauvans de les y venir molester, sourtant dudict Sesteron, et à l'improuveue courir sus les nostres jusques au lieu de Lescalle, dont mal luy en advint; car ung jour il fut blessé d'une pistolletade lachée par le capitaine Ventabren, et ce à la cuisse, en danger de la perdre ou de n'aller jamais droict; et s'il ne fut esté bien habile à se retirer courant à son gitte, ledict seigneur de Ventabren le prenoit au corps, désirant essayer sa force et le renvercer, ainsy qu'il faict souvent les non domptés toureaux de la Camargue. Ausdictes sorties fut blessé M. de la Verdière, vaillant et bon capitaine de cavallerie, de laquelle blessure tost après mourut, au grand regret de tous ceux qui l'ont connu.

Après la journée de Vaurias, beaucoup des nostres se

retirèrent en leurs maisons, tant pour donner ordre à leurs affaires que pour se faire guérir et reffreschir, attendant nouvelle occasion; quoy voiant les adversaires, après avoir demeuré quelques jours en Daulphiné, où ilz s'estoient aussi retirés, délibérèrent de tenter encores la fortune et voir de prendre Carpentras, en estant tousjours incités et provoqués des foruscis qui suivoient leur camp, portant les armes, ayant laissé les loix et les livres, cuydant par tel moyen venir à fin de leur desseing. Et ayant jà faict crier par toute la province le sac d'Avignon, Carpentras et de toute la Conté, la pure avarice fut cause que en un instant lesdicts adversaires se treuvèrent fortz de gens à pié, cavallerie et artillerie; je dis en plus grand nombre qu'ilz n'avoient sceu encor faire. Et estant en si bon équipage et proveux de toutes choses nécessaires, le vingt-huictiesme de juillet vindrent camper au lieu du pont de Sorgue, ayant premièrement reprins les lieux de Caderousse, Bederrides, Orenge, Corteson, Sarrian, Piolenc et Chasteauneuf de Pape. Et ne sçachant monseigneur Fabrice des Serbellons à quelles fins cela se faisoit, et voyant les adversaires sy près de sa principale forteresse, qui est Avignon, monstra mieulx à tous sa providence, sagesse, asseurance et magnanimité, ne s'esperdant jamais en soy; mais d'un asseuré et belliqueux courage animoit tous ceulx de la cité, lesquelz d'une et franche volanté s'offrirent libéralement à sa seigneurie illustrissime de vouloir vivre et mourir avant que vaciller, et pour soustenir la saincte foy de Dieu, et pour le service qu'ilz devoient à nostre Sainct Père, leur souverain prince, et à monseigneur illustrissime cardinal de Farnès, leur seigneur et légat, connoissant aussy que ce faisant ilz faisoient chose agréable à la majesté du très chrestien Roy; car faisant eulx la première teste, seroit occasion de défendre et préserver sa province de Prouvence. Chacun pouvoit voir à l'oeil quel ordre, quelle police, quel cœur, quelz moiens, quelles inventions, quelle diligence, quel service et quelz travaulz estoient donnés et pourtés par ce bon chevallier monseigneur Fabrice, lequel ne reposoit presque jamais, par monseigneur révérendissime, vice-légat, lequel monté sus ung cheval du régne, marchoit la nuict par la cité, suivi de MM. Philippes Berardi, capitaine, Pierre de la Lune, David Priorini, Mario Casalini, Vincent Porti, Scapiglie de Pise, Blaise Cordella, Loys Gabrieli, Baptiste Trecasali, Jean Bavet, gentilzhommes de sa maison, et entre aultres du bon seigneur Marc-Tulle Garganello, gentillomme bolongnois, lequel pour sa courtoisie s'escartoit bien souvent pour aller consoler les dames; donnant tant d'animosité à ce bon, fidelle et chrestien peuple, qui, le voiant, se resjouissoit beaucoup; et par magnificz seigneurs messeigneurs de Vedenne, d'Alvres et de Fargues, consulz modernes esleux par tout le conseil de bon accord et unanimement; par messieurs les députés, MM. de Crillon, de la Bartellasse et de Sainct-Jean, capitaines de la cité, par monsieur le prévost des Panisses, lequel, outre la charge continuelle qu'il avoit à la maison commune, voulcit encores se charger de conduire messieurs du clergé; par messieurs les capitaines des parroisses, assavoir le chevallier de Cambys, de Faret, escuier de Lauris, d'Orsan, de Novarins, de Chastuel, de Varesis, Bordini, Ceps, Salvadour, Gardiolle, de Rodes, de Bux, de Mimaz, de Pèbre, et aultres seigneurs députés pour les corps de guarde, et générallement de tout le peuple; lequel en un instant et toutes les nuictz l'on pouvoit veoir toutes les murailles environnées d'hommes armés, qui faisoient le nombre avecques ceulx des sept corps de garde dans la ville, de sept à huict mille, aiant chascune maison une lampe ardente pendue aux fenestres, et telle maison en avoit trois et quatre, le tout avecques sy bon ordre, silence et obéyssance qu'il sembloit que ce catholique peuple fut né et instruict dez long temps à la discipline militaire et dressé à soustenir le siége.

Monseigneur Fabrice prenoit un plaisir admirable de voir cest ordre et couchoit vestu au corps de garde de la maison commune, ensemble tous messieurs les députés: le seigneur de Crillon à la porte Sainct-Lazer, le seigneur de la Bartalasse sus les murailles, le seigneur de Sainct-Jeurs à son quartier, et conséquemment tous les aultres capitaines, lieutenens et enseignes; toutes choses nécessaires estoient soubdainement prouveues. Les seigneurs d'Anselme et de la Beaume, maistres de l'artillerie, estoient présens avecques les canonniers; tous messieurs les moynes et religieux estoient en continuelles prières et oraisons. Là on pouvoit voir le bon service que faysoit, ainsi comme il ha de coustume faire, le capitaine seigneur Horatio de Cospy, gentilhonme bolongnois, des reliques de monseigneur révérendissime de Luques, estant maintenant de la maison de mondict seigneur Fabrice, faisant l'office de sergent majour, avecques tant grande modestie et doulceur qu'il est obéy plus que voluntairement; ensemble les seigneurs capitaines et enginneurs Guillio Savoya, Georgio de Rustici, Galeazzo de Roma, Prosper de Lodi, capitaine André de Bersigella, Æmilio de Marsilli, Ferlino de Niza, Francesco Benedux de Granadona, Françoys de Nimes, Guido Antoine Arcimboldo, capitaine Léonard de Romme et le capitaine Salustio de Perussij, souverain enginneur de nostre Sainct Père, que tous estoient de la maison de mondict seigneur illustrissime Fabrice, et ensemble faisoient fort bien leur devoir chacun en sa charge.

Aux mesmes jours fut démoly et abattu l'hospital des

povres, hors la cité, et furent logés à Sainct-Rus, hors la-ville; furent commencées les tranchées et platte forme de Sainct-Bernard, œuvre belle, forte et admirable, conduicte par le seigneur Jean-Nani, gentilhomme florentin, laquelle à sa perfection sera l'asseurance de la cité.

Et pour ce que la cavallerie est fort requise en semblables affaires, tant pour interrompre le desseing des adversaires quand ilz courent à la campaigne que aussy pour les assaillir et battre dans leur camp, et aians messieurs de la cité pour bons voisins et entiers amis messieurs d'Arles et de Tarascon, et yceulx tant bien prouveus, fut advisé de les mander prier vouloir venir en ayde avecques tel nombre qu'ilz pourroient, s'offrant leur rendre la pareille en semblable et aultre occasion. Pour ce faire furent députés M. Pierre de Sazo, seigneur d'Agoult, moderne viguier de ladicte cité, et moy; et nous aiant entendus mesdictz seigneurs, s'offrirent libérallement venir à l'ayde d'un sy sainct affaire, encore que lors ilz estoient bien empèchés à la tuition et garde du fort chasteau de Fourques, qu'ilz avoient gaigné sus les adversaires, et si avoient tous les jours la guerre contre ceulx de Beaucaire.

Ayant sceu les adversaires que si grandes et promptes provisions se faisoient dans la cité d'Avignon, creignant aussy que de Carpentras le gouverneur M. de Saincte-Jalle n'en fist de mesme, commes il faisoit, aussy des fougages du païs, qui s'assembloient, et que messeigneurs Fabrice et de Suze ne sortissent avecques tous les gentilzhommes de leurs suictes et à l'improveüe leur donnassent eschec, treuvèrent expédient partir du pont de Sorgue, ce qu'ilz firent, et fut le premier jour d'aoust, et s'acheminèrent aux lieux d'Entraigues et à Montieux, où ilz brulèrent les églises et le beau couvent des frères Sainct-François, et allèrent camper près de la cité de Carpentras, au dessoubz des arcs des Fontaines, en un lieu fort couvert et assez loing de la portée du canon. Estant là campés, attendant que messieurs de la ville leur portassent les clefz des portes, ainsi que les foruscis leur avoient donné à entendre, faisoient semblant de travailler aux trenchées et aux gabions, et aultres préparations pour la batterie, ou, aiant à l'aventure craincte d'estre assaillis ou battus, se fortifioient là en ce difficille lieu. Cependant lesdictz adversaires coururent la nuict par tous les prochains lieux, y faisant mille cruaultés, en espécial à Masan, duquel lieu avec peine se peurent sauver MM. Jean de Saze, président pour sa majesté à sa chambre de comptes de Prouvence, et Esprit d'Astoaud, beaux-frères et seigneurs dudict lieu, lesquelz, comme bons vassaulx de nostre Sainct Père, ne se voulcirent trouver parmy telz adversaires, ains à toute bride se retirèrent aux lieux fors.

Cependant pour la deffense de la cité travailloit fort le très révérend père et seigneur M. Laurens Tarascon, prothonotaire du Sainct-Siége apostolique, recteur et vice-gérent de la Conté, le seigneur de Saincte-Jalle, gouverneur, les capitaines la Coronne, Baudon, Beauchamps, Claude-Jean de Bedoin et Jean d'Albert de Mormoiron, et ung gentilhomme florentin nommé seigneur Tomasso Sassetto, que tous y avoient leurs compaignies, exerçant chacun leur charge; les seigneurs André Bénédicti et Antoine Paul, consulz, Suffron Guillermi, procureur du païs, M. Marc Fortia, trésorier de nostre Sainct Père, lequel par son intégrité et pouvoir monstra bien qu'il estoit bon serviteur de la chambre apostolique et bon citoyen de ladicte cité. De mesmes en firent les seigneurs de Blouac, de Lirac, de Grignan, de Patris, Pascal Guillermy, Pascal Philieul, de Saincte-Marthe, de Mornas, de Chaussande,

Raphaelis, Propriac, de Séguins, de la Plane, de Dorie, Gerentons, de Nalis, d'Allemandi, de Centenare, et générallement tous messieurs les citoyens et habitans de ladicte cité ; les noms desquelz je voudrois mieux savoir pour les loger en ceste honnorable et digne troupe. Ilz firent si bonne diligence qu'ilz ostèrent l'eau de la fontaine à l'adversaire, et eulx mesmes s'en voulcirent priver, s'aydant en cest instant de celle des puis de la ville, qui n'est guières bonne. Si firent encores mieulx, faisant troubler l'eau de la rivière, gectant dedans du sablon rouge à fin de luy oster toute commodité. Ilz firent achever l'esplanade des arbres; murailles et maisons qui estoient hors la ville furent mises par terre; firent le parapect du terre gect des fossés, firent une posterne pour pouvoir faire les sorties à couvert; et en furent lors faictes de tant furieuses par les seigneurs de Venasque et Ciciliano, lieutenant et enseigne de monsieur le gouverneur, que les adversaires y laissèrent beaucoup de leurs soldars. La nuict, aiant un de noz canonniers braqué un mosquet et tiré, porta la balle près de la tente de M. des Adrez, qui voyant cela, et sachant asseurément que lendemain monseigneur Fabrice, avecques ses troupes et quelque peuple de Prouvence assemblés long du rivage de Durence, luy venoit donner le bonjour, dict à haulte voix : « O gens de Carpentras (qui « estoient là présens et foruscis) sont cecy les clefs que l'on « me porte? » Et monstrant un mauvais contentement, commanda que le camp marchat au mesme instant, ce qu'ilz firent après la minuict du segond d'aoust, et à grand pas s'achemina vers Corteson, au grand regret de mondict seigneur Fabrice qui les avoit jà en mains ; sur la queue sortirent ceulx de Carpentras, et en tuèrent plusieurs, et prindrent une charrette de bollés de canon.

Baillèrent aussy sus la queue ceulx des ieux de Masan,

de Carumb, de Baumes, de Crillon, de Mormoiron, de Villes, de Bedoin et aultres de ce quartier, lesquelz prindrent bon revenche de ce qu'ilz leur avoient bruslées leurs églises et pillés leurs biens, car les chemins estoient bien garnis de mors. L'église de Masan fut dérobée en valeur de six cens escuz, et le butin emporté par lesdictz adversaires.

Ceste retraicte faicte, et tout ainsi que monseigneur Fabrice avoit voulu bien secourir le bon et fidelle peuple de Carpentras, et en son besoing, voulcyt encores en sa prospérité l'honnorer de sa présence et le congratuler. Pour quoy faire, le cinquième dudict mois, sa seigneurie illustrissime partit d'Avignon, accompaigné de M. de Crillon, du seigneur François de Perrusijs, capitaine Barjoulx, et de sa compaignie à cheval, du seigneur Marc Fortia, thrésorier de nostre Sainct Père, et de moy; et estant arrivé à Montieux, reguardant le couvent de l'Observance brullé et démoly, et une croix que tout joignant avoit faict dresser monseigneur d'Arbres, ne se peut tenir s'esclamer, et regardant au ciel dit : « O quel désor« dre! » Passant oultre, arriva à Carpentras, où fut receu de tout le peuple avecques grand honneur, disant *osanna*, etc., etc. Et estant en la salle de la rectorie, bailla à monseigneur le gouverneur une cheine d'or, les clefz pendantes, en signe d'honneur et mérite; autant en donna aux capitaines la Coronne, Baudon, Beauchamps et Claude de Bedoin , et Jean de Mormoiron, Ceciliano et Venasque ; et les ayant remerciées et agréables, les portèrent entrelacées en leur colz. Le soir fut pendu ung qui estoit prisonnier, des brusleurs des églises et porteurs d'armes contre Sa Saincteté. Et estant audict Carpentras mondict seigneur Fabrice, M. de Vaucluse luy vint faire la révérence, et fut fort humainement receu, comme seigneur qu'il void volantiers, et tous ensemble soupèrent au logis de monsieur le gouverneur.

Le sixième arriva à Cavaillon le seigneur Luc-Antoine de Terny, coronnel de cinq compaignies italiennes mandées de la part de nostre Sainct Père pour la tuition et guarde de ce païs, gentilhomme fort expérimenté à l'art militaire.

Le huictième, estant arrivé mondict seigneur Fabrice à Cavaillon, fit faire monstre généralle desdictes cinq compaignies, lesquelles estoient neuf cens hommes fort bien armés et en bon équipage. Et là se trouvèrent messeigneurs de Suze, de Mondragon, d'Oyse de Venterol et plusieurs aultres seigneurs et capitaines, pour voir une si notable et belle jeunesse italienne dans un pré en armes.

Le dixième, ledict seigneur coronnel partit de Cavaillon avecques deux desdictes compaignies et alla au camp de Sesteron, mandé par mondict seigneur Fabrice, pour le secours de monseigneur le conte de Sommerive.

Les trois aultres compaignies allèrent au lieu du pont de Sorgue pour s'y reposer, lesquelles furent conduictes par M. de Crillon.

Le mesme jour, feste de sainct Laurens, fit si grand froid et vent que l'on fut constreinct pourter les fourrures.

Le dix et septième, partirent du pont de Sorgue lesdictes trois compaignies, deux desquelles allèrent à Carpentras et une à Avignon, que fut celle du capitaine Turquot.

Le dix-huictième partit d'Avignon la compaignie de M. de Sainct-Jeurs, et celle de monseigneur de Saincte-Jalle partit de Carpentras, et allèrent ensemble à Sesteron, mandées de la part de mondict seigneur Fabrice.

Au mesme temps partit d'Aix monseigneur de Flassan, conduysant audict Sesteron mil hommes, cinq cens payés par la cité de Marseïlle et cinq cens par celle dudict Aix.

Le dix-neufvième, quelque nombre de fanterie et cavallerie des adversaires fit descente aux lieux de Caderousse et Chasteau-Neuf de Pape, et se présentèrent devant le chasteau de Pont-de-Sorgue, dont ilz furent salués à coup d'harquebusades par les soldars italiens qui estoient à la guarde d'icelluy, et s'en retournèrent par ce coup peneux.

Le vingt et deuxième, estant monseigneur de Suze dans la ville de l'Ysle de Venaiscin, et y aiant faict venir seze compaignies de son régiment, dressées aux lieux de Pernes, Masan, le Thor, Coumons et Chasteauneuf-Mossen-Girauld, fit faire monstre généralle, et aussi à deux compaignies de gens à cheval, que toutes mondict seigneur paya de l'argent que le païs avoit fourni.

Le vingt et quatrième, mondict seigneur de Suze et toutes les susdictes compaignies partirent de l'Ysle et allèrent à Sesteron treuver monseigneur de Sommerive, qui fut un fort beau secours.

Ayant de nouveau les adversaires sceu que le païs de la conté estoit desproveu de ses forces principales, passèrent de là le Rosne, se voulant saisir du lieu de Sainct-Laurens des Arbres, lieu de l'archeveschè d'Avignon, où les habitans sont fort gens de bien et creignant de tumber entre leurs mains se défendirent ; mais ne pouvant leurs murailles résister contre la force de l'artillerie, lesdicts adversaires entrèrent à force et mirent au fil de l'épée environ huictante personnes, et aiant mis le lieu à sac, se retirèrent au chasteau de Roquemaure ; et fut le vingtsixième dudict aoust.

Le vingt et septième, la fragatte d'Avignon print quatre prisonniers des adversaires et les mena dans Avignon.

De Roquemaure les adversaires vindrent encores au pont de Sorgue. Ce voyant, monseigneur Fabrice partit d'Avignon la nuict vingt et huictième dudict, avecques deux cens chevaulx et trois cens hommes à pié, tous en camisade, pour les y prendre à l'improuveue; mais lesdicts adversaires s'en estoient jà partis; par ainsi s'en retourna en Avignon mondict seigneur et toute sa troupe, ayant premier secouru ceulx du chasteau.

Le lendemain, ayant les adversaires pratiqué de surprendre la tour du pont de Villeneufve-lez-Avignon et le fort de Sainct-André là joignant, y vindrent avecques quelque nombre de fanterie et cavallerie et ne se fallut guières que ne la prinsent d'emblée; mais les gens de monseigneur Antoine-Françoys Scarsi, gentilhomme florentin, maistre des pors pour sa majesté, la défendirent fort bien et tindrent bon, attendant le secours d'Avignon que leur manda mondict seigneur Fabrice, qui fut tel que en un instant lesdicts adversaires furent contrainctz prendre fuicte et laisser la place parée de vingt-cinq à trente de leurs soldars, et aultres demeurèrent prisonniers. Des nostres n'en y eut point de mors fors ung, qui estoit le maistre de la poste de Serignac, fort homme de bien et catholique, lequel avoit faict la guerre aux adversaires et tenu le lieu de Dommasan tout l'hiver passé; ouy bien de blessés, entre lesquelz y eut le seigneur Barthélemi de Paretz, vaillant soldart, et qui en toutes ces guerres s'est treuvé faisant son debvoir; il eut beaucoup de coups mortelz. A ladicte faction s'aidèrent fort les soldars des compaignies des capitaines Sainct-Christol, de Ledenon, de Degorcio, de Bargeac, et aultres des régimens de monseigneur de Joyeuse, lesquelles s'estoient assemblées au lieu voisin de Villeneufve.

En cet instant vindrent les nouvelles comment monseigneur de Tavannes avoit réduict Mascon en l'obéissance de sa majesté et desfaict les adversaires qui l'occupoient, et ce fut par le moïen que Thurin cuyda aultresfois estre prins, assavoir par quatre charios de foin ; et aussy comment nostre camp prouvencal avoit, le vingt et septième, réassiégé Sesteron, et à bon essien, et que la majesté du Roy, celles de la Royne, madame sa mère, et du Roy de Navarre, avoient mandé à monseigneur le conte de Sommerive le capitaine Barges, portant lettres de leursdictes majestés, datées du segond aoust, la substance desquelles estoit qu'elles avoient eu fort aggréable le bon office faict par mondict seigneur à l'expugnation des rebelles et séditieux, l'exhortant encores à vouloir continuer et parachever une si saincte œuvre. Porta aussy ledict capitaine Barges l'arrest donné à Paris le vingt et septième juillet, par lequel tous les rebelles estoient déclérés et convaincus de crime de lèse-majesté divine et humaine, ensemble tous ceulx qui ont prins et porté les armes contre sadicte majesté et retenu ses finances, tous les abateurs d'églises, monastères, croix, images, et les sépultures des feus seigneurs Roys, princes et aultres, disant encores à mondict seigneur le conte que, aiant parachevé son entreprinse de Prouvence, s'acheminast avecques toutes ses forces pour se joindre avecques celles de monseigneur de Tavannes, près Lyon. Par cecy on peut voir que mondict seigneur de Sommerive, par son inestimable bonté, suffisance, très gracieux visaige, est méritement regardé de celui de son bon Roy et prince, et que sa majesté s'en veut servir en grandz affaires.

Après que les adversaires eurent exécuté le faict de Sainct-Laurens des Arbres, et ayant peu paravant prins en leur authorité le chasteau royal du lieu de Roquemaure, pour le peu de suffisance du capitaine qui le tenoit, ilz y mirent garnison dedans, le connoissant estre de bonne importance; aiant dudict lieu à celluy de Chasteauneuf de Pape le passage seur, ilz ne cessoient de courir sus ceulx d'Avignon et de la Conté, leur faisant beaucoup de dommages, et quelquesfois couroient jusques à Fargues et au Pontet. Tenant encore bon pour nous le chasteau du Pont de Sorgue, dans lequel y avoit vingt-cinq soldars italiens du capitaine Turquot, fort vaillans hommes, lesdictz adversaires se délibérèrent de les y assiéger et battre, ce que fut faict le vingt-neufvième dudict aoust, avecques une couleuvrine, une moienne et deux pièces de campaigne; estant en nombre de trois mil hommes à pié et quatre cens chevaulx, et les aiant battus tout le jour, firent brèche. Ceulx dedans se défendirent au premier assault, de façon qu'ilz tuèrent là ou aux aproches cent et douze des adversaires, dont se sentans fort intéressés, entrèrent dans le chasteau; mais les nostres gagnèrent le hault des tours, les défendant une une, et survenant la nuict et ayant faict tout le possible, se sauvèrent sains et sauves, fors deux qui moururent au feu que les adversaires avoient mis ausdictes tours; lequel ouvra sy bien, avecques le grand vent que faisoit, qu'il brula tout le chasteau, un des beaux et superbes édifices de ce païs et digne d'un Pape, qui l'avoit faict faire.

Le trentième dudict, monseigneur illustrissime Fabrice voulcit sortir d'Avignon pour aller voir la façon que tenoient lesdicts adversaires, ét pour sçavoir au vray le nombre de gens et de chevaulx qu'ilz avoient, et à peine voulcit que guières de personnes sceussent sa délibération; toutesfois, l'ayant aperceüe, ne voulcirent permettre que sa seigneurie illustrissime allast que ne fut compétemment accompaignée, dont sortirent messieurs mes capitaines de Crillon, les compaignies et cornetes des sieurs François de Pérussijs, Jean de Martini, seigneur de Sainct-Auban, et d'Agard, Turquot, italien, les seigneurs Ferrant Pagano (1), des Taillades, de Mont-Faulcon et Maligeay, son frère, l'escuier de Lauris, d'Aubres, de Veleron de Modène, le commandeur de Venasque, Decio Pagano, Jean-Baptiste Copola, Dragonet des Fogasses, Martin, Suares, Cesarello, gentilshommes napolitains, et aultres gentilzhommes, en nombre de deux cens chevaulx et environ deux cens hommes à pié, des compaignies dudict seigneur de Crillon, conduictes par son lieutenant le capitaine Coumons, et du seigneur de la Bartelasse, conduictes par les capitaines Sauvin et Meullon, ses lieutenent et enseigne. Estant ainsi assemblés, s'acheminèrent jusques en un lieu où lesdictz adversaires se peurent aisément choisir et voir, qui estoient tous rengés en baitaille en grand nombre; et pour encores mieulx les reconnoistre celle charge fut donnée audict sieur de Crillon, aux seigneurs de Veleron, chevallier de Puget, hardy et asseuré, et audict seigneur Copola, et à l'escuyer Jean Roux, seigneur de Lamanon, lieutenant dudict seigneur Françoys de Pérussijs, lequel, de prime arrivée, fut blessé d'une harquebuzade qui luy perça le braz et gantelet gauche, et au mesme instant, s'estant voulu desbander ledict capitaine Perussijs, pour les aller secourir, fut cause de la descouverte de l'estratagème que désiroit faire le camp desdictz adversaires, qui estoit telle qu'il prenoit le chemin pour nous oster la retraicte du Pontet et nous enfermer entre deux trouppes, une desquelles conduisoit son artillerie. Mais Dieu ne voulant

(1) Ferrant Pagano était fils de Thomas Pagano qui suivit en France Ferdinand de Saint-Severin, prince de Salerne, lorsque ce prince abandonna le royaume de Naples. Ferrant Pagano servait depuis vingt-cinq ans la France lorsque Henri III lui donna une pension de 3,000 liv., en 1576.

permettre que tant de bons seigneurs tumbassent en dangier, voulcit que mondict seigneur Fabrice lentement se retira avecques toute sa troupe, sains et sauves dans Avignon, fors quelques soldars qui voulcirent aller dans les vignes, où là furent tués environ sept ou huict, desquelz fut le seigneur Bochasson, gentilhomme et soldart de M. de Crillon, Gaspard de Raimundis, soldart aragolese dudict seigneur de Perussijs, et ung prebstre de Coumons, nommé messire Pierre. Des adversaires y en demeura beaucoup, lesquelz estoient incontinent gettés dans le Rosne, pour l'astuce qu'ilz ont de ne pas vouloir les laisser voir, pour n'abattre le cœur aux vivans. A l'entrée de la porte du Rosne mondict seigneur Fabrice y treuva armé monsieur le prévost des Panisses, M. de Javon et plusieurs aultres seigneurs et soldars. De ceste meslée lesdicts adversaires ont puis voulu dire que, s'ilz eussent suivi, ilz fussent entrés pelle-melle dans Avignon avecques les nostres, et qu'ilz y devoient venir à bon droict disner. Vraiement ilz le peuvent dire, mais le disner estoit pour eulx mal prest; car ceulx qui le devoient aprester estoient occupés et rengés sus les murailles, en tel nombre qu'ilz doivent remercier Dieu de ce qu'on ne voulcit permettre que le peuple sortist hors de la cité, car la digestion du disner leur seroit esté trop pernitieuse et dommageable.

Ayant les adversaires, le premier de septembre, achevé de bruller les chasteau du Pont de Sorgue et ce qu'estoit demeuré de l'église et couvent des frères Gentilins, où il y avoit de belles sépultures de révérendissimes cardinaulx, mesme celle de la bonne mère du cardinal de Clermond, légat d'Avignon et doyen du sacré collége, et une d'un cardinal de la famille des Ursins, archevesque de Florence, firent aussy bruller ses loges et cabannes, et aiant battu aux champs marchèrent droict aux lieux de Vedennes, Sainct-Savornin, Chasteauneuf-Mossen-Girauld, où ilz bruslèrent l'église et le prieuré, qui est de la dépendance de Sainct-Rux de Valence, et firent mourir un prebstre, coururent au Thor et y bruslèrent l'église ; de là tout leur camp passa par le lieu de Coumons, où il brulla les églises, et quelque partie d'icelluy camp, qui estoit demeuré derrière, y fit beaucoup d'inhumanité, entre aultres mirent le feu en quatre partz du chasteau de monseigneur et père Clémens de Pérussijs, seigneur dudict lieu; mais Dieu ne voulcit permettre que le tout tumba en ruine, car, de sa saincte grace, donna volunté au peuple, ses bons subjectz, de faire telle diligence que dans peu d'heures il fut partie esteinct; toutesfois le mal y ha esté fort grand. Et pour ce que mon naturel est de dire la vérité et de ne frauder personne de ce que j'en ay sceu avoir notice, je diray icy qu'il se connut que tel feu n'avoit esté mis en ce lieu avecques le sceu du seigneur des Adrez, lequel marchoit sus l'arrière-garde; car l'ayant veu et aiant encores treuvé les povres femmes à demi effraiées et lassées de pourter l'eau pour l'esteindre, les exhorta de continuer disant que, s'il sçavoit les facteurs de tel cas, il les feroit chastier et pendre, et que tel feu devoit avoir esté mis par les gens du païs suivans son camp.

Le mesme seoir, environ les cinq heures, lesdictz adversaires arrivèrent à la cité de Cavaillon ; la fanterie lougea à la campaigne et la cavallerie dans la ville. L'église cathédrale, régie par le révérendissime très bon prélat et pasteur monseigneur Pierre de Guinucijs, nepveu de ce grand cardinal qui estoit tant bien veu de la fel. recor. de Paul troizième, fut brullée. Pareillement receut grand perte en sa maison et biens son nepveu, M. André de Guinucijs, chevalier de l'espée. Il est aussy à notter que, par toutes les églises, leurs chevaulx y lougeoient, les soldars y faisoient leurs secrés affaires, et en aucunes désenterroient les corps des mors; entre aultres audict Cavaillon furent mis hors leurs sépultures celuy de Arnaud Agart et autres, lesquelz mirent dans le puys des chanoines de ladicte église.

En ce temps arriva à Aix monsieur le baron de Lauris, président de Prouvence, revenant de la court, aiant faict un fort long chemin pour fouir l'aguet des adversaires, et vint fort bien despeché de sa majesté et de la Royne, madame sa mère, ensemble de tout le conseil, tant pour les affaires de la justice que pour le paìs. Et incontinent mondict seigneur alla faire la révérence à monseigneur le comte de Sommerive, qui estoit à son entreprinse de Sesteron.

Passèrent de-çà le mont Cenis, au mesme temps, trois mille Italiens mandés de la part du Roy catholique pour le secours de sa majesté, lesquelz s'allèrent joindre avecques le camp de monseigneur de Tavannes, et quatre mil aultres s'attendoient de jour en aultre, venans d'Italie, et quelque cavallerie légière que nostre Sainct Père manda pour le paìs de la Conté, conduicte par le illustre seigneur et marquis Balthezar Rangon, monstrant tousjours mieulx l'amour que Sa Saincteté porte à son povre peuple et paìs. Et puis, o vous, adversaires, ne voulés-vous craindre ce tant bon pasteur? Ne voulés-vous cognoistre que l'invincible marquis de Marignan estoit son frère et qu'il est pour se faire craindre et redoubter de tous vous?

Vindrent aussy nouvelles que M. de Forquevaulx s'aprochoit de Mompellier avecques six mille hommes à pié, six cens chevaulx et quelques canons, tout des régimens de monseigneur de Joyeuse, et que jà il serroit de bien près les adversaires du Languedoc.

De l'autre cousté M. de Sainct-André, digne gouverneur d'Aigues-Mortes, se faisoit craindre, et tout auprèz de Frontignan desfit trois cens adversaires, où le capitaine Labeo d'Avignon se porta dignement. Ce bon seigneur de Sainct-André est ung de ceulx desquels souloit dire la feue mère du Roy Henry, qu'il avoit deux Sainct-André fort fidelles et vaillans : l'un estoit de gens à cheval, l'aultre à pié, et tous deux estoient fort aimés de sa majesté; dont, en récompense, il ha voulu préserver sa forte place d'Aigues-Mortes à la majesté de son filz Charles, qui n'ha esté peu de peyne, tant elle ha esté désirée desdictz adversaires.

Estant lesdictz adversaires campés à Cavaillon, ilz ne cessoient de courir par les lieux de Lagnes, Robbion, Maubec, Taillades et aultres lieux de la Conté, où ilz brullèrent les églises et firent beaucoup d'inhumanités aux habitans. En ce passage receut grande perte de son beau chasteau de Maubec M. Anemond de Brancas, seigneur d'Oise, bon vassal de nostre Sainct Père et de sa majesté, beau-frère de monseigneur de Joyeuse et de monseigneur de Carces; car lors ledict seigneur estoit dans le fort chasteau d'Opède, où il voyoit passer le camp des adversaires sans doubter leur artillerie.

Estans encores à Cavaillon lesdictz adversaires, le segond de septembre, furent advertis que quelque cavallerie d'Arles et aultres lieux du rivage de la Durence, ensemble quelque nombre de gens à pié, s'acheminoient au lieu d'Orgon pour leur empecher le passage du port, cuidant qu'ilz ne deussent courir jusques à Salon et encores à Aix; et fut la vérité telle que les nostres y vindrent, mais ce fut sans ordre ou pollice, et presque tous lassés du long chemin. Dont estant advertis les adversaires, passèrent le gué de la rivière, qui lors estoit fort basse, et grand nombre de leur cavallerie, de façon que, rencontrant les nostres à la desbandée, en firent grand massacre. Je dis que là en moururent environ deux cens, entre lesquelz se rencontra M. Jean de Varadier, seigneur de Goubert, gentilhomme d'Arles, et bien asseuré soldat. Ceste journée ha esté une des plus sanglantes que les nostres aient encores receu; dont se voiant lesdictz adversaires l'advantage, coururent jusques au terroir de Sainct-Remy, où brullèrent les granges du chapitre et de quelques particuliers, et de mesmes en firent au terroir d'Orgon, entre aultres une de M. de Leone d'Aix, conseillier pour sa majesté, pour ce qu'il est et tous les siens fort bon catholique.

Du costé de Vivarez messeigneurs de Sainct-Chaumont et de Sainct-Bonnet estoient fors en campaigne et s'acheminoient pour se joindre avecques monseigneur de Tavannes.

Ayant messieurs de l'Ysle de Venaiscin le camp des adversaires sy voisin, s'aprestoient cuidant d'avoir tost le siége ; et encores que la pluspart de ses soldars fussent lors au camp de Sesteron, il ne s'estonnoient de rien, car monseigneur Fabrice y avoit prouveu de tout ce qu'estoit besoing, et jour et nuict travailloient à fortifier la ville, faisant tranchées par dehors, mettant l'eau de la Sorgue aux environs à la porté du canon; ilz firent aussy l'esplanade des arbres, mirent par terre moulins et tous aultres édifices qui pouvoient nuire à la défense de ladicte ville, monstrans en toutes choses leur ancienne et inviolable affection et servitude qu'ilz ont en leur prince et à la saincte religion catholique rommaine.

Messieurs de Carpentras jouoient aussy à boule veue, car ilz ne cessoient de toujours se fortifier, ayant les adversaires dans le païs, et plus fors qu'ils n'avoient encores esté. Et fit monseigneur le recteur, le requérant messieurs les esleux du païs, assembler encores les fougages, partie desquelz mirent dans l'isle, monstrans en toutes choses une grand concordance et une amitié fraternelle, se voulant secourir au besoing ; qui est vrayement l'office du bon et non simulé amy.

Le quatrième de septembre, le camp desdicts adversaires partit de Cavaillon, en nombre de quatre mil cinq cens hommes à pié, neuf cens chevaulx et sept pièces d'artillerie, entre canons, bastardes et pièces de campaigne, pourtans grande quantité de pains et aultres provisions pour vivre. Et passèrent quelques trouppes par le lieu de Goult, où ils bruslèrent l'église ; de là allèrent camper à la cité d'Apt, en Prouvence, où toute la nuict, et le lendemain, tirèrent contre environ cinquante-cinq coups de leurs pièces, sommans les vrais et bons chrestiens de se vouloir rendre, leur promettant belles parolles; mais la responce fut à coupz de mosquetz et harquebuzades, monstrant par cela, et par les réparations que dedans les hommes et femmes faisoient, qu'ilz estoient vrais subgectz de sa majesté, et qu'ilz avoient en vraie recommandation l'honneur de Dieu et de saincte mère l'église ; et s'estans si bien et heureusement pourtés durant ces troubles, avecques l'assistance et bon conseil de monseigneur révérendissime monsieur leur très digne évesque et pasteur, qui est de la maison de Gorde, tant estimée et honnorée, filz de celle tant catholique et chrestienne dame Pière de Pontevès, dame de Cabannes, ne doubtèrent point la violence desdicts adversaires, ains firent si bien que, tenant eulx bon, fut occasion que lesdicts adversaires ne peurent aller si promptement qu'ilz cuydoient au secours de leurs assiégés dans Sesteron ; et si tuèrent beaucoup desdicts adversaires, et aultres blessés en grand nombre, entre lesquelz fut le maître de leur artillerie. Somme ilz ne firent que y perdre temps et en raportèrent honte et dommage. Le tout se doit attribuer à Dieu et à l'intercession et prières de madame saincte Anne, mère de la sacrée et immaculée Vierge, le chef de laquelle là dedans révéremment repose, et aussi au bon gouvernement des capitaines Jordani et Jean de l'Hoste, qui en ce siége monstrèrent bien leur industrie et suffisance, et l'amour qu'ils portent à sa patrie.

Le vendredi cinquième, sus la nuict, vindrent nouvelles ausdicts adversaires comment, le mecredi précédent, segond dudict mois, le seigneur de Mombrun avoit esté desfaict et rompu par les nostres auprès du lieu de la Grand, venant avecques ses forces pour entrer dans Sesteron secourir les assiegés.

Ladicte routte fut telle que, aiant sceu monseigneur de Sommerive par l'oncle de Mouvans, qui fut prins et faict prisonnier des nostres, que ledict Mombrun devoit le jeudy, et sus la diane, entrer dans Sesteron avecques douze cens harquebuziers, deux canons et quelques pièces de campaigne, trente charretes de vivres ou munitions, et encores environ deux cens chevaulx, incontinent ce faict entendu par mondict seigneur, ordonna que les centinelles fussent mises aux advenues, les chargeant que, à la descouverte dudict secours, elles fissent signe (qui estoit de tirer deux harquebuzades). Tost après ce signe fut faict, dont incontinent monseigneur de Suze partit, menant huict cens harquebuziers, marchant droict au front de l'adversaire, lequel marchoit en bataille et se voulcit gecter sus les nostres. Lors mondict seigneur de Sommerive donna dedans avecques sa cavallerie de telle furie, que en un instant tous les nostres ensemble tuèrent desdicts adversaires environ neuf cens, et de telle victoire en raportèrent cinq enseignes et une cornette; ledict

Mombrun se sauva à toute bride dans la ville de Vaupierre avecques l'artillerie, et le bagage et munitions demeurèrent aux nostres victorieux, et à bon droict. Car, graces à Dieu, des nostres n'y en demeura que deux de mors, entre lesquelz fut un filz de M. de la Bourel, fort vaillant gentilhomme et fort lamenté.

Ayant donc sceu lesdicts adversaires ce pitoyable spectacle, firent partir leur camp d'Apt le dimanche avant jour, sixième de septembre, et à toute bride vindrent camper dans la Conté, aux lieux du Thot, Coumons et Chasteauneuf-Mossen-Giraud, et firent huict lieues sans arrester en aucun lieu ; aussy n'avoient-ilz pas la commodité, car ceulx de Bonjeulx et de Menerbe leur portèrent beaucoup de dommage, et sur leur queue en firent mourir plusieurs; ilz cuidoient aussi avoir incontinent le camp de Prouvence à la suicte. Estre arrivés en ces trois lieux, la grosse pluie les print, et aussi la nuict; où ilz achevèrent de dissiper les églises, et aussi la belle chapelle des disciplinans de Coumons, et aux maisons rompant portes et coffres, et emportèrent tous meubles, et aultres maulx infinis.

Le lundi septième, toute la cavallerie partit desdicts trois lieux, et fit marcher l'artillerie qui estoit arrestée à Coumons, et l'allèrent conduire dans le chasteau de Roquemaure, laissant èsdicts trois lieux toute leur fanterie, où elle fut presque toute la nuict en armes, craignant la sortie de ceulx d'Avignon, Carpentras et l'Ysle. Les quatre compaignies qui estoient audict Coumons eurent grand peur de quelques harquebusiers à cheval, de la compaignie du capitaine François de Perussijs, dict Aragolez, lesquelz estoient venus prendre langue jusques au couvent de Bompas, joignant ledict Coumons.

Le lendemain, qui fut jour Nostre-Dame, sus les hunze heures du matin, toute la cavallerie retourna auxdictz trois lieux, dont elle fit partir toute la fanterie, et marchèrent ensemble à grand pas, tirant à Valeron, Pernes, Masan, villes, et campèrent à Mormoiron.

Le mercredi matin partirent dudict Mormoiron, passant par Carumb et Baumes, et allèrent coucher à Saincte-Cecille, qu'est une grand' traicte; sus les chemins laissoient tousjours quelcun qui ne pouvoit pas suivre, à cause qu'ilz y estoient meurtris par les gens du païs. Sus la minuict allèrent vers Bolenne où ilz laissèrent trois compaignies; de là allèrent au Sainct-Esprit, et de là en envoièrent trois aultres à Roquemaure; le demeurant mespartirent à Baignols et Pierrelatte, et la cavallerie alla à Valence. Il est à croire que la peur qui les accompaignoit estoit si grande qu'ilz ne regardoient jamais le derrière. Les uns disoient: Courons, nous sommes perdus; les aultres disoient: Si Dieu nous faict grace d'arriver en noz maisons, jamais plus ne suivrons ce chemin, lequel n'est pas bon, et voudrions estre en estat que personne ne nous demandast plus rien et que puissions demeurer en paix à noz maisons.

Il est à notter qu'il n'y ha eu église dans la Conté qui ne soit esté bruslée, pillée ou abattue par lesdictz adversaires, j'entends des lieux où ilz ont peu entrer, fors celle du couvent de Bompas, près Coumons, de l'ordre des Chartreux, laquelle est belle, riche et bien servie, et fut à eulx donnée par Jean, vingt et troisième Pape de nom, y ha deux cens et quarante-quatre ans, et paravant avoit esté le premier fondateur ung gentilhomme ermite, lequel estant meu de dévotion, par inspiration du Sainct-Esprit, fit faire une petite chapelle toute joingnante au pont de Durence, les vestiges duquel sont encore apparentes; et se fit donner pour Dieu, et pour deux années, le droict du péage que les seigneurs de Coummons, de Cabanes et de Noues prenoient; lequel fut si grand qu'il en fit croistre son ermitage, danslequel il entretenoit de bons serviteurs pour l'asseurance des passans, qui paravant estoient mis à mort au chemin de Maupas; dont il changea le nom et l'appella Bonpas. Dans la dicte église y ha quatre belles et riches sépultures de cardinaulx, une du principal fondateur qui estoit d'Angleterre, nommé Simon Langhen, archevesque de Conturbie, homme de fort petite stature, et fut pénitencier de nostre Sainct Père, et puis mourut en l'an mil trois cens septante-six; deux de la maison de Selva, natifz de Pampelonne en Navarre, l'un oncle de l'autre, lequel fut référendaire de Grégoire unzième, et l'aultre de la maison des Cabassoles, qui fut évesque de Cavaillon. Puis les seigneurs de Coumons y ont faict beaucoup de bien, et y ha de beaux retables leurs et de leurs prédécesseurs. Ceste préservation est grace de Dieu donnée, et parce que soustenant son sainct nom et son église, l'hiver passé, estant quelques compaignies des adversaires au lieu de Noues en Prouvence, le capitaine Coumons qui estoit dans ledict couvent, le tenant pour monseigneur Fabrice, avecques quelques soldars, les y escarmouchoit tous les jours, qu'ilz le venoient là rechercher, et de façon qu'ilz n'y osèrent jamais entrer, ne dans la Conté.

Il est aussy bien à noter qu'estant les adversaires dans les lieux de Coumons et de Chasteauneuf, au retour d'Apt, aucuns de leur trouppe estant à table tindrent semblable propos: Il fault nécessairement croire que saincte Anne ha faict miracle, car tous les coups que nostre artillerie ha tirés contre les murailles d'Apt sont estés vains et de nulle force, et jamais plus homme ne ministres ne nous feront croire le contraire; et nous fault retirer de ceste façon de vivre et laisser ces armes.

Pendant ces troubles monseigneur révérendissime le

vice-légat ne cessoit travailler à renger les affaires de la justice, rendant l'équité à toute personne. Sa seigneurie révérendissime prenoit peine de les entendre; et estant venu le temps que, après plusieurs vacations faictes par MM. Augustin Floraventus, très digne auditeur domestique du sacré palais, Jean-Baptiste Forteguerre, auditeur de camp, et Vasquin Philieul, tous trois à bon droict docteurs, et pour leur preudhommie et suffisance oultre la coustume confermés juges de la court temporelle de la cité d'Avignon, pour la deuxième année, et François Bérard, advocat de nostre Sainct Père, maistre Pierre Berardi et Jacomini, secrétaires et griffiers de ladicte court, les crimes et maléfices de monsieur le docteur Parpaille estoient clarifiés par très suffisans indices et par sa propre confession, encores donna notices de quelques siens complices; desquels aucuns furent faicts prisonniers, les aultres sans dire adieu à leurs voisins s'en allèrent; encores ne voulcirent procéder à sentence deffinitive, mais chasque jour confessoit quelque nouveau faict.

Ledict jour Nostre-Dame, à dix heures du matin, arriva en Avignon un laquay de monsieur le baron de Lauris, qui à bouche pourta à madame la présidente, sa femme, nouvelles de la prinse de Sesteron, dont peu aprez l'asseurance vint par lettres de monseigneur de Sommerive, adressantes à monseigneur illustrissime Fabrice, et fut de ceste façon racomptée.

Aprez la desfaicte des gens du seigneur de Mombrun, le vendredi quatrième, nostre camp fit la batterie, avecques neuf pièces d'artillerie, du costé de Ponent, de telle furie que la breche se treuva suffisante; et ayant jà nostredicte artillerie renversés mors en icelle trois cens des defenseurs; non obstant tous autres empèchemens et rampars manuels, le sabmedi matin cinquième, les nostres y entrèrent dedans, et treuvant encores à la place quelque résistence, en icelle furent aussy tués cent hommes de ceulx que Mouvans y avoit laissés le seoir précédent, que s'estoit sauvé avecques quelques troupes, au grand regret de mondict seigneur le conte et de monseigneur de Carces. Or donc, adversaires, vous percevés-vous de l'erreur vostre commise contre Dieu, son église et contre vostre Roy et prince? Que ont servi voz rampars, voz forteresses, voz engins, peines, travail, despence, incommodité? Tout ha esté en vain et à vostre confusion. Peu auparavant vous n'extimiés rien toutes les forces de messeigneurs, et moins que rien leur camp et artillerie, ains en leur mespris, et par dessus les murailles, estiés contens que voz femmes proférassent parolles pleines de dishonneur, les apellans papistes, bastardz du Pape, paillarde messe, et autres parolles injurieuses et provocatoires, et jusques à monstrer leurs parties honteuses, cuidant abatre le cœur à noz soldars, lequel de tant plus croissoit, et sur la fin vous l'avés conneu à vostre perpétuelle ruine.

En ce siége et expugnation s'est apertement connue la générosité, hardiesse et la sagesse du sang illustre de ce tant asseuré et redoutable seigneur monseigneur le conte de Sommerive. O bien heureuse Prouvence et aultre païs qui, soubz le gouvert d'un tant généreux, doulx, begnin et amiable seigneur, dois estre régie et gouvernée! Que devons-nous espérer d'avoir sus ses vieulx ans, que aux commencemens le fruict en est si bon et si meur? Que dirons-nous aussy de ce vigilant, martial, illustre et tant expérimenté seigneur, monseigneur de Carces, que mondict seigneur le conte ha tant eu aggréable sa présence et compaignie, et de mesmes tout le païs de Prouvence, et qui tous ensemble, despuis le dixième de juillet, n'ont jamais voulu abandonner ceste heureuse entreprinse, et se sont voulus priver de toutes leurs commodités, pour exécuter vivement la voulenté de sa majesté? Il s'est aussy congneue la fidélité et libéralité du bon peuple de Prouvence, de celluy de la conté de Venaiscin, qui en ce faict se sont treuvés accordans, unis et incorporés. Ilz n'ont point eu esgard de laisser femmes et enfans. S'est aussy veu combien monseigneur Fabrice ha eu à cœur les propres affaires de sa majesté, au bon secours qu'il manda à messeigneurs ses ministres de mille soldars, en tant de compaignies françoyses et italiennes, armées et soldoiées, que tous ensemble ont acquis un nom immortel, et mesmes le seigneur collonnel des Italiens, qui à l'assault fut blessé, et un des capitaines mort, nommé Albert, et le capitaine Lucio, blessé. Je ne vous veulx laisser, o vous jeunes gentilshommes d'ans et non de sagesse, seigneurs Girard des Bertons, chevallier de Malthe, et Loys vostre frère, seigneurs escuyers de Sainct-Savornin et de Vedennes frères; ne aussi, vous noblesse du Daulphiné, estant soubz le régiment de monseigneur de Suze; vous estes tous généreux pour avoir faict en cette expugnation si bien vostre devoir.

Je me ferois préjudice si, parmy tant de seigneurs illustres, révérendissimes, bons prélats, chevallereux et vaillans capitaines, je ne lougeois à son rang le révérendissime monseigneur l'archevesque d'Embrun, lequel, pour estre tant catholique et chrestien, durant ces calamités n'ha voulu espargner d'y despendre sa rente et revenu, pour le secours de ces guerres, ayant aussi voulu remettre à ses diocésains sa décime pour quelques années, à fin de les soulager, et pour fournir aux fraiz de la guerre; aussi les seigneurs de Guargas, de Monnestier, de Venton, de la Casette, Jean de Gaye de Carpentras, et tant d'aultres seigneurs, les noms desquels à mon grand regret je ignore à présent, que tous aux païs de l'Embrunois, Gapençois et Briansonnois se sont si dignement pourtés et monstrés en faveur de sa majesté et de l'église rommaine, catholique et saincte. Et vous, seigneur de la Bourel, père de tant dignes et vaillans enfans, qui en voz vieulx ans, avez voulu combatre, pour le nom de Dieu et de son église, contre les adversaires de l'un et de l'autre.

Après l'expugnation et prinse de Sesteron, monseigneur le conte y laissa pour gouverneur très digne M. de Montagut, avecques un régiment de sept compaignies, et la faict continuellement fortifier la cité et refaire les murailles que nostre artillerie, en sept cens vingt et six coups, avoit mis par terre durant le siége. Des hommes apparens mors des adversaires en ce siége furent le capitaine Braz, l'oncle de Mauvans et ung Séguirani de Darguignan. Le butin des nostres fut fort petit; car il ne s'y treuva que des livres reprouvés, et une infinité de coingz pour faire toutes espèces de monnoies, comme furent aussy treuvés dans Orenge, par quoy on peut connoitre qu'ilz estudioient plus à tel exercice que à l'évangile, duquel ilz usurpent le nom d'imitateurs.

Après ceste prinse mes susdictz seigneurs furent advertis que le seigneur de Mombrun avoit laissé dans Vaupierre deux canons, l'un desquelz estoit celluy que leur tumba en mains à la journée de Vauryas; dont pour les avoir fut mandé le seigneur de Glandages, avecques quelque nombre de cavallerie, et entre aultres celle du capitaine Dagot, qu'estoient aragolez de la Conté; et s'aprochans de la ville, ledict Mombrun eut telle frayeur qu'il y laissa ses chevaulx sellés et bridés et se retira, gaignant le hault de la montaigne, laissant lesdicts canons en puissance des nostres, qui les amenèrent dans Sesteron. La fraieur estoit si grande partout ce païs que encores M. Ponat, conseillier, qui s'estoit faict conducteur de mille hommes du Pratgella, pour leur secours de Sesteron, sentit sa part de la peur, car il s'enfuyt se retirant. Ses soldars disoient par chemin en parolle tremblente : Mauldict soit celluy qui nous ha cy conduicts avecques faulses parolles, nous aiant promis vivre en paix et en repos, et maintenant nous sommes en danger de ne plus vivre. Ne connaissons-nous pas que tout ce que se faict est commettre rébellion contre nostre Roy et son auctorité?

Pour la joie de ceste prinse, le jour de Nostre-Dame, sus le seoir, en Avignon fut tirée toute l'artillerie, le feu fut mis aux places du Palais et de la Maison commune, et générallement par toutes les rues; toutes les églises firent générallés prières pour l'exaltation et augmentation de la saincte foy catholique et pour l'estat des princes chrestiens, protecteurs et defenseurs d'icelle; tout par mandement de messeigneurs illustrissime et révérendissime vice-légat et Fabrice, noz très bons et très vigilans protecteurs et défenseurs.

Lendemain matin, aiant esté fourny le procès de M. le docteur Parpaille, il eust la teste trenchée, et icelle mise sur un pillori à la place dudict Palais, et son corps tout auprès sur un petit eschaffault, avecques un escripteau qui disoit en somme qu'il avoit esté fauteur des huguenaulx, rebelle à son prince et traistre à sa patrie; et tout auprès fut pendu un Antoine Potier, avecques un escritteau pendu à ses piedz. J'ai entendu que, quand la mort fut notifiée audict Parpaille, il s'estonna fort; mais despuis (conforté et instruict par le révérend père inquisiteur) il print patience, connoissant et disant l'avoir bien méritée; et ayant encores confessés quelques crimes, reconneut Dieu et son église, laissant quelques erreurs qu'il avoit, et fit de belles oraisons à Dieu et à Nostre-Dame. Incontinent après, le sac et pillage de sa maison fut donné au peuple ; elle fut razée et mise en place publique, pour perpétuelle mémoire.

Ayant esté prins Sesteron et dans icelluy laissé bonne garnison et bon ordre ; aiant aussy estées réduictes en l'obéissance de sa majesté les cités et villes de Gap, Vaupierre, Talard, et aultres du Daulphiné, et toutes aultres de la Prouvence, qui à la faveur dudict Sesteron estoient occupées desdicts adversaires, messeigneurs le conte de Sommerive, de Suze, de Carces, de Mondragon, et aultres, prindrent résolution de s'acheminer à la Conté, en bonne délibération d'y treuver et s'attaquer contre le camp des adversaires, dont, le mecredy neufvième de septembre, l'avantgarde, de dix-huict enseignes, et cinq cornetes arrivèrent à l'Ysle de Venaiscin, ayant tenu le chemin d'Apt.

Sachant messieurs les consulz, députés et aultres bons citoyens d'Avignon, ceste arrivée, pour recepvoir, congratuler et féliciter mondict seigneur de Sommerive de ses heureux faitcs, deputèrent M. de Crillon et moy, avecques charge de luy faire la révérence au nom de tout le corps de la cité, et en semblable nom le recepvoir et présenter tout honneur et service.

Partant le jeudy matin d'Avignon monseigneur illustrissime Fabrice, pour aller au rencontre de mondict seigneur le conte, ledict seigneur de Crillon et moy partimmes en sa compaignie ; et estant mondict seigneur à demy chemin, renvoya en Avignon le capitaine Coumons, lieutenant dudict seigneur de Crillon, avecques charge de faire mettre en bon équipage les compaignies, ensemble tous aultres soldars, et l'artillerie, à fin de recepvoir mondict seigneur le conte et mes susdicts seigneurs, à l'entrée de la cité, avecques tout honneur et jouissance, ce qui fut faict et promptement.

Ledict jour à une heure après midy, monseigneur de Suze partit de l'Ysle avecques toute la susdicte avant-garde et alla coucher au lieu d'Entraignes, et mondict seigneur le conte alla coucher en Avignon, accompaigné de mondict seigneur Fabrice et des deux compaignies de chevaulx des capitaines Perussij et Agart. Et estant en chemin, leur vindrent faire la révérence M. de Cadefousse et M. le baron du Thor, son nepveu, qui furent fort bien receus de mesdictz seigneurs. Estant jà près d'Avignon, vint au rencontre de mondict seigneur le conte monseigneur révérendissime vice-légat, les magnificz, égréges et spectables seigneurs messieurs les consulz et assesseur de la cité, M. Guillaume des Panisses, baron de Monfaulcon, monsieur le vicaire, messieurs les juges, M. François Vidal, conseillier, M. Fabie de Bennimbene, dataire de la légation, M. l'auditeur Floreventus, M. Paul Antoine des Gadaignes, docte et vertueux gentilhomme, affable et fort officieux, le docteur Fortia, ensemble plusieurs aultres seigneurs, qui tous ensemble et avecques toute la cérémonie, devoir et révérence, receurent mondict seigneur le conte et l'accompaignèrent au grand palais, où estoit préparé son lougis à la chambre de Jésus; mais premier que d'y demonter, voulcit mondict seigneur aller visiter et féliciter madame de Suze, laquelle deux jours paravant s'estoit accouchée d'un beau filz.

Le vendredi matin, mesdicts seigneurs les consulz, assesseur et députés, acompaignés de plusieurs des susdictz nommés et encores de M. de Javon, d'Anselme, de Donis et aultres, allèrent faire la révérence à mondict seigneur le conte, et de mesmes luy offrirent tout leur possible pour le service de Dieu, de sa majesté, et sien particulier, et ce fut par la bouche de monsieur l'assesseur, dont mondict seigneur monstra un fort bon visage ; et aiant remercié la cité, dict que la voulanté de sa majesté estoit de les aider et favorir tout ainsi qu'elle faict ses propres subgectz, ayant en protection et sauvegarde la personne et biens de nostre Sainct Père comme roy très chrestien, filz et bras dextre de l'église.

Le mesme jour, environ les dix heures du matin, arriva en Avignon mondict seigneur de Carces, acompaigné de MM. de la Molle, de Moissac, de Vins, et de plusieurs aultres. Il fut lougé au lougis de monseigneur Fabrice, pour estre presque frères de forme et conditions, et du tout en amitié réciproque. Estant ainsi assemblés mesdictz seigneurs, prindrent résolution de ce qu'ilz devoient faire pour le service de Dieu et de leurs princes, et là eurent nouvelles que le camp des adversaires s'estoit rompu et se retiroit à grandz journées, partie en Daulphiné, le reste en Languedoc.

Au mesme instant M. de Lers manda visiter mesdictz seigneurs, et offroit sa personne et biens pour le service de sa majesté, et receut encores quelques soldars que mesdictz seigneurs luy baillèrent pour la seurté de sa personne et biens estans dans son fort chasteau de Lers, qui est près de Roquemaure, et desiré des adversaires, en cela monstrant qu'il est vraiement bon vassal de sa majesté et fort catholique seigneur, ressemblant son bon oncle M. Laurens d'Arpagon, baron de Rochefort.

Le douzième jour après disner, mondict seigneur le conte et mademoiselle de Lers tindrent à baptesme le filz de mondict seigneur de Suze, dans l'église Sainct-Agricol, et là assistèrent messeigneurs Fabrice, vice-légat, de Carces, de Mondragon, de Vaucluse, ensemble tous les capitaines et seigneurs qui se treuvèrent en la cité, avecques une grande et notable assemblée de dames, la plus part desquelz et desquelles souppèrent au logis de mondict seigneur de Suze.

Le mesme jour arrivèrent au lieu de Coumons les compaignies prouvençalles et italiennes, conduisans six pièces d'artillerie bastardes, ou de campaigne, venans de Sesteron, soubz la charge de mondict seigneur de Carces.

Le lundi quatorzième dudict, jour de l'Exaltation de la saincte Croix, les deux bastardes et deux de campaigne furent conduictes en Avignon, soubz la conduicte du seigneur de la Forez, maistre de l'artillerie, et des compaignies italiennes, et du capitaine Agart, que mondict seigneur Fabrice avoit mandées pour la seurté desdictes pièces et pour le service de sa majesté, auquel sa seigneurie illustrissime est tant affectionnée.

Les deux aultres pièces de campaigne furent conduictes en Prouvence par les soldars de M. de Meirargues, maistre de camp.

Le mesme jour arriva en Avignon M. Testu, revenant de la court, ou il avoit esté mandé de la part de monseigneur de Suze, lequel pourta novelles de la prinse de Bourges, forte place détenue par les adversaires, et aussi celle de Tornu, et que toute la Champaigne, Bourgoingne, Poitou, Sainctonges et Picardie estoient réduictes en l'obéissance de sa majesté, et que du cousté de Guienne messeigneurs de Terrides et de Monluc estoient après d'en faire de mesmes, ainsi qu'en Forez faisoient les seigneurs de Sainct-Chaumont, de Sainct-Forgeur, et le grand prieur d'Auvergne, que tous estoient fors et en campaigne pour sa majesté.

Ledict jour, quatorziesme de septembre mille cinq cens soixante et deux, partit d'Avignon mondict seigneur le conte et alla coucher à Tarascon, prenant son chemin droict en Arles, pour y resjouir le peuple qui tant le desiroit voir après ceste victoire.

Mondict seigneur de Carces alla coucher à Coumons, d'où il fit lendemain partir toutes les compaignies prouvençalles, les mespartant pour aller demeurer en garnison à quelques lieux tant de la haulte que basse Prouvence, pour puis suivre la voulanté de sa majesté.

Il ne sera point impertinent de déduire en ce discours l'ordre du camp de Prouvence pour l'expugnation de Sesteron, avecques protestation que je ne veulx préjudicier à personne, ne les lougeant selon leur degré, ains estime tous ces miens seigneurs et capitaines tant bons subjectz et vassaulx de sa majesté qu'ilz n'auront (si leur plaist) esgard à ceste mienne casuelle faulte. Premièrement monseigneur le conte de Sommerive, général pour sa majesté, monseigneur de Carces, collonnel de toute la fanterie, monseigneur de la Forez, maistre de l'artillerie, monseigneur de Moriers, mareschal de camp, monseigneur de Meirargues, maistre de camp, capitaine Naz, sergent-majour, monseigneur de Ulmo, auditeur du camp. Capitaines de cavallerie, les seigneurs de Flassan, de Ventabren, de la Verdiere, le baron des Artz de la maison de Villeneufve, le commandeur de Cugges, le commandeur de Salerne de la maison de Castellane, et le prevost d'Aix. Capitaines de gens à pié, ledict seigneur de Flassan, aiant le régiment de sept compaignies, capitaine Foros un aultre régiment, le seigneur de Montegut un aultre régiment, le seigneur de Moissac un aultre régiment des esleux, le seigneur du Castellet de la maison de Castillon un aultre régiment, et le chevalier de Brianson l'aultre; le seigneur de Meirargues deux compaignies, le chevalier d'Ansouis une, le seigneur de Ventabren une, le secrestain de Ventabren (tous de la maison de Quiqueran) une, le seigneur de Foz de Martegue, de la maison de Porcellet, une, Foz de la Verdiere une, capitaines Cilons une, Imperial une, Boquier une, Lamanon une, Geen une, Blein une, Barrelier une, Cadelier une, Entrevaux une, le Cadet de Mirabel une, Lemottet une, Mengarde une, Sainct-Marc une, Aux une, Foulque une, la Garde une, Pignolli d'Aix une, qui fut blessé à l'assault dudict Sesteron, la Bastide une, Buxi une, Mirabel de Prouvence une, Chastuel une, Briansonnet une, Taurelles une, Turris une, Chenerilles une, Tallamelli une, Lamotte une, Merindol une, Senier une, Raphelon une, Grenier de Toulon une, Dextret d'Arles une, Romolles une, Bertrand une, Mazin de Grace une, Neiron une, Redortier de Manoasque une et Basandin une. Sont en tout sept de cavallerie, et cinquante de fanterie, que estre un beau nombre et digne d'une telle province, sans les seigneurs et gentilshommes du banc et rièrebanc, et aultres qui suivoient le camp pour leur plaisir, partie desquels j'ai souvent nommés en ce mien discours, entre aultres monseigneur Fourbin, qui ha si bien suivi monseigneur de Sommerive son maistre; aussy ce fut luy qui appourta toutes les facultés de la court, non sans grand dangier de sa personne, aiant esté guetté en chemin par les adversaires; aussi du capitaine Tallades de Lambesc, qui par deux fois fut blessé dans les trenchées desdicts adversaires. Plus y estoient les compaignies de MM. de Saincte-Jalle, de Sainct-Jeurs, et deux italiennes, que monseigneur Fabrice y avoit mandées.

Il seroit mal advisé sy en ce discours je laissois d'y nommer M. de Manty, pour estre sy bon et tant expérimenté capitaine, et si bien meslé en bonnes lettres, et de ce qu'estant luy affectionné au service de sa majesté, obéissant à la volunté de mondict seigneur de Sommerive et du peuple de Prouvence, il se voulcit acheminer sur le commencement de ces troubles pour aller à la court, dont il fut prins desdicts adversaires et mené prisonnier dans le chasteau de Beaucaire, qu'ilz tiennent en leur dévotion, et là maltraicté de sa personne, en dangier de mort, et despuis sa délivrance la peine qu'il ha volontairement prinse aux fortifications de la cité d'Aix, à l'expugnation dudict Sesteron ; aussi la prinse, longue et malaisée détention du bon capitaine Bartolomé de l'Esca, que tous, et presque en même temps, furent prins en chemin et desvalisés des pacquetz qu'ilz portoient à sa majesté et pour son service, ensemble de leurs hardes et argent.

Vous larray-je, o gentil Cadenet, suffisant et digne secrétaire de mondict seigneur de Sommerive ? Non, ce ne seroit bien faict, ne office d'amy que je vous suis, et bien affectionné, m'ayant incité vostre courtoisie et humanité ; aussy l'extreme peine que vous avez prinse en ces affaires mérite bien que soyés rengé parmi ces seigneurs d'honneur, aiant sceu si bien tenir les secretz de monseigneur vostre maistre et iceulx faire entendre soubz la distinction de vostre gentille plume à ceulx qu'il vous ha commis et commandé.

Et vous, seigneurs Blaise et Martin, non moings suffisans secrétaires, l'un de monseigneur révérendissime vice-légat, et l'aultre de monseigneur de Suze, ne vous ferois-je préjudice si vous n'y estiés, ayant tant travaillé, l'un en italien, l'autre en françois, et l'un à l'un et à l'autre, estant si bien meslés en bonne lettres ? Je suis vraiment tant vostre que je vous voudrois tous pouvoir louger aux lieux et estas que mérités.

Audict camp de Sesteron estoient aussi les compaignies

des régimens de monseigneur de Suze. Premièrement la cornète collonnelle de mondict seigneur, celle de M. de Montenard, celle du capitaine Ycard d'Arles et celle du capitaine Dagot de Lisle, fanterie. Messeigneurs de Venterol, maistre de camp, la Coronne, sergent-majour, de Glandages, d'Arces, de la Roquete, Pignan, Arsac, le Pegue, Rallon, Berre, Cesart, Molans, Baudon, Beauchamps, Faviers, Dagot, Jersan, et Estève Pie, et beaucoup d'aultres seigneurs en sa suicte, et notamment quand mondict seigneur alla en Arles treuver monseigneur de Sommerive. Y furent aussi M. des Taillades, M. le baron de Montfaulcon, M. de Trechenu, les seigneurs Ferrante Pagano, Decio, son frère, le seigneur de Pierrevive, qui durant ces guerres ha esté tousjours à la suicte du seigneur des Taillades, faisant fort bonne preuve de bon et vaillant gentilhomme, qu'il est; aussi y estoient les sieurs Jean-Baptiste Copola, il Cesarello, et plusieurs aultres seigneurs et capitaines.

Estant messeigneurs le conte et de Suze en Arles, ils sceurent que la cavallerie des adversaires estoit passée de là le Rosne, en nombre de huict à neuf cens, prenant le chemin d'aller contre M. de Forquevaux, qui estoit jà à Lattes près Mompellier, dont mondict seigneur de Suze fit que le quinzième ses régimens, qui estoient encores à Entraigues, passèrent sus le pont du Rosne et allèrent louger à Villeneufve-lez-Avignon.

Ne voulant monseigneur Fabrice rien obmettre du devoir, suivant ses heureuses entreprinses, ayant en singulière protection les affaires de sa majesté, encores qu'il eust bien besoin de retenir ses forces dans le païs de son gouvernement, voulcit encores mander en Arles à mesdicts seigneurs trois cornètes de cavallerie, à sçavoir: celle du capitaine François de Perusijs, Barjoulx, celle du capitaine Luquin Geoffroy de Bonjeux, et celle du capitaine Agart de Cavaillon, et deux de fanterie, celle du capitaine Turquot, italienne, et celle du capitaine Coumons, qu'avoit esté de M. de Crillon, s'en estant voluntairement démis, prétendant faire un fort beau et honnorable voyage en Italie, l'avoit cédée entre les mains de monseigneur Fabrice, qui de sa coustumière clémence et humanité, connoissant que c'estoit aussi son désir, en prouveut ledict capitaine Coumons, lequel à bon droict donna sa lieutenance au capitaine Jolly Jean, fort expérimenté et honneste.

La compaignie du capitaine Caille, qui paravant estoit à M. de Sainct-Jeurs, ensemble le capitaine Berton, son lieutenant, alla à Villeneufve et dans Sainct-André, et les compaignies des seigneurs Sainct-Christol, de Fornie, Ledenon et Bargeac, qui y estoient, passèrent en Arles, ensemble celle de M. de Convertis, qu'estoit en Aramon et à Valabregue, lesquelles sont des régimens de monseigneur de Joyeuse. Toutes ces compaignies passèrent le sezième jour le port de Chasteau-Renard et allèrent lou-ger hors de la ville de Tarascon, et le lendemain se treu-vèrent en Arles, où monseigneur le conte ne perdoit temps; car ayant faict assembler l'arrière-banc du viguеriat dudict Tarascon, ceulx qui tenoient le fort chasteau de Baux eurent si grande peur qu'ilz s'en allèrent un seoir et le laissèrent, dont maintenant il est en l'obéissance de sa majesté. La cavallerie fut lougée à Trinquetaille, de là le Rosne, et la fanterie dans la cité d'Arles, où elle fut quelques jours desfrayée par messieurs de ladicte cité, et là messieurs les consulz d'icelle prindrent une extreme peine, mesmes M. de Beines. Puis tout le camp, qui estoit d'environ trois mille hommes et quatre cens chevaulx, alla camper au lieu de Fourques, une lieue dudict Arles, lieu où prend sa source la grand'fosse du Rosne, faicte manuellement par ce grand Caius Marius, capitaine rommain, où aux histoires est appelée *Fossa Mariana*, laquelle cercle toute la Camargue, qui est sept lieues de longueur et trois de large, et fut faicte pour trenchée ou rampart au camp dudict Marius, contre celuy des Vicegotz et Hunz, que puis il desfit combattant au plan de Tres, près le lieu de Pourrières, dont aujourd'huy encores l'ondict le triumphe de Pourrières, y voyant une forme de piramide. Je lairray donc audict lieu mesdictz seigneurs et le camp, à la garde de Dieu, le priant que les y face demeurer en seurté, et là et ailleurs triumpher et avoir tousjours meilleure victoire, pour son sainct nom, pour l'honneur de nostre église saincte et non errante, et pour le service de noz princes, afin que nous puissions demeurer en seureté et vivre en repos, laissant à descrire ce qui se fera davantage à quelque aultre plus capable que moy; car ma main se treuve presque lassée, mesmes ayant escript un subject si mal plaisant, ains plein de dueil, facherie, ennui et tristesse; aiant veu et ouy dire que le filz soit allé contre le père, les frères et cousins l'un contre l'autre, amis contre les siens plus intrinsèques. Brief ce n'ha esté que une propre guerre civile, sanglante et sans aucune mercy, sans se sçavoir entendre l'un l'autre ne à quelle fin elle tend. Si c'est pour vouloir prescher l'évangile et imiter les saincts apostres, l'on ne treuvera point qu'ilz soient entrés en aucun lieu menant artillerie, portant armes, ne qu'ilz aient forcé personne, mais avecques toute mansuétude, amour, ferveur, dévotion et povreté, ilz entroient où la paix estoit, et où elle n'estoit se parforçoient de la mettre. Si c'est pour gaigner païs ou nouvelle province à sa majesté, celle du Languedoc, Daulphiné et Prouvence ne sont-elles pas légitimement siennes, et de bon droict ne les possède-il pas? Si c'est pour acquérir la Conté et l'oster à nostre Sainct Père, sa dicte majesté ne l'entend pas, ne l'ha jamais démonstré. Si c'est pour oster la puissance de Sa Sainctteté, desjà la prescription en est trop grande, car jà sont estés successivement deux cens et trente-six papes, et plusieurs d'iceulx saincts, et les aultres de tant bon exemple. Il ne se treuvera pas tant de Martin Luter, tant de Jean Huns, de Théode Bèze, de Pierre Martir, ne tant de Virés ; et s'il en y ha eu d'autres, les uns sont estés bruslés, les aultres confondus en leurs erreurs, comme seront ceulx qui sont encores vivans, aidant la grace de Dieu, car la pluspart sont tumbés en semblables erreurs pour cupidité d'honneur, pour ambition, pour désespoir, ou pour commander *insolidum* dans une Genève, comme ha sceu bien faire Calvin, qu'il n'en est point voulu sourtir, mais a divisés les aultres çà et là; en cela il ha bien monstré qu'il est plus cault que les aultres. Si c'est pour oster et aboulir les églises et le service divin, cela est impossible, car Dieu ha dict que son église sera agitée et tourmentée, mais elle ne périra point ; aussi sa majesté ne les autres princes chrestiens ne le veulent permettre, ains la défendent et défendront de toutes leurs forces. Si c'est pour effacer et anéantir les figures et images, quel dommage font-elles à personne? Ne sont-elles estés auctorisées et permis de les tenir par tant de sacrés conciles, et mesmes par un tenu à Nice, où toutes raisons oppugnantes furent déduictes et toutes confondues ? Elles ne servent pas au vray catolique chrestien d'idoles, ainsi que disent noz adversaires, seulement elles nous servent pour avoir mémoire de ce que, voyant une croix, c'est pour méditer en nous la passion, les cloux, la coronne, le coup de lance, par qui nous sommes estés régénérés, qui est par le précieux sang de Dieu nostre

Créateur et bienfacteur, aiant (pour effacer le premier péché) voulu estre en icelle crucifié. Nous sert la figure de la très sacrée et imaculée Vierge, sa digne mère, pour contemplation du hault et divin mistère, aiant elle conceu nostre rédemption sans aucun vice et péché, et aussi pour avoir souvenance de la prier d'estre en ce hault trosne nostre advocate pour l'abolition de noz offenses; conséquemment de voir les effigies des saincts, sainctes et bons pères passés de ce mortel monde avecques tant d'afflictions, pour soubstenir nostre saincte foy. Je dis pour exemple de ceci que chacun de bon esprit prend plaisir de rencontrer dans quelque sien vieil coffre ou cabinet les effigies ou portraicts de ses pères ou aieulx; tant mieulx devons-nous tenir chère la figure de nostre grand et éternel père. Et si veulx dire et asseurer que les croix et oratoires qui sont par les chemins ont servi et servent bien souvent contre les volleurs et brigandz qui avoient volenté de mal faire, ou de meurtrir et destrousser les voyageurs; car cela les réduisoit promptement en la mémoire que Dieu le défend très expressément. Toutes ces raisons sont suffisantes pour ne les rompre et démollir, et davantage ceste cy : c'est que sa majesté le défend formellement, mesmes par ses édicts de janvier et aultres publiés par son royaume.

Je confesse que Dieu ha défendu les idoles et l'idolatrer, mais il n'ha pas défendues les images que nous tenons pour la vénération des sainctz; car si ainsi estoit, il ne nous auroit pas laissé l'effigie de son sainct visage, peinct à sa similitude, au linge que luy présenta celle bonne dame Véronique, que aujourd'huy encor se voit tant dévotement dans l'église Sainct-Pierre de Romme, ne moins l'impression de son sainct corps, représenté au sainct suaire qu'est à Chambéri. Ne se treuve-il pas que sainct

Luc ha faict trois fois de sa main la figure de Nostre-Dame, l'une desquelles est à Lorette, l'aultre à l'Annunciate de Florence, et l'aultre à Casat ou au Puy, où par tous ces lieux font de tant beaux miracles? Ce sainct évangéliste devoit bien sçavoir la volenté de son seigneur et maistre, mieulx que toi oppugnant, qui veulx interpréter l'Escritture selon ta censualité. En oultre ne se sont-ils pas treuvés des Roys et princes qui de leurs mains ont faictz plusieurs beaux images? et mesmes ce bon et chrestien Roy René, qui, entre tant d'autres, fit la figure de la croix et de la mort, qui encores aujourd'huy se void à l'église des Célestins d'Avignon, qui est une œuvre admirable. Vous donc baissés les croix, et le paganisme, avant l'advénement de nostre Saulveur, les avoit en vénération, et pour estre bon signe les insculpoit dans ses monnoies ou médailles, et usoit d'une lettre qu'ilz appelloient saincte, laquelle avoit forme de croix, signifiant vie advenir et pardurable. Davantage nous lisons que les payens avoient peinct aux portes les armes de Séraphe, et Théodosien les fit effacer et y fit mettre le signe de la croix; qui voyant tout le peuple se fit baptizer, disant que leurs anciens leur avoient donné à entendre que ce signe de Séraphe tiendroit jusques à l'autre, qu'estoit la croix, par laquelle la vie leur devoit estre donnée. Et aujourd'huy y ha-il prince chrestien que ne la porte en ses monnoyes? Vous-mesmes ne la pourtés-vous pas ordinairement dans voz bources ou escarcelles? Que ne les rompés-vous ou gettés commé faictes les aultres des églises et chemins, que vous n'avez pas faict faire? Ne lisons-nous aussi que les images et figures du crucifix ont aultresfois parlé et faict signes, tout par la volenté de celluy qui y fut crucifié? Et notamment celuy qui parla à saincte Brigide, estant en oraison et en contemplation dans l'église Sainct-Pol, hors de Romme? d'un autre à l'église métropolitaine Nostre-Dame de Dons d'Avignon, et d'un autre à l'église Sainct-Honorat, hors la cité d'Arles, et beaucoup d'aultres que je pourrois icy descrire? Quelcun d'entre vous dira que ce sont escriptures vieilles et à l'adventure faictes à plaisir; si elles sont vieilles, tant plus croyables elles sont; si sont modernes, elles sont plus auctentiques et croyables que celles qui sortent de Genève, auxquelles vous faictes la glose ainsy que la censualité vous guide. Ne treuvons-nous aussi qu'un Juif de Constantinoble frappa la figure du crucifix, de laquelle en sortit sang et l'ensanglanta, dont il se fit chrestien, recepvant baptesme? Je vous demande pourquoy est-ce que voulés tant de mal aux figures et peinctures? Vostre Calvin ne prend-il pas plaisir de faire voir et mettre en vente son portraict en relief, taillé dans Genève, avecques tant bonne industrie que (à ce qu'on dict) il représente vivement sa face et ses yeulx enfoncés, et tout ainsi qu'il est mauvais le démonstre? Je dis encores : Ne permettés-vous pas que de Genève sortent d'images où vous représentés l'église renversée et les croix des seigneurs cardinaulx et évesques? Que vous servent ces derrisions? Je veulx dire encores ceci de l'efficace de la saincte croix, qu'il se treuva un seigneur de la tant illustre, héroique et généreuse maison de Sassonie, lequel, après ses innumérables factions de guerre, en fit une digne de mémoire; c'est que, prenant une casaque d'armes sus laquelle estoit peincte la croix, soubstint combattant et défendit la religion des Rhodiens de la force des infidelles; dont en mémoire d'un tel bénéfice tous ses successeurs, messeigneurs de Savoye, la portent pour armoiries, avecques la devise ou imprese de ces quatre letres, F. E. R. T., qui signifient *Fortitudo Ejus Rhodum Tenuit*. Et encores aujourd'huy la croix se voit au milieu des armoiries de l'altesse de monseigneur de Savoye, vrayement prince bon et chrestien, et un des protecteurs de l'église. Que dirai-je de saincte Héleine, mère du bon empereur Constantin? Ne cerchea-elle pas la croix de nostre rédemption, et en aiant treuvé trois ensemble dessoubz terre, pour reconnoitre la vraie, la mist sus un corps mort, qui incontinent l'avoir dessus ressuscita de mort à vie? Ne lisons-nous aussy que Cosdroe, Roy de Perse, aiant mis soubz son empire tous les royaumes du monde, quand il fut en Jérusalem, il emporta une pièce de la saincte croix que la dicte saincte Héleine y avoit laissée, et la mit à sa dextre, comme digne et prétieuse? Ne sont-ce pas de beaux anciens miracles? En voulez-vous de modernes? Au lieu de Noues, en Prouvence, quand voz compaignies y estoient en garnison, l'hiver passé, n'y eut-il un de voz soldars que, tirant une harquebuzade contre une cloche, en mespris de l'église, la balle retourna à luy et luy creva l'œil; et un autre là mesmes, qu'ayant brisé une croix de pierre, tout soubdain se mit à courir les rues, disant à tous les voyans qu'il avoit le diable au corps, et mourut forcenné? A Thoullon ne fallut-il pas tirer cent harquebusades à un chrestien que quelques-uns des vostres avoient faict pendre et ne pouvoit mourir? enfin futes constrainctz confesser qu'il estoit pendu à tort? Et je demande quelle guerre est-ce de pendre les povres soldars qui tumbent en voz mains? Jamais cela ne s'est veu ni ouy dire. Je vous demande encores si, en rompant tant de croix que vous faictes, vous treuviés quelque pièce de celle qui tant dignement porta Dieu et homme (chose bien possible), ne feriés-vous une très griefve offense? En oultre, ne nous faict-il pas grand bien de voir peinctes en une église, maison ou gallerie, les images et figures de l'ancien et moderne Testament, qui sont les deux colomnes de nostre foy et créance? Quel mal nous peut rapporter cela? Point; ouy prouffit et utilité, parce qu'en les voyant nous incite à imiter la façon de vivre des saincts pères et prophètes. Vous rompés aussi les orgues et ne voulés cloches, ne musique aux églises. Je demande en quoy vous nuisent toutes ces choses? Et comment entendez-vous les vers de ce pseaume, qui disent : *Laudent nomen ejus in choro, in tympano, et psalterio psallant ei.* Et puis : *Laudate eum in sono tubæ, laudate eum in psalterio et cithara. Laudate eum in tympano et choro, laudate eum in chordis et organo. Laudate eum in cymbalis bene sonantibus*, etc.? Un des vostres ne se treuva pas bien, rompant celles de Cavaillon; car par permission divine il tumba et se brisa, dont il en mourut.

Laissons donc, laissons les croix, figures, images, et toutes ces choses en leurs places, puisque l'église et les princes chrestiens les y tiennent; car elles ne nous servent pas d'idoles, comme faisoient celles du paganisme. Et toutesfois, s'il vous prend envie d'en rompre, rompés celle de Nabuchodonosor, qui estoit d'or, pesante, haulte et spacieuse (j'entens si la treuvés à vostre rencontre). Vous disant par ma conclusion que ces guerres seront tantost causes de la perdition du peuple; car j'ay sceu de personnes dignes de foy que en deux années sont mortes plus de cent mil' personnes au royaume de France, royaume qui souloit estre tant pacifique, tant uny et tant plein de toutes choses nécessaires pour l'usage de nostre vie. N'est-ce pas une grand' perte? Ce nombre ne seroit-il pas esté suffisant pour acquérir quelque nouvelle province ou pour remettre quelque nation barbare soubz le doulx joug de nostre saincte loy? J'ay sceu aussi que, tant d'un cousté que d'autre, n'est plus possible de vivre, estant perdu le commerce et le trafiquer des marchans abouli ; les chemins sont fermés, les foires perdues. Toutes ces choses sont pour appourter une évidente ruine au royaume ; et (que pis est) est ostée au povre laboureur la liberté de cultiver la terre, laquelle vient et tousjours viendra mieulx stérile, que sera une générale perte. Nous avons veu de nostre temps la guerre entre deux tant grandz monarques, aux royaumes d'Angleterre, Escosse, Naples et Cecille, prouvinces de Thuscane, Corsegue, Lombardie, Piémont, Allemaigne et Picardie, où toutes ces violences ne se sont point exécutées. Aux unes au laboureur estoit librement permis le labourage; aux aultres, les prisonniers estoient prins à merci et puis mis à rançon; aux aultres l'on n'y bruloit point les palais et maisons; aux aultres le commerce y estoit libre, et par toutes les églises leurs ministres et biens estoient tenus et préservés comme choses sacrés et soubz bonne sauvegarde. N'est-ce pas encores grande incommodité que pour certaine opinion nous-mesmes nous veuillons priver de noz privées commodités, comme de demeurer dans noz chasteaux, maisons, granges et aultres lieux, hors de nos femmes, enfans, de noz parens, et de la doulce compaignie du vray et entier amy? laisser le plaisir que aporte la chasse, la vollerie, le planter, l'enter, le cultiver, et en effect l'utilité et santé de la vie champestre, que noz anciens ont tant extimé? O seigneurs oppugnans! vous dictes qu'il faut prier Dieu en tous lieux ; nous le croyons aussi, et confesse qu'il est trop plus que nécessaire ; mais ne treuvés-vous pas meilleur de le prier par oraisons, pseaumes, prières, méditations et heures canoniques, qui se disent jour et nuict et en toute heure dans noz églises, avecques si bon ordre, silence, révérence et honneur, que non pas chantant les pseaumes vulgarisés et traduictz (peult estre) de quelque personne idiote ou suspecte de la foy, et aux lieux prophanes, avecques si peu de révérence et respect; où bien souvent plusieurs les y chantent qui ne les entendent aussi peu que s'ilz estoient encores en latin? Brief, il n'est besoing de tant de disputes ne tant de doubtes mettre en avant. Tous sont estés proposés, tous sont estés décidés, et par tant de fois, et par personnes tant doctes et capables, de façon que tout ha esté bien veu, ordonné et jusques icy observé. Il ne nous est plus besoing s'il n'est que (persévérant en bonnes œuvres) avoir bonne et ferme foy en Dieu tout puissant, tout bon et tant incompréhensible. Si nous avons cela, j'espère tant en son immense clémence et miséricorde que vous et nous serons tost amendés, et nous réunirons ensemble, et entr'aimerons autant que jamais, rendrons en tous lieux et partout l'obéissance et debvoir que tous debvons à noz princes, seigneurs et supérieurs, ausquelz Dieu en terre ha donnée toute puissance de régir le peuple soubz le doux joug de sa justice. Ainsi de bon cœur je prie sa divine majesté et que à nostre fin nous doint son paradis, le suppliant encores de vouloir donner très heureuse et longue vie à nostre entier, très bon, vigilant, prompt et redoubtable seigneur et vray protecteur monseigneur illustrissime Fabrice, et bonne volunté de demeurer avec nous, afin que puissions vivre en seureté de corps et d'esprit. Ce faisant, ces provinces seront maintenues et préservées des forces des adversaires, qui tant le craignent et redoubtent, et celles de sa majesté seront remises et réduictes en son entière et deüe obéissance; car tel est le scope et desseing de mondict seigneur, pour la dévotion qu'il porte à sadicte majesté très chrestienne.

FIN.

TABLE DES MATIÈRES

CONTENUES EN CE VOLUME.

Pages.

CPSIA information can be obtained
at www.ICGtesting.com
Printed in the USA
LVHW081956201222
735554LV00008B/311

9 782013 071864